Elisabeth Bronfen
Hollywood und das Projekt Amerika

**Edition Kulturwissenschaft** | Band 148

**Elisabeth Bronfen**, geb. 1958, ist Ordinaria für Englische und Amerikanische Literatur- und Kulturwissenschaften an der Universität Zürich und Global Distinguished Professor an der New York University. Ihre Forschungsschwerpunkte sind neben der Literatur des 19. und 20. Jahrhunderts Film, Visuelle Kultur, Gender Studies und Psychoanalyse. Ihr Begriff des *Crossmapping* beinhaltet ein hermeneutisches Verfahren, welches transhistorische und transmediale Verbindungslinien zwischen den kulturellen Produktionen der frühen Neuzeit und der Moderne offenlegt. Ihre Publikationen, darunter eine Einführung zu Stanley Cavell, beschäftigen sich u.a. mit Hollywood und Krieg, der Nacht in der Philosophie, in der Literatur und im Kino, den *Mad Men* und Fragen der Serialität (darunter die Studie *Serial Shakespeare*).

Elisabeth Bronfen

# Hollywood und das Projekt Amerika

## Essays zum kulturellen Imaginären einer Nation

[transcript]

**Bibliografische Information der Deutschen Nationalbibliothek**
Die Deutsche Nationalbibliothek verzeichnet diese Publikation in der Deutschen Nationalbibliografie; detaillierte bibliografische Daten sind im Internet über http://dnb.d-nb.de abrufbar.



Umschlaggestaltung: Kordula Röckenhaus, Bielefeld
Korrektorat: Jennifer Niediek, Anne Sauerland, Bielefeld
Satz: Justine Buri, Bielefeld
Druck: Majuskel Medienproduktion GmbH, Wetzlar
Print-ISBN 978-3-8376-4025-0
PDF-ISBN 978-3-8394-4025-4

Gedruckt auf alterungsbeständigem Papier mit chlorfrei gebleichtem Zellstoff.
Besuchen Sie uns im Internet: *http://www.transcript-verlag.de*
Bitte fordern Sie unser Gesamtverzeichnis und andere Broschüren an unter: *info@transcript-verlag.de*

# Inhalt

# Vorwort

Eigene Essays, die sich seit den 1990er Jahren mit dem kulturellen Imaginären Amerikas beschäftigen, zu einem Band zusammenzustellen, bedeutet, einen Blick zurückwerfen – auf die vergangene Zeit, in der sie entstanden sind und die sie zugleich kritisch reflektieren, aber auch auf jenen theoretischen Zeitgeist, dem sie sich jeweils verschrieben haben. Dabei kommt solch ein Rückblicken einer autobiographischen Geste gleich, bedeutet dieses Zusammenstellen doch ebenfalls anhand selbstverfasster Texte aufzuzeigen, wie die eigene kulturanalytische Arbeit sich über die Jahre entwickelt hat, welche Anliegen konstant geblieben, welche theoretischen Denkbilder und Ansätze sich verändert haben. Allem voran lassen diese Essays zudem – nachträglich betrachtet – Verbindungslinien erkennen. Sie erweisen sich als durch ein geteiltes intellektuelles Anliegen miteinander verkettet und eignen sich eben deshalb für ein serielles Lesen. Denn auf diese Art Rückblick trifft zu, was Ralph Waldo Emerson in »Circles« festhält: »Our life is an apprenticeship to the truth, that around every circle another can be drawn [...] every ultimate fact is only the first of a new series.«[1] Versucht jeder einzelne der in diesem Band enthaltenen Essays einer bestimmten Fragestellung gerecht zu werden, und zwar indem theoretische, literarische und filmische Texte miteinander ins Gespräch gebracht werden, kreisen sie zusammen betrachtet zugleich um ein ihnen gemeinsames Anliegen: Das kulturelle Imaginäre Amerikas aus transatlantischer Sicht zu ergründen, und zwar als ein utopisches Projekt, an dem auch Europa immer Anteil genommen hat. In diesem Sinne stellen sie eine Aufforderung an die Leserin oder den Leser dar, mit den vorgebrachten Lektüren weitere, eigene Kreise zu ziehen.

Dabei betrifft das Serielle auch die Herangehensweise an jene Manifestationen des kulturellen Imaginären, die in den einzelnen Essays zu Tage tritt. Jeweils gilt es herauszuarbeiten, wie ein Ereignis (oder eine Kette an Ereignissen) eine nachträgliche ästhetische Formalisierung gefunden hat, auf die anschließend immer wieder zurückgegriffen wird (oder werden könnte). Da-

1 | Emerson, Ralph Waldo: Essays and Lectures. New York: Library of America 1983, S. 403 und 405.

bei besagt die Kernprämisse, die als konzeptioneller Rahmen diese Essays zusammenschließt, dass Hollywood einen brisanten Denkraum gestellt hat, in dem Amerika über sich selber nachdenkt. Auf der Kinoleinwand (oder heute auch auf dem Bildschirm) entfalten sich utopische Visionen und Katastrophennarrative, werden sowohl das Unbehagen wie auch die Wunschträume der Nation gespiegelt, werden kulturelle Probleme als personalisierte Geschichten verhandelt. Das Reale der Geschichte, auf die sich die behandelten Texte und Filmgeschichten beziehen, wird nicht so sehr ausgeblendet. Vielmehr gilt es, den Blick dafür zu schärfen, wie dieses Reale über die ästhetische Transformation Eingang findet ins kulturelle Imaginäre. Dort abgespeichert kann es dem jeweiligen Zeitgeist entsprechend immer wieder neue Umschriften erfahren.

Und eben diese Denkfigur eines steten Umkreisens liegt, wie Emerson ebenfalls festgehalten hat, im Herzen dessen, was sich seit der ersten Welle der Siedler, die am Anfang des 17. Jahrhunderts in Neuengland an Land gegangen sind, als amerikanisches Projekt versteht: die utopische Fantasie, in dieser für sie neuen Welt eine vollkommene Demokratie zu erreichen. Dabei war dieses Projekt von Anfang an als serielles Unternehmen konzipiert – als der Versuch, einen politischen und kulturellen Entwurf umzusetzen im Wissen, dass dieser stets neu ausgehandelt werden muss und somit nicht nur immer vor der Gefahr steht, zu scheitern, sondern auch nie gänzlich vollzogen sein wird. Diese Offenheit, die zu einem stets neuen Ansetzen an der Realisierung des amerikanischen Projekts aufruft, hat sowohl Konsequenzen für jenes Streben nach persönlichem Glück, welches die amerikanische Verfassung seinen Bürgern verspricht, als auch für die ästhetischen Texte, welche dieses Streben nachzeichnen. Wie Emerson festhält: »People wish to be settled; only as far as they are unsettled is there any hope for them.«[2] In der Verunsicherung, in der Beunruhigung liegt ein Gewinn, weil die Störung eine Herausforderung an ein kontinuierliches Weiterdenken, aber auch an eine fortlaufende ästhetische Umarbeitung des immer noch zu erreichenden Zustandes einer persönlichen wie kollektiven Perfektionierung jeglicher Erfahrung sicherstellt.

Die hier zusammengestellten Essays legen deshalb den Fokus darauf, wie ganz im Sinne dessen, was Mikhail Bakhtin Genregedächtnis nennt, ästhetischen Texten Schichten der Erinnerung eingeschrieben sind. Dabei geht es ebenso sehr darum, wie gewisse Filme eine historische Reimagination vollziehen, als auch darum, dass sie an einem Recycling jener Repräsentationen teilhaben, über die ein Zugang zur Welt überhaupt erst möglich wird. Wenn allerdings die einzelnen Essays ein Denken in Verbindungslinien vorführen, um sowohl die Ähnlichkeiten als auch die Differenzen hervorzuheben, welche diese imaginative Verarbeitung von Erfahrung und Ereignissen strukturieren, so heißt dies nicht, dass sie sich ausschließlich für ein freischwebendes Spiel

**2** | Ebd., S. 413.

der Zeichen interessieren. Vielmehr gilt es, die unsaubere Schnittfläche zwischen Körper *(Soma)* und Zeichen *(Sema)*, welche immer einen Teil des Repräsentationsvorgangs ausmacht, auszuloten und somit herauszuarbeiten, wie jene Zustände, die außerhalb des Zeichenhaften liegen – der reine Genuss, die Gewalt, der Tod –, ihre affektive Wirkung nur als ästhetische Formalisierung entfalten können. Wenn wiederum der Film als ein besonders effektvolles Medium für die Arbeit am kulturellen Imaginären hervorgehoben wird, dann deshalb, weil das philosophische Anliegen, welches im Dienst einer nationalen Reflexion steht, auch durch die kinematische Selbstreflexivität gespiegelt wird. Der Umstand, dass ein Teil dieses seriellen Neuansetzens darin besteht, die behandelten Texte thematisch auf einander zu beziehen, erweist sich zugleich als eine formale Angelegenheit. Erscheint im kulturellen Imaginären Amerikas das Vergangene immer durch Zeichen vermittelt (als verschränkte Bildwelten, als Bündelung von Narrativen), so wird auch die Gegenwart – immer wieder, von neuem – über ein Gespräch mit dieser mediatisierten Vergangenheit begreifbar gemacht.

Dieser Band beginnt mit einem Essay über Stanley Cavells Ausführungen zur moralischen Perfektionierung als Kern des amerikanischen Projektes. An der Denkfigur des geglückten Gesprächs *(»a meet and happy conversation«)* macht der amerikanische Philosoph jenes Bündnis des Vertrauens fest, welches sowohl für die erfolgreiche Paarbildung am Ende der romantischen Komödie einsteht als auch für eine nachhaltige Zusicherung des Vertrauens zwischen individuellen Subjekten und der amerikanischen Nation. Hängt für Cavell die Genredifferenz zwischen Komödie und Melodrama an der Frage, ob dieses Gespräch gelingt oder scheitert, erweisen sich diese Möglichkeiten zugleich als zwei miteinander verschränkte Seiten des amerikanischen Verständnisses von persönlicher wie kollektiver Selbstverwirklichung. An dieser Doppelseitigkeit hängt allerdings auch eine weitere Unterscheidung: Was heißt es, sich auf ein von Kontingenz geprägtes Gespräch einzulassen, auf eine Situation mit noch offenem Ausgang? Wann lässt man sich von dem Gedanken einer tragischen Notwendigkeit verführen? Wann obsiegt ein optimistischer Glaube an ein noch zu erreichendes Glück? Und wann die Fantasie, diese Vision sei schon katastrophal gescheitert? Zugleich setzt Stanley Cavells Arbeit am amerikanischen Imaginären auch deshalb den Auftakt dieser Sammlung, weil die in ihr enthaltenen Essays eine von ihm vertretene Überzeugung aufgreifen: Es lohnt sich, die Interferenz zwischen klassischem Hollywood-Kino und einer spezifisch amerikanischen Philosophie, welche die ausgewählten Filme selbst mitreflektieren, auszuloten. Dass es sich ferner bei diesem Verhältnis um ein gegenseitiges Gespräch handelt, ist der entscheidende Punkt.

Das hermeneutische Verfahren des Crossmapping, welches in vielen der Essays vorgeführt wird, greift die Idee eines Gesprächs auf, indem es nicht streng intendierte Verbindungslinien zwischen Texten offenlegt. Die Entdeckung solcher auf Ähnlichkeiten beruhenden Beziehungen dienen stattdessen vornehmlich dazu, über die Konsequenzen dieser Analogien nachzudenken. Crossmapping versucht also nicht ausschließlich in theoretischen, literarischen und filmischen Texten Ereignisse, Konstellationen und Anliegen zu isolieren, für die eine Bedeutung gefunden werden soll, weil sich für diese in anderen Texten Entsprechungen finden lassen. Stattdessen gilt es, Texte unterschiedlicher Medien in Beziehung mit anderen zu setzen, die aufgrund gewisser Ähnlichkeiten als deren Umschrift verstanden werden können, um zugleich über die Differenzen nachzudenken, welche überhaupt erst im Prozess der Lektüre entstehen. Welche Konsequenzen ergeben sich für den Akt des Deutens, wenn Texte seriell aufgrund von Ähnlichkeiten miteinander ins Gespräch gebracht werden? Dabei wirft die operative Offenlegung solcher Verbindungslinien zugleich eine weitere Frage auf: Welche Anliegen, welche Formalisierungen können (und müssen) über die Zeiten, von einem Medium zum anderen, wandern? Aber auch, wie verändern sich diese Anliegen im Zuge solch einer transhistorischen und transmedialen Wanderschaft? Dieser Nachhaltigkeit im kulturellen Imaginären nachzuspüren setzt voraus, was der Kulturwissenschaftler Aby Warburg das Nachleben von Pathosformeln genannt hat. Wirkt die Vergangenheit in der Gegenwart nach, so haben jene ästhetischen Formalisierungen, die aus dieser zu uns zurückkehren, auch eine Nachreife erfahren. Die Verschränkung von thematischen Anliegen und ästhetischer Formalisierung ist derart, dass sich nicht nur fragen lässt, wer in der jeweiligen Filmgeschichte überlebt und was es überhaupt heißt zu überleben. Es gilt zudem, das Überleben bestimmter Denkfiguren ins Blickfeld zu rücken. Das kulturelle Erbe erweist sich somit als eine ebenso unvermeidliche Gesetzmäßigkeit wie jene symbolischen Zuweisungen, denen das erwachsene Subjekt sich zu unterwerfen gezwungen ist und somit sein narzisstisches Begehren, sein ungezügeltes Glücksstreben im Interesse der Gemeinschaft beschränken muss.

Als prägnantes Beispiel für die Nachhaltigkeit gewisser Konstellationen im kulturellen Imaginären dient deshalb jenes Nachleben, welches die Figur des Shylock während des Zweiten Weltkriegs in Hollywood erfahren hat. Zwar stattet Lubitsch im Sinne einer bewussten politischen Umschrift den Venezianischen Geldverleiher mit einer ethischen Haltung aus, die in Shakespeares Komödie fehlt. In SEIN ODER NICHTSEIN (TO BE OR NOT TO BE) hängt an dem Komparsen, der immer Shylock spielen wollte, das Überleben des Widerstands gegen die Nationalsozialistische Besatzung. Doch die Pointe des Crossmapping in »Man wird weder als Frau noch als Jude geboren« besteht nicht allein darin zu fragen, was diese Kriegssatire von Shakespeare übernimmt und umschreibt. Vielmehr geht es auch darum zu fragen: Was sehen wir zusätzlich, wenn wir den *Kaufmann von Venedig* durch die Brille dessen nachträglicher Verarbeitung durch Lubitsch nochmals betrachten? In »Isoldes Liebestod in

Hollywood« wird ebenfalls danach gefragt, wie wir den Wagner'schen Liebestod anders verstehen können, wenn wir ihn in Verbindung setzen mit einer Serie an Umschriften, die dieses musikalische Motiv im Melo und Film Noir erfahren hat. Ein ähnlich nachträglicher Blick prägt auch die Fragestellung in dem Essay »Pop Kino«, in dem die Behauptung aufgestellt wird, das klassische Hollywood habe eben jene Privilegierung eines medialen Zugangs zur Welt bereits vorweg genommen, welche die Pop Art im expliziten Bezug auf die Bildproduktion der Traumfabrik anschließend für sich in Anspruch genommen hat. Einmal mehr gilt es, die Konsequenzen dieser Verbindungslinie festzuhalten, welche davon ausgeht, jegliche Erkenntnis von Welt sei aus zweiter Hand. Kann die Welt nur durch ihre Reproduktionen verstanden und vermittelt werden, so sind es diese gemeinsamen Bilder, die der amerikanischen Nation als politische und kulturelle Gemeinschaft Zusammenhalt geben. So erweist sich auch in dem Sinn das Kino als amerikanischer Denkraum *par excellence*, als hier mit besonderer Prägnanz an jenem kulturellen Imaginären gearbeitet wird, welches diese Gemeinsamkeit nur stiften kann, wenn die Bilder und Geschichten, die diese vertreten, stets neu verhandelt und refiguriert werden können.

Der zweite Teil dieser Essaysammlung gilt einem Plädoyer für die anhaltende Brisanz einer psychoanalytischen Kulturanalyse, vor allem wenn es um die Ränder des Darstellbaren geht. Fordert die Kultur grundsätzlich ein Sich-Unterwerfen des Subjekts im Bezug auf symbolische Gesetze, lässt sich diese Kränkung als Abtötung narzisstischer Selbstgenügsamkeit verstehen. Wiederholt kreisen die Analysen in diesem Teil des Bandes um den aporetischen Gewinn, den die Annahme einer Position innerhalb der symbolischen Ordnung darstellt, geht dieser doch immer mit einer kränkenden Selbstbeschneidung einher. Doch der Tod fungiert zugleich auch als Instanz des Realen – als eine Kraft, die jenseits des Lustprinzips und über dieses hinaus wirkt und somit jeglichem menschlichen Streben nach Überleben entgegenwirkt, aber auch jeglicher medialer Vermittlung von Welt Schranken setzt. So sehr der künstlerische Ausdruck sich dieser Kraft zu bedienen, ja sie sogar zu beherrschen sucht, so sehr entzieht diese sich jeglicher Darstellungen. In dieser Doppelfunktion bietet der Tod eine besondere Herausforderung an die ästhetische Repräsentation. Stellt das Kino in dem Sinne eine Arbeit am Tod dar, als es den lebenden Körper *(Soma)* in bewegte, montierte und fragmentierte Bildkörper *(Sema)* überträgt, so ist der Tod als reale Erfahrung zugleich der Fluchtpunkt aller Filmbilder. Mit besonderer Vehemenz wird dieses Gespräch zwischen Kino und Tod in dem Essay »Bilder, die töten – Tod im Bild« durchdekliniert, der Michael Powells PEEPING TOM als paradigmatische Fallgeschichte eines mörderischen Voyeurismus behandelt.

Die Frage nach jenen Leichen, die die Produktion des Filmbildes fordert, wird wiederum in dem Essay »Femme Fatale« auf die ambivalenten Anforderungen des amerikanischen Projekts zurückgeführt. Wirft der Film Noir einen dunklen Blick auf jenes Anrecht auf Wohlstand, Freiheit und ein Streben nach Glück, welches der American Dream verspricht, stellt sich auch in diesen Filmgeschichten die Frage: Unter welchen Bedingungen muss ein tragischer Ausgang notwendigerweise obsiegen? Und was würde es benötigen, dieser fatalen tragischen Faszination zu entsagen? Dabei unterliegen in den Filmgeschichten des Film Noir die Heldinnen einer Double Vision. Sie fungieren als Symptom der transgressiven Wunschfantasien ihrer verblendeten Liebhaber und nehmen gleichzeitig – so man diese Filmgeschichten gegen den Strich dieser Projektionen liest – eine eigene Subjektposition ein. Dabei rückt der Essay »Pandoras Nachleben« zudem eine brisante Nachreife dieser mythischen Figur im Hollywood-Kino ins Blickfeld. Manchmal eignen sich die Heldinnen des Film Noir auch die fatale Neugier Pandoras an, um die Fetischisierung, die am weiblichen Körper vollzogen wird, zu verweigern und somit die tödliche Prämisse dieses Genres zu dekonstruieren. Den Blick nicht abzuwenden wird zu einer ethischen Position, welche dem Film Noir erlaubt, den eigenen mörderischen Zug sowohl auf der Ebene der Geschichte als auch im Bezug auf die sadistisch-voyeuristische Arbeit der Kamera zu reflektieren.

Doch nicht nur Hollywoods Traumfabrik als aporetische Begehrensmaschine steht im Fadenkreuz meiner kritischen Betrachtung, sondern auch jener Celebrity-Kult, welcher ebenfalls zu einer der virulentesten Verkörperungen des American Dream gezählt werden kann. Analog zur Diskussion von Pop Cinema wird in dem Essay »Liebe, Glamour, Pflicht« für die Filmheldinnen der 1950er Jahre herausgearbeitet, wie die Produktion des Starkörpers zwar einer Abtötung des natürlichen Körpers gleichkommt und dennoch eine Gegenläufigkeit entfaltet, die durchaus die Frage der Handlungsbefähigung wieder ins Spiel bringt. Paradigmatisch dafür zeugt die mehrmals verfilmte Geschichte A STAR IS BORN von einem schillernden Spiel der Geschlechter. In George Cukors Version werden an der von Judy Garland gespielten Heldin jene kulturellen Ängste sichtbar, welche in der Nachkriegszeit auf die professionell erfolgreiche Frau projiziert wurden. Zugleich aber verkörpert sie in ihrer Doppelfunktion – als Ehefrau und als Sängerin – jenen vitalen Überlebensdrang, dessen Fehlen ihren Gatten (und Gönner) dazu führt, als einzigen Ausweg aus seinem gravierenden Selbstzweifel den Selbstmord zu wählen.

Die Essays im dritten Teil greifen die Frage der Refiguration nochmals explizit als kulturelles Erbe der amerikanischen Geschichte auf. Arbeitet die Monumentalität des Hollywood-Kostümfilms ebenfalls bewusst mit Genregedächtnis, so rekodiert dieses epische Kino jene historischen Zeiten, die es nochmals auf der Kinoleinwand aufflackern lässt, explizit im Bezug auf die kulturellen Anliegen der Gegenwart, die sich dieser Vergangenheit – wieder – erinnert. Historienfilme rekodieren die Vergangenheit aber auch im Bezug auf frühere Filme, die diese Erinnerungsarbeit bereits ihrerseits geleistet haben.

Historie medial begreifen zu wollen – so die Wette dieser Essays – kommt nicht einer Verfälschung gleich, sondern appelliert an die imaginäre Fähigkeit der Zuschauer. Im Aufgreifen und Umarbeiten wirksamer Affektformeln trifft die mnemonische Funktion des Epischen auf den Vermittlungsdrang des populären Mainstream. Wird in »Retro-Bildwelten« danach gefragt, wie am Ende des 20. Jahrhunderts die Kultur des Kalten Krieges eine Revision erfährt, und in »Recycling von Gewalt und Gesetzlosigkeit« danach, wie das New Hollywood sich an den großen Mythen Amerikas vor dem Hintergrund der Bürgerrechtsbewegung und der Niederlage in Vietnam vergreift, gilt für beide: Es ist ein Geschichtsunterricht sowohl für die Gegenwart als auch für eine Zukunft, die in dieser bereits eine historische Verarbeitung der Vergangenheit entdecken wird. Steht somit immer wieder die Frage auf dem Spiel, welche Narrative die amerikanische Nation braucht, um sich selber zu verstehen und zu erklären, so betrifft dies zugleich eine kritische Aneignung. Die Haltung gegenüber der amerikanischen Geschichte ist eine Haltung gegenüber jenen Geschichten und jenen Bildwelten, die aus ihr in die Gegenwart übergetreten sind. Die Medialität dient einer Distanz, schafft eben jenen Denkraum, der Geschichte nicht nur erst nachträglich begreifbar macht, sondern in dieser Nachträglichkeit auch Erinnerung und Vergessen miteinander austariert. »Hollywoods Kriegsbilder« bringt diese aporetische Geste auf den Punkt. Kriegsfilme suchen jene traumatische Geschichte in Schach zu halten, die die Gegenwart unweigerlich heimsucht, während sie diese zugleich in ihrer verstörenden Kraft auch bergen und enthalten. Kann das Reale der Schlacht nur in und durch die Vermittlung affektiv wirksamer ästhetischer Formalisierung begreifbar gemacht werden, sichert eben diese Figurierung zugleich die Nachhaltigkeit des Gespräches zwischen der Jetztzeit und der Vergangenheit. Hollywood als Denkraum amerikanischer Selbstreflexion zu postulieren, heißt somit auch, gerade dem Kino die Macht zuzusprechen, einer kulturellen Erbschaft den Raum zu stellen, damit wir auch weiterhin von dieser Vergangenheit in Besitz genommen werden können.

Diese Essaysammlung hört dort auf, wo sie einsetzt – bei der schillernden Lücke im Herzen des glücklichen und geglückten American Dream. In »Experience« hält Emerson fest: »Dream delivers us to dream, and there is no end to illusion. Life is a train of moods like a string of beads, and, as we pass through them, they prove to be many-colored lenses which paint the world their own hue, and each shows only what lies in its focus.«[3] Innerhalb dieser seriellen Reihung fokussiert jeder einzelne Traum ein persönliches Anliegen, welches es über die eigene Imaginationskraft zu klären gilt. Die Fokussierung kommt auch einer Engführung gleich. Die Illusionshaftigkeit spricht die Möglichkeit des Scheiterns an. Der erste Essay in diesem Band, »Stanley Cavells ›cultural

**3** | Ebd., S. 473.

conversations‹«, arbeitet heraus, wie Johnny Cash in James Mangolds WALK THE LINE seine destruktiven Selbstillusionen durchlaufen und überwinden muss, bevor er jene Ehe mit June Carter eingehen kann, die sein zurückgewonnenes Vertrauen in das amerikanische Projekt bezeugt und seinen Status als Barde der Nation zementieren wird. Als Antwort darauf nimmt der letzte Essay jenen schmalen Grat ins Blickfeld, der in Patricia Highsmiths Roman *The Talented Mr. Ripley* die Forderung nach uneingeschränkter Freiheit von einer vorbehaltlosen Kriminalität kaum noch trennt. Die eigenen Vorstellungen davon, wie man leben möchte, um jeden Preis zu realisieren, das kann auch gewaltsame Konsequenzen haben – vornehmlich für andere. Dass Highsmith ihren mordenden Künstler diese dunkle Seite des American Dream in Europa ungestraft ausleben lässt, zeigt, wie sehr dieser Traum uneingeschränkter Selbstgestaltung immer auch von globalem Interesse war.

# Crossmapping als Leseverfahren

# 1. Stanley Cavells »cultural conversations«

Ein Denken zwischen Philosophie, Film und Literatur

## 1.1 Heirat: Allegorie des »moral perfectionism«

Bei vielen Zuschauern, die sich von James Mangolds Walk the Line (2005) nur ein Biopic über Johnny Cash erwarten, löst das Fehlen einer dramaturgisch aufgeladenen Filmgeschichte Unverständnis aus. Der von Joaquin Phoenix gespielte John bemüht sich zwei Stunden lang, June Carter (Reese Witherspoon) davon zu überzeugen, ihn zu heiraten, während sie mit vernünftigem und zugleich liebevoll-besorgtem Blick diesen Antrag wiederholt ablehnt. Das Umschlagen ihrer kritischen Haltung, das schließlich zum Glücken dieser Ehe führt, wird hingegen von einer ebenfalls merkwürdig anmutenden Szene eingeleitet. Nachdem June ihren verwirrten Freund wieder einmal weggeschickt hat, bricht John abends erschöpft im Wald zusammen. Als er jedoch am nächsten Morgen aufwacht, bemerkt er, dass er sich neben einem Haus an einem See befindet, kauft dieses, und führt dort jenen persönlichen Wandel durch, der June nach ihrem langen Zögern dazu bringt, die Ernsthaftigkeit seines Antrags zu erkennen.

Ich nehme Walk the Line als Einstieg in meine Ausführungen zu dem von Stanley Cavell vorgeschlagenen Gespräch zwischen Philosophie und Hollywood-Kino, weil dieser Film durchaus als Teil jener Gattung gelesen werden kann, die Cavell in *Pursuits of Happiness* eine »comedy of re-marriage« nennt. Bezeichnend ist dabei Cavells Behauptung, in diesen Komödien jene Frage des »moral perfectionism« verhandelt zu finden, welche die amerikanischen Transzendentalisten Ralph Waldo Emerson und Henry David Thoreau bereits am Anfang des 19. Jahrhunderts beschäftigt hat. Die in der »comedy of remarriage« verhandelte Vorstellung von Ehe betrifft nämlich das Bündnis zwischen zwei Liebenden, die sich bereits länger kennen, aber erst noch ein inneres Hindernis überwinden müssen, bevor sie sich gegenseitig als Ehepartner anerkennen können. Darin erkennt Cavell eine Inszenierung der Schwierigkeit – aber auch Notwendigkeit –, einen gewissen »moral cynicism« zu überwinden. Cavell stellt fest:

»The issues the principal pair in these films confront each other with are formulated by the question of how they shall live their lives, what kind of persons they aspire to be. This aspect or moment of morality – in which a crisis forces an examination of one's life that calls for a transformation or reorienting of it – is the province of what I emphasize as moral perfectionism.«[1]

Nun haben in den letzten Jahren Kritiker schnell auf Cavells Begriff der »comedy of re-marriage« zurückgegriffen bei Filmen, die explizit als Remake der »sophisticated comedies« der 30er und 40er Jahre intendiert sind – wie etwa Ein (un)möglicher Härtefall (Intolerable Cruelty; 2003) von Joel Coen, Vergiss mein nicht! (Eternal Sunshine of the Spotless Mind; 2004) oder Mr. & Mrs. Smith (2005). Stanley Cavell wurde sogar von der Redaktion von *Film Comment* aufgefordert, über letzteren einen philosophischen Kommentar zu schreiben.[2] Stanley Cavells Ausführungen zur Ehe als Allegorie für »moral perfectionism« mit dem vielleicht weniger offensichtlichen Beispiel von Walk the Line zusammen zu lesen, erlaubt mir wiederum, mein eigenes Anliegen deutlich zu machen. Brisant erscheint mir nämlich nicht nur, wie sehr Mangolds Biopic um Fragen kreist, die Cavell in seiner Lektüre der amerikanischen Transzendentalisten interessieren; nämlich das Gelingen eines Gesprächs (»conversation«) zwischen zwei befreundeten Menschen, das gerade wegen einer gegenseitigen Anerkennung ihrer Eigenständigkeit (»separateness«) möglich wird. Ebenso bemerkenswert ist auch der Umstand, dass sich mit dem von Cavell vorgeschlagenen philosophischen Blick auf das Hollywood-Kino die moralische Ernsthaftigkeit von Walk the Line überhaupt erst in ihrer ganzen Vielschichtigkeit entschlüsseln lässt. June Carter zieht die Werbung ihres Freundes John so hartnäckig in die Länge, weil er die Bedingungen der Ehe als gleichberechtigtes Gespräch zwischen zwei erwachsenen Menschen (noch) nicht erfüllt. Er muss erst jenen Zynismus überwinden, der ihn wiederholt in Alkohol- und Drogensucht verfallen lässt, weil er noch nicht bereit ist zu tun, was eine »re-marriage« laut Stanley Cavell verlangt: »giving up on the aspiration to a life more coherent and admirable than seems affordable after the obligations and compromises of adulthood begin to obscure the promise and dreams of youth and the rift between public demands and private desires come to seem unbridgeable.«[3] Das Fehlen dramaturgischer Spannung lässt sich somit leicht erklären: Nicht vom Aufstieg und Scheitern eines Stars handelt dieser Film, sondern vom wiederholten Erproben jener Fragestellung, die auch im Zentrum von Cavells Arbeit zu »moral perfectionism« steht: Was

**1** | Cavell, Stanley: Cities of Words. Pedagogical Letters on a Register of the Moral Life, Cambridge MA: Harvard University Press 2004, S. 11.

**2** | Cavell, Stanley: »Falling in Love Again«, in: Film Comment 41.5 (2005), S. 50-54.

**3** | S. Cavell, Cities of Words, S. 11.

heißt es, miteinander in der Welt zu leben, einen gemeinsamen Tag zu haben und Verantwortung für diesen zu übernehmen?

Walk the Line beginnt mit einer Rückblende. Im Folsom Prison im kalifornischen Represa gibt Johnny Cash 1968 ein Konzert. Cashs Entscheidung, in den Gefängnissen der USA für jene Underdogs der Kultur zu singen, die immer auch die Figuren seiner Lieder waren, ist der Höhepunkt seiner Legende. So arbeitet der Film mit einer konventionellen Erwartungshaltung; wir werden angehalten, in der Rückblende alle Ereignisse als Vorbereitung für diesen großartigen Auftritt, der wie eine Krönung seines Ruhmes inszeniert wird, zu deuten. Weil Johnny beim Anblick einer Sägemaschine zu träumen begonnen hat, lässt er jedoch die Insassen – und somit auch uns – auf diesen Auftritt warten. Stattdessen führt der Film uns Erinnerungen an Cashs Kindheit als Sohn eines armen Farmers, seine Anfänge als Country-Sänger, den Zerfall seiner ersten Ehe und seine Drogensucht vor und bietet somit einen Einblick in jenen »moral cynicism«, aus dem Johnny Cash erwachen muss, wie auch in die Bedingungen, die solch ein Erwachen möglich machen würden. Denn wir erfahren in dieser Rückblende ebenfalls von dem bezeichnenden Wandel in Johnnys stürmischer Werbung um June Carter. An einem Thanksgiving-Nachmittag fuhr er – aus Verzweiflung darüber, dass sein Vater noch immer nicht bereit ist, Johnnys Leistungen anzuerkennen (weil er am frühen Tod seines Bruders Mitschuld hatte) – mit seinem Traktor rückwärts in den See. June zog ihn aus dem Wasser und nachdem John sagte, es wäre besser gewesen, ihn dort einfach verrecken zu lassen, besetzte sie mit ihrer Familie sein Haus und half ihm, seine Drogensucht zu überwinden. Somit führt diese Rückblende sowohl die jugendlichen Erwartungen des Sängers wie auch jene Enttäuschung des persönlichen Traums vor, die Thoreau dazu führte, von seinen Mitmenschen zu behaupten, sie würden in einer »quiet desperation« leben.

Anders formuliert, lässt uns diese Rückblende die Analogie zwischen dem Country-Sänger Johnny Cash, den Mangold als Inbegriff des amerikanischen Subjekts mit seinem amerikanischen Traum inszeniert, und dem klassischen Subjekt der Philosophie erkennen. Laut Cavell ist die Philosophie nämlich aufgrund des im antiken Denken verwurzelten Anliegens »to lead the soul, imprisoned and distorted by confusion and darkness, into the freedom of the day«[4] therapeutisch motiviert. Zugleich hat die Rückblende die Funktion, June Carter als jene Figur zu etablieren, die unser enttäuschtes, moralisch-zynisches Subjekt in den Tag führen kann. So ist an der Dramaturgie von Walk the Line entscheidend, dass der Film mit der Rückkehr zur Ausgangsszene nicht endet. John ist zwar von seiner Drogensucht geheilt, doch er muss noch einen entscheidenden Schritt vollziehen. Er muss nicht nur die das erwachsene Subjekt in seinen jugendlichen Hoffnungen beschneidenden Obligatio-

**4** | Ebd., S. 4.

nen und Kompromisse performativ annehmen, sondern muss als Konsequenz dieser moralischen Einsicht auch seine Aussichten auf sein Leben anpassen. Im Gegensatz zum klassischen Musical ist der Höhepunkt der Filmgeschichte nicht die Geburt eines Stars – oder sein erfolgreiches Comeback –, sondern Johnnys Erreichen der Selbsterkenntnis, die es ihm erlaubt, seinen »moral cynicism« zu überwinden, was wiederum June ermöglicht, seinen Heiratsantrag anzunehmen. Denn sie willigt schließlich in den Ehevertrag ein, weil John ihr bewiesen hat, dass er aus zwei Zuständen der Verwirrung erwacht ist: erstens aus Träumen, die das erwachsene Subjekt sich deshalb nicht leisten kann (sie sind, in den Worten Cavells, »not affordable«), weil sie jenem unbegrenzten Individualismus entsprechen, der die Belange des Anderen ausschließt, und zweitens aus jener selbstzerstörerischen Drogensucht (als Symptom des »moral cynicism«), mit der Johnny Cash bislang auf die Vereitelung seiner Hoffnungen (auf Junes Liebe und auf die Anerkennung seines Vaters) reagiert hat.

Laut Cavell hängt die Frage einer Überwindung des »moral cynicism« auch mit einer Antwort auf die Enttäuschung zusammen, die sich aus einer scheinbar unüberbrückbaren Kluft zwischen »public demands and private desires« ergibt. Deshalb muss Johnnys Aufwachen, das mit seinem Erwachen am Rand des Sees eingeleitet und mit dem Sturz in den See sowie Junes Rettungsaktion schon angelegt worden ist, in aller Öffentlichkeit ausgetragen werden. Während eines Konzerts unterbricht John das Duett »Jackson«, das June mit ihm gerade zu singen begonnen hat, und erklärt dem Publikum, er könne erst weitersingen, wenn sie seinen Heiratsantrag endlich annimmt. Zuerst versucht sie, seine Bitte mit dem Hinweis darauf abzuwenden, dass dieses private Anliegen nicht auf einer öffentlichen Bühne ausgetragen werden sollte, doch die dramaturgische Logik der Filmgeschichte beruht darauf, dass eben nur dort die Bedingungen für eine zukunftsträchtige Ehe geschaffen werden können. Nachdem Johnny ihr vor den Augen aller anderen verspricht, er würde sie nie im Stich lassen, bringt Mangolds Johnny Cash alles auf jenen entscheidenden Punkt, um den die Moralfrage der Ehe kreist. »You're my best friend«, flüstert er ihr zu und hält zugleich das Mikrofon dicht an seinen Lippen. Stanley Cavell halt fest: »marriage is an allegory in these films of what philosophers since Aristotle have thought about under the title of friendship, what it is that gives value to personal relations, and this is a signature topic of perfectionism.«[5] Dem Ja-Wort, mit dem June Carter vor dem Altar performativ die Ehe vollziehen wird, muss ein anderer öffentlich vorgetragener Sprachakt vorausgehen: die Behauptung des Freundes, die Schwierigkeit, jeglichen »moral cynicism« zu überwinden, als Lebensaufgabe anerkannt zu haben.

Der Vertrag, der hier geschlossen wird, ist ein Bündnis im Sinne eines anderen, ernüchterten Glücksversprechens, das eine Verantwortung für den

**5** | Ebd., S. 15.

anderen mit einschließt, und diese zudem im Bezug zu einer Öffentlichkeit – dem Publikum vor der Bühne und uns vor der Leinwand – aushandelt. Im Abspann erfahren wir, dass Johnny Cash und June Carter Cash über 35 Jahre in ihrem Haus am See gelebt und von dort aus ihre Konzerte und Plattenaufnahmen unternommen haben. Zugleich ist es nicht unbedeutend, dass Johnnys letzter Heiratsantrag von James Mangold nicht als Unterbrechung, sondern als kurzfristige Suspendierung eines Duetts mit June inszeniert wird. Während June mit sich ringt und Johnny mit ihr hadert, spielen die beiden Musiker, die hinter ihnen auf der Bühne stehen, die Grundtöne der Begleitung zu »Jackson« weiter. Die Deliberation des Paares entpuppt sich somit als Höhepunkt (und entscheidende Reorientierung) jener »conversation«, die Phoenix und Witherspoon den Film über in ihren gemeinsamen Bühnenauftritten schon längst miteinander – und somit auch für uns – vorgeführt hatten. Wie das Paar der klassischen »comedies of remarriage« haben sie eine gemeinsame, vertraute Sprache und gehen im gesungenen Gespräch aufmerksam aufeinander ein. Der Sprechakt, der den Vollzug einer Heirat vorwegnimmt, orientiert nur ihr Singen neu, während der Antrag sich in diesem Augenblick als richtig gestellt erweist, weil er die Konsequenzen jeglicher Vorstellung, wie sie gemeinsam in der Welt leben und wirken wollen, mit einschließt.

Der theoretische Gewinn des von Stanley Cavell vorgeschlagenen Gesprächs zwischen Philosophie und Hollywood-Kino besteht jedoch nicht allein aus dem genaueren Blick auf eine Filmgeschichte, den Cavells Ausführungen zu »moral perfectionism« eröffnet. Seine philosophische Beschäftigung mit literarischen und filmischen Texten lässt zugleich die kulturelle Brisanz des moralischen Anliegens der Transzendentalisten erkennen. Das Hollywood-Genrekino hat laut Cavell einerseits Teil an einem Gespräch, das die amerikanische Kultur mit sich selber führt. Andererseits bieten diese Filme neben den Schriften anderer Philosophen zudem das Material, das ihm erlaubt, seine eigenen Aufführungen immer wieder neu zu adjustieren. Die Auswahl der Texte, die Cavell in *City of Words* (der Buchfassung seiner Harvard-Vorlesung über den Dialog zwischen Philosophie und dem klassischen Hollywood-Kino) zusammenbringt, ist von einem doppelten Anliegen getragen. Zum einen »to show the persistence of a family of articulations of the moral life in modern thought«, zum anderen sucht er aber auf der Angemessenheit weiterer literarischer Beispiele zu bestehen, die von der professionellen philosophischen Diskussion kaum beachtet werden. »The implied claim«, so Cavell, »is that film, the latest of the great arts, shows philosophy to be the often invisible accompaniment of the ordinary lives that film is so apt to capture.«[6]

**6** | Ebd., S. 5.

## 1.2 Hinsehen und Innehalten

Die von Stanley Cavell bevorzugten Gattungen der »sophisticated comedy«, der Shakespeare-Tragödie und dem Film-Melo zeigen drei unterschiedliche Wege, wie das Problem des »moral perfectionism« als Frage einer geglückten oder gescheiterten Ehe literarisch inszeniert zu einer kulturellen Verhandlung führt, die philosophische Anliegen in die Belange des Alltäglichen (des »ordinary«) rückbindet. Ausschlaggebend dafür, dass George Cukors Die Nacht vor der Hochzeit (The Philadelphia Story; 1940) nicht nur in einer zweiten Hochzeit mündet, sondern die von Katharine Hepburn gespielte Tracy Lord weder den sie vergötternden Journalisten Mike (James Stewart) noch den ehrgeizigen Emporkömmling George (John Howard) wählt, sondern auf ihren entfremdeten ersten Gatten Dexter (Cary Grant) zurückfällt, ist der Umstand, dass dieses Paar sein abgebrochenes Gespräch deshalb wiederaufnehmen kann, weil sie sich eigentlich vertraut sind. »Having grown up together«, erklärt Cavell, »remains a law for the happiness of the pair in the universe of remarriage comedies.«[7] Seinen Anspruch auf Tracy kann Dexter jedoch erst dann erfolgreich erheben, wenn er den Beweis erbracht hat, dass es nicht nur ihr Begehren ist, was er selber begehrt, sondern dass dieses zudem rechtmäßig auf ihn gerichtet sein sollte. Die Freiheit, in die das Paar am Ende des Films schreitet (als wäre das Happy End ein moderner Beweis für das Gelingen jener therapeutischen Motivation der Philosophie, die Cavell im antiken Denken festmacht), wird als Eintritt in einen hell erleuchteten Morgen inszeniert, der auf die Verwirrungen einer Liebesnacht folgt. Die emotionale Verblendung, die das Paar entzweite und Tracy den falschen Traum hegen ließ, mit George einen anderen, ihr unwürdigen Mann heiraten zu wollen, wird somit als Traum entlarvt.

Doch die Ehe, die an diesem Morgen ein zweites Mal geschlossen wird, präsentiert sich nicht als Feststellung, sondern als Frage. Wie stellt Tracy sich ihr Morgen (»tomorrow«) vor, und welche Konsequenzen bringen nicht nur der verblendende und zugleich entlarvende Traum, sondern auch das Erwachen in und für einen Morgen mit sich? Bezeichnenderweise endet der Film nämlich in dem Augenblick, in dem Tracy, Dexter sowie Mike als Trauzeuge an den Altar in der Villa der Lords getreten sind. Das Blitzlicht eines Photographen, der sich in diese exklusive Gesellschaft eingeschlichen hat, stört das Ehegelübde. Erstaunt blicken alle drei – das vereinte Paar und der noch immer statthafte Rivale, nicht aber der vorgesehene zweite Ehegatte – in die Kamera; blicken also uns an und halten inne. Laut Cavell übernimmt Die Nacht vor der Hochzeit (The Philadelphia Story) von einer Komödie wie *A Midsummer Night's Dream* die Vorstellung, dass »the public world of day cannot resolve its conflicts

7 | Cavell, Stanley: Pursuits of Happiness. The Hollywood Comedy of Remarriage, Cambridge MA: Harvard University Press 1981, S. 136.

apart from resolutions in the private forces of night«. Diese Therapie, fährt er fort, »must occur by way of remembering something, awakening to something, and by forgetting something, awakening from something«.[8] Das Drehbuch nennt Tracys Überwinden ihres »moral cynicism« (der sich in der Wahl des ihr nicht ebenbürtigen George als Bräutigam niedergeschlagen hatte) »getting your eyes opened«, setzt aber zugleich ein nächtliches Erwachen voraus. Am Vorabend ihrer Hochzeit werfen sowohl Dexter als auch ihr Vater (der wegen einer Liebschaft mit einer Tänzerin von der Hochzeit ausgeschlossen werden sollte) der Braut vor, sie würde in ihrer kühlen Enthaltsamkeit der Statue einer unnahbaren Göttin gleichen, während ein »first-class human being« erst mit der Anerkennung der eigenen Fehlbarkeit entstehen kann. Über diesen bösartigen Vorwurf erschüttert, betrinkt sich Tracy mit Champagner und lässt daraufhin ihrem erotischen Begehren freien Lauf. Am Höhepunkt der Nacht tanzt sie mit Mike am Swimming Pool hinter ihrem Garten, und wird von ihm, glücklich betrunken in seinen Armen liegend, vor den erstaunten Blicken ihres geschiedenen Gatten Dexter und ihres Bräutigams George ins Haus getragen. Mit dem Anbruch des Hochzeitstages erwacht sie aus dieser Zügellosigkeit, um das dort entdeckte Begehren gerade darin anzuerkennen, dass sie dieses auf jenen Mann zu lenken weiß, mit dem sie sich vorstellen kann, als »first-class human being« eine Zukunft im Alltäglichen (im »ordinary«) zu haben.

»Remarriage« als Chiffre einer neu-orientierten Freundschaft führt somit jene von Sigmund Freud postulierte Überwindung vorödipaler Bindungen der Tochter an ihre Mutter vor, die zugleich in der Wahl eines Gatten auch das patriarchalische Gesetz anerkennt und sich ihm unterordnet. Das Ehegelübde kommt der Annahme jener symbolischen Verbote gleich, die einen fröhlichen Narzissmus (und die Selbstüberschätzung, die mit diesem einhergeht) enttäuscht. Zugleich wird in diesem Erwachen kein reiner Verzicht, sondern das Gelingen einer Erwartung bzw. Versprechen (»promise«) verzeichnet. Diese kann deshalb als Überwindung des »moral cynicism« verstanden werden, weil sie eine Idee der Frau als »first-class human being« bestätigt, die nicht nur erstrebenswert, sondern vor allem auch erschwinglich (»affordable«) ist. Indem Tracy Dexter (erneut) das Ja-Wort gibt, überwindet sie den Narzissmus, der sie in jenem übertriebenen Selbstbezug gefangen gehalten hat, der ihr das Anerkennen des Anderen unmöglich machte. Dies tut sie allerdings erst, nachdem der Champagner ihr die Augen bezüglich jenes erotischen Begehrens geöffnet hat, das sie sich in ihrem Alltag bislang verbieten wollte. Zugleich kehrt sie im Licht des Morgens zu einem Stück Narzissmus zurück. Denn, wie Cavell gesteht, besagt seine Vorstellung von »remarriage«: »[Y]ou are enabled to remain with the one to whom you have been bound, by discharging your hostility on a

**8** | Ebd., S. 142.

past life with that one, or with a past version of that one.«[9] In der Filmkomödie wird die Strenge des Gesetzes, die zur Enttäuschung narzisstischer Träume und somit zu Thoreaus »quiet desperation« führen kann, mit dem Beibehalten des schon immer vertrauten Gesprächs gemildert.

Zugleich steht bei der Läuterung der unnahbaren Tracy auch das Schaffen einer neuen Frau bzw. die Neuschaffung eines Menschen (»first-class human being«) auf dem Spiel, lernt sie in ihrer ekstatischen Liebesnacht doch jene eigene Fehlbarkeit anzuerkennen, die ihr erlaubt, bei Tageslicht auch die Fehlbarkeit des Anderen anzuerkennen – in Dexters Fall jene ihr widerwärtige Alkoholsucht, die zur Scheidung geführt hatte. Brisant für Cavell ist dabei zudem der Bezug, der sich zwischen dieser Neugeburt zum Verständnis amerikanischer Demokratie ergibt, stellt im puritanischen Verständnis der Ehevertrag doch eine »miniature of the covenant of the commonwealth« dar.[10] Die Ehe, die an diesem Morgen ein zweites Mal vollzogen wird – zudem in der Geburtsstadt der amerikanischen Verfassung –, ist auch extradiegetisch von nationaler Bedeutung. Laut Cavell fokussiert diese Filmkomödie nämlich eine spezifisch amerikanische Frage, nämlich »whether America has achieved its new human being, its more perfect union and its domestic tranquility, its new birth of freedom, whether it has been successful in securing the pursuit of happiness, whether it is earning the conversation it demands«.[11] Das wiederaufgenommene Gespräch zwischen Tracy und Dexter spiegelt demzufolge auch jenes philosophische Gespräch über die Bedingungen des sozialen Vertrages zwischen DIE NACHT VOR DER HOCHZEIT (THE PHILADELPHIA STORY) und dem Anspruch von John Adams, Thomas Jefferson sowie Alexis de Tocqueville, die neu gegründete amerikanische Nation wolle eine »natural aristocracy« hervorbringen, »not superior to others, possessing qualitites inaccessible to others, but one might say, more advanced than others, further along a spiritual path anyone might take and everyone can appreciate«.[12] Zwar gibt Cavell zu, dass mit dieser Anforderung ein gefährliches moralisches Terrain beschritten wird, lässt sich darin doch sofort jene Anlage zur Ausschließung erkennen, die dem Anspruch des Humanismus unweigerlich innewohnt. Zugleich entschärft Cavell diese Bedrohung mit dem Hinweis darauf, dass die Hoffnung auf »human perfectionism«, die Cukors Filmgeschichte in den zweiten Ehevertrag legt, mit der Anerkennung deren Fragilität einhergeht. Mit einer entscheidenden Frage tritt Dexter an die Stelle seines Rivalen, der erschüttert über die nächtliche Frivolität seiner Braut den Schauplatz der Hochzeit fluchtartig verlassen hat: »I'll risk it. Will you?« Tracy nimmt diese Herausforderung an und damit die

---

**9** | Ebd., S. 149.

**10** | Ebd., S. 151.

**11** | Ebd., S. 153.

**12** | Ebd., S. 156.

Kontingenz, die daran geknüpft ist. Die Heirat könnte (wieder) schiefgehen, sie könnten (wieder) ihr Glück verlieren. Doch in der Akzeptanz dieses Risikos – und deshalb ist sie von nationaler Wichtigkeit – liegt das amerikanische Glücksversprechen. Die Demokratie und die Menschlichkeit, auf die sie uns hoffen lässt, ist laut Jacques Derrida immer nur eine kommende (»à venir«). Sie erscheint in der Fragilität eines stets neu aufzugreifenden Gesprächs.

Was aber, wenn das Gespräch abbricht, weil sich Positionen des Zweifels verfestigt haben und ein Aushandeln nicht mehr möglich ist? Wie Cavell festhält: »The three males of THE PHILADELPHIA STORY may be construed as dividing up Othello's qualitites – Dexter taking up his capacity of authority, Mike his powers of poetry and passion, George his openness to suspicion and jealousy.«[13] In Shakespeares Tragödie obsiegt bekannterweise die Eifersucht, weshalb Cavell das Stück benutzt, um auf eine philosophische Sackgasse (»impasse«) zu reagieren: die Frage, ob der Skeptizismus widerlegbar oder unwiderlegbar, einer Widerlegung unwürdig oder sich selbst widerlegend sei. Cavell halt fest: »the pivot of Othello's interpretation of skepticism is Othello's placing of a finite woman in the place of God.«[14] Ist Othello sich Desdemonas Treue sicher, kann er auch auf die Existenz Gottes und somit auf seine eigene Sicherheit vertrauen. Ist hingegen der Glaube an die Frau nicht mehr aufrechtzuerhalten, droht die Welt ihre Begründung und ihren Grund zu verlieren. Weil sie im Rahmen der Frage einer Gewissheit in der Ehe verhandelt wird, lautet Shakespeares den Skeptizismus vorwegnehmende Antwort, dass es keine stabile Lösung für diesen Zweifel geben kann. Somit verharrt Othello in genau jener Grauzone zwischen Wissenssicherung und Zweifel, die von der Philosophie nicht beleuchtet werden kann. Gleichzeitig interessiert Cavell an seinem Gespräch mit Shakespeare auch die Frage, wie ein Ausweg aus der Unvermeidbarkeit des Kausalprinzips aussehen könnte, indem man nicht nur sein Schicksal, sondern auch die Verantwortung für dieses annimmt.

Von dem Augenblick an, in dem der über den Verrat seiner Tochter entrüstete Brabantio seinem ungewollten Schwiegersohn erklärt, »Look to her, Moor, if thou hast eyes to see. She has deceived her father, and may thee« (1.3.291f.), setzt jener Verdacht ein, der Othello zur Erkenntnis zwingt: Er kann Desdemona nie kennen, sondern sie nur als die Grenze des eigenen Wissens *an*erkennen.[15] Wäre er bereit, ihre »separateness« anzunehmen und somit einzusehen, dass sie mehr ist als das Versprechen jener öffentlichen Anerkennung, die er mit seiner Ehe sicherzustellen sucht, müsste er sich auch die

**13** | Ebd., S. 142.

**14** | Cavell, Stanley: Disowning Knowledge in Six Plays of Shakespeare, Cambridge: Cambridge University Press 1987, S. 126.

**15** | Shakespeare, William: *Othello*. Alle Zitate entstammen Stephen Greenblatt et al. (Hg.), The Norton Shakespeare, New York: Norton 1997.

Fragilität seines Traums, in Venedig als unfehlbarer Feldherr zu gelten, eingestehen. Weil er hingegen um jeden Preis die eigene Versehrtheit aus seiner Vorstellung von Welt auszublenden sucht (die Cavell in der den leiblichen Vollzug des Ehegelübdes innewohnenden sexuellen Gewalt – dem Vergießen von Blut – festmacht), bevorzugt er jenen todesgetriebenen Narzissmus, der einer absoluten Vereinnahmung von Welt gleichkommt. Im Gegensatz zur »sophisticated comedy« wird ein Wissen um die eigene Fehlbarkeit (und daran geknüpft die Vorstellung, von der Leiblichkeit der anderen kontaminiert zu werden) nicht angenommen, sodass keine neue, das sexuelle Begehren einschließende Menschlichkeit entstehen kann. Stattdessen hegt Othello jenen fantastischen Zweifel, der nur in einer moralischen Abtötung von Welt münden kann. Wenn Othello schon nicht mit Sicherheit von Desdemonas Treue wissen kann, so kann er doch mit absoluter Überzeugung an dieser zweifeln. Die Leiche der Gattin, die dieser Geschichte einer Vermeidung des Wissens der anderen ein Ende setzt, macht sichtbar: Othellos Weigerung, Desdemona zu sehen, kommt einer Verneinung ihrer Menschlichkeit gleich. Stattdessen glaubt er dem intrigierenden Iago, um jenes Wissen der eigenen Versehrtheit auszublenden, dessen Annahme für ihn noch unerträglicher wäre als die Gewissheit der Untreue seiner Frau.

So entlarvt Cavell den vom Skeptizismus aufgeworfenen Zweifel als Schutzdichtung, als »terrible doubt covering a yet more terribly certainty, an unstatable certainty«. Denn wie er feststellt: »Nothing could be more certain to Othello than that Desdemona exists; is flesh and blood; is separate from him; other. This is precisely the possibility that tortures him. The content of his torture is the premonition of the existence of another, hence of his own, his own as dependent, as partial.«[16] Othello besteht darauf, Desdemona wie jene unantastbare Statue zu behandeln, aus der sich Tracy Lord im Zuge ihrer Liebesnacht herauslöst. Wenn sich aufgrund ihrer Intervention für seinen Unteroffizier Cassio vor Othellos Augen die Angebetete als Frau aus Fleisch und Blut, mit einem eigenständigen, von ihm nicht zu bemächtigenden Begehren offenbart, führt dies auch bei Shakespeare zum Erschaffen einer neuen Frau; in diesem Fall jedoch zum mortifizierten Abbild des tragischen Vergehens seines Helden. Der fehlenden Perfektion, die in der narzisstischen Logik dieser Tragödie immer auch als Spiegelung seiner eigenen Fehlbarkeit fungierte, hält Othello mit seinem Mord eine Selbsterlösung entgegen, im Zuge deren die »separateness« Desdemonas im Bild der geopferten Unschuld stillgelegt und somit Othellos Zweifel überwunden wird. An der Leiche seiner Gattin bittet Othello, man solle nach seinem Tod von ihm berichten: »Of one that loved not wisely but too well« (5.2.353). Die Vollkommenheit seiner Liebe entspricht somit einer Perfektion seines Zweifels; es sind die zwei Seiten derselben Me-

**16** | S. Cavell, Disowning Knowledge, S. 138.

daille. Geht es der Filmkomödie darum, den Weg in einen Traumbereich sowie das Aufwachen aus einem Traum vorzuführen, erkennt Cavell in der Sprache und der Handlung der Shakespeare-Tragödie eine Inszenierung davon, wie Othellos Einbildungskraft wiederholt Realität in einen Traum auflöst. Doch in Othellos Liebeserklärung, mit der er sein Schicksal annimmt, ohne hingegen die Verantwortung dafür zu übernehmen, entdeckt Cavell auch einen Ausweg aus der Tragödie: »these topics [...] are not tragic unless one makes them so, takes them so; that we are tragic in what we take to be tragic.«[17]

Was würde es bedeuten, der Verführung des Tragischen nicht nachzugeben? Die Antwort liegt für Cavell nicht in den Sternen, sondern auf der Hand. Im tödlichen Verfehlen eines Othello, so seine ermutigende Behauptung, liegt auch der Ratschlag, die eigene Menschlichkeit anzunehmen. Was es brauchen würde, um ein tragisches Schicksal in die Freiheit eines Erwachens aus Verblendungen umschlagen zu lassen, wäre weder eine Wiedergeburt noch eine Erlösung, die den Tod der Betroffenen fordert, sondern »the courage, or plain prudence, to see and to stop«.[18] Gerade in jenen Melos der 40er Jahre, die als »woman's pictures« bekannt geworden sind, findet Cavell bedeutende Beispiele dafür, wie Heldinnen eine dritte Auflösung von »moral cynicism« vorführen, indem sie weder auf ein vertrautes Gespräch zurückgreifen noch an ihren Leichen der kathartische Abbruch aller Gespräche vollzogen wird. Verantwortung nicht nur für die eigenen Träume, sondern auch für die Enttäuschung dieser Aspirationen anzunehmen, heißt in einem Film wie King Vidors STELLA DALLAS (1937) nämlich, so zu handeln, dass mit der Entsagung der Traum von Glück dennoch – oder eben deshalb – in Erfüllung geht. Die von Barbara Stanwyck gespielte Stella erhofft sich von ihrer Tochter jenen gesellschaftlichen Aufstieg, der ihr selbst aufgrund ihrer Herkunft versagt bleiben muss. Sie bietet Laurel eine Ausbildung an einer guten Schule und ermöglicht ihr somit, sich in der Welt jenes großbürgerlichen Wohlstands einzurichten, in die Stella nicht passt. Ihr exzentrischer Geschmack deckt sich nämlich nicht mit dem von Laurels neuen Freunden (die darin nur Vulgarität erkennen), was zur Entfremdung zwischen Mutter und Tochter führt; dem Abbrechen ihres vertrauten Gesprächs.

Im entscheidenden Augenblick fingiert Stella einen Streit mit Laurel, um die Tochter (die aus Liebe zur Mutter bereit wäre, das von beiden für sie ersehnte Leben eines kultivierten Luxus aufzugeben), gewaltsam von sich abzutrennen. Laurel wird von der Familie ihres Bräutigams aufgenommen und wird in deren stattlichen Villa zum Altar schreiten, während Stella an dieser Zeremonie nicht teilnimmt, weil sie sich fürchtet, mit ihrem unpassenden Auftreten die Braut zu beschämen. Die ernüchterte Logik dieser Filmgeschichte besagt:

**17** | Ebd., S. 141.

**18** | Ebd., S. 81.

Weil sie auf ihr eigenes Glück als Mutter zu verzichten bereit ist, vollzieht Stella das Versprechen, das sie in Laurel gesetzt hat, und gerade in diesem Opfer liegt ihr eigentliches Glück. Das Hinsehen und Innehalten, auf das dieses Film-Melo hinausläuft, weil die Mutter von ihren narzisstischen Erwartungen absehen kann, verhindert für beide eine Abtötung von Welt und führt stattdessen zum Anbruch eines neuen, wenngleich auch wesentlich versehrteren Tages, als dieser am Ende einer »comedy of remarriage« anzutreffen wäre. In der Abschlusssequenz sehen wir nämlich, dass Stella durchaus zu dieser Hochzeitsfeier gekommen ist. Nur steht sie mit anderen Fremden im Regen vorm Haus, von den Festivitäten durch einen Eisenzaun abgeschirmt. Die Mutter des Bräutigams hat die Vorhänge zum Wohnzimmer, in dem die Zeremonie stattfindet, öffnen lassen, als hätte sie geahnt, dass es eine geheime Zuschauerin geben wird. Und so blickt Barbara Stanwyck durchs Fenster in den Raum, in dem die Hochzeit gerade feierlich vollzogen wird. Eine Menschenmenge hat sich um sie geschart, doch sie allein ist beleuchtet; als würde sie das, was sie (einem Kinozuschauer gleich) durch die Fensterscheibe erblickt, erhellen und somit auch uns moralisch erleuchten.

Denn nicht von der Braut, sondern nur von ihr bietet King Vidor eine Nahaufnahme, sodass wir die Tränen des Glücks sehen, mit denen die stolze Mutter dem Erfüllen ihres Traums beiwohnt. Ein Polizist versucht, sie zu verscheuchen, doch sie beharrt darauf, noch einen Augenblick länger vor dem Fenster zu verweilen, nachdem alle anderen bereits weitergegangen sind. Sie möchte, erklärt sie dem Gesetzesvertreter, das Gesicht der Braut sehen. Dann wendet sich Barbara Stanwyck begeistert ab und schreitet in den dunklen, offenen Raum, während die Kamera rückwärts vor ihr herfährt, um bis zum Schluss ihr Gesicht in einer Nahaufnahme festzuhalten. Stellas Tränen lösen sich nämlich in ein strahlendes Lächeln auf. Sie lässt die Welt, nach der sie sich gesehnt hat, und den einzigen Menschen, den sie noch immer liebt, bereitwillig hinter sich und läuft direkt auf uns zu. Cavell stellt deshalb die Frage: »May we imagine that we have here some Emersonian/Thoreauvian image of what Nietzsche will call the pain of individuation, of the passion Thoreau builds *Walden* to find, expressed as his scandalous pun on mo(u)rning, the transfiguration of mourning as grief into morning as dawning and ecstasy?«[19] Auf den theoretischen »impasse« des Skeptizismus kann in literarischen Texten verschiedentlich geantwortet werden – im Wiederaufnehmen eines fröhlich vertrauten Gesprächs, das die Vereitlung jugendlicher Selbstüberschätzung mildert; in der Zeugenschaft einer katastrophalen Abtötung von Welt, die eine vom Zweifel verdeckte Gewissheit über die Versehrtheit der menschlichen Existenz unzweideutig ans Licht führt; und schließlich in einem Schritt, der von

**19** | Cavell, Stanley: Contesting Tears. The Hollywood Melodrama of the Unknown Woman, Chicago: Chicago University Press 1996, S. 212.

der Trauer über die Vereitlung des eigenen Glücks im Glück der Anderen eine Hoffnung für ein Morgen (»tomorrow«) erfährt. In diesen Momentaufnahmen halten die literarischen Texte inne und zwingen uns, mit ihnen hinzusehen.

## 1.3 Amerika: Ein fragiles Projekt

Einen Punkt darf man jedoch nicht außer Acht lassen: Stanley Cavells Beschäftigung mit dem Gespräch, das Figuren auf der diegetischen Ebene eines besprochenen Textes miteinander führen (oder zu führen unfähig sind) ist wie auch das von ihm durchgespielte Gespräch zwischen literarischen Texten und Philosophie immer als moralische Beschäftigung mit den Erwartungen zu verstehen, die er an das amerikanische Projekt heranträgt. Einerseits ist Cavell daran gelegen, ein Gespräch herzustellen zwischen europäischen Denkern wie Aristoteles, Wittgenstein, Austen, und Freud und den amerikanischen Transzendentalisten Emerson und Thoreau, die kaum zum Kanon der Philosophie gezählt werden. Andererseits geht es ihm immer auch darum, diese amerikanische Tradition der Philosophie im Bezug zu einer populären Kultur zu setzen, welche die politischen Erwartungen und Möglichkeiten seines Landes reflektiert und stets neu verhandelt. Dabei fokussiert er vor allem die Fragilität, die dem amerikanischen Projekt von Anfang an mit eingeschrieben war. Stellt die Heirat, die in Die Nacht vor der Hochzeit (The Philadelphia Story) oder Walk the Line vollzogen werden kann, eine Miniatur des Bündnisses zwischen Souverän und Bürger dar, auf dem die amerikanische Demokratie beruht, verweisen vor allem die »comedies of remarriage« zudem auf das Risiko, mit dem ein solcher Vertrag behaftet ist. So entdeckt Cavell auch in seiner Beschäftigung mit dem Traum, den Amerika für die Philosophen und Künstler bedeutet, die ihn in ihren Schriften verhandeln, sein eigenes Anliegen um den Skeptizismus. Denn dieser stellt das entscheidende Bindeglied für jene Vorstellung des »ordinary« dar, von der Cavell behauptet, dass Film diese Alltäglichkeit nicht nur in seinen Geschichten und Bildern einfängt, sondern als deren unsichtbaren Begleiter er die Philosophie auch sichtbar macht.

Dabei geht es in seiner Diskussion des Skeptizismus um das Infragestellen von Kriterien, das diese als Versprechen in ihrer ganzen Fragilität entlarvt. Kriterien (wie Träume) halten nie, was man erwartet; sie müssen immer neu verhandelt, einem Gespräch unterzogen werden, sonst führen sie – wie die Lektüre von Shakespeares *Othello* gezeigt hat – zur Katastrophe eines allumfassenden Zweifels. Das Befragen von Kriterien führt dabei nicht zu letztgültigen Kriterien, zu einer festen Ordnung von Prinzipien, sondern zu dem, was Cavell eine »uncanniness of the ordinary« nennt; in der das Befragen von Kriterien deshalb produktiv endlos weitergeht, weil es auf eine »mutual acknowledgement of separateness«, auf eine »willingness for the everyday« gerichtet ist.[20] Diese vom Skeptizismus aufgeworfene Sensibilität für die Fragilität von Kriterien ist es auch, die Stanley Cavell in seinen Betrachtungen über das amerikanische Projekt leitet und es im Sinne einer »comedy of remarriage« als ein Projekt begreifen lassen, das nie abgeschlossen ist, sondern endlos neu begründet werden muss. Denn der amerikanische Tram, der in Philadelphia zu einer Verfassung führte, deren Nachleben Cavell in DIE NACHT VOR DER HOCHZEIT (THE PHILADELPHIA STORY) zu erkennen glaubt, war von Anfang an als die Erfüllung eines literarischen Entwurfs gemeint. Die ersten »pilgrims« traten in Amerika an Land wie auf eine Bühne, auf der ihr von den Propheten ihres Glaubens versprochene Traum an die Möglichkeit der Selbsterneuerung realisiert werden sollte. Amerika war also nie einfach nur ein geographischer Ort, sondern Bühne eines mythisch und zugleich performativen Ereignisses.

Wie Stanley Cavell festhält: »before there was France and England, there was France and England; but before there was America, there was no America.« Dieses Amerika, so fügt er hinzu, »was *discovered,* and what was discovered was not a place, one among others, but a setting, the backdrop of a destiny. It began as theater.« Cavell geht es darum, uns daran zu erinnern, dass dieses amerikanische Projekt – so gewagt der Gedanke gewesen sein mag, einen göttlichen Auftrag zu erfüllen, indem man einen Kontinent besiedelt – von Anfang an mit einem Gefühl der Fragilität verbunden war. Wenn Amerika darauf zurückzuführen ist, dass dort den ersten Puritanern ihr eigenes Schicksal vor Augen stand, so musste dieses Schicksal immer wieder erkämpft und von Neuem verwirklicht werden. Das Dilemma Amerikas als Projekt der Selbstverwirklichung besteht also darin, dass jeder aktuelle Zustand ständig an der fantastischen Verheißung seines Ursprungs gemessen werden muss. Der Optimismus, der für die Aufrechterhaltung des ständigen Kampfes um erneute Bestätigung erforderlich ist, war und wird weiterhin von der Furcht vor dem Scheitern der ursprünglichen Verheißung gedämpft: vom entsetzlichen Gefühl, wie Stanley Cavell es nennt, dass der Traum schon sehr bald verloren gehen könnte oder tatsächlich schon längst verloren gegangen ist.[21] Ein erwachtes – und somit erwachsenes – Umgehen mit diesem Traum, so Stanley Cavells Behauptung und Forderung, besteht hingegen darin, die Fragilität dieser Vision, die zugleich das Kernmerkmal des »ordinary« ist, immer vor Augen zu behalten – nicht als Zweifel oder Angst, sondern als Herausforderung. Man muss sich entlang einer Horizontlinie zwischen Traum und Realisierbarkeit bewegen. Von einem Versprechen und einer Erwartung (»promise«) anzuer-

**20** | Cavell, Stanley: In Quest of the Ordinary. Lines of Skepticism and Romanticism, Chicago: University of Chicago 1988, S. 178. Ich möchte an dieser Stelle Benno Wirz danken, dessen Gespräch für das Entwickeln meiner Gedanken zum Skeptizismus ausschlaggebend war.

**21** | S. Cavell, Disowning Knowledge, S. 115f.

kennen, diese seien nicht tragbar (»unaffordable«), heißt auch zu fragen, was man sich leisten kann. Wieder liegt die Antwort nicht in jenen Sternen, auf die sich Shakespeares tragische Helden verlassen wollen, wenn – und weil – alle gewöhnlichen Gespräche abgebrochen sind. Sie liegt auf der Hand, oder besser gesagt in den Filmbildern, die der Kinogänger in seinen Alltag mitnimmt: im Vertrauen in jenen Morgen, in den man schreitet, wenn man die Trauer um alle Enttäuschungen abgelegt hat; im Aushalten und Ertragen eines Gesprächs, das selbst im Streit nicht abbricht, weil die Grundtöne, auf denen es beruht, weiter erklingen; im Annehmen eines Risikos, in dem Ungewissheit in Vertrauen umschlägt.

# 2. Crossmapping

Kulturwissenschaft als Kartographie von erzählender und visueller Sprache

## 2.1 Umschriften kultureller Energien

Wie erhalten kulturelle Gegenstände, Ausdrucksformen und Praktiken ihre treibende Kraft, genauer ihre Fähigkeit, über den historischen Augenblick, aus dem sie entstanden sind, hinaus zu wirken und uns zu ergreifen? Um diese kulturelle Überlebenskraft zu beschreiben, hat der amerikanische Shakespeare-Forscher Stephen Greenblatt den rhetorischen Begriff der »energia« als soziale und historische Kategorie wieder aufleben lassen. Für ihn steht dabei die Verschränkung einer zeitgenössischen Erfahrung von Ergriffenheit mit einer historischen Transaktion auf dem Spiel. Die ästhetische Kraft eines Shakespeare-Stückes soll beispielsweise gerade nicht als direkte Übertragung aus dessen historischer Zeit in unsere begriffen werden, da das Stück sowie die Umstände, aus denen es hervorging und die es wiedergab, im Verlauf der Jahrhunderte radikal refiguriert worden sind. Gleichzeitig streichen die Umschriften, die das Überleben eines ästhetischen Werkes garantieren, die historische Vergangenheit auch nicht aus, als wären wir in einer anhaltenden Gegenwart eingeschlossen. Greenblatts Rückgriff auf den Begriff der »energia« besagt stattdessen: Die hartnäckig sich immer wieder durchsetzende Kraft eines ästhetischen Werkes ist auf eine Unentrinnbarkeit historischer Prozesse zurückzuführen, genauer auf einen strukturierten Prozess der Verhandlung und des Austausches, der bereits in dem ursprünglichen Augenblick der Bemächtigung – dem historischen Ursprung des ästhetischen Werkes – bemerkbar war und dann anschließend von den kulturellen Umschriften dieses Werkes tradiert wird.

Vom Austausch sozialer Energien zu sprechen bedeutet also, darauf zu beharren, dass es zwar keine direkte, ungetrübte und rekonstruierbare Verbindung zwischen unserem zeitgenössischen Empfinden und den früheren historischen Bedingungen, die beispielsweise ein Shakespeare-Stück prägten, gibt. Das Nachleben eines ästhetischen Werkes wird jedoch vornehmlich an der historischen Konsequenz abgelesen, mit der die im jeweiligen Text eingeschriebenen sozialen Energien transformiert und umgestaltet wurden. Diese »energia« kann, laut Greenblatt, nur indirekt als Wirkung festgestellt werden: an der Fähigkeit bestimmter kultureller Spuren, ein kollektives kulturelles Gedächtnis herzustellen, zu gestalten und zu organisieren. Aufgrund des kulturellen Austausches und Zirkulierens, das sich in Form von Umschriften – ob intertextueller oder intermedialer Art – abspielt, wird die soziale Energie eines ästhetischen Werkes über die Jahrhunderte hinweg am Leben erhalten. Die Frage, was denn an sozialen Energien zirkuliert, beantwortet Greenblatt folgendermaßen: »Power, charisma, sexual excitement, collective dreams, wonder, desire, anxiety, religious awe, free-floating intensities of experience«. Man könnte auch sagen: alles, das an kulturellen Empfindungen und Vorstellungen von einer Gesellschaft erzeugt und von dieser repräsentiert wird.[1]

Doch wie können wir solche Energien von Texten nach dem Tod deren Autoren und dem Ableben der Kultur, aus der sie entstammen, noch feststellen? Mit meinem Interpretationsverfahren des Crossmappings lassen sich Denkfiguren verschiedener Texte aufeinanderlegen und kartographieren. Dadurch lässt sich die Umschrift als kulturelle Kraft darstellen. Beim Verfahren des Crossmappings als Beispiel für die Möglichkeit von kulturwissenschaftlicher – oder, wie Mieke Bal vorschlägt, von kultur*analytischer* Arbeit – geht es mir um das Feststellen und Festhalten von Ähnlichkeiten, die sich zwischen ästhetischen Werken ergeben, für die aber keine eindeutigen intertextuellen Beziehungen im Sinne von explizit thematisierten Einflüssen festgemacht werden können. Es geht darum, die Transformation, die sich durch die Bewegung von einer historischen Zeit in die andere ergibt, hervorzuheben bzw. die Bewegung von einem medialen Diskurs in den anderen nachzuzeichnen. In ihrem Plädoyer für eine Renaissance des analogiebezogenen Denkens hält Barbara Maria Stafford fest, dass dies zu einem Verständnis von ästhetischen Werken führen könnte, in dem Korrespondenzen gesucht werden, um disparate Texte miteinander zu verbinden: um Bande zwischen kulturellen Gegenständen herzustellen, die oberflächlich betrachtet nicht übereinstimmen und nicht vergleichbar sind. Solch ein Hervorheben von Ähnlichkeiten und Verbindungen zwischen scheinbar ungleichen ästhetischen Ausdrucksformen erfordert nämlich einen imaginativen Sprung durch Raum und Zeit, bei dem es – wie auch bei Greenblatts Zirkulation sozialer Energien – darum geht, jene Kraft auszuloten, die einerseits Teil historischer Transformation ist und diese andererseits überlebt. Es bedeutet aber auch, die lebendige Kraft der Interpretation an sich in den Vordergrund zu rücken. Denn ein auf Analogien basierendes Crossmapping, das von einer produktiven Verschränkung von vergangenen

**1** | Greenblatt, Stephen: Shakespearean Negotiations, Berkeley: University of California Press 1988, S. 19.

und gegenwärtigen kulturellen Prozessen zehrt, fordert den Interpretierenden heraus, eine Denkfigur von immer neuen Gesichtspunkten heraus zu betrachten und aus immer wieder unterschiedlichen Richtungen an sie heranzugehen. Wie Stafford erklärt:

»Analogy grappled with the problem of how to conjoin an accumulated body of practices to the shifting present and elusive future. Within this developmental, not revolutionary, framework the birth of the new was always apparitional, the astonishing product of an artful combination of preexisting elements. Transformation always arose at the intersection of constancy with instability, coupling continuity to discontinuity.«[2]

Das Feststellen und Privilegieren von ähnlichen Denkfiguren als Anker für ein Crossmapping scheinbar nicht vergleichbarer Texte bedeutet jedoch auch, die Differenz auszuloten, die sich durch die kulturelle Umschrift ergibt. So könnten beispielsweise Hollywood-Filme zusammen mit dramatischen Texten Shakespeares gelesen werden, obgleich sich diese nicht direkt als Intertexte verstehen. Der Sinn eines solchen Crossmappings besteht stattdessen darin, der Frage nachzugehen, wie von der im Hollywood-Kino wiederbelebten »energia« einige der von Shakespeare-Stücken in Umlauf gesetzten Denkfiguren aufgegriffen werden, gleichzeitig aber auch andere, neue und refigurierte Gestaltungen durchgespielt werden. Welche für unsere zeitgenössische Kultur spezifischen Fragestellungen können hier gerade mit einem verstohlenen Rückgriff auf einen klassischen Text formuliert werden? In welchem Sinne findet hier wiederum eine umschreibende Aneignung der Vorlage anstelle einer treuen Nachahmung statt? Mit dieser Art Versuch eines analogisierenden Crossmappings zwischen Kino und Literatur nehme ich eine heuristische Fährte auf, die Stanley Cavell bereits in seiner Studie über den Einfluss der Shakespeare-Komödie auf die »sophisticated comedies«, die zwischen 1937 und 1949 in Hollywood produziert wurden, gelegt hatte. Seinen Vorschlag, George Cukors DIE NACHT VOR DER HOCHZEIT (THE PHILADELPHIA STORY; 1940) als eine moderne Umschrift von Shakespeares *A Midsummer Night's Dream* zu lesen, begründet er folgendermaßen: Sowohl der Film als auch die Shakespeare-Komödie basieren auf der Idee, dass die öffentliche Welt des Tages ihre Konflikte nicht abgetrennt von Entschlüssen lösen könne, die den privaten Kräften der Nacht

**2** | Stafford, Barbara Maria: Visual Analogy. Consciousness as the Art of Connecting, Cambridge MA: MIT Press 1999, S. 133. Man könnte dieses Leseverfahren durchaus in Zusammenhang setzen mit Roland Barthes' Studie *S/Z* (Paris: Éditions du Seuil 1970), in der er innerhalb eines literarischen Textes eine endlose Vernetzung von Querverweisen herausarbeitet und über das Erstellen von Ähnlichkeiten, semantischen Oppositionen wie auch der literarischen Verarbeitung von kulturellen Kodes die plurale Bedeutung des Textes feststellt.

zugeschrieben werden müssen. Das Eintauchen in eine nachtgeweihte Welt führt dadurch zu einer Therapie der Ängste und Wünsche des Tages insofern, als an dem anderen Schauplatz – dem nächtlichen Ort der Halluzinationen – etwas erinnert wird, wodurch man zu einem Wissen erwacht. An die nächtliche Reise ist aber auch der Umstand geknüpft, dass etwas vergessen wird, was einem auch erlaubt, aus diesem traumartigen qua traumatischen Wissen wieder aufzuwachen.

Stanley Cavell hält an der Entsprechung fest, die sich zwischen der Elfenkönigin Titania und George Cukors Heldin Tracy Lord ergibt, die, wie ihr Nachname ankündigt, fürstlich die Villa ihrer Eltern in einem reichen Vorort Philadelphias bewohnt und dort eine Ehe mit dem aus der Arbeiterschicht aufgestiegenen George Kittredge schließen möchte, dabei aber von ihrem aristokratischen Ex-Mann C. K. Dexter Haven gestört wird. Cavell zeigt, wie die Möglichkeit einer harmonischen zweiten Hochzeit der zerstrittenen Eheleute die Neuschöpfung der Heldin voraussetzt. In diesem »rite de passage« nimmt Dexter Haven, von einer frühen Alkoholsucht genesen, die Rolle Oberons – Shakespeares Elfenkönig – ein: Als Zauberer, Therapeut und Stellvertreter des Regisseurs beherrscht er das Intrigenspiel, verwandelt seine Titania und stellt somit sicher, dass am Ende der Nacht die väterliche Autorität wieder zu ihrem sicheren Platz findet. Es gelingt ihm, einen Zeitungsbericht, der die Liebschaft zwischen Tracys Vater und einer Tänzerin öffentlich gemacht hätte, zu verhindern, wie auch den entfremdeten Vater erneut in die von der ›Amazone‹ Tracy regierten Villa einzuführen. Tracy erscheint als brisante Umschrift der stolzen Hippolyta, von der Theseus am Anfang von *A Midsummer Night's Dream* erklärt, er hätte sie mit dem Schwert besiegt, wolle sie nun aber in einer weniger kämpferischen Weise auf die gemeinsame Hochzeit einstimmen.[3] Denn wie Shakespeares Amazonen-Königin stellt auch Tracy eine selbstbewusste Frauenfigur dar, die im Verlauf des Liebeskampfes ihre Waffen aufgeben muss, um zu ihrem vermeintlich wahren Schicksal als irdische Frau zu finden. Dexter gewinnt demzufolge eine veränderte Gattin zurück. Im Verlauf des Liebeszaubers, der sich in der Sommernacht vor der Hochzeit abspielt, erkennt die von Katharine Hepburn gespielte Tochter, deren kühle, undurchdringliche Erscheinung sie in den Augen der in sie verliebten Nebenbuhler ihres ersten Mannes wie eine Göttin hat erscheinen lassen, die eigene Verwundbarkeit. Am Ende der Nacht ist die über alle anderen erhabene Frau von ihrem Sockel gestürzt und die vermenschlichte Tracy neu geboren. Daran knüpft Stanley Cavell seine Deutung dieser Filmkomödie als Allegorie des amerikanischen

**3** | Shakespeare, William: *A Midsummernight's Dream:* »Hippolyta, I wooed thee with my sword,/And won thy love doing thee injuries./But I will wed thee in another key« (1.1). Wörtlich spricht Theseus also von einer anderen Tonart, in der er Hippolyta heiraten werde.

Selbstschöpfungsmythos, in dem über die Versöhnung der beiden Eheleute auch das von der amerikanischen Verfassung festgehaltene Recht auf eigenem Streben nach Glück eingelöst wird. Die aristokratische Tracy Lord und Dexter Haven werden als Menschen umgewandelt, damit sich über diese Metamorphose die Utopie der Begründer der amerikanischen Nation zumindest auf der Kinoleinwand realisieren lässt.

Für diese vergleichende Lektüre eines Shakespeare-Dramas und eines Hollywood-Films hebt Stanley Cavell eine rhetorische Geste hervor, die ich als zentral für jegliche Art des Crossmappings ansehe. Nicht etwa ein solider Beweis für die Beziehung zwischen Cukors DIE NACHT VOR DER HOCHZEIT (THE PHILADELPHIA STORY) und Shakespeares *A Midsummer Night's Dream* steht auf dem Spiel. Sein Erkenntnisinteresse beschreibt Stanley Cavell stattdessen folgendermaßen: »Discovering, given the thought of this relation, what the consequences of it might be. This is a matter not so much of assigning significance to certain events of the drama as it is of isolating and relating the events for which significance needs to be assigned.«[4] In diesem Sinne geht es bei einem Crossmapping von Texten, für die es keine nachweisbare Intertextualität festzustellen gibt, nicht darum, Wunschfantasien, Ängste und Gefühlsintensitäten einfach auf eine Vorlage zu reduzieren. Stattdessen gilt es auszuloten, wie die Denkfiguren eingesetzt werden, die einem erlauben, eine Ähnlichkeit zwischen zwei unterschiedlichen Textsorten auszumachen. Was zeichnet den Einsatz dieser Gestaltungen kultureller Energien aus und welche Konsequenzen lassen sich von den an ihnen erprobten Umschriften ableiten? Was überlebt an kulturellen Energien aufgrund von Umschriften, die Autorinnen und Autoren in ihre Werke einbauen? In welchem Sinne entdecken erst wir als Lesende diese Umschriften, stellen sie, wie Roland Barthes dies für den »texte scriptible« vorgeschlagen hat, überhaupt erst her, und sind somit für das Aufflackern eines Nachlebens dieser kulturellen Energie selbst verantwortlich?[5]

---

**4** | Cavell, Stanley: Pursuits of Happiness. The Hollywood Comedy of Remarriage, Cambridge MA: Harvard University Press 1981, S. 145.

**5** | Roland Barthes unterscheidet in *S/Z* zwischen einem »texte lisible«, einem leserseitigen Text, in dem sich die Lesenden den vorgegebenen literarischen und kulturellen Kodes unterordnen, und einem »texte scriptible«, einem schreiberseitigen Text, in dem die Lesenden aufgrund der Art, wie sie die polyphonen Stimmen eines Textes zusammenfügen, selbst zu Produzenten des Textes werden. Barthes meint damit aber weniger eigentliche Texte als Lesemethodiken. Leserseitige Texte findet er vornehmlich bei realistischen Erzählungen, schreiberseitige bei den Texten der Avantgarde, obgleich er selber zugibt, dass man, priviligiert man die Haltung des Textproduzierenden, durchaus auch klassisch-realistische Texte mittels »texte scriptible« lesen kann.

## 2.2 Die klarsichtige Tochter: Das Nachleben einer Geste

Anhand zweier weiterer Crossmappings von zeitgenössischen Filmen mit literarischen Texten möchte ich nun darauf eingehen, wie das weibliche Subjekt sich im Bezug auf die symbolischen Kodes und Gesetze, die es definieren, entwirft, bzw. wie es durch diese symbolische Ordnung konzipiert wird. In ihrer Streitschrift *Das andere Geschlecht* beharrt die Philosophin Simone de Beauvoir darauf, dass in unserer abendländischen Kultur das Selbst vornehmlich als männlich, das Andere hingegen als weiblich figuriert wird.[6] Diese Konstruktion einer Weiblichkeit als Grenze zu all dem, was als Norm verstanden wird, dient – so de Beauvoirs These – jedoch letztlich einer Spiegelung des männlichen Selbst. Dieses kann sich nämlich gerade durch eine klare Abgrenzung vom Anderen definieren. An die Ränder der Norm gedrängt erscheint nun die Weiblichkeit entweder als deren idealisierte Überhöhung oder als deren monströse Perversion: das extrem Gute, Reine und Hilflose oder das extrem Gefährliche, Chaotische und Verführerische. Die Heilige oder Hure, Jungfrau Maria oder Eva. Von der ihr zugeschriebenen Position der Randständigen aus steht die Frau somit oft für jenes gesellschaftliche Mitglied ein, das von einer symbolischen Gemeinschaft ausgeschlossen werden muss, damit sich diese als Einheit konstituieren kann. Deshalb kann in unserem Bildrepertoire die Frau auch so oft als Figur eingesetzt werden, deren Opferung eine Katharsis der bestehenden Ordnung, die in eine Krise geraten ist, ermöglicht. Über die weibliche Leiche – das besagen eine Vielzahl an mythenschaffenden Texten seit der Antike – können kulturelle Normen bestätigt oder gesichert werden, und zwar entweder weil das Opfer der tugendhaften, unschuldigen Frau einer Gesellschaftskritik und Läuterung deren morscher Gesetze dient oder weil eine Opferung der diese kulturellen Gesetze bedrohenden Frau jene Stabilität wiederherstellt, die wegen der gefährlichen Wirkungskraft der Frau – man denke an alle Schwestern Evas, Liliths und der Hure Babylons – vorübergehend in Unordnung geraten war.[7]

Nun gibt es aber ein anderes, durchaus dominantes, wenngleich gerne übersehenes Bildrepertoire dafür, wie das weibliche Subjekt sich im Bezug auf die symbolischen Kodes und Gesetze, die es definieren, entwirft, bzw. wie es durch die symbolische Ordnung konzipiert wird. Das weibliche Subjekt fungiert in diesen Texten jedoch nicht als Inbegriff einer radikalen Alterität bzw. als Grenze zu all dem, was als Norm verstanden zum Randständigen deklariert wird, und somit als idealisierte Überhöhung oder als monströse Perversion erscheint: eine Position, die Jacques Lacan dem weiblichen Subjekt innerhalb der

6 | de Beauvoir, Simone: Le Deuxième Sexe, Paris: Gallimard 1949.

7 | Bronfen, Elisabeth: Over her Dead Body. Death, Femininity and the Aesthetic, Manchester/New York: Manchester University Press 1992.

von ihm vorgeschlagenen Topologie des Unbewussten im Bezug auf eine symbolische Ordnung gerne zuschreibt.[8] Bei meinem Crossmapping geht es stattdessen darum, einer anderen kulturellen Spur nachzugehen – dem Umstand nämlich, dass es seit der Shakespeare-Zeit eine Doppelkodierung des weiblichen Subjekts gibt. Einerseits ist da die kulturelle Gesetze überschreitende, zerstörerische und todessüchtige Femme fatale – man denke an Lady Macbeth oder Ophelia, die sich mit ihrem gewaltigen Begehren jenseits der Gesetze des Symbolischen bewegen – und andererseits die Stellvertreterinnen jener kulturellen Kodes, die dem weiblichen Subjekt eine dominante Position scheinbar absprechen. Im zweiten Fall denke man an die klugen Heldinnen der Komödien, die in dem Sinne ein Gegengewicht zu den Hexen und schönen Toten der Tragödien darstellen, als sie für ein Aushandeln des sie beschränkenden und kränkenden Gesetzes einstehen, anstatt dieses radikal zu überschreiten: Portia in *The Merchant of Venice*, die Prinzessin in *Love's Labour's Lost*, Beatrice in *Much Ado About Nothing*.

Vornehmlich seit dem epistemischen Bruch, den der Historiker Michel Foucault um 1800 ansetzt, um den Anfang der Moderne festzulegen, flackern mit neuer Brisanz Darstellungen des weiblichen Subjekts wieder auf, die als Stellvertreterinnen genau jenes kulturellen Kodes fungieren, welcher der Frau eigentlich seit der Renaissance eine dominante Position innerhalb der symbolischen Ordnung abzusprechen, sie in den Bereich der Empfindsamkeit und der Häuslichkeit abzuschieben und somit aus dem Bereich des Öffentlichen auszutreiben versucht hat. In seiner Studie über die Geschichte der Sexualität hat Foucault darauf hingewiesen, dass die Geburt der bürgerlichen Familie mit einer Klage über deren Krise einherging. Indem ein damals neu entworfener Sexualdiskurs als brisanteste Zielscheibe und Verankerungspunkt für Wissens- und Machtstrategien – so Foucaults These – den bis dahin dominierenden Allianzdiskurs (dem Bündnis zwischen Fürst und Untertan) in Frage zu stellen wusste, konnte auch die bürgerliche Familie als Knotenpunkt schlechthin zwischen einem auf das allgemeine Wohl ausgerichteten Gemeinschaftsverlangen und einem von der Sexualität abgeleiteten Eigeninteresse festgelegt werden. Die Familie wurde zum Ort, an dem alles, was mit Gefühlen, Begehren und Fantasien zu tun hatte, als privilegierte Brutstätte der Sexualität abgehandelt werden konnte. In dieser Fokussierung auf die Familie wurde jedoch gleichzeitig auch die Aufmerksamkeit auf jene gewalttätige Ablösung von einer Generation durch die nächste gerichtet, welche die Verschränkung einer der Allgemeinheit dienenden Männerallianz mit den sentimentalen Liebesfantasien begleitet hat, die in den Familienbündnissen durchgespielt werden. Foucault stellt für die historische Wende ins 19. Jahrhundert allgemein fest, dass die Störung, die der Familie wie ein traumatischer Kern im Herzen

**8** | Lacan, Jacques: Encore. Le Séminaire livre XX, Paris: Éditions du Seuil 1975.

eingeschrieben ist, gerade deshalb zu diesem Zeitpunkt so vehement im literarischen und visuellen Bildrepertoire aufflackern konnte, weil der neu etablierte Sexualdiskurs ständig sowohl bemüht als auch abgewehrt, gefürchtet und gleichzeitig thematisiert wurde. Dadurch entpuppte sich diese krisenhafte Störung als unheimliches Geheimnis und gleichzeitig als unerlässliches Bindeglied jeglicher sozialen Allianzen.[9]

Die für diese Epoche laut Foucault charakteristische Vermengung von Gemeinschaftsanliegen und sexualisierten Einzelinteressen rief demzufolge eine ganze Palette an Familienneurotikern hervor – die hysterische Tochter, den lebensmüden, im Wahn befangenen Sohn, um nur zwei zu nennen. Diese verkörperten eine Verschränkung der auf Abwege geratenen Allianz mit der als abnormal bezeichneten Sexualität. Die tragische Ironie dieser Verschränkung von Gemeinschaftsverlangen und familiärem »gender trouble« bestand demzufolge von der Geburt der bürgerlichen Familie an in folgendem Umstand: Wenn die Familie seit Mitte des 18. Jahrhunderts zur Bundeslade der Allianz werden konnte, so erwies sie sich doch zugleich auch als Keim aller Missgeschicke des Geschlechts. Das durch eine Betonung der Sentimentalität und somit der partikularen Belange der Familie bedrohte, von Männerbündnissen geprägte Allianzsystem konnte nämlich nicht umhin, seine Legitimität durch eben jene bedrohliche, von der Weiblichkeit dominierte Ordnung der Sexualität (qua »gender trouble«) bestätigen zu lassen.[10] Das Resultat dieser unglücklichen, aber auch unumgänglichen Verbindung zeigte sich dann wiederholt in jenem Beklagen der unlösbaren Antagonismen, auf der von Anfang an jegliche Familienbündnisse als Allianz gegründet waren: eine Klage und Anklage, die Foucault eine wohldurchdachte Familien-Sendung des Leidens nennt, bzw. eine in die Öffentlichkeit hinausgetragene Verkündung des Unmuts und Unbehagens. Diese richtete sich an die Experten (z.B. Ärzte, Richter und Priester), aber natürlich auch an die Romanleser, da der Streit der Geschlechter seit der Geburt der modernen Familie ebenso hartnäckig im Bereich der literarischen Ästhetik wie dem der Medizin und der Jurisprudenz durchgespielt wurde.

**9** | Foucault, Michel: La Volonté de savoir, Paris: Gallimard 1976.

**10** | Ich entlehne den Begriff der Studie Judith Butlers »Gender Trouble. Feminism and the Subversion of Identity« (New York/London: Routledge 1990). Während sie damit vorwiegend die Opposition zwischen einer vermeintlich natürlichen Sexualität und einer vermeintlich konstruierten Geschlechtlichkeit aufzubrechen sucht und Geschlechterdifferenz immer als das Resultat kultureller Einschriften auf den Körper und somit jegliche Formen von Selbstdarstellung konstatiert, möchte ich den Begriff erweitern. Nicht nur die Geschlechterdifferenz im sexuellen Sinne, sondern auch die Differenz zwischen einer Generation und der nächsten erscheint mir einer der wichtigsten Schauplätze eines sozialen, psychologischen und kulturellen Streits.

Innerhalb dieser öffentlich verhandelten Familien-Ökonomie, in der das kastrierende Gesetz der Väter nicht nur radikal in Frage gestellt, sondern durch eine Krise der Männlichkeit unterwandert wurde – was vornehmlich in der wahnhaften Erkrankung des Sohnes eine Materialisierung erfährt – entstand jedoch auch eine Figur, die von Michel Foucault weitgehend übersehen wird: die vernünftige und überlebensfähige Tochter. Sie bildet das klärende Gegenstück zu den fragilen, hysterischen oder ätherischen Mädchen, die Novalis, Nerval oder Poe zu halluzinatorischen Selbstergüssen anzuregen vermochten. Dass gerade die Tochter auf der Seite des Gesetzes steht und mit ihrem vernünftigen Blick die Verblendungen ihrer Gegenspielerinnen – wie auch die des von der gefährlichen Frau faszinierten Geliebten – ins richtige Licht zu rücken suchen, erfuhr zwar in der englischen Renaissance in einer Figur wie der als Mann verkleideten Portia in *The Merchant of Venice* oder der besiegten Amazonenkönigin Hippolyta in *A Midsummer Night's Dream* eine erste nachhaltige Gestaltung. Die »energia« dieser Geste taucht dann aber bezeichnenderweise als neubelebte kulturelle Spur um 1800 wieder auf – und zwar in den weiblichen Familienmitgliedern, die als Vexierspiegel und Korrektiv für eine in Krise geratene Männlichkeit fungieren: als Auslöser und Gegenstand von selbstverschwenderischen Halluzinationen, aber auch als Gegenstimme zu den Wahnvorstellungen der von Transgressionswünschen befallenen Liebenden. So lässt der Amerikaner Charles Brockden Brown bezeichnenderweise die Tochter Clara den tragischen Verfall ihrer Familie in dem 1798 veröffentlichten Roman *Wieland* erzählen.[11] Ausgelöst wird ihre »Familien-Sendung des Leidens« durch den Wahnsinn ihres Bruders Wieland, der sowohl seine Gattin als auch seine Kinder ermordet und auch nach dem Leben seiner Schwester derart hartnäckig trachtet, dass er selbst aus dem Gefängnis auszubrechen vermag, um zu versuchen, Clara zu töten. Die Urszene der Gewalt wird von Clara daran festgemacht, dass der Vater aufgrund von geheimnisvollen wissenschaftlichen Experimenten eines Nachts im Pavillon hinter ihrem Haus durch eine Explosion zu Tode kam und nun als unheimliche, geisterhafte Gestalt seine Kinder heimsucht. Der eigentliche mörderische Wahn ihres Bruders erhält jedoch erst in demjenigen Augenblick eine manifeste Gestalt, als ein vagabundierender Spaßvogel, der die Kunst des Bauchredens beherrscht, sich mit dieser elternlosen Familie einen Scherz erlaubt. Carwin, der alle Stimmen nachahmt und damit auch Clara zum Halluzinieren von grässlichen Taten anregt, löst bei seinem Doppel – dem am Tode des Vaters erkrankten Wieland – eine paranoide Straffantasie aus. Wieland ist nunmehr davon überzeugt, dass der tote Vater ihm den Befehl erteilt hat, die ganze Familie auszulöschen. Noch ein letzter Aspekt ist an diesem Bericht der klarsichtigen Tochter, die als einzige überlebt,

**11** | Brockden Brown, Charles: »Wieland«, in: Three Gothic Tales, New York: Library of America 1998.

zentral. Sie schreibt sich mit den letzten Worten ihrer Beichte eine gewisse Komplizität an den schauerlichen Mordtaten selbst zu: »If Wieland had framed juster notions of moral duty, and of the divine attributes; or if I had been gifted with ordinary equanimity or foresight, the double-tongued deceiver would have been baffled and repelled.«[12] Clara erkennt somit jedoch nicht nur an, dass auch sie von den Mächten des Bösen infiziert werden könnte, sondern hält diesem Wahn auch einen Gleichmut und eine vorbeugende, alle Kontingenzen der Gefahr mitbedenkende Klarsichtigkeit als apotropäische Geste entgegen.

Gerade diese Gestalt einer klarsichtigen Tochter namens Clara greift E.T.A. Hoffmann in seiner Novelle »Der Sandmann« auf, jenem Text also, an dem Sigmund Freud etwa hundert Jahre später das Unheimliche als die Rückkehr von bekanntem, aber verdrängtem Wissen theoretisiert, welches das Subjekt in Form von Wiederholungszwang und anderen psychischen Störungen heimsucht.[13] E.T.A. Hoffmanns Aufklärerin versucht ihrerseits – als wäre sie eine Psychoanalytikerin »avant la lettre« – ihrem sinnesverwirrten Verlobten Nathanael, der in dem Wetterglashändler Coppola die Rückkehr des schrecklichen Sandmanns aus dem gleichnamigen Ammenmärchen wiederzuerkennen glaubt, eine klarsichtige Einsicht in die Wissenslücke, die durch den geheimnisvollen Tod des Vaters die ganze Familie heimsucht, verständlich zu machen. In einem Brief, mit dem Clara auf Nathanaels Bericht antwortet, der fälschlicherweise bei ihr und nicht bei ihrem Bruder Lothar ankam, erklärt sie:

»Gibt es eine dunkle Macht, die so recht feindlich und verräterisch einen Faden in unser Inneres legt, woran sie uns dann festpackt und fortzieht auf einem gefahrvollen verderblichen Wege, den wir sonst nicht betreten haben würden – gibt es eine solche Macht, so muss sie in uns sich, wie wir selbst gestalten, ja unser Selbst werden; denn nur so glauben wir an sie und räumen ihr den Platz ein, dessen sie bedarf, um jenen geheimen Wert zu vollbringen. Haben wir festen, durch das heitre Leben gestärkten, Sinn genug, um fremdes feindliches Einwirken als solches stets zu erkennen und den Weg, in den uns Neigung und Beruf geschoben, ruhigen Schrittes zu verfolgen, so geht wohl jene unheimliche Macht unter in dem vergeblichen Ringen nach der Gestaltung, die unser eigenes Spiegelbild sein sollte.«[14]

Clara schließt ihren Brief mit der Überzeugung, dass diese fremden Gestalten nichts über einen vermögen: »Nur der Glaube an ihre feindliche Gewalt kann

**12** | C. Brockden Brown: »Wieland«, S. 227; meine Übersetzung.

**13** | E.T.A. Hoffman: »Der Sandmann« (1816), in: Fantasie- und Nachtstücke, München: Dt. Bücherbund 1976, und Sigmund Freud, »Das Unheimliche« (1919), in: Angela Richards (Hg.), Werke aus den Jahren 1917-1920 (= Gesammelte Werke, Band 12), Frankfurt a.M.: Fischer 1947.

**14** | E.T.A. Hoffmann: »Sandmann«, S. 340.

sie Dir in der Tat feindlich machen.«[15] Im Verlauf der Geschichte wird es Clara nicht gelingen, ihren Geliebten zu überzeugen, denn – von der Puppe Olympia inspiriert, die zu allem immer nur ›Ach-Ach-Ach‹ sagt – gibt Nathanael sich genüsslich seiner wahnhaften Paranoia hin. Er versucht sogar, Clara als Vertreterin des Gesetzes der Vernunft von einem Kirchturm zu stürzen. Diese mörderische Geste wählte E.T.A Hoffmann nicht zufällig, lässt sich dem Turm doch leicht eine phallische Bedeutung zuschrieben. Als solches bildet der Turm nicht nur den Schauplatz eines geplanten Mordes an der vernünftigen Braut, sondern eben auch Sinnbild für das Gesetz jener väterlichen Autorität, die aufgrund des geheimnisvollen Todes des Vaters innerhalb der psychischen Realität des Sohnes eine Störung erhalten hat.

Dem Bruder Lothar gelingt es, die Schwester noch rechtzeitig aus der tödlichen Umarmung Nathanaels zu lösen. Daraufhin springt dieser selber in den Tod, weil er in der Menge, die sich mittlerweile um den Turm versammelt hat, den vermeintlichen Mörder seines Vaters zu erspähen glaubt. Somit löst sich Nathanael für immer vom paternalen Gesetz. Doch diese Auflösung des Konfliktes der Geschlechter im sexuellen Sinne wie auch im Sinne der Generationsabfolge ist deshalb so brisant, weil sie das hartnäckige Nachleben der überlebensfähigen Töchter Shakespeares im 19. und 20. Jahrhundert nachzeichnen lässt, die für eine Annahme eines fragilen, aber lebensträchtigen Gesetzes einsteht und somit als Gegenstimme zu den Wahnvorstellungen der neurotisch erkrankten Kinder fungiert. So könnte man beispielsweise eine Analogie fruchtbar machen, die sich zwischen E.T.A. Hoffmanns Clara und Richard Wagners Brangäne erkennen lässt, da zweitere in *Tristan und Isolde* dem Todesdrang der nächtlichen Geliebten wiederholt ein Überlebensprinzip entgegenhält.

Gerade wenn man diese Trajektorie nachzieht, bemerkt man: Wie ihre Herrin verfügt Brangäne über Zauberkräfte und kann deshalb im ersten Akt den Todestrank in einen Liebestrank umwandeln. Im zweiten Akt warnt sie dann wiederholt mit ihrer Intervention »Habet acht« die Liebenden, dass der von ihnen besungene Ausnahmezustand einer symbiotischen Verschmelzung jenseits jeglicher kultureller Gesetze zeitlich begrenzt ist. Schließlich ist sie diejenige, die im dritten Akt auf die Insel des verwundeten Tristan stürzt, um dem in gemeinsamem Wahn vereinten Geliebten zu verkünden, dass König Marke ihnen verziehen hat und ihrer Eheschließung nun nichts mehr im Weg steht. Bedenkt man den Pathos des halluzinatorischen Wahns und des Selbstopfers, den Wagner im letzten Akt musikalisch feiert, ist es ebenso bezeichnend, dass es diese Stimme gibt, wie es bezeichnend ist, dass niemand ihr zuhört. Denn der Einbezug Brangänes Stimme, der die Fantasie des Liebestodes ins Leben ruft, sie stützt und beschützt und gleichzeitig auch dagegen

**15** | E.T.A. Hoffmann, »Sandmann«, S. 341.

warnt, führt zu einem Riss in Wagners Feier der verzückten Heilung. Dieser Riss wird jedoch vielleicht erst dann wirklich sicht- und hörbar, wenn man im Sinne Stanley Cavells aufgrund eines Crossmappings diese Stimme als eine jener bezeichnenden Gesten erkennt, für die eine Bedeutung gefunden werden muss. Gerade ein querangelegter, analogisierender Blick erlaubt uns nämlich zu erkennen, dass Brangäne der Schicksalhaftigkeit, die Tristan und Isolde in ihrem Duett als Liebestod huldigen, das Gesetz der reinen Kontingenz entgegenhält: »Habet Acht.« Gerade weil die Nacht unweigerlich zum Tag wird, gerade weil wir den kulturellen Kodes nie entkommen können, kann alles auch anders ausgehen, als man meint. So bietet Brangänes Stimme uns das Versprechen der Handlungsfähigkeit und der Intervention in Form einer doppelten Botschaft: dass nämlich das Subjekt sein Dasein innerhalb der symbolischen Gesetze anerkennen und sein Begehren diesen anpassen muss, es gleichzeitig aber auch dazu befähigt ist, dessen Kodes im Sinne seiner eigenen Bedürfnisse zu refigurieren.

Einem Crossmapping der an das Aushandeln kultureller Kodes geknüpften »energia« nachzugehen, die von Shakespeares Komödien ausgeht und in narrativen wie dramatischen Texten des 19. Jahrhunderts immer wieder neue Umschriften findet, wird vor allem vor dem Hintergrund der von Judith Butler ins Leben gerufenen Debatte um Gender-Identität und Gender-Performanz brisant.[16] Die amerikanische Philosophin hat mit ihren Ausführungen zur kulturellen Konstruktion jeglicher sexueller Geschlechtlichkeit eine Unterscheidung von Geschlecht und Gender vorgeschlagen. Gender – so Butlers Postulat – stellt eine Verkörperung dar. Zu einer geschlechtlich markierten Identität kommt man nur, indem man ein Idealbild zu verkörpern sucht, das eigentlich niemand bewohnt. Gleichzeitig gibt es aber auch keine Identität vor oder jenseits dieser kulturellen Prägung. Gender ist somit immer schon »troubled«, weil es um die eigene konstruierte Verkörperung weiß. Das Anerkennen der Notwendigkeit, sich eine kulturell geprägte Identitätskonstruktion anzulegen, eröffnet nun aber auch die Möglichkeit eines parodistischen Spiels mit den kulturell in Umlauf gesetzten sozialen Energien, die traditionell das weibliche Subjekt definieren und reglementieren: ein bewusst ironischer Austausch mit dem Nachleben kultureller Kodes, dessen Anliegen es ist, vorgeschriebene Subjektkonzeptionen aufzubrechen, umzukodieren und neu zusammenzusetzen, um diese durch ein eigenwilliges Aneignen und Umschreiben zu

**16** | Judith Butler, Gender Trouble sowie Bodies that Matter. On the Discursive Limits of »Sex« (New York/London: Routledge 1993). Siehe auch den von Andrew Perchuk und Helaine Posner herausgegebenen Band The Masculine Masquerade. Masculinity and Representation (Cambridge MA: MIT List Visual Arts Center 1995) und den von Jennifer Blessing herausgegebenen Band Rrose is a Rrose is a Rrose. Gender Performance in Photography (New York: Abrams 1997).

verunsichern, gleichwohl aber – wie die historische Entwicklungsbahn, die ihre hartnäckig überlebende »energia« durchlaufen hat, zeigt – diese Kodes nie auszulöschen oder durchzustreichen. Denn wie Brangäne, die mit ihrem Liebestrank zuerst die Verzückung von Tristan und Isolde in Gang setzt, dann aber diese Sinnesverblendeten auch davor warnt, dass die verzauberte Liebesnacht unweigerlich von der Vernunft des Tages abgelöst wird, besteht auch Judith Butler darauf, dass man an kulturelle Vorgaben als symbolische Fiktionen zu glauben hat. Diese sind sowohl notwendig, um das Genießen des Subjekts zu organisieren, als auch um den symbolischen Gesetzen, die in sich einen unlösbaren Widerspruch bergen, eine gewisse für das Überleben der Gemeinschaft notwendige Konsistenz zu verleihen.[17] Doch das Anerkennen der psychischen und sozialen Wichtigkeit von symbolischen Fiktionen qua Fantasien läuft weder auf eine Verwerfung noch auf eine Aushöhlung symbolischer Gesetze hinaus. Vielmehr wird die parodistische Geste Judith Butlers als ethische, weil in der Zukunft überlebensfähige Gebärde begriffen.

## 2.3 Zwei Filme an der Schwelle des 21. Jahrhunderts

Um die zeitgenössische Umschrift der Clara, die von den Dämonen des Unbewussten weiß, den Pathos der Halluzination aber verweigert, darzulegen, gehe ich nun auf zwei Filme des ausgehenden 20. Jahrhunderts ein. In beiden stellt das weibliche Subjekt die Figur dar, welche die Gesetze der Einbildungskraft im Griff hat und diese dem eigenen Begehren entsprechend bewusst aushandelt. Gleichzeitig entpuppen sich aber auch gerade die Heldinnen dieser Filmerzählungen als jene Figuren, die im Gegensatz zu den Vertretern einer in Krise geratenen Männlichkeit auch für die Notwendigkeit kultureller Gesetze eintreten. Bei diesem Crossmapping stehen zwei Dinge auf dem Spiel: Zum einen verkörpern sowohl Alice in Stanley Kubricks Eyes Wide Shut (1999) wie auch Marla in David Finchers Fight Club (1999) in dem Sinne »gender trouble«, als sie die Halluzinationen der männlichen Protagonisten sowohl stützen als auch stören. Zum anderen ist die von ihnen inszenierte Intervention in den Fantasiebereich ihrer Geliebten an ein Verlangen geknüpft, den imaginären Bereich des weiblichen Subjekts als einen moralischen und psychischen Freiraum zu begreifen. Wie Drucilla Cornell dies ausgeführt hat, sollten gerade auch Frauen ihr Fantasieleben ungehemmt entwerfen können, um über ihre sexuelle Identität selbständig zu entscheiden, anstatt sich einer fremdbe-

**17** | Diesen Begriff der symbolischen Fiktion als Möglichkeit, Begehren zu organisieren, entnehme ich Slavoj Žižeks Studie The Plague of Fantasies (London/New York: Verso 1997).

stimmten Definition zu unterwerfen.[18] An die hartnäckige Beständigkeit der Clara in unserem Bildrepertoire, das durch ein Crossmapping von intertextuell nicht markierten oder thematisierten Bezügen sichtbar wird, lässt sich der Bereich des Imaginären und derjenige einer symbolischen Gesetzhaftigkeit in dem Sinne verschränken, als sich zeigt: Die Arbeit am Imaginären hat für das Ausformulieren weiblicher Subjektpositionen reale Konsequenzen. Das war bereits die bittere Erkenntnis, die Shakespeares Portia in *The Merchant of Venice* in der Szene der Kästchenwahl annehmen musste. Als es um die Wahl ihres zukünftigen Ehemannes ging, konnte sie nicht intervenieren, weil das Gesetz ihres toten Vaters das Ritual, aufgrund dessen sein Nachfolger auserwählt werden sollte, auf eine Art geregelt hat, die ihr eine Mitsprache verunmöglichte. Doch gerade weil sie von den realen Konsequenzen weiß, welche die Heirat für sie bedeutet – nämlich die Aufgabe ihres Namens und ihres Besitzes – sichert sie sich an einem anderen Ort jene Schuld, die eine Beständigkeit ihres unsteten Gatten Bassanio garantieren soll. Im Gerichtshof von Venedig entlastet sie ihn nicht nur seiner finanziellen Schulden aufgrund des von ihr in die Wege geleiteten Schuldspruches des Juden Shylock. Sie erzwingt sich auch Bassanios emotionale Schuld, indem sie sich, als Anwalt verkleidet, den seiner zukünftigen Frau gehörenden Ring ergattert. Das ist in mehrfacher Weise ein performativer Akt, der Portias klare Voraussicht ganz im Sinne von Brockden Browns Clara deutlich macht. Sie holt sich somit den Ring, der zum Symbol ihrer geschlossenen Ehe wird, der aber auch als Symptom einer unbedachten Tat auf ewig die Wankelmütigkeit ihres Herren in jenem imaginären Bereich, der die beiden Eheleute verbindet, in Schach zu halten hat.[19]

In seinem letzten Film EYES WIDE SHUT greift Stanley Kubrick das Bild der klarsichtigen Geliebten als Psychoanalytikerin »avant la lettre« auf. Für das hier vorgeschlagene Crossmapping ist nicht von Belang, ob Kubrick den Ton seiner Vorlage – Arthur Schnitzlers »Traumnovelle« – richtig trifft bzw. in welchem Sinne er ihn verfehlt, da diese Frage eine Intertextualität im konventionellen Sinne eines Medienvergleiches von Literatur und Film betrifft. Brisant ist eher die Umschrift der das symbolische Gesetz vertretenden jungen Frau, die Kubrick am Ende des 20. Jahrhunderts neu figuriert. Wie E.T.A. Hoffmanns Clara weiß Kubricks Alice Harford (Nicole Kidman) nicht nur von den Dämonen, die einen in seiner Traumwelt heimsuchen können, sondern nimmt auch die Botschaft ernst, die diese Gestalten des Unbewussten dem Subjekt übermitteln. Gleichzeitig dient Alice sowohl als Auslöser wie auch als

**18** | Cornell, Drucilla: The Imaginary Domain. Abortion, Pornography & Sexual Harassment, New York/London: Routledge 1995.

**19** | Siehe auch Bronfen, Elisabeth: »Redressing Grievances: Cross-Dressing Pleasure with the Law«, in: Elisabeth Bronfen und Misha Kavka (Hg.), Feminist Consequences. Theory for the New Century, New York/London: Routledge 2001.

Korrektiv der Halluzination, die ihren Gatten eines Nachts befallen. Auffallend ist nämlich, dass im Gegensatz zur literarischen Vorlage in Eyes Wide Shut nur die Ehegattin ihr ehebrecherisches Begehren beichtet und damit ihren kindlichen Ehegatten scheinbar überhaupt erst zur Anerkennung seines transgressiven Begehrens bringt. Tatsächlich steht nur vordergründig eine Ehekrise auf dem Spiel. Stattdessen kreist der Film um eine Krise der Männlichkeit, die von der klassischen psychoanalytischen Frage »Was will das Weib?« ausgelöst wird. Nicht zufällig schlug der Drehbuchautor Frederic Raphael für die Verfilmung Schnitzlers »Traumnovelle« den Titel »The Female Subject« vor.[20] Kubrick lehnte diesen Titel zwar ab, doch Eyes Wide Shut lebt dennoch von der Doppeldeutigkeit des englischen Wortes »subject«, das in Raphaels Vorschlag steckt. Die Frage danach, was die Frau für ihren Gatten bedeutet, ist das Thema in einer Geschichte, in der sich Alice auch als weibliches Subjekt gegen die Vorurteile ihres Mannes durchsetzt. Bill Harford (Tom Cruise) will die Frau so definieren, dass sie sein narzisstisches Selbstbild bestätigt. Alice widersetzt sich aber dieser Vereinnahmung und beschreibt Bill stattdessen eines Nachts in schillernden Farben, wie wenig er ihr Begehren kennt. Nach einer Weihnachtsfeier, auf der beide die Möglichkeit gehabt hätten, ihren Partner zu betrügen, sprechen die Harfords darüber, dass es im Wesen des Mannes liegt, mit einer schönen Frau ein sexuelles Verhältnis haben zu wollen. Auf Alices Frage, ob er als Arzt bei einer Untersuchung einer schönen Frau sexuelle Gelüste empfindet, antwortet Bill, seine Verantwortung gegenüber seiner Familie würde ihn vom Ehebruch abhalten. Doch Alice lässt nicht locker und fordert ihn dazu heraus, darüber nachzudenken, ob nicht die von ihm untersuchte Frau – und somit potentiell auch sie – ein ehebrecherisches Verlangen nach einem sie anziehenden Mann haben könnte. Die unzweideutige Feststellung Bills, seine Frau hätte kein außereheliches sexuelles Begehren, weil das für sie als Mutter seines Kindes unmöglich wäre, bringt Alice schließlich dazu, ihm eine Geschichte zu erzählen, die seine narzisstische Selbstsicherheit gänzlich ins Wanken bringt. Sie erinnert ihn an den gemeinsamen Urlaub auf Cape Cod im vergangenen Sommer und gesteht Bill, dass sie dort einen Mann gesehen hatte, für den sie – hätte er ihr Begehren erwidert – bereit gewesen wäre, auf der Stelle ihren Mann und ihr Kind zu verlassen.

Anfangs beharrt Bill noch auf seiner Arztrolle. Überheblich blickt er auf die am Boden kauernde Frau, die seine männliche Selbstgefälligkeit verspottet. Als wäre Alice eine seiner Patientinnen, die er gewohnt ist, mit distanziert kühlem Blick zu diagnostizieren, erklärt er ihren emotionalen Ausbruch als Resultat des Haschischs, das sie am Anfang des Gesprächs zu sich genommen hat, und will darin den von Sigmund Freud in seinen *Studien über Hysterie*

**20** | Siehe Raphael, Frederic: »A Kubrick Odyssey«, in: *The New Yorker* vom 14. Juni 1999, S. 40-47.

diagnostizierten klassischen Anfall weiblicher Hysterie erkennen. Im Gegensatz zur literarischen Vorlage, in der auch der Gatte von seinem ehebrecherischen Begehren erzählt, hört Kubricks Held, nachdem Alice begonnen hat, von ihrem Verlangen nach dem fremden Mann auf Cape Cod zu erzählen, nur zu. Wir müssen uns fragen: Legt Bill kein Geständnis ab, weil er Alice etwas vorenthalten will oder weil er gar kein verbotenes Begehren hat? In jedem Fall geht die vom Ehemann angelegte Übertragung sichtlich schief. Alice nimmt weder seinen strafenden Blick an, noch fühlt sie sich Bill moralisch unterlegen, sondern wehrt sich gegen die Reduktion des weiblichen Subjekts auf eine Objektposition, indem sie stattdessen einen eigenständigen Platz im erotischen Imaginären ihres Gatten sowie das Recht auf eine eigenständige, von ihm gänzlich abgelöste Imagination einfordert. Gerade weil sie die Fantasie auszukosten bereit war, wegen eines sexuellen Begehrens alles aufs Spiel zu setzen, ist Alice sich ihrer symbolischen Position auch tatsächlich sicher. Man könnte fast meinen, der Gesichtsausdruck, der ihre Beichte begleitet, träge sadistische Züge. Sichtlich genießt sie den Umstand, dass nicht ihr den Analytiker mimende Gatte ihr die Augen öffnet, sondern sie umgekehrt dem ihr schweigend zuhörenden Bill einen Einblick in die Ambivalenz seines erotischen Gefühlslebens verschafft. Wie in dieser Nacht wird er im Verlauf des Films wiederholt auf Alices Geständnis ihrer ehebrecherischen Fantasien nicht antworten, sondern dem Schauplatz ihres »gender trouble« entfliehen. Stattdessen lässt Bill ausgiebig seine Gedanken wandern und sucht auf den nächtlichen Straßen New Yorks verzweifelt nach einem Liebesabenteuer, um sich an Alice zu rächen. Auch in diesem Sinne bezieht Stanley Kubrick sich auf die Arbeiten Sigmund Freuds zur hysterischen Fantasie, nur betrifft es in diesem Fall die hysterischen Allmachtsfantasien seines männlichen Subjekts, die Bill als Antwort auf die narzisstische Kränkung, die Alice ihm zugefügt hat, hemmungslos auskostet. Alle Frauen, die er trifft, begehren ihn: die Tochter eines verstorbenen Patienten, die Prostituierte, die ihn auf der Straße anspricht und mit zu sich in ihre Wohnung nimmt, die Tochter des Mannes, bei dem er sich für eine geheime Nachtgesellschaft einen Frack ausleiht, und schließlich die maskierte Frau der nächtlichen Orgie, die scheinbar bereit ist, sich zu opfern, damit sein verbotenes Eindringen unbestraft bleibt.

Mit anderen Worten lässt mein Crossmapping in Stanley Kubricks EYES WIDE SHUT zwei Umschriften erkennen: zum einen das Nachleben Brockden Browns wie auch E.T.A. Hoffmanns Claras in der Beichte Alices, da sie einerseits die eigene Verführbarkeit zugibt, gleichzeitig aber auch ihren Widerstand gegen dieses transgressive und für ihre Familie zerstörerischen Begehren zum Ausdruck bringt. Zum anderen inszeniert Stanley Kubrick das Nachleben der hysterischen Geste des Fantasierens, die Sigmund Freud Ende des 19. Jahrhunderts für seine hauptsächlich weiblichen Patientinnen theoretisch zu fassen suchte. In seinen *Studien über Hysterie* refigurierte der Wiener Psychoanalytiker das antike Bild des wandernden Uterus, um sowohl eine Therapie für jene psychosomatischen Erkrankungen zu erstellen, für die es keine organischen Störungen gibt, als auch die Macht der Halluzinationen zu begreifen, die im Sinne von körperlich durchlebten Wunschfantasien der psychischen Realität seiner Patientinnen gegenüber der Wirklichkeit Vorrang haben.[21] Auf E.T.A. Hoffmanns »Sandmann« kartographiert, könnte man von Kubricks Alice sagen: Weil sie die dunklen Dämonen ihrer erotischen Fantasie anerkennt und auch auskostet, muss sie ihnen nicht verfallen. Ihr Gatte hingegen muss zuerst ein halluzinatorisches Fantasieszenario durchqueren, das zwar nicht wie im Falle Nathanaels tödliche Folgen haben wird, ihn aber dennoch an den Rande der Verzweiflung treibt. Von ihrem Bekenntnis angesteckt, beginnt Bill nämlich nun, den verbotenen Beischlaf seiner Gattin mit einem Marine-Offizier als schwarzweißen Film vor seinem inneren Auge ablaufen zu lassen. Mit diesem Kunstgriff kann Kubrick jedoch auch hervorheben, wie sehr das Fantasieleben dieses Mannes weniger vom Anblick als von den Geschichten seiner Frau abhängig ist. Er sieht vor seinem inneren Auge nicht nur das, was sie ihm erzählt hat. Er sieht überhaupt nur, weil sie ihm etwas erzählt hat. Somit refiguriert Kubrick den zum Klischee mutierten kulturellen Kode, der besagt, die Frau sei als begehrtes Blickobjekt des Mannes ihm immer auch unterlegen. An der verbalen Verführungskraft, die Kubrick seiner Heldin zuspricht, wird nämlich deutlich, wie sehr der Mann – gerade weil er sich in der Widerspiegelung der Frau in seiner Identität zu bestätigen sucht – dieser auch hoffnungslos ausgeliefert ist. Wir sehen ihre Fantasien durch seine Augen. Aber das bedeutet auch: Alice ist der Auslöser und der Rahmen von Bills Fantasien, wie sie auch im Verlauf des Films deren Ablauf immer wieder beeinflussen wird. Auch darin zeigt sich eine brisante Umschrift von Freuds Suche nach einer Erklärung für die hysterischen Überspanntheiten seiner Patientinnen, hatte er doch in seinem Briefwechsel mit Wilhelm Fliess die ungeheure Wirkungskraft mündlich vorgetragener Geschichten hervorgehoben. Hysterische Fantasien – so Freuds dort vertretene These – gehen oft auf Dinge zurück, die Kinder zwar früh gehört haben, doch erst nachträglich verstehen. Mit weit aufgerissenen Augen hörten sie damals nämlich den Müttern und Kinderfrauen aufmerksam zu, um von ihnen jene Geschichten über Liebe, Bedrohung, Verbrechen und Erlösung zu erhalten, die anschließend ihr Fantasieleben nachhaltig prägen würde.[22] Im hysterischen Glauben an die psychische Realität erzählter Geschichte sowie der nachhaltigen Prägung dieser früh erfahrenen Erzählun-

**21** | Freud, Sigmund: »Studien über Hysterie« (1895), in: Angela Richards (Hg.), Werke aus den Jahren 1904-1905 (= Gesammelte Werke, Band 1), Frankfurt a.M.: Fischer 1952.

**22** | Freud, Sigmund: Briefe an Wilhelm Fließ 1887-1904, hg. von Jeffrey Moussaieff Masson, Frankfurt a.M.: Fischer 1986.

gen lässt sich natürlich auch die Urszene von E.T.A. Hoffmanns erkranktem Sohn festmachen: nicht der geheimnisvolle nächtliche Tod des Vaters, sondern das Ammenmärchen vom Sandmann, das dem ungezogenen Kind die Augen auszukratzen droht. Darin zeigt sich ein weiterer Aspekt der komplexen Überlagerung von romantischer Novelle und psychoanalytischer Deutung, mit der Stanley Kubrick in EYES WIDE SHUT bewusst spielt.

Nach dem ersten Drittel des Films tritt Nicole Kidman zwar nur noch sporadisch auf, doch gerade weil wir Alice nur selten sehen, wirkt der Blick, mit dem sie ihren Ehemann durch ihre Brille hindurch betrachtet, wie ein ironischer Kommentar. Einmal sitzt sie mit ihrer Tochter am Küchentisch und macht Rechenaufgaben, während sich der sichtlich verwirrte Bill ein Bier aus dem Eisschrank holt. Schelmisch lächelt Alice ihn an, als wolle sie ihn darauf aufmerksam machen, dass sie durchaus weiß, welche Fantasiebilder ihn quälen. Sie ist die Spielleiterin der Halluzinationen, die er am eigenen Leib ausagiert, und nicht – wie er meint – der obszöne, väterliche Freund Victor (Sidney Pollack), von dem Bill sich vorstellt, er hätte ihn in ein Verschwörungskomplott verwickelt, bei dem es darum geht, den Tod der jungen Frau, die sich während der geheimen Orgie vermeintlich für Bill geopfert hat, zu vertuschen. Alices Rolle sowohl als Auslöser wie auch als Korrektiv für die hysterischen Fantasien ihres Gatten wird in der umstrittenen Orgienszene nochmals aufgegriffen. Während Bill sich in die Veranstaltung des geheimnisvollen Sexualrituals in einem abgelegenen Haus einschleicht, träumt Alice ebenfalls von einer Orgie. Im Gegensatz zu ihrem Gatten erlebt sie kraft ihrer Fantasiearbeit denjenigen sexuellen Akt körperlich, den Bill nur betrachten kann, wie ihr auch in ihrem Traum seine öffentliche Erniedrigung einen sadistischen Genuss bereitet. Damit erlaubt Stanley Kubrick die Spekulation: Bills Erfahrung jener Szene, die von der amerikanischen Zensur beanstandet wurde, entstammt der Fantasiewelt seiner Gattin. Nachdem er in der darauffolgenden Nacht die Maske, die er verloren zu haben meinte, an seiner Stelle im Bett neben seiner Frau liegend wiederfindet, gesteht er Alice endlich seine ganze hysterische Halluzination ein. Doch geleitet darin wird er wieder von ihr, hat sie die Maske doch so inszeniert, um ihn erkennen zu lassen, dass sie ihn bereits entlarvt hatte.

In der Abschlussszene ist Alice gänzlich in der Position der Analytikerin angekommen. Mitten in der Spielzeugabteilung eines Warenhauses erklärt Bill ihr, er sei ganz verzweifelt und wisse nicht, wie sie weitermachen sollten. Sie antwortet ihm souverän, fast über die melodramatische Erschütterung erstaunt, dass ihre Ehe nie wirklich gefährdet gewesen ist. Wir können vielleicht von einem kulturellen Fortschritt auf dem Gebiet des »gender trouble« sprechen, wenn wir bedenken, dass dieser verblendete Mann bereit ist, seiner klar voraussehenden Gattin zuzuhören, anstatt sie zum Opfer seiner Zerstörungswut werden zu lassen. Dennoch flackert hier auch jenes altvertraute Heilmittel gegen dunkle innere Mächte am Ende des 20. Jahrhunderts auf unheimliche

Weise nochmals auf, das Freud etwa hundert Jahre früher seinen weiblichen Hysterikerinnen für ein exzessives Wandern ihrer Fantasien verschrieben hatte: der berüchtigte »penis normalis« fünfmal täglich. Alice erklärt ihrem Gatten: »Maybe, I think that we should be grateful that we have managed to survive through all of our adventures, whether they were real or only a dream.« Sicher ist sie sich jedenfalls, dass beide nun erwacht sind und hoffentlich für eine lange Zeit auch wach bleiben werden. Bills Hinzufügung, dies sei für immer, schwächt sie mit einem impliziten Verweis darauf ab, dass innere Dämonen gebannt, nie aber getilgt werden können: »Forever. Let's not use that word. It frightens me. But I do love you and you know, there is something very important that we need to do as soon as possible: fuck.« Einige Zuschauer störte es, aus dem Mund Nicole Kidmans das Wort »fuck« zu hören. Doch mein Crossmapping von Stanley Kubricks EYES WIDE SHUT sowohl mit Sigmund Freuds *Studien über Hysterie* als auch mit der Figur der klarsichtigen Tochter in der romantischen Novelle lässt uns an dieser Umschrift auch eine brisante Refiguration des weiblichen Subjekts in der postmodernen Kultur festmachen. Alice weiß zwar, dass man von den dunklen Mächten des Begehrens immer wieder heimgesucht wird. Deshalb hat sie auch die realen Konsequenzen, die der Macht der Fantasie zugesprochen werden müssen, von Anfang an nicht unterschätzt. Sie hat den imaginären Bereich im Gegensatz zu ihrem Gatten immer schon souverän im Griff gehabt, und hat deshalb auch – wie Brockden Browns Clara – das letzte Wort.

Mit FIGHT CLUB greift auch David Fincher die Frage nach dem weiblichen Subjekt als Auslöser und Korrektiv für männliche Halluzinationen auf und bezieht sich dabei ebenfalls auf Sigmund Freuds Arbeit über die Erkrankung an unheimlichen Fantasien, wobei es Fincher vornehmlich um die Gestalt des Doppelgängers geht. Da es, wie Freud scharfsinnig feststellte, bei unserer Fantasiearbeit meist um Kompensation geht, stellen wir uns besonders lustvoll ein Alter Ego vor, das schöner, mächtiger, stärker und gewandter durch die Welt geht, als wir es tun. Freud versteht diesen Doppelgänger als Ausdruck der Fremdheit im Ich, als Symptom für ein Gefühl des Unbehagens, das den Tagträumer überhaupt in den Bereich der Fantasien eintreten lässt. Denn der Doppelgänger bietet ihm eine verschlüsselte Botschaft über sein Begehren, die er direkt nicht konfrontieren kann, und hilft ihm, sein obszönes Genießen als Fantasieszenario zu organisieren. Doch der gleiche Doppelgänger, der dem Ich – als sei es dessen unsterbliche Seele – die eigene Allmacht und Unzerstörbarkeit vor Augen führt, ist auch ein Geschöpf der Destruktion. Gleichzeitig Handlanger und Souffleur, saugt der Doppelgänger auch das Ich, das ihn erträumt hat, auf: »Aus einer Versicherung des Fortlebens wird er zum unheimlichen Vorboten des Todes.«[23]

**23** | S. Freud, »Das Unheimliche«, S. 247.

Als wolle David Fincher uns signalisieren, dass alles, was folgen wird, als Halluzination im Realen begriffen werden könnte, lässt er FIGHT CLUB im materiellen Sitz der Wunschfantasien seines namenlosen Helden (Ed Norton) einsetzen. Während des Vorspanns fährt die Kamera rückwärts durch die surreale Landschaft dessen Gehirnmasse, durchbricht die schweißbedeckte Haut und gleitet am Lauf eines Revolvers entlang, den sein imaginärer Doppelgänger Tyler Durden (Brad Pitt) ihm in den Mund hält. Als Rückblende erfahren wir vom Erzähler, wie diese beiden Freunde dazu gekommen sind, sich eine private Armee auszubilden, um die wichtigsten Kreditkartengebäude in die Luft zu sprengen. Der Anfang von allem, erinnert sich der 30-jährige Unfallsachverständiger eines Autokonzerns, war seine Schlaflosigkeit. Leicht lässt sich diese als hysterischer Ausdruck dafür entziffern, dass er sich als Junkie der Konsumgesellschaft danach sehnt, aus seiner psychischen Taubheit aufzuwachen. Deshalb beginnt er auch, diverse Selbsthilfegruppen für Sterbende zu besuchen, um am Schmerz dieser Todesgeweihten stellvertretend seine erstarrten Gefühlssinne aufleben zu lassen. Doch um die Bedrohung des Todes tatsächlich am eigenen Leibe erfahren zu können, braucht er einen Doppelgänger, der bezeichnenderweise in dem Augenblick materielle Gestalt annimmt, als er sich in einem Flugzeug sitzend einen Absturz wünscht. Tyler Durden bringt dem Erzähler bei, was es bedeutet, dem Zerstörungstrieb freien Lauf zu lassen. Im titelgebenden Club, den sie gemeinsam gründen, fühlt sich der Erzähler endlich wirklich lebendig. Die Schläge, die er dort verteilt, und die Verletzungen, die er erhält, verleihen ihm den Eindruck, endlich wach zu sein, obgleich dies von Fincher deutlich als das Aufwachen in einen halluzinatorischen Bereich inszeniert wird. An diesem Schauplatz können sich die jungen Männer, im Kampf verschmolzen, endlich von dem sie erstickenden Konsumzwang befreien und zu einer über den Körper verhandelten Eigentlichkeit kommen. David Fincher konfiguriert die im Verlauf der Halluzinationen seines verblendeten Helden durchgeführten Kämpfe zudem explizit als ödipal konfigurierten Wettstreit. Die jungen Männer treten in den »fight club« ein, um sich gegen ihre Väter zu verbünden, deren gnadenlose Arbeitsmoral sie auslaugt, und um von der gefährlichen Weiblichkeit zu flüchten – egal ob damit die weibliche Seite im Mann oder die Liebe zur Frau gemeint ist. In einer Schlüsselszene werden diese beiden Antagonismen, auf denen der Club beruht, vom Doppelgängerpaar angesprochen. Der Erzähler und Tyler diskutieren im Badezimmer ihrer Bruchbude darüber, mit wem sie gerne kämpfen würden, und während Norton seinen Chef nennt, deklariert Pitt bezeichnenderweise seinen Vater als bevorzugten Kampfpartner. Daraufhin erklärt der Erzähler seinem imaginären Freund, warum er nicht heiraten kann. Schließlich sei er nichts anderes als ein 30-jähriger Junge. Tyler stimmt ihm zu und führt seine Gedanken weiter aus. Sie würden beide der Generation angehören, die von ihren Vätern verlassen und deshalb ausschließlich von ihren Müttern erzogen wurde. Deshalb stellt sich ihnen die Frage, ob eine andere Frau wirklich die richtige Antwort sei. Im Amerika des ausgehenden 20. Jahrhunderts benötigt es gar keiner nächtlichen Experimente mehr, um die Stelle des Vaters leer zu halten.

Dass die Figur des Doppelgängers eine Halluzination stützt, die auf Dauer nicht tragbar ist, macht Fincher aber bezeichnenderweise daran deutlich, dass er – wie Stanley Kubrick – jene Figur aus der Novelle E.T.A. Hoffmanns aufgreift, die Freud in seinen Überlegungen zum »Sandmann« beflissentlich übersieht. In der Schlüsselszene im Badezimmer wird nämlich die problematische Bindung an die Mutter, die sich aus dem antagonistischen Verhältnis zwischen Vater und Sohn ergibt, deshalb angesprochen, weil sich der Erzähler durchaus bewusst ist, dass »eine andere Frau« tatsächlich mindestens so sehr sein Problem sein könnte wie jegliche Stellvertreter einer väterlichen Autorität. David Fincher hat ihm nämlich – wie wir am Anfang des Films erfahren – einen zweiten Doppelgänger zur Seite gestellt: die todessüchtige Marla Singer. Wie der Erzähler geht diese bleiche, kettenrauchende, schwarzgekleidete Femme fatale in die Selbsthilfegruppen der Todeskranken, obgleich auch sie außer ihrer Neigung zur Selbstzerstörung kein wirkliches Leiden hat. Sie weiß nur, dass sie jeden Augenblick sterben könnte, und sieht die Tragik ihres Schicksals darin, dass dieser Tod nicht eintritt. Für den Erzähler stellt sie aber eine unerträgliche Störung dar. Ihre Anwesenheit in den Selbsthilfegruppen zwingt ihn zu erkennen, dass die dort durchgespielten Verschmelzungsfantasien auch nur eine ihn betäubende Gefühlsdroge sind. Sie stört ihn jedoch zudem, weil sie ihm eine Möglichkeit des Aufwachens andeutet, zu der er sich noch nicht bekennen kann: einen Verzicht nämlich auf die in seiner Vereinigung mit seinem Doppelgänger zelebrierte narzisstische Selbstliebe. Nun gehört es zu den Konventionen der Schauerliteratur, dass das unheimliche Alter Ego denjenigen, der ihn erträumt hat, verzehrt. Denn die Liebe zum Doppelgänger ist eine extreme Form der Liebe. Sie schlägt gerne in ihr Gegenteil um und wird tödlich. Der Doppelgänger schützt zwar den Tagträumer davor, seinen Narzissmus in der Liebe zur Frau aufgeben zu müssen. Diese Liebe kann jedoch nur durch den Tod aufrecht erhalten werden.[24] So gehört es auch zu dieser Denkfigur, dass die Geliebte des Träumers vom Doppelgänger zerstört werden muss. Genau an diesem Punkt weicht Fincher nun aber von den Vorgaben der klassischen Schauerliteratur, nicht aber von den romantischen Erzählungen E.T.A. Hoffmanns und Charles Brockden Browns ab: Er erlaubt seinem Doppelgänger nicht, die Frau, die eine Bedrohung für das homoerotische Bündnis darstellt, zu töten.

**24** | Dolar, Mladen: »At First Sight«, in: Renata Salecl und Slavoj Žižek (Hg.), Gaze and Voice as Love Objects, Durham/London: Duke University Press 1996.

Diese Umschrift müssen wir ernst nehmen, lässt sie doch Tyler Durdens Ambivalenz gegenüber der von Fincher so lustvoll inszenierten männlichen Kampfgemeinschaft erkennen. Seine Spielverderberin Marla kann nicht einfach beseitigt werden. Sie bleibt den ganzen Film hindurch eine beunruhigende Fremde, die immer wieder in die Fluchtorte des Helden eintritt. Nachdem sie seine Selbsthilfegruppen gestört hat, dringt sie mit ihrem insistenten Begehren in das herrenlose Haus an der Paper Street ein, das der Erzähler mit Tyler bewohnt. Wiederholt hinterfragt sie mit ihrem scharfsinnigen Blick seine bizarre Existenz am Rande der Stadt, später dann auch die Anwesenheit seiner Kampftruppe, die aus dem »fight club« jenes »project mayhem« entwickeln, mit dem sie ihre Destruktionslust aus den Untergeschossen auf die offenen Straßen verlagern und dort terroristische Aktionen durchführen. Marla beharrt bis zuletzt auf ihrer Klarsicht und wehrt sich dagegen, in der Traumwelt des Erzählers völlig auf- bzw. unterzugehen. In diesem Sinne dient David Finchers Heldin als Korrektiv zum totalisierenden Männerbund, der in FIGHT CLUB zelebriert wird. In das Wir, das sich die jungen Männer in den Kellerräumen erkämpfen, passt sie nicht. Deshalb ist ihre Widerrede auch so gefährlich. Indem sie darauf besteht, dass auch sie einen Anspruch darauf hat, die Realität zu definieren, die sie mit ihrem Geliebten teilt, zeigt sie dem Erzähler, dass ein Rückzug auf ein das Weibliche ausschließendes Männerbündnis nicht mehr möglich ist. Schließlich spricht sie den Helden – wie E.T.A. Hoffmanns Clara in ihrem Brief an Nathanael – direkt auf seinen Wahnsinn an. Während sie gemeinsam in einem Café sitzen und der Erzähler Marla davon zu überzeugen versucht, sie müsse die Stadt verlassen, weil sie sich wegen ihm in Gefahr befindet, deutet sie diese Geschichte sofort als paranoide Angstfantasie. Dem Erzähler ist zwar klar geworden, dass er sich seinen Doppelgänger nur eingebildet hat. Dennoch ist er nicht bereit, sie in diese Erkenntnis miteinzubeziehen, denn nur der Ausschluss der Frau lässt ihn an dem Wir der im »fight club« zelebrierten männlichen Autonomie weiterhin festhalten. Doch Marla nimmt seinen Wunsch, sie gänzlich in seinen Fantasien aufgehen zu lassen, nicht an. Sie rät ihm stattdessen, professionelle Hilfe aufzusuchen, und beharrt, nachdem sie erkannt hat, wie wenig er fähig ist, ihr zuzuhören, dennoch bis zum Schluss darauf, seine Halluzination zu stören. Während er sie zwingt, in einen Bus zu steigen, der gerade vor der Türe des Cafés angehalten hat, dreht sie sich auf dem Trittbrett nochmals um und versichert ihm: »You are the worst thing that has ever happened to me.«

Die Umschrift, die David Fincher in FIGHT CLUB vollzieht, indem er auf dem Überleben seiner klarsichtigen Marla beharrt, lässt erkennen, dass es ihm nicht nur um die neurotischen Zerstörungswünsche der jungen Amerikaner um die 30 geht, sondern auch um die Möglichkeit eines Wiedereintritts im Symbolischen: um ein Aufwachen sowohl aus dem lebenden Tod eines von Konsum regierten Alltags wie auch aus der tödlichen Eigenliebe. In dem Augenblick, in dem der Erzähler nichts mehr zu verlieren hat – nicht einmal mehr das eigene Leben – hat er das Fremde in sich anerkannt und kann somit auch das Fremde im Anderen, der Frau, annehmen. Deshalb ist es zwar Tyler, der immer darauf besteht, Marla sei eine Gefährdung ihrer Freundschaft. Doch dann, wenn alles schon verloren zu sein scheint, lässt er seine Konkurrentin wie eine »dea ex machina« an den Schauplatz seiner grandios inszenierten Sprengungsaktion bringen. David Finchers neurotischer Erzähler folgt somit jenem Erkenntnispfad, den E.T.A. Hoffmanns Nathanel verweigert. Nicht er wird von seinem Doppelgänger verzehrt, sondern er nimmt ihn wieder in sich auf. Er ist aufgewacht, und blickt zum ersten Mal mit offenen Augen auf die nächtliche Welt. Mit seinem Doppelgänger hat er eine komplexe Zerstörungsmaschinerie in Gang gesetzt. Die architektonischen Symbole väterlicher Autorität, die Gebäude der Kreditanstalten, werden in wenigen Minuten, wie wir von der Anfangsszene des Films wissen, in die Luft gesprengt. Doch diesem Spektakel, das von Fincher wie ein Film im Film inszeniert wird, wohnt der Erzähler nicht an der Seite Tylers bei.

Nachdem die in der Rückblende erzählte Geschichte endlich an dem Punkt angelangt ist, mit dem Fight Club einsetzt, schießt sich der Erzähler in den Kopf, um damit den aus seiner Fantasiewelt entsprungenen Doppelgänger auszulöschen. An die Stelle des Anderen, die nun leer geworden ist, tritt Marla, deren plötzliches Wiedererscheinen sich somit als das Kernstück von Finchers Umschrift jener »energia« entpuppt, die von Shakespeare kulturell in Umlauf gesetzt wurde. Indem über ihr hartnäckiges Überleben und der Rückkehr dessen, was über sie in der psychischen Realität des Helden verdrängt werden soll, die Botschaft vermittelt wird, dass man der Liebe nicht entkommen kann und sie wählen muss, wird deutlich, dass auch den symbolischen Gesetzen nicht zu entkommen ist. Das Paradox besteht darin, dass man mit dieser Wahl die Freiheit des Wählens aufgibt und das Zufällige zur schicksalhaften Notwendigkeit werden lässt. Das war – wie Sigmund Freud in seinen Gedanken zur Szene der Kästchenwahl in *The Merchant of Venice* ausführte – auch dort die Denkfigur: »Man wählt dort, wo man in Wirklichkeit dem Zwang gehorcht, und die man wählt, ist nicht die Schreckliche, sondern die Schönste und Begehrenswerteste.«[25] Auch in Fight Club mag der Umstand, dass eine Hinwendung zu jenem symbolischen Gesetz, das man sowieso annehmen muss, von Marla repräsentiert wird, als Milderung wahrgenommen werden. Fincher bedient sich somit aber auch der Denkfigur, dass es gerade das weibliche Subjekt ist, das in dieser Rite de Passage die Stelle des Gesetzes einnimmt. Die beiden Protagonisten müssen nicht, wie in Hoffmanns »Sandmann«, vom

**25** | Freud, Sigmund: »Das Motiv der Kästchenwahl« (1913), in: Angela Richards (Hg.), Werke aus den Jahren 1906-1909 (= Gesammelte Werke, Band 10), Frankfurt a.M.: Fischer 1946, S. 34.

Turm gestürzt werden oder selbst stürzen. Die architektonische Materialisierung einer paternalen Autorität – die Kreditkartengebäude – dürfen selber zusammenstürzen, weil über die Liebesverbindung zwischen dem aus dem Wahn erwachten Helden und dessen klarsichtiger Geliebten diese Gesetze als anerkanntes symbolisches Erbe bereits erneut gefestigt worden sind.

Somit ergibt sich für das Crossmapping noch eine weitere übergreifende, konzeptionelle Klammer. Den Spuren einer medialen Umschrift sozialer Energien nachzuspüren bedeutet auch, das Erbe der Geschichte ernst zu nehmen, ohne es – wie Friedrich Nietzsche dies formulierte – zum Totengräber der Lebenden werden zu lassen. Jeder zeitgenössische Akt der Repräsentation ist unwillkürlich damit beschäftigt, sich mit den kulturellen Denkfiguren, die ihm vorausgehen, auseinanderzusetzen, wenn auch in Form einer bewussten Refiguration. Wenn sich also ein nachträgliches ästhetisches Gebilde unweigerlich in ein früheres einschreibt und somit einen ungetrübten Blick auf vergangene kulturelle Gegenstände unmöglich macht, weil diese nur im Zusammenhang oder im Schatten der auf sie folgenden Umschriften gesehen und gedeutet werden können, erweist sich ein Erforschen der Analogien zwischen zeitgenössischen Refigurationen mit den Repräsentationen der Vergangenheit als brisante kulturelle Arbeit. Die Neubetrachtung historisch spezifischer, ästhetischer Ausprägungen im Vergleich mit zeitgenössischer Kunst zu lesen, um die vergangenen Ausdrucksformen ganz im Sinne von Stephen Greenblatts sozialen Energien am Leben zu erhalten, ohne sie in einer entlegenen Vergangenheit zu verorten, nennt Mieke Bal bezeichnenderweise »preposterous history«. Dabei geht es ihr weder darum, die Vergangenheit mit der Gegenwart kollabieren zu lassen, noch die Vergangenheit zum Objekt werden zu lassen, um sie somit in den Griff zu bekommen, sondern sich in Form einer Umkehrung mit einer sogenannten »history today« auseinanderzusetzen: »This reversal, which puts what came chronologically first (›pre-‹) as an aftereffect behind (›post‹) its later recycling, is what I would like to call *a preposterous history*.«[26] Von einem zeitgenössischen Blickwinkel aus jene Texte zu betrachten, von denen die Energien ausgehen, die uns heute noch umtreiben, bedeutet, sowohl anzuerkennen, dass man sich der Erbschaft des Vergangenen nicht entledigen kann, dass diese sich in unserer zeitgenössischen Kultur auf schillernde Art einschreibt, ohne im Sinne von Quellen, Intensionen oder Einflüssen eindeutig festmachbar und verfügbar zu sein. Vergangene kulturelle Texte holen uns ein und gehen doch nicht in unserer Zeit auf. Das wechselnde Zirkulieren dieser in kulturellen Texten materialisierten Energien bewirkt nicht nur ein Überleben des Erbes der Vergangenheit, sondern auch eine ständige Umschrift des Zeitgenössischen in der Gegenwart, weil ein Befassen mit

**26** | Bal, Mieke: Quoting Caravaggio. Contemporary Art, Preposterous History, Chicago: Chicago University Press 1999, S. 7.

zeitgenössischen ästhetischen und kulturtheoretischen Refigurationen auch – wie Mieke Bal für ihr Konzept der »preposterous history« hervorhebt – die Gegenwart und die Aushandlung früherer Denkfiguren, die diese Gegenwart hervorbringt, selbst zum Gegenstand kritischer Betrachtung werden lässt. Die Art zu erforschen, wie die Vergangenheit sich in der Gegenwart einnistet, diese bewohnt und als Erinnerungsspur stets neue Umschriften hervorruft, ohne in diesen gänzlich aufzugehen, ist demzufolge auch das zentrale Anliegen meines Crossmapping-Lektüreverfahrens. Folgt man der Trajektorie, die von Shakespeares Komödienheldinnen über die romantischen Töchter zu ihren zeitgenössischen cinematischen Schwestern führt, wird deutlich: Wir kehren immer wieder zu der Denkfigur des Überlebens einer früheren »energia« in Form einer Nachwirkung – was Aby Warburg »Nachleben« nannte – zurück, denn die Wirkungen, die von dieser »energia« ausgehen, werden erst in den nachträglichen Umschriften wirklich lesbar.[27] Crossmapping als ein Aufspüren und Nachzeichnen des Nachlebens kulturell brisanter Gesten bedeutet aber auch, hervorzuheben, dass wir der Gesetzmäßigkeit unseres kulturellen Erbes so wenig entkommen können wie den symbolischen Gesetzen, die dieses tradieren und reformulieren. Überleben scheint eben gerade dann gesichert, wenn wir auf das Nachwirken kultureller Gesten achten und sie in Zusammenhängen hörbar und sichtbar werden lassen, die weder intendiert noch vorausgesagt, dafür aber immer angelegt waren.

**27** | Didi-Huberman, Georges: Dialektik des Monstrums: Warburg, Freud et l'image-symptôme. Vortragsmanuskript.

# 3. Man wird weder als Frau noch als Jude geboren

Was wir von Lubitsch über *The Merchant of Venice* lernen können

## 3.1 Der falsche Bart

Wir schreiben das Jahr 1939. Adolf Hitler (Tom Dogan) besucht in Warschau die Oper. Doch vor seiner Loge spielt sich ein anderes Drama ab. Ein jüdischer Schauspieler namens Greenberg (Felix Bressart) stürzt auf den Doppelgänger des Führers, ebenfalls ein polnischer Schauspieler, und trägt ihm die berühmten Zeilen aus Shylocks Monolog im dritten Akt von *The Merchant of Venice* vor: »I am a Jew. Hath not a Jew eyes?«[1] Dieses listige Spiel im Spiel erlaubt der kleinen Schauspieltruppe, mithilfe einer Nazi-Eskorte das besetzte Polen zu verlassen, um von England aus ihren Widerstand weiterzuführen. Im Auto auf dem Weg zum Flughafen unterhält sich der noch immer als Hitler verkleidete Bronski mit dem eitlen Joseph Tura (Jack Benny), dem eigentlichen Star des Theaters, über die Glanzleistung ihres Kollegen. Greenberg habe immer Shylock spielen wollen, meint Bronski, nun habe er endlich die Gelegenheit dazu gehabt. »And he'll play him again«, erwidert Tura, »not in the corridor but on the stage of the Polski Theater.« Einen Augenblick lang blicken beide wehmütig vor sich hin. Dann explodiert eine Bombe und sie stürzen zum Fenster, öffnen dieses und richten ihre Aufmerksamkeit auf die Straße. Begeistert bemerkt Joseph Tura, der Bahnhof sei in die Luft gesprengt worden, und Bronski fügt ebenfalls begeistert hinzu: »The underground is still alive.« Scheinbar können sie sich nun selbstzufrieden zurücklehnen, denn wie Tura stolz erklärt: »Yes, we saved the underground. Bronski, we belong to history.« Vor seinem inneren Auge stellt er sich bereits das Denkmal zu seinen Ehren vor. Dann wird er von Bronski mit der Bemerkung unterbrochen, er habe seinen Schnurrbart verloren. So löst Ernst Lubitsch mit einem Schwenk ins Komödienhafte den

---

**1** | Shakespeare, William: *The Merchant of Venice*, 3.1. 49-50.

pathosträchtigen Höhepunkt seiner 1942 entstandenen Kriegskomödie SEIN ODER NICHTSEIN (TO BE OR NOT TO BE) auf. Ohne seinen Schnurrbart kann Joseph Tura das Auto nicht verlassen, würde sein Nazi-Chauffeur ihn doch als Hochstapler erkennen. Deshalb sind die beiden Widerstandskämpfer gezwungen, sich einer wesentlich banaleren Handlung zuzuwenden als einem Nachsinnen über den ihnen vermeintlich zustehenden Ruhm. Während das Auto weiter in Richtung Flugplatz fährt, wühlen sie zwischen den Kissen des Rücksitzes auf der Suche nach dem falschem Bart. Sie finden ihn nicht– und so ist es schließlich der als Hitler verkleidete Bronski, der Turas Gattin Maria (Carole Lombard) in ihrem Appartement abholt, damit auch sie das besetzte Polen glücklich verlassen kann.

Ein anderer falscher Bart hält den ganzen Film hindurch die Verwechslungskomödie am Leben. In London wird der polnische Pilot der Royal Air Force Stanislav Sobinsky (Robert Stack) misstrauisch, als Professor Alexander Siletsky (Stanley Ridges), dem seine Kumpanen Briefe für ihre Familienangehörigen anvertraut haben, ihm eingesteht, er habe noch nie von Maria Tura gehört. Der leidenschaftliche Verehrer dieser glamourösen Hauptdarstellerin des Polski-Theaters wartet nicht lange und setzt den britischen Geheimdienst von seinem Verdacht in Kenntnis, dass Siletsky gar kein Pole sei. Um Siletsky davon abzuhalten, die den polnischen Untergrund enttarnenden Adressen an die Nazis weiterzuleiten, fliegt Sobinski selbst nach Warschau zurück und zieht sofort Maria Tura in sein politisches Spiel im Spiel ein. Auf diese Weise wird das von den Nazis besetzte Warschau zur Bühne einer Intrige, die den polnischen Untergrund zu retten sucht. Zuerst soll nur Maria Tura den deutschen Spion Sobinsky mit ihrem Charme verführen, doch die grenzenlose Geltungssucht ihres Gatten führt ihn bald dazu, ebenfalls eine Rolle in jener für die Nazis ausgedachten Inszenierung einzunehmen, die im Gegensatz zur »Mausefalle« – dem Spiel im Spiel in Shakespeares *Hamlet* – nicht ein verborgenes Wissen an den Tag rücken, sondern Informationen für immer vergessen machen soll.

Ahmt einer der Nebendarsteller des Polski-Theaters überzeugend den Führer der NSDAP nach, nimmt Joseph Tura die Rolle des deutschen Spions Siletskys an, braucht aber für seine Darbietung des Professors ebenfalls einen falschen Bart. Diesen reißt ihm Colonel Ehrhardt, der Warschauer Gestapo-Chef, in der entscheidenden Entlarvungsszene der Komödie herunter, um ihn als Schauspieler zu entlarven. Kurz zuvor fanden die Nazis die Leiche des richtigen Professors Siletsky im Theater. Erfolgreich retten kann sich Tura aus dieser scheinbar hoffnungslosen Lage, indem er die wenigen Minuten, die er mit der Leiche Siletskys verbringt, dazu nutzt, seinem Vorbild den Bart zu rasieren und ihn mit seinem eigenen falschen Ersatzbart zu ersetzen. Hamlets listigem Spiel mit Wahrheit und Schein ebenbürtig, reißt er als Beweis dafür, dass er tatsächlich derjenige ist, der er zu sein vorgibt, vor den erstaunten Augen des

Gestapo-Chefs der Leiche den Bart herunter, um den Toten als Hochstapler zu enttarnen und sich als wahren Professor Siletsky zu behaupten.

Im Folgenden möchte ich jedoch nicht den von Ernst Lubitsch so deutlich markierten Anspielungen auf Shakespeares *Hamlet* nachgehen. Stattdessen soll der Verweis auf die Komödie *The Merchant of Venice*, um die sich Lubitschs zweites Spiel im Spiel kreist, dazu dienen, das lustvolle Aneignen von vermeintlich kränkenden Identitätszuweisungen kritisch zu reflektieren. Dem fröhlichen Nachahmen von Nationalsozialisten – seien sie nun Spione, Gestapo-Funktionäre oder aber der Führer selbst – stellt Lubitsch zwei Figuren entgegen, die Shakespeares Charaktere dem Genre der Hollywood-Kriegskomödie anpassen, dabei aber auf signifikante Weise refigurieren: den Juden und die Heldin. Die Klage des rachsüchtigen jüdischen Kaufmanns Shylock entpuppt sich nicht nur als unzweideutig gerechtfertigt, sondern auch als die entscheidende Peripetie der Filmhandlung. An Greenbergs überzeugender Darbietung Shylocks hängt nicht nur das komödienhafte Happy End; sie ist auch der Augenblick, in dem ein vermeintlich frivoles Spiel im Spiel die Autorität einer realen Klage erhält. In Shakespeares Venedig kann die Heldin Portia nur als Rechtsanwalt verkleidet – und somit ihre Weiblichkeit versteckend – ein strenges Gesetz durchsetzen. In Lubitschs Polen setzt sie bewusst auf ihren erotischen Charme, um für sich ein Stück Gerechtigkeit auszuhandeln.

Bei meiner Fokussierung darauf, wie Shakespeares *The Merchant of Venice* in Lubitschs Kriegskomödie SEIN ODER NICHTSEIN (TO BE OR NOT TO BE) eine brisante Umschrift erfährt, geht es mir nicht um das Nachzeichnen eines einfachen intertextuellen Verhältnisses. Stattdessen verfolge ich in meiner Lektüre ein Erkenntnisinteresse, das vom Bezug zwischen zwei Texten ausgehend im Sinne Stanley Cavells danach fragt, was die Konsequenzen dieser Verbindung sind: »This is a matter not so much of assigning significance to certain events of the drama as it is of isolating and relating the events for which significance needs to be assigned.«[2] Im Zentrum steht dabei die Frage danach, was sich aus Lubitschs Umschrift der zwei Außenseiter von *The Merchant of Venice* über die Annahme von notwendig kränkenden Identitätszuweisungen – der Stereotype des rachsüchtigen Juden einerseits und der dem Willen des Vaters unterworfenen Tochter andererseits – erkennen lässt.

Wie viel Spielraum ergibt sich in der Welt Shakespeares für den Juden und die Frau, die vor einem Gericht Gerechtigkeit suchen, das sie implizit ausschließt, solche Rollenzuweisungen auszuhandeln? Hat der rachsüchtige Jude Shakespeares denselben Spielraum wie die eigensinnige Tochter? Welche Komplizenschaft mit dem sie einschränkenden Gesetz müssen beide eingehen und welche Konsequenzen hat dieses Spiel mit dem Gesetz für ihre eigene

**2** | Cavell, Stanley: Pursuits of Happiness. The Hollywood Comedy of Remarriage, Cambridge MA: Harvard University Press 1981, S. 144-145.

Selbstdefinition? Und schließlich: Wie stabil sind die Identitätskategorien, welche die Komödie den Figuren durchaus gewaltsam zuweist?

Die Frage danach, was es heißt, sich eine bedingt kränkende Identität anzueignen, ist in SEIN ODER NICHTSEIN (TO BE OR NOT TO BE) komplex. Nicht nur spielt ein Schauspieler, der bislang nur Nebenrollen spielen durfte, die Hauptrolle des Führers in einem Stück, bei dem es wirklich um Leben und Tod geht. Nicht nur tragen die anderen Schauspieler des Polski-Theaters mehrfach Maskeraden der Nazis vor – zuerst auf der Bühne in einem antifaschistischen Theaterstück und dann, nachdem die realen Nazis eingezogen sind, in dem zur Bühne des Widerstandes deklarierten Warschau. Der als Jude markierte Greenberg – von dem tatsächlich jüdischen deutschen Emigranten Felix Bressart gespielt – eignet sich zudem die in der Geschichte von Shakespeares Dramen umstrittene Rolle des stereotypen, rachsüchtigen Juden an und spielt diese gegen den Strich. Wir haben es also mit einem doppelten Crossdressing zu tun: »doing the Nazi« und »doing the Jew«.

Operiert die erste dieser beiden Maskeraden mit der rhetorischen Geste der Satire, verleiht die zweite sowohl dem Schauspieler Greenberg als auch dem von ihm verkörperten Shylock unzweideutig Würde. Er ist nun nicht mehr die rächende Gestalt, die das Gesetz Venedigs sowohl seines Besitzes als auch seiner Religion enteignet, sodass er nur noch eingestehen kann, er sei zufrieden: »I am content.«[3] Lubitschs Shylock ist vielmehr eine rettende Instanz; ihm gebührt eigentlich das Denkmal, das sich Joseph Tura für sich selbst vorstellt. Greenberg kehrt zwar, nachdem die Theatertruppe glücklich in England gelandet ist, wieder in die Position des Nebendarstellers zurück, doch die Sympathielenkung des Films verdichtet sich nachhaltig an seiner Darstellung Shylocks. Jack Bennys Darbietung des berühmten, titelgebenden Hamlet-Monologs ist indes explizit als ungeschickte schauspielerische Leistung konzipiert. Ihr komödienhafter Reiz besteht in der sichtlichen Diskrepanz zwischen dem eitlen Spiel Turas und dem Pathos der Shakespeare-Figur. Das Spiel von Felix Bressart wiederum ist ergreifend, weil in diesem Augenblick die Theaterrolle nicht nur mit der Figur, die diese darbietet, und dem realen Schauspieler, der sie vor der Kamera verkörpert, in Einklang fällt, sondern auch mit der ethisch-politischen Haltung, die der gesamte Film einnimmt. Felix Bressarts Shylock ist schließlich auch die Verkörperung des Regisseurs Ernst Lubitsch, der im Namen aller Juden an die amerikanischen Filmzuschauer appelliert.

Was aber lässt sich Greenbergs Wunsch entnehmen, er habe immer Shylock spielen wollen? Lässt sich dieser Traum nur darauf zurückführen, dass seit dem 19. Jahrhundert Shakespeares jüdischer Geldverleiher zu den großen Star-Rollen der Bühnenliteratur zählt? Oder verweist Lubitsch auf diese Weise auch auf die Einsicht des assimilierten europäischen Judentums (und impli-

**3** | W. Shakespeare: *Merchant of Venice*, 4.1.389.

zit seines amerikanischen Pendants), dass man sich mit den kulturellen Vorurteilen, die an einen herangetragen werden, auseinandersetzen muss? Wollte Greenberg immer Shylock spielen, um eben das zu leisten, was Lubitsch ihm im Korridor vor der Loge des Führers erlaubt: auf der Authentizität des Anspruchs auf Gerechtigkeit zu beharren, die Shakespeares Figur eingeschrieben ist? Ist somit auch Lubitschs Verhältnis zu diesem umstrittenen Stereotyp ambivalent? Entdeckt er in ihm die Möglichkeit, ein Stereotyp gegen den Strich zu lesen, um Kränkung in Selbstbehauptung umschlagen zu lassen?

Der Titel SEIN ODER NICHTSEIN (TO BE OR NOT TO BE) spielt offenkundig auf *Hamlet* an – ein Stück Shakespeares, in dem es ebenfalls um ein ständiges Spiel im Spiel geht, das dazu eingesetzt wird, um politische Missstände anzugreifen. Wenn seine Hauptdarstellerin Maria Tura die ersten Worte von Hamlets Monolog als Kode benutzt, um in der Garderobe ihren geheimen Verehrer (den Piloten Sobinski) zu empfangen, während ihr Ehegatte auf der Bühne steht, haben wir es vielleicht nicht nur mit einer Genre-Umschrift zu tun, die Shakespeares Tragödie in eine Liebesposse verwandelt. Es lässt sich vermuten, dass diese Umschrift auch das andere von Lubitsch anzitierte Stück betrifft, und zwar derart, dass – was für viele Komödien Shakespeares zutrifft – die tragische Seite von *The Merchant of Venice* sichtbar wird. Immerhin vereinigt auch Lubitschs Film solche Gegensätze. Lubitsch verstand SEIN ODER NICHTSEIN (TO BE OR NOT TO BE) dezidiert als Teil jenes »war effort«, mit dem Hollywood auf den Angriff auf Pearl Harbor antwortete, während sein Film sich gleichzeitig das Gewand der österreichischen Liebeskomödie aneignete.[4] Dieses Genre-Crossdressing wird bezeichnenderweise über die unzweideutig würdige Darbietung des Shylock bei Lubitsch verhandelt. Dreimal darf Greenberg einige Zeilen, nie aber den ganzen Monolog sprechen: zuerst nur hinter der Bühne, während er mit einem anderen Schauspieler dort entlang schlendert, dann vor dem Theatergebäude, nachdem die Nazis das Polski-Theater geschlossen haben, und schließlich – wie schon beschrieben – auf dem Korridor vor der Königsloge. Auf der Bühne sehen wir Bressart als Shylock nie. Ein Hauch Messianismus vonseiten Lubitsch verlagert diesen Auftritt auf eine noch zu kommende Zukunft, nämlich die Befreiung Polens, die – wie Bronski und Tura im Auto auf dem Weg zum Flughafen festhalten – den Untergang des Dritten Reichs einläuten wird.

Die Frage, welche die von Lubitsch unternommene Umgestaltung des Shakespeare-Stücks somit aufwirft, betrifft – wie bereits angedeutet – die Annahme einer notwendigerweise ›kränkenden‹ Identitätszuweisung, die sich in der Identifikation eines jüdischen Schauspielers und eines jüdischen Regis-

4 | Siehe Schatz, Thomas: »World War II and the Hollywood ›War Film‹«, in: Nick Browne (Hg.), Refiguring American Film Genres, Berkeley: University of California Press 1998, S. 89-128.

seurs mit dem Stereotyp des rachsüchtigen Juden verbirgt. Explizit im Kontext des antifaschistischen Kampfes, den Lubitsch mit seinem Film unterstützt, wird in der Identifikation mit einem antisemitischen Stereotyp aus Rachsucht ein Recht auf Vergeltung. Die ideologische Pointe des Films liegt darin, dass Lubitschs Shylock wie Shakespeares Original ein Pfand fordert – und zwar von den Filmzuschauern, an die er eine Rede richtet. Und wie in Shakespeares Stück, in dem Shylock vom Kaufmann Antonio ein Pfund Fleisch verlangt, weil dieser sein Darlehen nicht zurückzahlen kann, betrifft auch Lubitschs Forderung den Einsatz des realen Körpers – nur sind es in seinem Fall die amerikanischen Soldaten, die zusammen mit den Alliierten in ihrem Kampf gegen die Nazis wörtlich ihren Leib einsetzen, dabei jedoch sowohl Fleisch als auch Blut zu verlieren drohen, während Shakespeares Antonio von der verkleideten Portia dadurch gerettet wird, dass der Bond Shylock zwar ein Pfund Fleisch, aber keinen Tropfen Blut zuschreibt. Konkret spricht Lubitschs Film einen imaginären Tausch von Geld gegen Leib in dem Sinne an, als die Hollywood-Filmproduktion der Kriegsjahre auch dem Werben für den Verkauf jener »war bonds« diente, mit denen die amerikanische Zivilbevölkerung angehalten wurde, sich am Erhalt der Kriegsindustrie zu beteiligen. Zugleich geht es bei dem Vertrag, den Lubitsch mithilfe Shylocks Rede mit seinen amerikanischen Zuschauern macht, nicht mehr darum, ob das Fleisch, das sie bereit sind, ihm als Kollateral zu versprechen, ohne Blutvergießen gefordert werden kann. Zwar konnte man 1942 noch nicht das Ausmaß an Blutvergießen erahnen, das jener antifaschistische Widerstand, im Namen dessen Greenberg alias Lubitsch Vergeltung fordert, kosten wird. Im Kontext des Films erscheint aber jedenfalls das Beharren von Lubitschs Shylock auf Gerechtigkeit unzweideutig legitim und erfordert eine ebenso unzweideutige Handlung.

In Shakespeares Stück hingegen nimmt Shylock die Bezeichnung »Jude« für sich in Anspruch, um auf das Allgemein-Menschliche hinzuweisen, nachdem er die Verbindung von Rache und Beleidigung als Beweggrund seines Handels hervorgehoben hat. Auf Salerios Frage, warum er sich ein Pfund Fleisch des Antonio als Pfand erbitte, erklärt Shylock:

> »To bait fish withal, – if it will feed nothing else, it will feed my revenge; he hath disgraced me, and hind'red me half a million, laugh'd at my losses, mock'd at my gains, scorned my nation, thwarted my bargains, cooled my friends, heated mine enemies, – and what's his reason? I am a Jew.«[5]

Am Ende seiner Rede hält er an der Instabilität dieser ethnischen Differenzierung fest, und auch diese Unschärfe ist in der Annahme der kränkenden Identitätszuweisung »Jude« enthalten: »If a Jew wrong a Christian, what is his

**5** | W. Shakespeare: *Merchant of Venice*, 3.1.45-49.

humility? Revenge. If a Christian wrong a Jew, what should his sufferance be by Christian example? Why, revenge. The villainy you teach me I will execute, and it shall go hard but I will better the instruction.«[6] Jene Instabilität der Bezeichnung, die in *The Merchant of Venice* das Komische und das Tragische ineinander übergehen lässt, betrifft auch die Grenze zwischen dem Jüdischen und dem Christlichen, und – da die entscheidende Stimme des Gesetzes diejenige einer als Mann verkleideten Frau ist – die Grenze zwischen Frauen und Männern. Das einzig Stabile im Stück besteht, wie Marjorie Garber festhält, in der Instabilität von Identitätszuweisungen: »It is one of the things that make this play so ›modern‹ or even postmodern. Its instability is the only stable thing about it.«[7] Diese Instabilität macht Garber an dem Satz fest, mit dem Portia den Gerichtshof betritt. Die Frage »Which is the merchant here, and which the Jew?« stellt die als Rechtsanwalt verkleidete Heldin, weil sie zwischen den beiden im Titel des Stücks genannten Gegenspielern nicht unterscheiden kann.[8] Von der Kleidung ausgehend, hätte man in der frühen Moderne durchaus zwischen einem venezianischen Kaufmann und einem jüdischen Geldhändler auf Grund des »jewish gaberdine«, auf das Shylock selbst in einer Rede hinweist, unterscheiden können. Auf was Portia mit ihrer Frage hinweist, ist demzufolge der Umstand, dass das Gesetz gegenüber dieser Trennung blind sein muss.[9]

## 3.2 Kaufmann und Jude

Die Unterscheidung zwischen Kaufmann und Jude ist eine kulturell bzw. gesellschaftlich erzeugte und hat eigentlich vor Gericht nichts zu suchen. Die fließende Grenze zwischen Kaufmann und Jude – die nicht nur dazu führt, dass man die beiden verwechseln kann, sondern die beide auch austauschbar erscheinen lässt – führt jedoch zu einer entscheidenden Differenz zwischen Lubitschs Film und Shakespeares Stück. Weil Sein oder Nichtsein (To Be or Not to Be) ein unzweideutiges politisches Projekt verfolgt und Hamlets vom Titel angesprochene Unterscheidung zwischen Sein und Nichtsein über die Frage einer zur Bühne deklarierten Welt das reale Überleben der europäischen Gegner der Nationalsozialisten anspricht, schreibt Lubitsch das Shakespeare-Stück auf brisante Weise um. Er greift zwar auf die klassische Logik des Opfers zurück, nutzt dabei aber das stereotype Bild des Juden, um eine Anklage gegen antisemitischen Rassismus in einen Aufruf zum nationalen Widerstand um-

**6** | Ebd., 3.1.57-61.

**7** | Garber, Marjorie: Shakespeare and Modern Culture, New York: Random House 2008, S. 146.

**8** | W. Shakespeare: *Merchant of Venice*, 4.1.169.

**9** | M. Garber: Shakespeare and Modern Culture, S. 124-153.

zuwandeln. Der Aufhänger für Greenbergs Shylock-Darbietung im Korridor des besetzten Polski-Theaters ist eine Frage, die zwischen Christen und Juden nicht mehr unterscheiden lässt: »What does he want from us, what does he want from Poland?«, fragt Greenberg polemisch einen der SS-Männer, die im Korridor Wache stehen und ihn vom Eindringen in die Königsloge abhalten wollen. Aus dem partikularen Fall des Juden Shylocks sind damit alle freien Polen geworden. Im gleichen Zug wird die instabile Demarkationslinie zwischen Juden und Christen, die Portia zwischen dem Kaufmann Antonio und dem Juden Shylock nicht unterscheiden lässt, durch eine klare Front zwischen demokratischer Freiheit und totalitärer Repression ersetzt. Aufgrund dieser Verschiebung, die in der Anklage des Juden alle anderen unterdrückten Menschen miteinbezieht, ist unsere Sympathie für die Rachsucht dieses Shylocks alles andere als ambivalent. Sie ist fraglos ethisch gerechtfertigt, weil in dieser Szene der Mann, der seine Rache zu verteidigen sucht, kein vor Demütigungen geblendeter, blutlüsterner Mensch, sondern ein klarsichtiger, mutiger Widerstandskämpfer ist. Das Stereotyp hat sich in Menschlichkeit aufgelöst, als würde die theatralische Geste im Sinne eines Sprechakts die geforderte Humanität bereits einlösen. »Aren't we human?« ist weniger als rhetorische Frage zu verstehen: Das Shakespeare-Zitat, in diesem Kontext vorgetragen, stellt vielmehr eine Handlung dar, die darauf angelegt ist zu zeigen, dass man die Frage der Menschenrechte nicht ausblenden darf. Wenn Greenberg für alle Freiheit liebenden Polen deklariert »If you wrong us, shall we not revenge?«, ist dies eine Absichtserklärung, in der die bereits vollzogene Rache der polnischen Schauspieler gegen den als Professor getarnten Spion sich mit deren zukünftigen Aktionen als Warnung an die Nazis und als Aufruf an die Alliierten verschränkt.

Im Unterschied zu der von Marjorie Garber für Shakespeares Tragödie diagnostizierten Verflüssigung von semantischen Oppositionen verläuft die bedeutungstragende Instabilität von Lubitschs Kriegskomödie über eine andere Differenz, nämlich die zwischen dem männlichen und dem weiblichen Star. Dieser Streit der Geschlechter soll und kann – im Gegensatz zum Kampf zwischen den freien Polen und den Nazis – nicht aufgelöst werden. Wenn in der entscheidenden Szene vor der Königsloge Greenberg dem selbsternannten Star des Polski-Theaters Joseph Tura die Show stiehlt, so ist es am Ende des Films Turas Frau Maria, die das entscheidende Machtwort gegen ihren eitlen Gatten zugesprochen bekommt. Der Blick, den Lubitsch auf *The Merchant of Venice* wirft, macht die Frage der Zuweisung und Annahme von kränkenden Identitätspositionen bezeichnenderweise an jenen beiden Figuren fest, die Joseph Tura wiederholt in den Schatten drängt. Er wird, wie ich am Ende meiner Ausführungen noch zeigen werde, in seiner Bedeutung als Star des Polski-Theaters zwar wieder etabliert, zugleich aber durch diese beiden Gegenspieler nachhaltig in seiner Wirkung als Schauspieler eingeschränkt. Die patriarchale Instanz, die in Shakespeares Welt noch den Gerichtshof besetzt, ist bei Lubitsch brüchig geworden.

Betrachten wir vor dem Hintergrund dieser Umverteilung identitätsregulierender Machtinstanzen noch einmal die Komödie Shakespeares, lässt sich sowohl von Portia, die sich dem strengen Gesetz ihres verstorbenen Vaters beugen muss, wie auch vom Juden Shylock, der sich dem strengen Gesetz Venedigs beugen muss, behaupten: Sie sind weder als Frau noch als Jude geboren. In Anlehnung an Simone de Beauvoirs bekannten Ausspruch ließe sich mutmaßen, dass sowohl Frau-Sein als auch Jude-Sein Konstruktionen sind, welche die Figuren für sich annehmen müssen, nachdem sie ihnen von einer anderen Instanz – nämlich einem normativen, symbolischen Gesetz – zugewiesen worden sind. Entscheidend ist, dass dies in beiden Fällen mit einer Kränkung zusammenhängt.[10] Shylock wird durch sein Beharren auf seinem Pfand zu eben jenem »Hund«, zu dem der Hohn der venezianischen Edelleute ihn das Stück hindurch degradiert hat: Hat er am Anfang Antonio noch vorgeworfen, »You call me misbeliever, cut-throat dog,/And spit upon my jewish gaberdine«, lässt Shylocks Insistieren die animalische Seite seiner Wut sichtbar werden.[11] Portia wiederum muss den wankelmütigen Bassanio heiraten, dessen Wahl auf das richtige Kästchen traf.

Der entscheidende Punkt an Simone de Beauvoirs Formel besteht natürlich darin, dass die kulturell konstruierte Frau als das Andere des Mannes fungiert, wie der konstruierte Jude das Andere des Christen darstellt. Frau-Sein wie Jude-Sein stellt somit eine Nachahmung dar – die Annahme einer Identität, die auf diejenige Instanz zurückfällt, die sie zuweist: im Fall der Frau auf den Vater, der mit dem Ritual der Kästchenwahl seine Erbschaft regelt, im Fall des Juden auf den Christen, der mithilfe ethnischer Ausgrenzung seine kulturelle Hegemonie zementiert. Anders formuliert: Die Konstruktion von Weiblichkeit und Judentum fungiert als eine Widerspiegelung der patriarchalen, venezianischen Christen und enthält zugleich eine Geste der Entfremdung im doppelten Sinn. In der Frau wie dem Juden findet sich das vermeintlich normative Subjekt – der Mann, der Christ – dargestellt. Die von der Frau und dem Juden verkörperte Alterität gibt dieses Subjekt wieder, weil die Differenz dessen, von dem es sich unterscheidet oder unterschieden wird, sich in dieser Abgrenzung überhaupt erst begründet.

Es lässt sich demzufolge mit Judith Butler für beide Figuren von einer »identity performance« sprechen, geht es doch auch in *The Merchant of Venice* darum, wie das Gesetz – in diesem Fall ein misogynes und antisemitisches – durch Begrenzungen, Verbote und Kontrollen jene Subjekte überhaupt erst

**10** | Siehe de Beauvoir, Simone (1949): The Second Sex, Harmondsworth: Penguin 1972.

**11** | W. Shakespeare: *Merchant of Venice*, 1.3.106-107.

hervorbringt, von denen es behauptet, sie lediglich zu vertreten.[12] Subjekte werden nicht geboren, sondern aufgrund der gesetzlichen Forderungen, die sie regulieren, erzeugt. Weil es keine Identitätspositionen außerhalb der symbolischen Ordnung gibt, kann es auch nicht darum gehen, dieses System der Regulierungen abzulehnen, sondern lediglich in Identitätskonstruktionen wie Weiblichkeit oder Judentum zu intervenieren. Entscheidend an einem Spiel mit kulturellen Bedeutungszuweisungen – unabhängig davon, ob dies eine geschlechtliche oder eine ethnische Identität betrifft – ist, dass eine kulturell erzeugte Identitätsdifferenz die Vorstellung von sexueller oder ethnischer Zugehörigkeit voraussetzt. Jene Differenz, an der die Demarkation zwischen Mann und Frau, aber auch zwischen Christ und Jude als grundlegende kulturelle Identität festgemacht wird, existiert nur als Effekt. Sie fungiert als Indiz dafür, dass eine grundsätzliche Unterscheidung gezogen worden ist, weil sie gezogen werden muss; weil jegliche Subjektbildung die Trennung zwischen Selbst und Anderem fordert, sei es zwischen Tochter und Vater oder zwischen dem kulturell Vertrauten und dem Fremden.

Judith Butler beharrt darauf, dass Gender immer einen performativen Akt beinhaltet, der (er-)schafft, was er zu sein vorgibt. Identität existiert nicht vor oder jenseits des Gesetzes, sondern sie wird performativ erzeugt durch eben jene Ausdrucksformen, die vermeintlich Resultate von Identität sind. Wichtig für die von mir vorgenommene Ausweitung dieses Spiels mit Identitätszuschreibungen auf die Figur des stereotypen Juden ist die Produktivkraft, die Butler mit einer Intervention in kulturelle Verbote und Regulierungen verbindet. Denn wenn es keine normative Identität vor, außerhalb oder jenseits kultureller Gesetze gibt, bedeutet dies auch, dass festgelegte Bezeichnungen umgeschrieben werden können. Butlers optimistische Forderung lautet: Es gibt ein Aufgreifen von Identitätszuweisungen, die nicht einfach kulturelle Kränkungen und Beschränkungen nachahmen, sondern im Zuge der Wiederholung diese auch entstellen. Dass diese Denkfigur nicht nahtlos auf ethnische Identitätszuweisungen wie die des Jüdischen übertragen werden kann, liegt auf der Hand. Der Schwachpunkt in Butlers These ist jene Grenze zum Realen – sei es die Materialität des Körpers, sei es das Nichtverhandelbare des Gesetzes. Nicht alle Identitätszuweisungen lassen sich spielerisch aufgreifen und umschreiben. Lubitsch feiert zwar die subversive Kraft der Parodie, wenn er Shylock zur Galionsfigur des polnischen Widerstandes deklariert. Nachträglich muss man jedoch festhalten: Der Film entstand 1942. Da konnte Maria Tura noch den Vorschlag machen, als Insassin eines Konzentrationslagers im glänzenden Satin-Kleid aufzutreten, weil dies ein kluger dramaturgischer Effekt sei. Da konnte Greenberg noch versichern, ein Hitler, der »Heil myself«

**12** | Siehe Butler, Judith: Gender Trouble. Feminism and the Subversion of Identity, New York/London: Routledge 1990.

proklamiert, würde einen Lacher erzielen. Im Wissen um die realen Konsequenzen der nationalsozialistischen Gewaltherrschaft muss rückblickend eine gewisse Zurückhaltung gegenüber der Behauptung gewahrt werden, jegliche kulturelle Identität sei performativ verhandelbar.

William Shakespeare hat die Gattung der Komödie immer wieder benutzt, um den kleinen, aber doch bedeutenden Spielraum der Intervention hervorzuheben, der den Töchtern in ihrem Widerstreit mit einem strengen patriarchalen Gesetz zur Verfügung steht. Wenn man *The Merchant of Venice* im Verhältnis zu Lubitschs Kriegskomödie betrachtet, besteht der neuralgische Punkt des Stücks womöglich weniger in der bitteren Zufriedenheit, mit der Shylock auf seine Zwangsenteignung antwortet (»I am content«). Vielmehr richtet sich unsere Aufmerksamkeit auf die höchst ambivalente Rolle, die Portia in dem bösen Spiel um die Enteignung des jüdischen Geldverleihers einnimmt. Gerne liest man Antonio als Doppelung von Shylock und somit den Hass zwischen beiden als Zeichen ihrer Ähnlichkeit. Im ersten Akt versichert der Kaufmann dem Juden, selbst wenn er ihm das Geld leihen würde, brächte dies ihn nicht dazu, ihn zum Freund zu bezeichnen: »But lend it rather to thine enemy, who if he break, thou may'st with better face exact the penalty.«[13] Auf den Hinweis, dass die vermeintlich unüberwindbare Differenz zwischen ihnen auch der Garant für den Vertrag sei, antwortet Shylock: »Why, look you, how you storm! I would be friends with you [...] and you'll not hear me. This is kind I offer.«[14] Der Zuhörer Bassanio kommentiert: »This were kindness« – worauf Shylock den vorgeschlagenen Pakt konkretisiert: »This kindness I will show. Go with me to a notary.«[15]

Das Wortspiel »This is kind I offer« benennt nicht nur ein großzügiges Angebot der Freundschaft, sondern hebt – als ein Angebot »in kind«, in Naturalien also, gelesen – auch die Ähnlichkeit der beiden hervor, die als Geldhändler tatsächlich »same in kind« sind. Wie Marjorie Garber feststellt, bringt der zweideutige Begriff der »kindness«, unter dem Shylock seinen Vertrag mit Antonio eingeht, eine unheimliche Ähnlichkeit auf den Punkt: »The wager about the pound of flesh [...] binds them, seals them, in what Shylock punningly calls ›kindness,‹ meaning both generosity and alike-ness. They are of the same kind, these two, he insists. Despite the fact that Antonio despises him and fails to recognize him. Fails, indeed, to recognize *himself* in Shylock.«[16] Im Wortspiel, mit dem Shylock auf Antonios feindseliges Wüten antwortet, ist somit nochmals die Frage der entstellenden Übertragung enthalten, welche die beiden Gegenspieler verbindet. Antonio und Shylock verbünden sich über

**13** | W. Shakespeare: *Merchant of Venice*, 1.3.130.

**14** | Ebd., 1.3.133-137.

**15** | Ebd., 1.3.139f.

**16** | M. Garber, Shakespeare and Modern Culture, S. 151.

eine vermeintliche Feindschaft, die ein Band der Ähnlichkeit nicht so sehr verdeckt, als dass sie dieses sichtbar macht. Sie konstruieren sich gegenseitig. Sie sind sich gegenseitig der Andere, nehmen jeweils für sich jene den anderen feindselig ausschließende Identität an, mit der man nicht geboren, sondern die einem kulturell zugeschrieben wird.

Apodiktisch formuliert, stellen sie gegenseitig die Fantasie und den Alptraum des Anderen dar, den dieser – sei er ein christlicher Kaufmann oder ein jüdischer Geldverleiher – benötigt, um sich von einer stabilen Selbstidentität zu überzeugen. Shylock übernimmt das Feindbild der Venezianer, das auf ihn übertragen wird, um seinerseits einen Feind zu erzeugen, gegen den er sich auflehnen kann: »I hate him for he is a Christian:/But more, for that in low simplicity/He lends out money gratis, and brings down/The rate of usance here with us in Venice.«[17] Shylock konstituiert sich aufgrund der Übernahme eines Stereotyps, das vom Anderen ausgeht, um eben dieses Stereotyp in der bereits angesprochenen Rede im dritten Akt aufzugreifen – mit jenem Satz, den Lubitsch in seiner Verfilmung weglässt: »If a Christian wrong a Jew, what should his sufferance be by Christian example? Why, revenge. The villainy you teach me I will execute, and it shall go hard but I will better the instruction.«[18] Der Andere muss – wenn auch nur als Feind – stabil sein, damit sich im Widerstreit mit ihm die eigene kohärente Identität ergeben kann. Antonio braucht seinerseits einen Feind, um seine Identität als venezianischer Kaufmann zu stabilisieren. Er produziert sich den Juden als Anderen. Während er Shylock zu beleidigen versucht, benötigt er ihn zugleich auch als klar demarkierten Gegner für die Überzeugungskraft seines Glaubens.

Was aber, wenn der Jude als Feindbild nicht stabil ist? Was, wenn die Grenze zwischen Antonio und Shylock nicht eindeutig gezogen werden kann, aber schließlich doch gezogen werden muss, um eine andere Demarkationslinie auszublenden? Erinnern wir uns: Der Vertrag zwischen Shylock und Antonio, der auf einer ambivalenten »kindness«[19] beruht, geht auf eine andere Bedrohung Antonios zurück. Sein geliebter (oder Geliebter) Bassanio – ungeachtet der Tatsache, ob diese Liebe eher geistig oder körperlich gedeutet wird – droht ihn für eine Frau zu verlassen. Im Streit der Geschlechter stehen Shylock und Antonio auf derselben Seite und sie werden am Ende des Stücks beide verloren haben: Shylock seine Tochter, seine Güter und seine jüdische Religion; Antonio seinen Freund. Wir können demzufolge fragen: Muss der Streit zwischen Kaufmann und Geldverleiher als Streit um die Denomination »Jude« ausgehandelt werden – und zwar als ein Streit, der eindeutig vor Gericht gelöst

**17** | W. Shakespeare: Merchant of Venice, 1.3.37-40.

**18** | Ebd., 3.1.58-61.

**19** | »Kindness« kann sowohl »Güte« als auch »Ähnlichkeit« bedeuten.

werden kann, um von einem nicht lösbaren Streit abzulenken, nämlich demjenigen der Geschlechter?

## 3.3 Die Intervention der Heldin

Versteht man den Streit zwischen den beiden Händlern als eine derartige Schutzdichtung, rückt jene andere Doppelung ins Blickfeld, die sich zwischen Shylock und Portia ergibt. Aus der Position der Heldin stellt Shylock einen Sündenbock dar, einen Stellvertreter, dessen Opferung in mehrfacher Hinsicht erforderlich ist: Shylock bedeutet nicht nur ein Hindernis für Portias Hochzeit mit Bassanio (im Sinne einer finanziellen und moralischen Schuld gegenüber seinem Schuldner); er repräsentiert auch das die Tochter kränkende Gesetz des Vaters, mithilfe dessen patriarchales Erbe über Heirat reguliert wird. Schließlich stellt Shylock auch Portias eigene Verletzbarkeit vor dem venezianischen Gesetz zur Schau, darf sie dort doch nur als Mann verkleidet, nicht aber in ihrer eigenen Gestalt und nicht in ihrer eigenen Sache juristische Macht beweisen. So ist also nicht nur die Grenze zwischen Shylock und Antonio dadurch destabilisiert, dass Portia zwischen dem Kaufmann und dem Juden nicht unterscheiden kann. Portia und Shylock sind sich zudem in dem Sinne ähnlich, als sie beide durch ein sie kränkendes Gesetz definiert werden. Beim ersten Erwähnen der Kästchenwahl benennt Portia ihr Dilemma: »O me the word ›choose‹! I may neither choose who I would, nor refuse who I dislike, so is the will of a living daughter curb'd by the will of a dead father.«[20] Sie muss zu der Frau werden, die ihr verstorbener Vater als Inbegriff der venezianischen symbolischen Ordnung vorgesehen hat. Dieser kränkende Vater wird durch jenen Juden ersetzt, den sie beim Betreten des Gerichtsaals nicht vom Kaufmann unterscheiden kann.

Wenn sie also die Frage stellt: »Which is the merchant here, and which the Jew?«[21], dann vielleicht nicht nur, um die Blindheit des Gesetzes gegenüber dieser Differenz festzuhalten, die am Ende des Prozesses juristisch festgelegt wird: Shylock kann enteignet werden, weil Portia ihm erfolgreich den Wunsch unterstellen kann, einem Venezianer Leid zuzufügen: »If it be proved against an alien,/That by direct, or indirect attempts/He seek the life of any citizen,/ The party ›gainst the which he does contrive,/Shall seize one half his goods, the other half/Comes to the privy coffer of the state,/And the offender's life lies in the mercy/Of the Duke.«[22] Hat Shylock in seiner Rede im ersten Akt noch Antonio beschuldigt – »he lends out money gratis, and brings down/The rate

**20** | W. Shakespeare: *Merchant of Venice*, 1.2.19-22.

**21** | Ebd., 4.1.169.

**22** | Ebd., 4.1.344-351

of usance here with *us* in Venice«[23] –, ist Shylock nun zum »alien« geworden. Indem sie Shylock als Fremden ausgrenzt, verfolgt Portia aber nicht nur Antonios, sondern auch ihr ganz eigenes Interesse: Eignet sich der Jude doch als Sündenbock, an dem die Tochter die Kränkung wettmachen kann, die der verstorbene Vater ihr zugefügt hat.[24]

Innerhalb des kleinen Spielraums an Intervention, der einer Tochter bleibt, die ihren Gatten nicht selbst wählen darf, kann Portia zumindest sicherstellen, dass Bassanio ihr untergeben sein wird. Dafür muss sie – als Rechtsanwalt verkleidet – im Gerichtshof ihre eigene untergeordnete Rolle als Frau umschreiben, und sie tut dies, indem sie sich eine Machtposition zuweist, die ihr zukünftiger Gatte nicht hinterfragen kann. Nachträglich muss Bassanio anerkennen, dass das Überleben seines Freundes Antonio von ihrer Redekunst abhing. Zweitens gelingt es Portia, nachdem sie erfolgreich gegen dessen Widersacher gesprochen hat, ein weiteres Spiel im Spiel einzuführen: das Spiel mit dem Ring, welches das Band zwischen Antonio und ihrem zukünftigen Gatten endgültig zerstört. Im Gerichtshof wird sie Zeugin, dass Bassanio seinem geliebten Antonio erklärt: »But life itself, my wife, and all the world,/Are not with me esteem'd above thy life./I would lose all, ay sacrifice them all/Here to this devil, to deliver you.«[25] Auf diese erschütternde Behauptung antwortet sie nicht nur: »Your wife would give you little thanks for that if she were by to hear you make the offer«[26], sondern sie wird auch von Shylock unterstützt – »These be the Christian husbands!«[27] –, als solle nochmals die Nähe der beiden Außenseiter hervorgehoben werden. Gegen das Bündnis zwischen Bassanio und Antonio, das ihr die Handlungsbefähigung ebenso abzusprechen droht wie das Gebot ihres verstorbenen Vaters, setzt sich Portia durch, indem sie sich wie Shylock das Recht nimmt, im Gerichtshof ihre Forderungen hörbar zu machen. Während Shylock explizit sein Recht einklagt, ist Portias Streit ein stellvertretender. Auch in ihrem Kampf gegen Antonio lässt sich von einer Übertragung sprechen, wobei diese anders verläuft als die des Antisemitismus. Antonio stellt nicht so sehr den Feind dar, den Portia benötigt, um ihn zugleich auch zu zerstören, sondern er fungiert vielmehr als Vertreter jenes väterlichen Gesetzes, das Portia entkräften möchte, um ihren eigenen Willen dagegen zu setzen. Für einen Augenblick rückt Shakespeare die beiden Klagenden nebeneinander. Anfangs nennt Shylock den jungen Rechtsgelehrten »A Daniel come to judgment: yea a Daniel! O wise young judge, how I do honour

**23** | Ebd., 1.3.39-40; meine Hervorhebung.

**24** | Siehe auch René Girard: A Theater of Envy. William Shakespeare, Oxford: Oxford University Press 1991.

**25** | W. Shakespeare: *Merchant of Venice*, 4.1.279-281.

**26** | Ebd., 4.1.283-4.

**27** | Ebd., 4.1.290.

thee!«[28] Dann findet Portia mit List jene Lücke, die dem Geldverleiher das Pfund Fleisch zuspricht, jedoch ohne einen Tropfen Blut zu vergießen.

Obgleich es Portias Argumentation ist, die schlussendlich dazu führt, dass Shylock sein Vermögen an Antonio und den venezianischen Staat abgeben und zum Christentum übertreten muss, lässt sich – der Gattung der Komödie entsprechend – von einem Transfer sprechen, der zwischen dem Juden und der Frau stattfindet. Wenn Shylock das Stück hindurch wiederholt behauptet: »I crave the law«, lässt sich mutmaßen, dass im vierten Akt eben dieser Gerechtigkeitsfuror auf Portia übergegangen ist. Vor dem Gesetz kann sie jenen kleinen Spielraum der Intervention zu ihren Gunsten wenden, der einer Frau im England der frühen Neuzeit gegeben war. Sie kann zwar das väterliche Gebot ebenso wenig auslöschen wie Shylock die rassistischen Vorurteile der Venezianer. Gegen die romantische Sentimentalität ihres Gatten kann Portia aber im Gerichtshof zeigen, dass diejenige, welche die sie einschränkenden symbolischen Gesetze listig genug auf ihre Lücken hin prüft, das Recht zu ihren Gunsten wenden kann. Im Zuge dieser Selbstbemächtigung inkorporiert sie nicht nur Shylocks Begehren nach dem Gesetz, sodass in ihrer Person die jüdische Forderung nach Gerechtigkeit weiterlebt. Sie weist auch ihrerseits Bassanio eine Identität zu, nämlich die des zu jener Untreue fähigen Gatten, zu der er sich im Gerichtshof vor Antonio begeistert bekannt hatte.

Portia produziert sich den ihr unterwürfigen Gatten, indem sie eine neue Demarkationslinie zwischen Vätern und Kindern zieht. Antonio – Stellvertreter des patriarchalen Venedig und der Männerbünde, die Frauen ausschließen – darf zwar Bassanio nach Belmont begleiten, beziehungsweise muss regelrecht dort sein, damit über diesen zum Außenseiter gewordenen Kaufmann die Stabilität der drei Paare, die am Ende des fünften Akts in ihre Hochzeitsnacht gehen, gewährleistet werden kann. Ohne eine Verkörperung des Anderen, von dem sie sich absetzen, können auch die drei Hochzeiten in Belmont nicht gefeiert werden. Dass jene Figur, die das normative Zentrum Venedigs verkörpert, diese Stelle einnehmen muss, kann man als ironischen Zug verstehen, mit dem Shakespeare dieser Komödie die Instabilität jeglicher Identitätszuschreibungen einschreibt. Tatsächlich ließe sich das Belmont, in das sich die Liebenden am Ende des Stücks zurückziehen, als weiblicher Bereich begreifen, in dem die vom Willen ihres verstorbenen Vaters beschränkte Tochter doch zu ihrer Macht kommt. Sieht man Portia als Regentin von Belmont, der alle (inklusive ihr wankelmütiger Mann) unterworfen sind, rückt das ins Blickfeld, was man von Lubitsch über den *The Merchant of Venice* lernen kann. Portia teilt nicht nur mit Shakespeares Shylock das Begehren nach dem Gesetz; sie hat auch mit Lubitschs Shylock gemein, dass in der entscheidenden Szene alles an ihr hängt, auch wenn dies an eine Verstellung geknüpft ist, welche

**28** | Ebd., 4.1.218-19.

die direkte Einsicht in ihre Macht ausblendet. Wie Greenberg, der im Korridor vor der Königsloge seine entscheidenden Sätze für ein auserwähltes Publikum spricht und später in England wieder von Joseph Tura aus dem Rampenlicht gedrängt wird, kann Portia nur als Mann verkleidet im Gerichtssaal sprechen. Doch sie hat sich mit dem Spiel um den Ring die Treue ihres Gatten gesichert. Bevor sie die Verwechslung auflöst, erhält sie von Antonio das Versprechen, sich für die Treue Bassanios zu verbürgen: »I dare be bound again,/My soul upon the forfeit, that your lord/Will never more break faith advisedly.«[29]

Der Umstand, dass am Ende des Stücks Antonio als einziger allein zu Bett geht, weil er gezwungen wurde, seinen Machtanspruch auf den geliebten Freund aufzugeben, wirft ein neues Licht auf die Auflösung von Lubitschs Liebeskomödie. Auch hier wird die Figur entmachtet, auf die der Titel der Komödie anspielt: der Star des Polski-Theaters, dessen Glanzrolle Shakespeares Hamlet ist. Zum einen wird, wie ich bereits gesagt habe, die für die Rettung des polnischen Untergrunds entscheidende Szene vom Gegner des venezianischen Kaufmanns – von Greenbergs Shylock – gespielt. Joseph Tura, in der Rolle eines Nazi-Offiziers, der zufällig dem leidigen Vorfall beiwohnt, muss lediglich mit seiner Frage »What made you decide to die here?« Greenberg dazu bringen, sein dramatisches Pathos zu entfalten. Nachdem der Widerstandskämpfer von einem anderen als Nazi getarnten Schauspieler abgeführt worden ist, stellt Tura zwar sicher, dass der als Hitler posierende Bronski sowie er selbst von den leichtgläubigen Nazis zum Flughafen begleitet werden. Doch Lubitsch fügt eine weitere Kränkung seines Helden hinzu, wenn auch Bronski dem eitlen Schauspieler die Schau stielt. Weil Joseph Tura, wie bereits angedeutet wurde, seinen Schnurrbart verloren hat, kann er das Auto nicht verlassen und somit auch seine Gattin Maria nicht in ihrer Wohnung abholen. An seiner Stelle muss der Doppelgänger Hitlers gehen. Bronski rettet nicht nur die Frau, sondern gibt auch dem Gestapochef Ehrhardt, der sie während des Vorfalls im Theater in ihrem Appartement romantisch belagert hatte, den entscheidenden ›Dolchstoß‹. Den Namen der Schauspielerin ausrufend, dringt Bronskis Hitler in Marias Wohnung ein, wendet sich aber beim Anblick eines vermeintlichen Nebenbuhlers schweigend ab, steigt wieder die Treppe herunter und erlaubt Maria, ihm zu folgen, ohne dass sie sich weiter dem aufdringlichen Kommandanten erklären müsste. Der betrogene echte Nazi kann sich nur hinter verschlossener Türe eine Kugel geben.

Zugleich übernimmt Lubitsch jene weibliche Macht, die am Ende von Shakespeares Komödie über Belmont regiert; nur ist die Abschlussszene von SEIN ODER NICHTSEIN (TO BE OR NOT TO BE) gegenüber dem entmachteten Helden von *The Merchant of Venice* um einiges böser. Jene Instabilität von Identitätskategorien, die sich als einzige Konstante durch Shakespeares Stück zieht,

**29** | Ebd., 5.1.250-52.

charakterisiert auch die Geschlechterdifferenz, die Maria und Joseph Tura den Film hindurch mit Witz und Elan ausgefochten hatten. Nachdem die polnische Schauspieltruppe glücklich auf einer idyllischen Wiese in Schottland gelandet ist, legt Carole Lombard die Rolle der glamourösen Verführerin ab und nimmt stattdessen diejenige der demütigen, unterwürfigen Gattin an. Die Journalisten, die eingetroffen sind, um über die Abenteuer der Schauspieler zu berichten, richten selbstverständlich an Joseph Tura die Feststellung: »You played the real hero in this amazing play?« Vermeintlich in seinem Selbstverständnis bestätigt, dankt er großzügig seinen Mitspielern für deren Unterstützung. Daraufhin stellt einer der Journalisten als nächstes die Frage, was er sich als Belohnung für diese erfolgreiche Rettungsaktion wünsche. Bevor Joseph Tura antworten kann, ergreift jedoch Maria das Wort und spricht an seiner Stelle: »He wants to play Hamlet.« Fast verlegen fügt ihr Gatte hinzu, man sei schließlich im Land Shakespeares. Doch nochmals unterbricht sie ihn und wiederholt ihre Behauptung, er wolle Hamlet spielen. Nur scheinbar nimmt sie gelassen die Rolle an, ihr und den anderen Mitgliedern der Schauspieltruppe von ihrem Mann zugewiesen wird. Insgeheim plant sie schon ihre Rache dafür, dass er ihr in der Öffentlichkeit unterstellt, sie habe ihn lediglich in seinem Spiel unterstützt.

In einer Überblendung steigt aus den strahlenden Gesichtern vom Jack Benny und Carole Lombard ein Bühnenraum empor. Dann tritt Joseph Tura auf, um den berühmten Monolog Hamlets zu sprechen. Kurz hält er inne, tastet mit seinem Auge den Zuschauerraum ab. Den jungen Leutnant Sobinski fixiert er mit seinem Blick, während er nach vorne schreitet und mit übertriebenem Pathos die Worte »To be or not to be« spricht. In dem Augenblick, in dem er ansetzt, mit seiner Rede fortzufahren, steht in der Reihe hinter Sobinski plötzlich ein junger Mann auf und verlässt den Raum. Diese Wiederholung einer Szene vom Anfang des Films mit einer kleinen, jedoch entscheidenden Differenz bringt nicht nur den jungen Kampfpiloten dazu, sich wütend seinem Nebenbuhler zuzuwenden. Sie verschlägt vor allem Joseph Tura regelrecht die Sprache. Es bleibt ihm einzig übrig, entsetzt auf den Raum jenseits der Bühne zu blicken. Lubitsch gönnt ihm nicht einmal eine Nahaufnahme: Für wenige Sekunden nur zeigt uns die Kamera im Gegenschnitt den Oberkörper des Schauspielers, der nicht nur in seinem Glanzauftritt gestört wird, sondern auch weiß, dass er in diesem Augenblick von seiner Frau betrogen wird. Dann wird die Leinwand schwarz.

Dass Maria die Briten dazu bringt, ihren Gatten Hamlet spielen zu lassen, erweist sich als weiblicher Unschuld und Unterwürfigkeit diametral entgegengesetzt. Wie Shakespeares Portia will auch Maria ihrem Ehemann eine Lektion erteilen. Lubitschs geistreiche Pointe besteht natürlich darin, dass Maria im Gegensatz zu Portia nicht die Treue ihres Gatten einfordert, sondern ihr eigenes Recht anwendet, ihm nicht treu zu sein. Es gilt, Turas grenzenlosem

Narzissmus etwas entgegenzuhalten, und dies unterstreicht Lubitsch dadurch, dass er seine Siegerin sozusagen hinter der Bühne agieren lässt und auf der Leinwand gar nicht zeigt. Allein auf der Bühne stehend, mag Joseph Tura die erwartungsvolle Aufmerksamkeit des Publikums auf sich gerichtet wissen, doch hinter der Bühne gelingt es Maria, seine und damit unsere Aufmerksamkeit gänzlich auf sich zu lenken. Josephs Name mag auf dem Plakat an erster Stelle stehen (das war der Stein des Anstoßes in einem früheren Streit), aber Maria kann sein Spiel durch ihre Liebeslist sabotieren. Er mag das letzte Bild haben, aber sie hat implizit das letzte Wort, hat sie doch dafür gesorgt, dass er es nicht hat, weil er mit seinem Monolog nicht fortfahren kann. Wir lachen über ihn und seine hilflose Wut darüber, was seine Gattin ihm antut, und dürfen uns vorstellen, dass sie in ihrer Garderobe ebenfalls lacht.

Das bleibt natürlich unsere Fantasie, denn wir dürfen Maria nicht in ihrem Triumph sehen. Spricht Portia die unheimliche Austauschbarkeit zwischen Christen und Juden mit ihrem Satz »Which is the merchant here, and which the Jew?« an, führt Lubitsch mit seinem Schnitt und seiner Kameraeinstellung in dieser Abschlusssequenz eine ähnlich destabilisierende Geste vor. Wer, können wir fragen, hat hier die Macht über das Schauspiel, das sich auf und hinter der Bühne abspielt? Der eitle Darsteller, der seiner Frau nur eine ihn unterstützende Rolle zuzuschreiben bereit ist, oder die listige Frau, die ihrem Mann eben deshalb eine Falle stellen kann, weil sie seine Schwäche kennt? Wenn in *The Merchant of Venice* der Gerechtigkeitsfuror Shylocks auf Portia übergesprungen ist, so hat im Film Maria ihrerseits von Greenbergs Shylock gelernt: Nicht der, der im Zentrum des Spiels steht, hat die eigentliche affektive Macht, sondern der, der Aufmerksamkeit als Störung eines Theaterspiels auf sich lenkt. Hat Greenberg mit seiner Rede die Grenze des Schauspiels deutlich gemacht, indem er mithilfe des Shakespeare-Texts einen realen Anspruch auf Menschenrechte in eine Verwechslungskomödie hat einfließen lassen, macht Maria Tura mit ihrer Intervention ebenfalls auf etwas jenseits der Bühne aufmerksam. Die Macht, die Frauen in der Komödie haben können, ist eine unsichtbare Kraft jenseits dessen, was sich zeigt. Doch noch mehr als im Theater ist im Kino die Kraft jenseits der Leinwand auch jene, die unsere Fantasie besetzt. Deshalb hat Carole Lombard – noch entschiedener als Portia – das letzte Wort. Ihre Behauptung, ihr Mann wolle Hamlet spielen, hallt als Anklage und Zeichen einer gelungenen Vergeltung nach – umso hartnäckiger, nachdem das Bild längst schwarz geworden ist.

# 4. Pop Kino

Konsum und Kritik des Populären in Hollywood

»Pop-Art is liking things.«
ANDY WARHOL

## 4.1 LUST AN OUTTAKES, ODER ZUR ÖKONOMIE VON POPKULTUR

In dem Kapitel aus *The Philosophy of Andy Warhol*, das die Überschrift »Work« trägt, erklärt der Meister der Pop-Art, warum er in seiner Arbeit gern kulturellen Abfall aufgreift und verwendet. Um diese Lust an weggeworfenem Material zu erläutern, nimmt er als Beispiel die Outtakes bei Dreharbeiten – jene Szenen also, die nicht wie geplant funktionierten und deshalb verworfen werden. »I'm not saying that popular taste is bad so that what's left over from the bad taste is good«, erklärt Warhol und spricht dabei die für das Selbstverständnis von Pop brisante Verschränkung von Massenunterhaltung und Konsumgesellschaft an.

»I'm saying that what's left over is probably bad, but if you can take it and make it good or at least interesting, then you're not wasting as much as you would otherwise. You're recycling work and you're recycling people, and you're running your business as a by-product of other businesses. Or other directly competitive businesses, as a matter of fact. So that's a very economical operating procedure. It's also the funniest operating procedure because, as I said, leftovers are inherently funny.«[1]

Obgleich der Pop-Art immer vorgeworfen wurde, sie würde die von ihr aufgegriffenen Objekte der Massenkultur nicht ausreichend in ästhetische Gegenstände transformieren, besteht der springende Punkt bei dem von Warhol beschriebenen Vorgang des Recyclings natürlich darin, dass das weggeworfene Material dank einer Wiederverwertung – die durchaus einer Transformation gleichkommt – zwar nicht plötzlich zu guter Kunst wird, dafür aber kein Ab-

**1** | Warhol, Andy: The Philosophy of Andy Warhol (From A to B and Back Again), New York/London: Harcourt Brace & Co. 1975, S. 93.

fall mehr ist. Somit entwirft Warhol ein ökonomisches Modell, in dem gerade der Abfall als Triebfeder für die Aufrechterhaltung einer erfolgreichen Konsumierung von Kultur begriffen wird. Ein Rückgriff auf das, was anfänglich herausgenommen wurde (weil es einer vorgegebenen ästhetischen Norm nicht entspricht), erweist sich als Reduktion von Verschwendung. Darin verbirgt sich natürlich eine Kerndefinition Warhols Pop-Art, denkt man an seine Brillo Boxes sowie an seine seriellen Bilder von Stars. Im Zuge eines Recyclings erhalten Zeichen, Gegenstände und Bilder, die dem Bereich der populären Alltagskultur angehören, einen Mehrwert. Sie erfahren somit eine brisante Transformation sowohl im ästhetischen als auch im ökonomischen Sinn. Die von Andy Warhol propagierte Lust an Outtakes erhöht das, was traditionell als kultureller Trash verstanden wurde, zur Kunst. Abfall wird zur Quelle für eine Improvisation herkömmlicher kultureller Kodes und bringt dank einer Wiederverwertung kommerziellen Gewinn.

Zur selben Zeit, als die New Yorker Künstler, die Anfang der 60er Jahre als Pop-Artists bekannt wurden, gerade in ihrer liebevollen Hinwendung zur kommerziellen Kunst und den Sujets der Pop-Kultur eine Befreiung aus der rarifizierten Atmosphäre des abstrakten Expressionismus entdeckten, formulierte der amerikanische Literaturwissenschaftler C.L.R. James eine Kulturtheorie, die das von Marktinteressen gesteuerte Entertainment der industrialisierten, kapitalistischen amerikanischen Gesellschaft privilegiert. Für sein Projekt, eine Geschichte der amerikanischen Zivilisation zu schreiben, hatte er sich fürs 19. Jahrhundert auf Herman Melville, Edgar Allan Poe und Ralph Waldo Emerson konzentriert, fürs 20. Jahrhundert jedoch die von diesen Autoren formulierten Fragestellungen nicht in der modernen Literatur aufgegriffen gefunden, sondern im Hollywood-Kino, im Jazz und in Comic-Strips. Mit dem Aufkommen einer Kommerzialisierung – und somit auch Popularisierung – von Kunst im 20. Jahrhundert entstand nämlich laut James eine entscheidende Erweiterung ästhetischer Prämissen, die nun jene Kunstproduktion miteinbegreifen musste, die *für* ein Massenpublikum *von* Businessleuten hergestellt wird. Die Erzeuger und Vertreiber moderner Massenkultur, die sich ausdrücklich *nicht* für Künstler halten, sind bedacht – wie Andy Warhol in seinen Gedanken zu Outtakes zynisch bemerkt –, auf die Beschränkungen der ökonomischen und finanziellen Macht zu achten, von der ihr Geschäft abhängt. Gleichzeitig sind sie aber so abhängig von ihrem Publikum, wie Euripides und Sophokles es im antiken Griechenland waren. Deshalb sind laut C.L.R. James in dem Entstehen und der Verbreitung des populären Films und der populären Musik die bedeutendsten zeitgenössischen künstlerischen und sozialen Phänomene zu finden.[2]

**2** | James, C.L.R.: American Civilization, Oxford: Blackwell 1993, S. 36.

Ich möchte im Folgenden der von C.L.R. James gelegten Fährte folgen, um Anliegen und Verfahrensweisen der Pop-Art im Hollywood-Kino nachzuspüren. Mir geht es dabei jedoch weder um Filme, die von Pop-Artists hergestellt wurden, noch um eine Diskussion des 50er-Jahre-Kinos als intertextuellen Bezugspunkt für Pop-Art. Ich möchte auch nicht darauf eingehen, wie das Publikum von Popkultur sich die Sprache der Pop-Art angeeignet hat und demzufolge Genres wie den Horrorfilm oder die Liebesschnulze als Pop-Phänomene begreift.[3] Stattdessen möchte ich ausgehend von dem, was Nancy Marmer »Pop stance« oder »Pop temper«[4] nennt, Pop als Einstellung diskutieren, die man im Hollywood-Kino seit den 30er Jahren auffinden kann. Nicht so sehr unsere Haltung gegenüber gewissen Filmen soll somit im Zentrum meiner Überlegungen stehen, sondern eine Haltung gegenüber dem eigenen kinematischen Verfahren als populäre Zeichensprache, die in gewissen Filmen angelegt ist; Filme, die meist aber nicht ausschließlich aus dem Bereich des Musicals, des Melos und des Film noir stammen. Greift Pop-Art *ironisch* jene kommerzielle Zeichensprache auf, die vornehmlich im Bereich der Popkultur zu finden ist, geht es bei den Filmen, die Pop als Haltung darbieten, ebenfalls darum, wie das eigene Medium als populäre Ausdrucksform sowohl zelebriert als auch kritisch beleuchtet wird. Von Pop im Hollywood-Kino zu sprechen, das ja selber als Inspirationsquelle für die Künstler der 60er Jahre diente, bedeutet für mich somit, sich auf Filmbilder zu konzentrieren, die einen ähnlichen Gestus verfolgen: ihr Medium als eines der *Reproduktion* (des Recyclings) bereits existenter Zeichen in den Vordergrund stellen und somit sowohl ihre Funktion als kommerziell erfolgreiche Ware thematisieren wie auch die Auswirkungen von Massenkultur beleuchten – die Träume, Wünsche und Ängste, die von ihr ausgelöst oder befriedigt werden. Mit anderen Worten: Die Analogie zwischen Pop-Art und Pop-Kino, der ich im Folgenden nachspüren möchte, geht von Filmbeispielen aus, die ebenso medial selbstreflexiv im Bezug auf die eigene Zeichenhaftigkeit vorgehen wie die bildende Kunst, die ihre Sujets aus dem

---

**3** | In diesem Sinne argumentiert Umberto Eco, Pop-Art sei als andauernde Bewegung zwischen »high and low culture« zu verstehen. Haben Pop-Artists von der Bildsprache der Massenmedien geborgt, so bedient sich diese im Gegenzug der formalen Konventionen wie auch des Tenors von Pop-Art. So können Genrefilme, die nicht als Kunstkino betrachtet werden, durchaus als Pop-Art verstanden werden, weil laut Eco Kunst und Entertainment nicht getrennt, sondern beide als Metadiskurse einer spätkapitalistischen Gesellschaft zu verstehen sind. Siehe Katy Siegel: »Pop Art: An Overview«, in: Michael Kelly (Hg.), Encyclopedia of Aesthetics, Band 4, Oxford: Oxford University Press 1998, S. 39. Als eine Auswirkung dieses wechselseitigen Verhältnisses sehe ich die Wichtigkeit von »product placement« im kommerziellen Kino seit den 80er Jahren.

**4** | Marmer, Nancy: »Pop Art in California«, in: Lucy R. Lippard (Hg.), Pop Art, London: Thames & Hudson 1966, S. 148.

Bereich der Popkultur nimmt. Es geht mir im Folgenden also um Filme, die genau jene von der Pop-Art aufgegriffenen Sujets – Werbung, Billboards, Verpackungen, Comics, Photographie aus Zeitungen und Zeitschriften, Ikonen des Entertainment-Business sowie das Kinobild selber – ironisch einsetzen, und somit ein populäres, kommerziell erfolgreiches Produkt erzeugen, dessen visueller wie thematischer Reiz gerade in der Entfremdung liegt, die diese selbstreflexive Distanz zum eigenen Medium hervorruft.

H.C. Potters Musical IN DER HÖLLE IST DER TEUFEL LOS! (HELLZAPOPPIN'; 1941) dient mir als Einstieg in meine Diskussion von Pop im Hollywood-Kino, weil in der Rahmenerzählung explizit die Frage von Film als populäre, und somit breit konsumierbare Ware thematisiert wird, während der Film selber Brüche in die von ihm anzitierte Unterhaltungsmaschinerie einführt. Der Film setzt nämlich mit einem Streit zwischen einem Hollywood-Produzenten und seinen beiden Stars – die sich selber spielenden Komödianten Ole Olsen und Chic Johnson – ein. Der Produzent will ihre Broadway-Show *Hellzapoppin'* verfilmen, hat dafür aber einen Drehbuchautor engagiert, um eine Liebesgeschichte zu entwerfen, die als Klammer für die Aufführung des Musicals dienen soll. Während die beiden Komödianten auf dem Set heftig gegen eine Verfremdung ihrer Show wettern, erblicken sie sich plötzlich verdoppelt auf einer Leinwand. Sie befinden sich dort am Anfang des Films, dessen Skript der Drehbuchautor verfasst hat; am Anfang also der Geschichte, die der Produzent ihnen aufzwingen will. Doch es handelt sich bei diesem Anti-Musical nicht nur um einem Film über einen Film über eine Broadway-Show, sondern um einen Film, der wiederholt sein eigenes Medium mitreflektiert und zwar bezeichnenderweise anhand von Gags, die darauf verweisen, dass wir es mit einer Reproduktion von Zeichen – einem vorgeführten Film – und nicht mit einer mimetisch transparenten Abbildung von Welt zu tun haben. Gleich zu Beginn wird nämlich der Filmvorführer Louis eingeführt – und zwar als Störer eines reibungslosen Ablaufes des Films. Ole und Chic können ihn direkt ansprechen und bitten, den Film, in dem sie sich befinden, zurückzuspulen. An einer Stelle wird Louis den Projektor verrücken und damit bewirken, dass plötzlich zwei Hälften von zwei getrennten Einstellungen gleichzeitig zu sehen sind. Die beiden Komödianten, nun in zwei Bildrahmen aufgeteilt, müssen gegen die Balken kämpfen, die sie zu erdrücken drohen. An einer anderen Stelle wird die Geschichte dadurch gestört, dass – kurz bevor das Liebespaar sein Duett singt – mehrmals eine Mahnung an den Zuschauer Stinky Miller eingeblendet wird, endlich nach Hause zu gehen, weil seine Mutter mit dem Abendessen auf ihn wartet. Weil er sich anfänglich sträubt, wird der Film angehalten und beginnt erst wieder, nachdem wir gesehen haben, wie Stinkys Silhouette den Zuschauerraum verlassen hat.

*Abbildung 1: »Stinky Miller – Go Home!«*

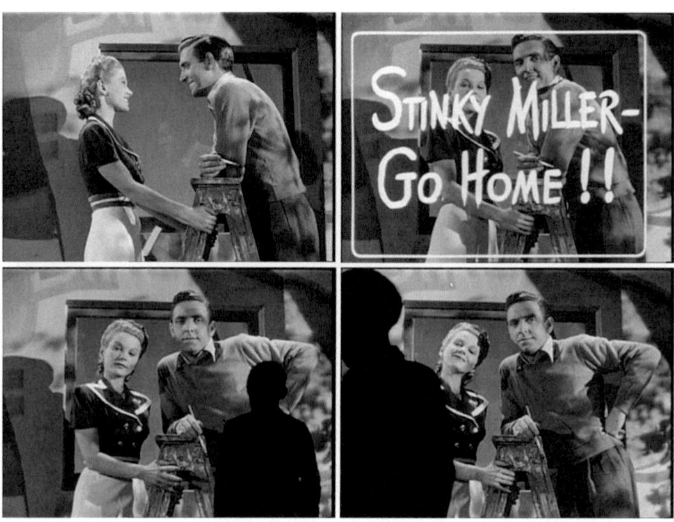


H.C. Potter: IN DER HÖLLE IST DER TEUFEL LOS! (HELLZAPOPPIN'; 1941)

Doch ich habe IN DER HÖLLE IST DER TEUFEL LOS! (HELLZAPOPPIN') auch deshalb als einleitendes Beispiel gewählt, weil der Film das klassische Busby-Berkeley-Musical parodiert – und zwar ganz im Sinne Andy Warhols, der gerne behauptete: »The things that I have apparently parodied I actually admire.«[5] Ole und Chic entschließen sich nämlich, die Show zu boykottieren, weil sie den Liebesplot verhindern wollen, und so entwickeln sich die eingeschobenen Gesangs- und Tanznummern zu jenen chaotischen Szenarien, die am Anfang des Films gezeigt wurden: Nummern aus der Broadway-Show »Hellzapoppin'«, in der Outtakes zum ästhetischen Prinzip erhoben worden sind. Der Witz dieser Show, die somit als »mise en abyme« des gesamten Films fungiert, besteht darin, dass jene Pannen, die Warhol lustig findet, lustvoll zelebriert werden. In einer der Revue-Szenen am Höhepunkt des Films singt beispielsweise Betty (Martha Raye), die Freundin der beiden Komödianten, gegen alle Hindernisse an, die diese ihr in den Weg gelegt haben: die Windmaschine, mit der ihr das Kleid über den Kopf fliegt, Verwirrung bei den »chorus girls«, den Tänzern und den Musikern, die auf die ihnen von Ole und Chic gelegten Streiche hereinfallen, und schließlich der Betty von einem der beiden Komödianten plötzlich in die Hand gelegte Sprengkörper, der ihr Kleid verbrennt und sie in die Luft fliegen lässt. Bei einem klassischen Hollywood-Musical wäre diese Gesangsszene als Outtake am Schneidetisch weggeworfen, und die Sängerin, selber ein »leftover«, wie Warhol sagen würde, wahrscheinlich gefeuert wor-

**5** | Zitiert in L. Lippard: Pop Art, S. 87.

den. In IN DER HÖLLE IST DER TEUFEL LOS! (HELLZAPOPPIN') hingegen führt das Einführen dieser burlesken Momente zum Erfolg der Revue und somit auch zum glücklichen Ausgang der Liebesgeschichte. Am Schluss wird die Frage des kommerziellen Aspektes von populärer Unterhaltung nochmals aufgegriffen. Der Produzent – darüber erbost, dass der Drehbuchautor die Verherrlichung von chaotischem Trash, was die Broadway-Show »Hellzapoppin'« charakterisierte, heimlich wieder zu der in Auftrag gestellten Liebesgeschichte hinzugefügt hat – schießt mit einem Revolver auf seinen Angestellten. Aber dieser weiß, wie er sich erfolgreich dagegen wehren kann, selbst zu einem »leftover« zu werden. Ohne mit der Wimper zu zucken, erklärt er dem Produzenten, er trage am Set immer eine kugelsichere Weste.

## 4.2 Die Ware Kino, oder Pop »avant la lettre«

Ganz im Sinne des von Pop-Art kultivierten Spiels mit dem Gegensatz zwischen Popkultur und Kunst wie auch zwischen wahrhaftem, ursprünglichem Expressionismus und einer kalkulierten, imitativen Konstruktion, geht es auch bei den Filmen, die ich im Folgenden als Beispiele für eine Pop-Haltung diskutiere, darum, hervorzuheben, dass die Realität als reproduziertes Bild behandelt wird – wie auch die Gegenstände in dieser Welt keine Essenz mehr enthalten außer dem gesellschaftlichen Kode, der sie manifestiert. Gleichzeitig kommt aber vor allem in denjenigen Filmen, die zeitlich vor der eigentlichen Pop-Art liegen, eine Sozialkritik sowie eine affektive Ernsthaftigkeit gerade dadurch ins Spiel, dass die fantasmatische Konstruiertheit von emotional gelebter Realität sichtbar gemacht wird. Denn die Pop-Einstellung, um die es mir geht, leitet unsere Aufmerksamkeit nicht nur auf ein semiotisches Spiel, sondern versteht sich auch als kritisches Engagement mit der greifbarsten Instanz dieser Art imaginärer Vermittlung und Verwaltung realer Lebensumstände, nämlich dem American Dream samt der an ihm verhandelten Vorstellungen wie Ruhm, Celebrity oder Erfolg. Wenn Pop-Artists ab Mitte der 50er Jahre erkennen, dass an der Konsumkultur nicht die Objekte, sondern die Trademarks und andere Zeichen, mit denen sie verstrickt sind, zählen, behandelt das Genrekino dieser Zeit Emotionen wie Warenzeichen: Wenn im Musical Figuren plötzlich Standards zu singen beginnen, weil sie die Intensität ihrer Liebesgefühle nur als Plattitüde ausdrücken können; wenn im Melo Figuren in Tränen ausbrechen, weil nur diese Pathosgeste ihre Verzweiflung artikulieren kann; oder wenn im Film noir Figuren zur Waffe greifen, weil nur das Klischee des gegenseitigen Erschießens ihnen erlaubt, die Ausweglosigkeit ihres Schicksals zu vermitteln. So dient in diesen Filmen – ganz im Sinne der Pop-Art – der Einsatz von kommerziellen Zeichen (ob Verpackung oder Werbung), mit denen Konsumgüter angeboten werden, einerseits dazu, den Warencharakter des filmischen Mediums zu reflektieren. Andererseits fungiert der Einsatz dieser Zeichen auch als Reflexion über eine Kultur, in der Emotionen als Ware wahrgenommen, gehandelt und verhandelt werden. Meine folgenden Filmbeispiele thematisieren den eigenen Status, nämlich als konsumierbare Ware zu dienen, dadurch, dass sie andere Massenprodukte nicht als Requisiten, sondern als »mise en abyme« einsetzen. Somit wird der American Dream als Konsumobjekt entlarvt, der den Betroffenen sowohl ein ungehemmtes Konsumieren verspricht, sie aber auch zur Ware eines ideologischen Systems macht. Indem diese Filme die in ihnen gezeigte Welt als Reproduktion inszenieren, wird auch hervorgehoben, dass nicht nur die Emotionen der Filmfiguren über Zeichen und somit als Ware dargestellt werden. Die von ihnen zur Schau gestellten Affekte entpuppen sich selber als die Ware, die das Medium Kino an sein Publikum verkauft.

Sehr früh stellte Lucy Lippard die These auf, dass der flächendeckende Appeal der Pop-Art in Amerika vielleicht damit zu tun hat, dass die von ihr aufgegriffenen populären Bilder eine Erfahrung beinhalten, die alle Amerikaner miteinander gemein hatten. »For the sophisticated«, erklärt Lippard, »even the new has a nostalgic attraction, recalling those palmy days when bicycles, baseball games, drive-ins, hot dogs, ice-cream sodas, and comics were the low-brow facts of life, uncomplicated by intellectual responsibility.«[6] Blickt man nun aber auf klassische Filme jener Zeit, die für die Pop-Artists kraft ihres Rückgriffs auf die Zeichensprache von Massenprodukten nachträglich aufgerufen wurde, erhält jegliche Nostalgie einen bedeutsamen Sprung. Denn wie Martin Scorsese in seiner PERSONAL JOURNEY THROUGH AMERICAN MOVIES (1995) festhält, zeigte ein Film wie Billy Wilders FRAU OHNE GEWISSEN (DOUBLE INDEMNITY; 1944), dass man nach dem Ende des Zweiten Weltkrieges weder die Suburbs noch die sie charakterisierenden Supermärkte als bruchlose Gegebenheit der amerikanischen Konsumgesellschaft hinnehmen konnte. Ich möchte demzufolge nur einen Schauplatz aus diesem Film noir herausgreifen, nämlich Jerry's Market, den die Femme fatale Phyllis Dietrichson (Barbara Stanwyck) und der Noir-Held Walter Neff (Fred MacMurray) als Treffpunkt ausgewählt haben, um – von Konsumwaren umgeben – zuerst den Mord an Phyllis' Gatten zu planen, und dann, nachdem das Gesetz sie einzuholen droht, ihre gegenseitige Vernichtung.

Dabei geht es mir darum, Wilders Pop-Haltung gerade darin festzumachen, dass er in diesen Szenen kritisch über eine materialistische Gesellschaft reflektiert, die von Bildern ihres eigenen Wohlstandes saturiert ist und somit den Fluchtpunkt jenes Rechtes auf »pursuit of happiness« ins Bild rückt, die von der amerikanischen Verfassung garantiert ist, nämlich den Tod. Anders gesagt: Wilder nimmt den Gestus der Pop-Art voraus, indem auch er die Ver-

**6** | Ebd., S. 78.

packungen von Massenwaren – die mit Bildern und Schriftzeichen verzierten und in den Regalen des Supermarktes üppig arrangierten Behälter – als jenes populäre kulturelle Wissen einsetzt, das alle amerikanischen Zuschauer seines Films miteinander teilen. Nur geht es ihm darum zu zeigen, dass dieser gemeinsame Boden eigentlich auf eine Bruchstelle im American Dream verweist. Die eigenen Interessen durchzusetzen, koste es was es wolle, bedeutet oft nicht nur die Zerstörung derer, die einem im Weg stehen, sondern die eigene Selbstverschwendung. Oder anders formuliert: Konsumenten des Traumes einer unbegrenzten Selbstverwirklichung und einem uneingeschränkten Recht auf Glück zu sein, was sich ab den 40er Jahren beides als fundamentale Konsumfreiheit darbot, drohen umzukippen – und zwar derart, dass sie von dieser Ideologie selber konsumiert werden.

*Abbildung 2: Supermarkt an der Heimfront*

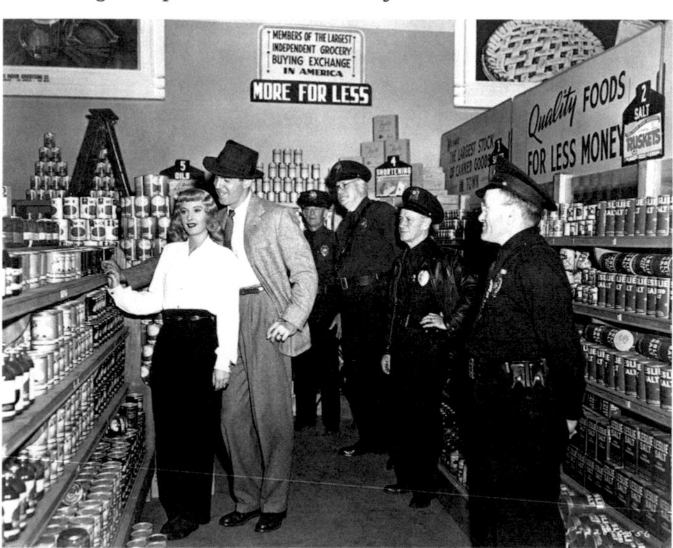


Billy Wilder: Frau ohne Gewissen (Double Indemnity; 1944)

Beim zweiten Treffen in Jerry's Market läuft Phyllis Dietrichson mit ihrem Geliebten – wie in einem Käfig eingesperrt – die Gänge des Supermarkts entlang, und erklärt ihm, während wir gleichzeitig die reichlich aufgebauten Esswaren im Hintergrund sehen, dass er sie jetzt nicht im Stich lassen dürfe, weil sie gemeinsam den Mord an ihrem Gatten geplant und ausgeführt haben, und sie sich deshalb nun gemeinsam den Konsequenzen ihres Handelns stellen müssen. Billy Wilders Mise en Scène läuft darauf hinaus, dass dieses Noir-Liebespaar, das anfänglich noch nebeneinander steht, sich plötzlich voneinander trennen muss, weil ein Angestellter noch mehr Ware in die Regale einräumen will. So spricht Phyllis ihren entscheidenden Satz über eine Barriere von aufgetürmten Nahrungsmitteln, die sie wie ein Berg überschatten, und man gewinnt den Eindruck, sie wäre kaum groß genug, um über diese Ware hinwegzublicken: »It's straight down the line for both of us, do you remember?«, fragt sie ihren Geliebten rhetorisch, nachdem sie entschieden die Sonnenbrille abgenommen hat und uns somit signalisiert, dass sie den Bereich imaginärer Tagträume, in den sie Walter Neff mit dem Angebot ihrer Liebe und dem Geld ihres Ehemannes einführte, unwiderruflich verlassen hat. Sie blendet die Konsumware um sie herum aus, wie sie auch nicht mehr einen glücklichen Genuss des Geldes und der Freiheit, den sie sich vom Mord an ihrem Gatten versprochen hatte, wahrnehmen kann. Sie sieht stattdessen, was der American Dream samt dem von ihm angepriesenen Massenkonsum überdeckt, was jedoch auch implizit sein Fluchtpunkt ist: den Tod.

Nun gibt es jedoch auch ein Standbild, das den Status dieses Supermarkts ganz deutlich hervorhebt, und zwar indem der historische Kontext der Dreharbeiten ins Bild gerückt wird. Die Wachmänner schützen nicht, wie man meinen könnte, die Stars vor ihren Fans, sondern die üppig aufgebauten Esswaren, die im Jahr 1944 noch eine Rarität waren, vor gierigen Käufern. Werden wenige Jahre später Andy Warhols Brillo Boxes den mit einem Markennamen versehenen Karton im Supermarkt simulieren und gleichzeitig vom eigentlichen Gegenstand entrückt sein, besteht im Fall des Supermarktes in FRAU OHNE GEWISSEN (DOUBLE INDEMNITY) diese Geste der Entstellung darin, dass die feilgebotene Ware keiner Alltagsrealität entspricht. Sie verweist stattdessen auf einen mit dem Kriegsende einhergehenden Traum des Wohlstandes. Gleichzeitig bringt die künstlich reichhaltig aufgebaute Ware aber auch den dunklen Kern zum Ausdruck, der diesem Verspechen von Wohlstand innewohnt: die potentiell tödlichen Konsequenzen dieser Ökonomie, auf die Warhol beispielsweise in seinen Desasterbildern anspielen wird. Jerry's Market ist somit unheimlich par excellence: ein Ort, den alle amerikanischen Zuschauer als Referenzpunkt gemeinsam haben, aber auch – auf einer rein zeichenhaften Ebene – ein virtueller Ort, weil er eine erträumte Realität darstellt. Dieser Supermarkt ist aber auch deshalb unheimlich, weil hier Gegenstände der Massenkultur – nämlich die Esswaren, die wir im Wohlstand genießen – in einer anderen Massenkultur, dem Kino, das wir als Ausblendung der realen Lebenswelt ebenfalls genießen, hervorgehoben werden, und zwar derart, dass sie als Ikonen für jene Sucht nach verblendetem Konsum gedeutet werden können, die dem Noir-Liebespaar zum Verhängnis wird. Diese Geste der Entfremdung, die einer Kritik an den Bildern des American Dream gleichkommt, wird die Pop-Art aufgreifen, indem sie vertraute Bilder der Alltagskultur unheimlich macht: weil Suppendosen oder Waschmittelkisten aus dem Supermarkt ins Museum verlagert werden; weil Comicbilder, die man beim Lesen auf dem Schoß hält, eine überdimensionale Größe erhalten, oder weil Billboards, denen man auf der Straße begegnet, nun an der Museumswand hängen.

Nun könnte man gerade das Genrekino – den Film noir, das Melo, das Musical – mit seinen klar vorgegebenen Handlungs- und Figurenschemata grundsätzlich als kinematographisches Billboard verstehen. Pop-Artists wie Claes Oldenberg und Roy Lichtenstein haben immer behauptet, sie hätten die Sujets und die Maltechnik des Billboards nicht nur deshalb aufgegriffen, um diese stereotypen Szenen emotionaler Überschwänglichkeit zu parodieren, sondern ebenso sehr, weil sie in dieser Bildsprache eine Entsprechung zu den eigenen Fantasien, zu ihren privaten Einbildungen entdeckten. Dabei entpuppen sich die im Billboard wie in »romance comics« verbreiteten Pathosgesten als reich an Potential nicht so sehr für eine unbrüchige Nachahmung ihrer affektreichen Sentimentalität, sondern gerade für eine leidenschaftslose, nüchterne und unbefangene Darbietung übertriebener Emotionen. Vom Genrekino als kinematographisches Billboard zu sprechen, ist für mich eine ähnliche Rhetorik der affektiven Entrückung. Denn gerade im Melo und im Musical – also in Gattungen, in denen übertriebene Emotionalität zum ästhetischen Prinzip erhoben wird und entweder zum Tränenerguss oder zum musikalischen Erguss führt, finden sich oft Spuren einer ironischen Distanzierung von großen Gefühlen. Wir sollen – das fordern Meister dieser Genres wie Stanley Donan und Douglas Sirk – ergriffen sein und gleichzeitig erkennen, dass wir es mit Reproduktionen des Gefühlslebens zu tun haben, mit »imitations of life«, wie Douglas Sirks letztes Hollywood-Melo bezeichnenderweise betitelt wurde. Gleichzeitig zehrt die Ausstrahlungskraft von Melos und Musicals davon, dass gerade in diesen Genres die unsaubere Schnittstelle zwischen privaten Fantasien und Stereotypen ausgelotet wird. Ihre Protagonisten spielen uns vor, wie wir alle auf vorgegebene Bilder von begehrenswerten Liebesobjekten, Glücksversprechen und kommerziellem sowie gesellschaftlichem Erfolg zurückgreifen – sozusagen auf die überdimensionalen Billboards, die wir am Straßenrand des eigenen Lebensweges auffinden, um private Fantasien als sinnvolle Erzählungen zu gestalten. Gleichzeitig führen uns diese Protagonisten vor Augen – egal ob deren Träume reüssieren oder scheitern –, dass wir ebenso sehr von diesen kommerziell in Umlauf gesetzten Pathoszeichen manipuliert werden, wie wir sie für die eigene Fantasiearbeit manipulieren.

Analog zur Pop-Art, deren Darstellung von Realität als Comic-Streifen oder Billboard dazu dient, das Fehlen einer Ähnlichkeit zwischen Fantasiebild und realer Alltagswelt aufzuzeigen, geht es beim Melo und beim Musical darum, die Diskrepanz zwischen alltäglichen Lebenssituationen und den großen Gefühlen, der emotionalen Intensität, von denen wir träumen, an denen wir uns orientieren, an denen wir aber auch zu Grunde gehen, in den Vordergrund zu rücken. Wie in der Pop-Art sind die stereotypen Pathosformeln, an die sich die Protagonisten des Melos oder des Musicals richten, zudem vom eigentlichen Leben nicht zuletzt deshalb abgeschnitten, weil diese überdimensionalen Bilder einem kommerziellen Interesse dienen. Setzt das klassische Billboard emotional aufgeladene Posen ein, um mit dem Versprechen eines bestimmten Lifestyles ein

Produkt zu verkaufen, benutzen die beiden Filmszenen, auf die ich als nächstes eingehe, Billboards dazu, den American Dream mit seinem Versprechen von Glück und Erfolg dem Kinopublikum zu verkaufen – jedoch explizit als stereotypes Bild, als Reproduktion real gelebter Lebensumstände. Die erste Szene aus George Stevens' Ein Platz an der Sonne (A Place in the Sun; 1951) stellt den Anfang einer Tragödie dar, die zweite – das Abschlussbild von Stanley Donens Du sollst mein Glücksstern sein (Singin' in the Rain; 1952) das Ende einer Gesangs- und Tanzkomödie. Im ersten Beispiel wird eine überdimensionale Figur zum Auslöser realen Scheiterns, im zweiten werden menschliche Gestalten zu überdimensionalen Figuren eines Traumerfolges. Mir geht es jeweils darum, dass hier ein Prinzip durchgespielt wird, das auch den affektiven Widerspruch von Pop-Art charakterisiert: Sowohl diese Kinoszenen als auch die Comics von Lichtenstein oder die Billboards von Wesselman und Rosenquist kultivieren einen Stil des Detachments und rufen gleichzeitig eine emotionale und sinnliche Reaktion der Zuschauenden hervor; sie berühren ihr Publikum affektiv gerade *wegen* der Stilisierung.

Am Anfang von Ein Platz an der Sonne (A Place in the Sun) steht George Eastman (Montgomery Clift), mit seinem Rücken zur Kamera, an einer Landstraße und hofft, ein Autofahrer würde ihn mitnehmen. Erst in dem Augenblick, in dem er seinen Blick von der Straße abwendet, als hätte er die Hoffnung auf eine Mitfahrgelegenheit aufgegeben, dreht er sich zu uns. Sein Blick fällt nun auf ein Billboard, das hinter ihm den Anblick der kalifornischen Landschaft verstellt: ein Werbeplakat der Kleidungsfirma seines Onkels Charles Eastman. Wir sehen zuerst Georges erwartungsvolles Gesicht in der Nahaufnahme, und dann im Gegenschnitt das Bild, das ihn wie eine Fantasieszene für einen kurzen Augenblick in Bann hält. Er scheint vergessen zu haben, warum er am Straßenrand steht, und vertieft sich stattdessen in die Reproduktion einer am Strand liegenden dunkelhaarigen Frau, die für einen Badeanzug wirbt. Denn die von ihr zur Schau gestellte stereotype Pose der fröhlichen Badenden, kraft derer ein Kleidungsstück als Zeichen für Konsum, Wohlstand und Freizeit eingesetzt wird, löst bei ihm eine private Fantasie aus. »It's an Eastman«, erklärt die Schrift über der liegenden Frau – und auch George ist ein Eastman, auch wenn er dem armen Teil der Familie angehört. Immerhin nahm er, als er seinen Onkel wenige Tage zuvor in Chicago zufällig traf, dessen Einladung, in seiner Fabrik zu arbeiten, an. Am unteren linken Rand des Billboards befindet sich eine weitere Aufschrift, die – da wir es mit der Verfilmung von Theodore Dreisers *American Tragedy* zu tun haben – von Anfang an eine schicksalshafte Note in den Traum nach Selbstverwirklichung dieses jungen Amerikaners einführt. Die Ware wie auch die Reproduktion des Modells, erklärt diese Aufschrift, ist »Made in the heart of America for all of America«, sodass unser Held, der sich auf diese Fantasieszene einlässt, implizit einem Konsumprodukt gleichgesetzt wird. Tatsächlich wird die Geschichte, die mit dem Blick auf dieses Plakat – und dem Versprechen von Erfolg und Wohlstand, das es anpreist – einsetzt, George als Produkt eines fatalen Ausgangs der Ideologie des American Dreams darstellen: Von diesem zum Mord an seiner Frau verführt, wird George zu Tode verurteilt. Gleichzeitig findet sich in dieser Anfangsszene aber auch jene für die Pop-Art charakteristische ironische Distanz – und zwar dadurch, dass die Oberfläche des Billboards wie eine »mise en abyme« der Leinwand wirkt, auf welcher der Film von George Stevens gerade abläuft. Diese mediale Selbstreflexivität wird dadurch unterstrichen, dass George Eastwood sich wie in Trance von dem Werbeplakat abwendet, als wäre er geistig in dessen Raum eingetreten; in eine Welt der Reproduktionen, abgesondert von der realen Landstraße. Daraufhin fährt eine dunkelhaarige Frau in einem hellen Sportauto an ihm vorbei und wir werden angehalten, diese Gestalt als Materialisierung der Frau auf dem Billboard zu verstehen. Tatsächlich wird die von Elizabeth Taylor gespielte reiche Tochter für ihn zuerst zum Inbegriff des Versprechens eines sozialen Aufstiegs, das er in seiner privaten Fantasie am Werbeplakat festmacht, wie schließlich auch zum Grund für sein tragisches Scheitern. Setzt EIN PLATZ AN DER SONNE (A PLACE IN THE SUN) mit dem Blick auf ein Billboard ein, um dann dessen fantasmatische Realisierung durchzuspielen, hört der Film nämlich mit einer Überblendung auf. Wir sehen das Gesicht des zum Tode Verurteilten in einer Nahaufnahme, während er in seiner Fantasie nochmals den letzten Kuss seiner Geliebten vor Augen hat – als wäre dieses auf seiner inneren Leinwand aufflackernde Bild ein auf Ewigkeit eingefrorener Augenblick des Glücks. Die Sozialkritik, die George Stevens an jungen amerikanischen Träumen übt, verläuft somit in zwei Richtungen. Wir erkennen einerseits, dass das von der Sprache der Massenkultur versprochene Glück nur als Reproduktion – als Billboard oder als Traumbild – genossen werden kann. Andererseits berührt uns gerade das hartnäckige Festhalten an diesen von der Alltagsrealität entrückten Fantasiebildern.

Am Ende von DU SOLLST MEIN GLÜCKSSTERN SEIN (SINGIN' IN THE RAIN) befinden wir uns an der Schwelle zum Tonfilm. Die junge Kathy Seldon (Debbie Reynolds), die bislang unsichtbar hinter der Leinwand gewirkt hat, um dem großen Stummfilmstar Lina Lamont (Jean Hagen) ihre Stimme zu verleihen, ist während der Premiere von deren neuem Film von ihrem Geliebten, dem Hauptdarsteller Don Lockwood (Gene Kelly) öffentlich enttarnt worden. Zuerst steht Lina noch vor einem roten Vorhang und mimt mit ihren Lippen die Worte des Titelliedes, während ihr Double hinter dem Vorhang das Lied an ihrer Stelle zu singen beginnt. Dann aber lässt Don den Vorhang hochziehen und entlarvt das Doppelgängerspiel. Erschrocken stürzt Kathy in den Zuschauersaal, doch ihr Geliebter ruft sie zurück, indem er ihr von der Bühne aus zusingt, um der dem Publikum bekannten Starstimme den richtigen Körper zuzuordnen, und somit sowohl zur Geburt von Kathys »stardom« beizutragen als auch ihre gemeinsame, private Liebesfantasie in eine öffentliche romantische Ikone umzuwandeln. »You are my lucky star«, erwidern sie sich schließlich gegenseitig, um das glückliche Ende sowohl ihres Traums von Liebe als auch ihres Traums von öffentlichem Erfolg mit einer von Violinen unterlegten musikalischen Schnulze zu zementieren. Stanley Donens Verständnis des American Dream mag demzufolge zwar optimistischer sein als das von George Stevens, doch auch er beharrt darauf, diese Ideologie als Reproduktion zu entlarven.

*Abbildung 3: Das Happy End als »mise en abyme«*

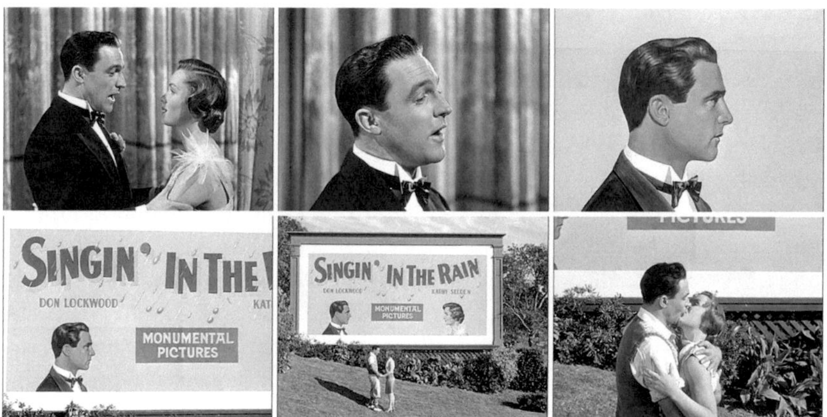


Stanley Donen und Gene Kelly: DU SOLLST MEIN GLÜCKSSTERN SEIN (SINGIN' IN THE RAIN; 1952)

Aus der Nahaufnahme von Gene Kellys verzücktem Gesicht wird eine Billboard-Darstellung, die sowohl für das Musical wirbt, das im Verlauf der Handlung von Don Lockwood und seinen Freunden komponiert wurde, als auch für Stanley Donens eigenen Film. Dann fährt die Kamera nochmals auf die beiden Liebenden zu, die wir kurz doppelt sehen – als gemaltes Bild und als Schauspieler. Nun fängt die Kamera ihren Kuss ein, als wäre dieser das visuelle Siegel der erfolgreichen Transformation einer Liebesgeschichte in eine eingefrorene Liebespose – und der Transformation einer weiblichen Gestalt in einen Starkörper. Auch sie sind konsumiert worden von den Zeichen, die sie – wie ein Konsumgut des Begehrens – für die Erfüllung ihres Glückes immer vor Augen hatten. Schließlich wird auch hier die unsaubere Schnittfläche zwischen Stereotyp und privater Fantasie zelebriert und hervorgehoben – aber nicht wie in EIN PLATZ AN DER SONNE (A PLACE IN THE SUN) kraft der Überblendung einer Billboard-Frau und einer erinnerten, sondern, weil das als Billboard reproduzierte Liebespaar und das von den Stars Gene Kelly und Debbie Reynolds gespielte Liebespaar nebeneinander im Bildrahmen gesetzt sind. So erkennen wir unzweideutig die Zeichenhaftigkeit beider. Eine eigentliche Realität bleibt hier explizit durch die zellophane Materialität der als kommerziellen Ware inszenierten Pathosformel der Liebe ausgeblendet.

Mit meinem letzten Beispiel aus der Blütezeit des Hollywood-Genrekinos soll noch ein anderes Zeichen der Popkultur ins Spiel gebracht werden: die Wortschilder, die den potentiellen Konsumenten zum Kauf auffordern. Auch Douglas Sirks Melo In den Wind geschrieben (Written on the Wind; 1956) erzählt von großen Emotionen, die explizit als Reproduktionen eines ›wahren Gefühlslebens‹ inszeniert werden, wie es auch ihm um eine Entlarvung des Glücksversprechens geht, das der American Dream propagiert. Für Sirks ironische Distanz gegenüber den emotionalen Intensitäten, die immer als Thema seiner Melos fungieren, ist hingegen typisch, dass er die psychische Entfremdung seines Protagonisten – dem von Robert Stack gespielten alkoholsüchtigen Playboy Kyle – durch eine hermetische Perfektion des Stils untermauert, die eine ästhetische Entfremdung ins Bild rückt. Oft setzt er, um die emotionale Ausweglosigkeit aller Figuren zu untermauern, Spiegelungen und Einrahmungen als ästhetisches Prinzip ein. In den Wind geschrieben (Written on the Wind) enthält aber auch eine für meine Diskussion einer kinematographischen Pop-Haltung besonders anschauliche Szene, weil hier die tragische Selbsterkenntnis des Protagonisten eine Entsprechung in der Überflutung seiner räumlichen Umgebung durch Zeichen des Massenkonsums findet.

Kyle trifft seinen Arzt in einem Drugstore und erfährt dort von seiner Zeugungsunfähigkeit. Zwar sei er nicht steril, versichert ihm sein alter Freund, aber seine physische Schwäche könne nur mit der Zeit und nur ohne Erfolgsgarantie korrigiert werden. Nachdem Kyle wie in Trance von seinem Stuhl aufgestanden ist, erkennen wir, dass er von unzähligen Schildern, die den Ausverkauf einer bestimmten »drug« ankündigen, umrahmt ist, als wären diese kommerziellen Zeichen Entsprechungen des emotionalen Ausverkaufs, den er in diesem Augenblick erlebt: der Zusammenbruch seines Traums vom Familienglück. In diesem Augenblick nimmt Kyle das von seinem Vater geerbte Vermögen – und somit sein ganzes Leben – nur als eine verbilligte Ware wahr, weil ihm das für ihn Wesentlichste – Kinder zu haben – verwehrt ist. Gleichzeitig wird seine Ehe mit der von Lauren Bacall gespielten Lucy, die er sich als Erlösung aus seinem verhängnisvollen Lebensüberdruss zurechtfantasiert hat, ebenfalls als »drug« entlarvt. Ganz im Sinne Andy Warhols stellt somit die unendliche Reproduzierbarkeit bestimmter Zeichen, die zudem explizit mit den Worten »drugs here« und »sale« auf die Intoxikation verweisen, die mit den Produkten des Massenkonsums einhergeht, einen stilistisch brillanten Kommentar über die betäubende Wiederholbarkeit des modernen Lebens dar. Einen Ausweg gibt es nicht, nur das Eintauchen in die Warenwelt, für die in diesem Drugstore geworben wird. Wenige Szenen später kommt Kyle betrunken zu Hause an und verliert im Gefecht mit seinem Nebenbuhler sein Leben. So lässt sich für den Einsatz von Zeichen und Produkten des Massenkonsums in Genrefilmen der 50er Jahre feststellen, was Roland Barthes wenige Jahre später für die Pop-Art behauptet: dass diese nämlich ihre gesellschaftliche und kulturelle Kritik dadurch bewirken, dass sie eine banale Übereinstimmung zwischen dem Bild und dem reproduzierten Gegenstand inszenieren und gleichzeitig eine kalte Distanz zwischen diesen beiden Bereichen schaffen.[7]

## 4.3 Celebrity, oder Pop-Art »revisited«

Abschließend möchte ich nochmals eine Kernprämisse der Pop-Art aufgreifen, nämlich deren Verständnis von Realismus als einer Erfahrung zweiter Hand, kraft einer populären Bildsprache, die das Publikum miteinander teilt. Allerdings geht es mir nun nicht mehr um die Verschränkung von Massenware und Tod, sondern um deren optimistisches Gegenstück: der Liebe für kulturelle Ikonen. Denn Pop-Art hat nicht nur interpretative Strategien entwickelt, die uns darauf aufmerksam machen, wie wir unsere Popkultur zu lesen haben, sondern unternimmt auch eine kulturelle Kritik, vornehmlich an einer Logik des Konsums, die als Manipulation von Zeichen begriffen wird. Der Pop-Art kann man auch – und das ist der Aspekt, den Baz Luhrmann in seiner Filmsprache aufgreift – eine theoretische Einstellung darüber entnehmen, wie Repräsentation funktioniert, vor allem wenn Realität als Zeichen und somit Realismus als Reproduktion verhandelt wird. Was Baz Luhrmanns Pop-Haltung zudem mit der Pop-Art gemeinsam hat, ist die Verschränkung von individuellem ästhetischem Anspruch mit der Sprache der Massenkultur. Im Bezug auf seine Wiederbelebung alter Genres beharrt Luhrmann bewusst darauf, dass sich Geschichten nicht verändern: »Stories never change. The way we tell them must change, so that we can reenliven the ears and the eyes of the audience.«[8] Deshalb bezeichnet er seine Arbeit auch als den Versuch »to vibe the zeitgeist and work out a way of releasing the power of the story«. Seine filmische Umsetzung alter Motive – beispielsweise William Shakespeares *Romeo and Juliet* – innerhalb der Sprache des MTV-Videoclips stellt nicht nur jenen kommerziellen Wert in den Vordergrund, den C.L.R. James für die amerikanische Kultur des 20. Jahrhunderts hervorhebt. Sie hebt auch jenen der Pop-Art entnommenen selbstbewussten Umgang mit Medienbildern hervor, der ihre ubiquitäre Gegenwärtigkeit gerade kraft einer distanzierten Haltung zum Bild inszeniert.

Indem ich mich auf die Anfangsszene von Baz Luhrmanns William Shakespeares Romeo + Julia (Romeo + Juliet; 1996) konzentriere, kehre ich

---

**7** | Siehe Barthes, Roland: »That Old Thing, Art ...«, in: Steven Henry Madoff (Hg.), Pop Art. A Critical History, Berkeley: University of California Press 1997, S. 370-374.

**8** | Zitiert von John Lahr: »The Ringmaster. The Garish and Giddy World of Baz Luhrman«, in *The New Yorker* vom 2. Dezember 2002, S. 50.

zwar nicht zu Warhols Outtakes zurück, dafür aber zum Lieblingsthema seiner Kunst: die Liebe – genauer ihre Kommerzialisierung und Vulgarisierung. Gleichzeitig möchte ich ein letztes Mal den Gedanken aufgreifen, dass es bei einer Pop-Einstellung immer um ein Spiel mit den Erwartungen an Maßstäbe und Größe geht – also um eine visuelle Inflation.[9] Denn Baz Luhrmann inszeniert seine visuelle Auseinandersetzung mit der populären Zeichensprache der postmodernen industriellen Gesellschaft, indem er den Maßstab der Worte von Shakespeares Texten ästhetisch umsetzt – sie bebildert, fragmentiert, und schließlich in ihrer reinen Materialität des Zeichens überdimensional auf der Leinwand aufflackern lässt. Der australische Regisseur hat in Interviews immer darauf bestanden, dass Shakespeare sich für sein eigenes Anliegen, klassische Literatur in die Sprache einer kommerziellen Populärkunst umzusetzen, deshalb besonders anbietet, weil der Barde vom populären Umfeld und den kommerziellen Realitäten ebenso geprägt war wie von seinem individuellen ästhetischen Geschmack: »He knew he had to come from a personal place but then decode it, in a way in which the child, the adult, the Queen of England could read it.«[10] So greift Baz Luhrmann bewusst auf jene Konvention Shakespeares zurück, die besagt, die Welt sei eine Bühne. Allerdings übersetzt er diese Denkfigur in die Sprache des späten 20. Jahrhunderts: Die Welt ist nichts anderes als eine Tagesschau im Fernsehen.

Zu Beginn von WILLIAM SHAKESPEARES ROMEO + JULIA (ROMEO + JULIET) sehen wir einen Fernsehbildschirm, der zwar angeschaltet ist, auf dem jedoch noch kein Bild aufflackert. Dann taucht auf der Bildschirmoberfläche der Name der Produktionsfirma des Films auf, bevor eine Ansagerin erscheint, die den Film, den wir zu sehen bekommen werden, als Nachrichtenbeitrag ankündigt – und zwar bezeichnenderweise unter dem Titel »Star-Crossed Lovers«: ein Attribut, das – ganz im Sinne der Pop-Art – als Zitat aus Shakespeares Prolog herausgelöst ist. Daraufhin fährt die Kamera nach vorne, bis der Bildschirm des Fernsehers und die Filmleinwand deckungsgleich geworden sind. Nun holt sich die Erzählstimme ein weiteres Wortsegment aus dem Prolog heraus – »in fair Verona« – als wolle sie damit hervorheben, dass es sich bei der folgenden Bildsequenz um die Bestimmung des Handlungsortes (und somit um einen klassischen »establishing shot«) handelt. Die Komplexität der Schnitte, mit denen Luhrmann die Fahrt der Kamera in den Fernsehbildschirm hinein begleitet, ist jedoch nicht zu übersehen. Dreimal wiederholt er einen schnellen Zoom durch eine Straße in Verona Beach, um jeweils wieder zu der Überschrift »in fair Verona« zurückzukommen. Daraufhin folgen mehr Fragmente dessen, was ein »establishing shot« sein soll, und somit dessen Pop-Art-De-

**9** | Siehe Lucy R. Lippards Besprechung der Arbeiten von Claes Oldenburg in: Pop Art, S. 115.

**10** | Zitiert in J. Lahr: »The Ringmaster«, S. 51.

montage – ein Zoom nach vorne *zu* und dann wieder weg *von* einer Statue Jesus Christus', die im Verlauf des Films immer wieder auftauchen wird, als wäre sie *das* Monument, unter dessen Schirmherrschaft diese Geschichte von zwei »star-crossed lovers« erzählt wird. Gleichzeitig sehen wir aber auch einen Polizeihubschrauber sowie Polizisten, die neben einem verwundeten Körper stehen. Somit etabliert Luhrmann ein zweites Bezugsfeld, um den propagierten Transfer alter Geschichten in neue, ›populäre‹ Situationen konkret zu machen. Seine Inszenierung von *Romeo and Juliet* nimmt sich die »gang wars« in Los Angeles als kontextuelle Referenzpunkte.

*Abbildung 4: Die Materialität von Shakespeares Text*

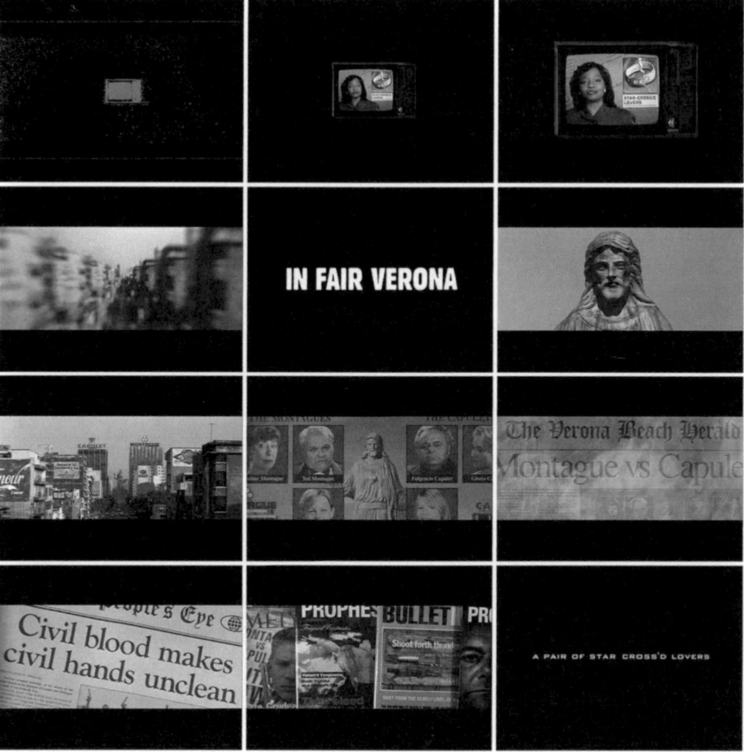


Baz Luhrmann: WILLIAM SHAKESPEARES ROMEO + JULIA (ROMEO + JULIET; 1996)

Wir haben es bei dieser Transformation eines klassischen Schauspiels in das Medium des Populärkinos zum einen mit einer konventionellen Transposition zu tun. Die Ansagerin ersetzt den Sprecher des Prologs und verleiht somit dem Fernsehbericht eine ähnliche Funktion des Urteilvermögens, wie es die klassische Tragödie dem Prolog zuweist. Zum zweiten findet sich hier aber auch ein postmodernes Spiel mit Konventionen in der Art, wie Baz Luhrmann sowohl die Konvention des »establishing shot« anzitiert als auch unterminiert. Gleichzeitig popularisiert er den Sprechtext dadurch, dass die von der Prologsprecherin verbal angekündigte Gewalt durch eine visuelle Gewalt gedoppelt wird – die der Sprache des MTV-Clips entlehnte Gewalt der Kamera-Zooms und der Schnitte. Schließlich besteht Luhrmanns Interesse an einer populären Revision alter Geschichten aber auch darin, die Medialität seiner Inszenierung hervorzuheben – und zwar, indem er ein weiteres Medium einführt, nämlich das der Zeitungsberichterstattung. Denn eine zweite, diesmal männliche, Stimme wiederholt Textsegmente aus dem Prolog – bezeichnenderweise aus dem Off, sodass wir im Gegensatz zur Ansagerin diesen Sprecher nicht sehen. Zudem wiederholt er nur die ersten sechs Zeilen des Stückes, sodass die Betonung auf dem tragischen Ausgang liegt; auf »the pair of star-crossed lovers take their life«. Während diese Textsegmente auf der Tonspur zu hören sind, sehen wir die Visualisierung der Handlung als Nachrichtenbericht. Wir sehen die Seiten einer Tageszeitung, in welcher der Zwist zwischen den beiden fürstlichen Häusern in Form von Photos der Eltern und Kinder wiedergegeben werden. Dabei greift Baz Luhrmann Fragmente des Shakespeare-Textes als Zeitungsüberschriften auf und verwebt diese mit weiteren visuellen Fragmenten, die Gewalt der »gang wars« und die Interventionen der Polizei illustrieren.

Nachdem die zweite, männliche Erzählstimme den zentralen Satz des Prolog ihrerseits ausgesprochen hat (nämlich dass die zwei im Titel benannten Figuren ihr Leben verlieren werden), findet eine letzte Transformation des Mediums statt. Nun werden die »dramatis personae« eingeführt, als hätten wir uns nahtlos von einer dokumentarischen Berichterstattung in einen literarischen Film bewegt, wobei ebenfalls sofort eine prägnante Auslassung sichtbar wird: Weder Romeo noch Juliet werden namentlich als Figuren im Stück erwähnt. Nur kurz sehen wir einen Ausschnitt von Leonardo DiCaprios Gesicht, bevor die ersten sechs Zeilen des Prologs ein drittes Mal aufgerufen werden – diesmal als Text, der in schnell abfolgende Sequenzen zusammengeschnitten worden ist, um dann in einem weiteren Bild zu münden; und dieser Textzusammenschnitt folgt präzise den an Carl Orffs *Carmina Burana* angelehnten Rhythmen. Dies stellt eine weitere Geste der Transformation dar, mit der die *Carmina Burana* mittels der MTV-Visualisierung wie bzw. als Popmusik präsentiert wird. Gleichzeitig hält Baz Luhrmann uns dazu an, den ebenfalls beschleunigten Ablauf der Bilder, die sich um die Gewalt drehen, die von den beiden Häusern ausgeht, als eine eigene Grammatik zu begreifen – als Text, aus dem kein Entrinnen ist. Ich möchte vorschlagen, diese Bildabfolge als visuelles Recycling von Shakespeares Worten zu verstehen, die den tradierten Text wie kulturellen Abfall behandeln – nicht nur, weil diese Filmsprache vom ursprünglichen Text zehrt und ihn gleichzeitig *ver*zehrt, sondern weil sie den Prolog-Text in ein Klischee hinauslaufen lässt. Die Einführungssequenz endet nicht, wie man erwarten würde, mit einem Bild unserer beiden »star-crossed lovers« – nämlich den Teenie-Stars Leonardo Di-Caprio und Claire Danes –, sondern in der ersten Wiedergabe ihrer Namen im fiktionalen Geschehen: als solle hervorgehoben werden, dass die »star-crossed lovers« gerade dadurch zum Mythos erhoben werden können, dass ihre Vor- von den Familiennamen ihrer Väter, die den tragischen Ausgang ihrer Liebe eigentlich diktieren, abgekoppelt worden sind. Wir sehen proleptisch die Selbstzerstörung der tragischen Helden als ein Verschwinden in Erinnerungsbildern – in die Allegorie der schicksalhaften Liebe – und könnten an Andy Warhols schwindende Marilyn Monroe denken. Baz Luhrmanns Inszenierung folgt jedoch auch jenem von der Pop-Art aufgegriffenen Entfremdungseffekt; genauer deren ironische Distanzierung vom Bildbereich des Populären. Denn was mit dieser »establishing sequence« vor allem etabliert wird, ist die Selbstreflexivität der eigenen Inszenierung. Luhrmann weist von Anfang an darauf hin, dass, weil das Stück *Romeo and Juliet* schon endlos interpretiert worden ist, jede neue Inszenierung sich der Gefahr, ein Klischee zu produzieren, aussetzt: eines leeren Gefüges an Zeichen, eines reinen Recyclings. Im gleichen Zug zeigt Luhrmanns Situierung des Textes eine andere, unsaubere Schnittfläche zwischen medialer Reproduktion und angedeuteter/ausgeblendeter Wirklichkeit. Die Fernsehberichterstattung greift die Erzählweise der ernsten Tragödie auf und setzt sie mit zeitgenössischen Bildern um. Diese werden ihrerseits zum MTV-Clip, der für ein Produkt – nämlich einen Film von Baz Luhrmanns Produktionsfirma – wirbt.

Somit greift Baz Luhrmann von der Pop-Art einen Umgang mit Realität als Reproduktion eines Bildes auf, verweist damit aber gleichzeitig auf jene Hollywood-Filmsprache, die ihrerseits der Ausgangspunkt für Pop-Art war. Denn wie meine Diskussion ausgewählter Genrefilme der Hollywood-Blütezeit deutlich macht, finden sich gerade im Genrekino oft Szenen, in denen die Identifikation dieser kinematographischen Reproduktion mit dem ihr zum Modell stehenden Bild brüchig geworden ist: durch eine selbstreflexive Geste, die unsere Aufmerksamkeit darauf richtet, dass das Bild vor dem Raster, durch das es gefiltert wird, schwindet, so wie auch der American Dream, der über diese Popbilder in Umlauf gesetzt wird, sich immer wieder tragisch aufzulösen droht. Wir haben es bei der von mir herausgearbeiteten Pop-Haltung mit einer Einstellung zu tun, die darauf beharrt, dass die Welt nur durch ihre Reproduktionen wahrgenommen und vermittelt werden kann. Aber die Entstellung, die dadurch entsteht, macht die Bilder gleichzeitig auch persönlich. Es sind unsere gemeinsamen Bilder, gerade weil sie so flüchtig sind.

# 5. Isoldes Liebestod in Hollywood

## Eine transmediale Affäre

Richard Wagners Musik zu Isoldes Liebestod hat im »Classical Hollywood« ein ebenso erstaunliches wie unerwartetes Nachleben erfahren – eine Palette an diverse Filmgenres angepasster Umschriften, die zugleich eine Rekonzeptualisierung von Wagners hehrem Pathos mit sich bringen. So erfährt die Liebe seiner Nachtgeweihten Tristan und Isolde in Alfred Hitchcocks VERTIGO – AUS DEM REICH DER TOTEN (1958) – der wohl vertrautesten kinematischen Aneignung dieses Motivs – eine Dekonstruktion, die den sadistischen Zug einer sich radikal den symbolischen Gesetzen des Tages verweigernden Zweisamkeit offenlegt. Ein dem Wagner'schen Konzept des Liebestodes innewohnender fataler Wiederholungszwang, der im Tod zumindest eines der Liebenden münden muss, erweist sich dabei in Hitchcocks Psychothriller als zwingend: Logische Konsequenz einer Insistenz, um jeden Preis jene alltäglichen Beschränkungen des Begehrens auszuschalten, welche die auf eine Überwindung des Todes angelegte Fantasiearbeit überhaupt in Gang gesetzt haben. Hitchcocks doppelter Rückgriff auf Isoldes Liebestod dient aber auch deshalb dazu, den historischen Zeitrahmen für die folgende Diskussion abzustecken, weil dieses musikalische Motiv bereits 1930 in seinem frühen Tonfilm MORD – SIR JOHN GREIFT EIN! (MURDER!) auftaucht – dort allerdings als kontingentes Ereignis, kraft dessen eine ungerechte Entscheidung des Gerichts korrigiert und ein Mordfall gerecht aufgeklärt werden kann.

Zwischen 1930 und 1960 hat Wagners Liebestod-Musik zugleich im Genre des Melodramas ein kinematisches Nachleben erfahren, verlangt doch auch dessen Happy End (vergleichbar mit der Auflösung im Psychothriller) ein Opfer. Jene Transzendenz des Todes, von der Isolde in ihrem Schlussgesang singt, führt im »Classical Hollywood« jedoch meist auch zu einer Überwindung des Todes und einer Rückkehr zum Gewöhnlichen. Ein Sieg der Gesetze des Tages hält im Film noir wie in der Gattung des Biopic der fatalen Verzückung, mit der von Wagners Oper *Tristan und Isolde* ihren grandiosen Höhepunkt erreicht, oft die Waage. Mein Parcours durch Isoldes kulturelles Nachleben in

Hollywood beginnt mit dem historisch letzten Beispiel VERTIGO – nicht nur, weil in diesem Psychothriller der Liebestod als rein musikalische Anspielung aufflackert, sondern weil sich daran auch erkennen lässt, wie sehr sich an diesem musikalischen Motiv ein nachhaltiges Genregedächtnis feststellen lässt. Ich verstehe »musikalisches Motiv« hier nicht im engeren, musikanalytischen Sinne, was implizieren würde, dass der Schlussgesang Isoldes (dritter Aufzug, ab Takt 1621) – oder Auszüge daraus – notengetreu und damit als exaktes Zitat in die Filmpartitur übernommen worden wäre. Es geht mir vielmehr um eine intertextuelle Referenz, ein Klangzeichen, das sich auf das hörbare Wiedererkennen der Liebestod-Musik als Höhe- und Zielpunkt der Oper – vor allem im Vorspiel und im Liebesduett des zweiten Aufzugs – verdichtet hatte, an das Isoldes Schlussgesang motivisch unmittelbar anknüpft. Insofern sind die hier verhandelten, in die Filmmusiken eingearbeiteten Passagen aus Wagners *Tristan und Isolde* nicht ausschließlich dem Schlussgesang Isoldes entnommen, sondern auch anderen Passagen der Oper. Entscheidend für mein Argument ist folgendes: Bei seiner Anspielung auf die Liebestod-Motivik in VERTIGO kann der Komponist Bernard Herrmann darauf setzen, dass die Zuschauer Wagners Musiksprache im Allgemeinen erkennen. So schwingen in Hitchcocks Erzähldramaturgie auch implizit alle vorhergehenden expliziteren filmischen Einsätze dieses Motivs mit.

In Hitchcocks Psychothriller erkennt der Held Scottie Ferguson (James Stewart) in Judy Barton (Kim Novak) eine Frau wieder, die auf unheimliche Art seiner ehemaligen Geliebten Madeleine Elster ähnelt, von der er glaubt, er sei unfähig gewesen, sie daran zu hindern, von einem Kirchturm zu springen. Deshalb zwingt er Judy eine tödliche Transformation auf. Nicht wissend, dass er von seinem Freund Gavin Elster in eine Intrige hineingezogen wurde, um dessen Frau zu töten – und dadurch nicht erkennend, dass es sich bei den beiden Frauen tatsächlich um ein und dieselbe Person handelt – besteht Scottie darauf, dass Judy die tote Frau perfekt nachstellt. Er zwingt sie, noch einmal ihr elegantes graues Kostüm zu tragen, sich das Haar zu blondieren und es zu einem Knoten hochzustecken. Anfänglich sträubt Judy sich dagegen, sich vollständig in die Madeleine Elster zurückzuverwandeln, für die sie sich vormals ausgegeben hat. Als sie zu ihrem Liebhaber, der in ihrem Hotelzimmer auf sie wartet, zurückkehrt, trägt sie ihr Haar noch immer offen. Scottie kann jedoch nur durch eine perfekte Nachbildung zufriedengestellt werden und besteht darauf, jede Differenz zwischen dem Modell und der Kopie auszulöschen. Er schickt Judy ins Badezimmer, um die letzte fehlende Übereinstimmung – das offene Haar – zu beseitigen.

Um die Transfiguration seines sich in einem Zustand höchster erotischer Erwartung befindenden Helden musikalisch zu untermalen, schreibt Hitchcock dem Anzitieren des Liebestod-Motivs im Soundtrack eine psychodiegetische Funktion zu. Die Musik-Bild-Interaktion ist derart, dass sie einen Dialog zwischen der Melodie und der emotionalen Verfasstheit des fokalisierenden Helden Scottie offenlegt und die Musik das Ausleben seiner Fantasie regelrecht vorantreibt. Während Scottie ungeduldig auf Judys Rückkehr aus dem Badezimmer wartet, setzt in Bernard Herrmanns Filmmusik eine Anspielung an Wagners Musik zu Isoldes Liebestod ein und erreicht einen ersten musikalischen Höhepunkt, als Judy über die Schwelle tritt und – in grünes Licht getaucht – langsam in der Gestalt einer toten Frau, die aus dem Grab zurückgekehrt ist, auf Scottie zuschreitet. Analog zu dem, was von Isolde in ihrem Schlussgesang beschworen wird, transzendieren beide in der darauf folgenden langen Umarmung den Tod und kehren zu jenem Augenblick zurück, bevor der Tod eingetreten ist. Der gewöhnliche Raum, der die Bühne für diese magische Transformation bildet, verschwindet, und in einer Rückprojektion sehen wir noch einmal die Stallungen der spanischen Mission, vor der Scottie Madeleine in seinen Armen hielt, bevor sie von ihm weglief (vermeintlich um Selbstmord zu begehen, während aber in Wirklichkeit Elster stattdessen seine ermordete Frau vom Turm stieß).

Bernard Herrmanns Filmmusik nutzt die ansteigenden Klänge des Liebestod-Motivs als psycho-diegetischen Hinweis auf Scotties anhaltenden erotischen Genuss. Zugleich unterstreicht das knapp gehaltene musikalische Zitat die Art, wie Alfred Hitchcocks Umschrift des Librettos sich eines bezeichnenden Gender-Crossover bedient. Nicht die umgestaltete Frau, sondern Scottie befindet sich in der Position von Wagners Heldin, überflutet von den Wellen des Begehrens. Wie Isolde, die fragt: »Hör ich nur diese Weise, die so wundervoll und leise [...] in mich dringet«, scheint Scottie allein das Lied, das die beiden umhüllt, zu hören, während Judy völlig in ihrem gemeinsamen Kuss entrückt zu sein scheint. Und nur Scottie ist es, der den phantasmagorischen Szenenwechsel bemerkt, als die Kamera, die im 360°-Winkel um das Paar schwenkt, filmisch die anschwellenden musikalischen Wellen der Glückseligkeit nachstellt, in denen Isolde sich zu ertrinken wähnt: »ertrinken, versinken – unbewusst – höchste Lust«.

Wagners Libretto lässt offen, ob Isolde, als sie sanft auf Tristans Körper niedersinkt, mit ihm im Tod verschmilzt oder durch extreme Identifikation sein und ihr Ableben lediglich simuliert. Hitchcocks Mise en Scène hingegen dekonstruiert den Gegensatz zwischen Wirklichkeit und psychischer Realität, auf dem diese Ungewissheit basiert. Während die Kamera um das in tödlicher Umarmung verschlungene Paar kreist, wird Judy (Tristans Leichnam ins Gedächtnis rufend) als ein lebloser, nur durch Scotties Arme gestützter Körper gezeigt. Sie befinden sich – wie Wagners Nachtgeweihte – in einer Welt außerhalb des Gewöhnlichen, »Welten-entronnen«. Dabei wird unser Erstaunen durch die Nekrophilie, auf der Scotties Fantasie gründet, genähert. Die »höchste Lust«, in der er versinkt, wird explizit als ein Genuss dargestellt, der

Judy das Leben entzieht. Was er begehrt, ist, sich kraft der Verkörperung einer vom Tode auferstandenen Frau des Todes zu bemächtigen.[1]

## 5.1 Weibliche Opferbereitschaft

Bezeichnend für diese Mise en Scène ist jedoch nicht nur der Umstand, dass Alfred Hitchcock – wie ich im Folgenden noch genauer ausführe – einen seiner frühen britischen Tonfilme zitiert, in dem der Held sich ebenfalls in eine todgeweihte Frau verliebt. Er ruft zugleich die Geschichte des Einsatzes dieser Melodie im Hollywood-Mainstream-Kino seit Anfang der 1930er Jahre auf und fügt sich somit in ein Recycling dieses Zitats ein, das dem geschulten Filmpublikum der 50er Jahre durchaus bekannt gewesen ist. Zwei Jahre nach Hitchcocks Mord – Sir John greift ein! (Murder!) nutzt Frank Borzage in der Schlussszene seiner Verfilmung von Ernest Hemingways Roman *In einem anderen Land* (1932) Wagners Liebestod, um den Pathos des vereitelten Glücks seines Liebespaares hervorzuheben. Die Krankenschwester Catherine Barkley (Helen Hays) flüchtet von der Kriegsfront in die Schweiz, um dort ihr Kind zur Welt zu bringen, erzählt dem Vater Lt. Frederic Henry (Gary Cooper), den sie in einem italienischen Feldlazarett geheiratet hatte, jedoch nichts davon. Verzweifelt auf der Suche nach der verschwundenen Geliebten gelingt es ihm schließlich, herauszufinden, in welchem Krankenhaus sie liegt. In einer stürmischen Nacht überquert er den Lago Maggiore und taucht nach Tagesanbruch an ihrem Krankenbett auf.

Wagners Liebestod fungiert als musikalische Untermalung des Abschieds zweier Menschen, deren Liebe einen hoffnungsträchtigen Kontrapunkt zum Massentod des Ersten Weltkriegs setzen sollte. Die Musik setzt in dem Augenblick ein, in dem der Arzt am Bett der Erkrankten resigniert seinen Kopf schüttelt, während eine der Krankenschwestern ihm mitteilt, der Ehemann der Sterbenden hätte sich eingefunden. Die Kamera fährt in eine Nahaufnahme der verzückten Catherine, die den an ihrem Sterbebett versammelten Mitmenschen versichert, sie hätte gewusst, dass Frederic zu ihr finden würde. Auf der Tonspur von den klagevollen Klängen Wagners begleitet, gesteht der Arzt ihr, sie hätte nur noch kurze Zeit zu leben, und erlaubt ihr deshalb, den Mann, der ungeduldig vor der Türe wartet, zu empfangen. Auch in diesem Fall lässt sich ein Gender-Crossover feststellen, befindet sich doch die Heldin in der Position des verwundeten Tristan, während Frederic – wie Wagners Isolde in letzter Minute über das Wasser kommend – ihrem Sterben verzückt beiwohnt.

**1** | Wie Hitchcock erklärt: »Um es ganz einfach zu sagen: der Mann möchte mit einer Toten schlafen, es geht um Nekrophilie.« Siehe François Truffaut in Fischer, Robert (Hg.): Truffaut, Hitchcock, München/Zürich: Diana 1999, S. 208.

Hat Catherine sich, kurz bevor er eintrat, noch das Gesicht geschminkt, um ihren wahren Gesundheitszustand zu verbergen, versichert sie dem Mann, der sich sachte über sie beugt, es ginge ihr gut. Sie bittet ihn, sich dicht neben ihr Bett zu setzen. Daraufhin entfaltet sich ein letztes Gespräch zwischen den beiden, in dem sie sich einer den Tod transzendierenden, ewigen Liebe versichern, während die Kamera die beiden Gesichter, die sich fast berühren, in einer Nahaufnahme einfängt.

Anfangs ruft Catherine mit ihren Worten nochmals das Bild jener glücklichen Zukunft auf, die sie nach Kriegsende gemeinsam in Amerika zu verbringen hoffen, gesteht ihm jedoch bald ein, dass sie sterben wird, und bittet Frederic, sie noch einmal fest in seine Arme zu schließen. Während dieses Stimmungswechsels ergibt sich zugleich ein Dialog zwischen den Sprechstimmen der beiden Liebenden und einer instrumentalen Version von Wagners Liebestod-Musik, die das, was gesagt wird, affektreich unterstreicht. Zugleich markiert der Einsatz der Musik, da der Film mit einer klanglichen Doppelung von gesprochenem Dialog und Filmmusik operiert, den Umbruch von Stumm- in Tonfilm. Während die Kamera in einer Nahaufnahme der ineinander verschmelzenden Gesichter der beiden Geliebten verharrt, wird deren Gespräch von Gebärden und Mimik begleitet, für dessen melodramatischen Effekt ein Verstehen dessen, was sie sich sagen, kaum nötig ist. Dabei passt das Drehbuch den Liebestod den Gefühlsformeln der bürgerlichen Ehetragödie an. Die sich im Pathos steigernde Musik verweist auf jene langsame Erkenntnis eines unausweichlichen Schicksals, die von falscher Hoffnung über Verzweiflung und Angst in einem letzten Sprechakt mündet, der die Unsterblichkeit ihrer Liebe verkündet.

Mit ihrem letzten Atemzug versichert Catherine ihrem Gatten – am ekstatischen Höhepunkt der Musik angekommen – sie würden nie mehr getrennt sein: »In life and in death we'll never be parted.« Helles Licht überflutet vom rechten Rand das Bild und zeigt uns für eine Sekunde Catherines verzückten Blick, bevor sie ihre Augen endgültig schließt. Mit der nächsten Einstellung nimmt die Kamera etwas Abstand zum Sterbebett ein, um unsere Aufmerksamkeit auf Frederics Reaktion zu lenken. Verzweifelt nimmt er die hell ausgeleuchtete Leiche der Geliebten in seine Arme, während sich auf seinem Gesicht die langsame Einsicht ihres unausweichlichen Todes abzeichnet. Liebestod wird hier – im Gegensatz zu Wagners Libretto – wörtlich als das Sterben aus Liebe für einen anderen begriffen. Catherine stirbt nicht nur, weil sie das im Krieg gezeugte Kind nicht zur Welt bringen kann, sondern auch als Verkörperung jenes Opfers, das für Frieden benötigt wird. Kurz unterbricht Borzage sowohl auf der Ton- als auch auf der Bildebene die emotionale Intensität dieser privaten Sterbebettszene und fügt eine kurze Montagesequenz ein, die den Waffenstillstand feiert: Wir hören und sehen Kirchenglocken und das Jubeln einer begeisterten Menge, hinter deren Schatten nur ganz kurz ein Plakat mit der Aufschrift »Armistice Declared« zu sehen ist. Flugblätter flattern wie Flocken herab und zwei weiße Tauben fliegen in einer Überblendung an den Kirchenglocken vorbei.

Nach dieser kurzen Unterbrechung kehrt Frank Borzage zum dramaturgischen Höhepunkt seiner Sterbebettszene zurück: zum Ausklang der Orchesterversion des Wagner'schen Liebestodes und der Verkörperung jener den Tod transzendierenden Liebesverkündung, der Catherine mit ihrem Tod Autorität verliehen hat. Frederic wendet sich von der Kamera ab, nimmt die Leiche Catherines in seine Arme und bewegt sich zu dem großen Fenster, durch das die aufsteigende Morgenröte zu erkennen ist. Mit seinem Rücken zu uns ruft er zweimal das Wort »Peace« aus und verleiht somit jenem in der Montage-Sequenz dargestellten Ende des Ersten Weltkrieges eine wesentlich weniger fröhliche Deutung. Er sinkt nicht wie Isolde verklärt über der Leiche der Geliebten zusammen, sondern hält sie vor sich in den Armen, als leiblicher Beweis des von ihm geforderten Opfers. Seine stimmliche Artikulation des neugewonnenen Friedens ist jedoch nicht von Verzückung, sondern tiefer Trauer gezeichnet.

Wurde die Liebestod-Musik bereits zuvor von den Klängen des Friedens unterbrochen, wird sie nun nochmals von diesen überlagert. Das Bild der beiden Liebenden erfährt eine letzte Überblendung. Das Sterbezimmer wird zum Filmbild eines bewölkten Himmels, in dem eine Schar weißer Tauben fliegt. Zuerst hören wir gleichzeitig die Kirchenglocken und die letzten Klänge des Liebestod-Motivs, dann nur noch orchestral, während der gefilmte Himmel von dem Gemälde eines Morgengrauens abgelöst wird, auf dem die Worte »The End« zu lesen sind. Zwei Punkte sind bei dieser Umschrift von Wagners *Tristan und Isolde* festzuhalten: Die Musik begleitet nicht nur den Dialog der beiden Protagonisten, sondern führt über die Filmdiegese hinaus zu der Schrifttafel »The End«, die den extradiegetischen Abbruch des kinematischen Spektakels verkündet. Zugleich verbindet sich in der Vorstellung einer den Tod transzendierenden Liebe private Trauer mit historischem Kommentar. Der Tod, dessen Überwindung mit dem letzten Filmbild – dem Gemälde eines Sonnenaufgangs – gefeiert wird, imaginiert die Welt des Friedens als eine von den Spuren des für diesen notwendigen Opfers an Menschenleben gezeichnet.

Auch in Jean Negulescos Humoreske (Humoresque; 1946) begleitet Wagners Liebestod-Musik eine Erzählung, in der eine ekstatische Umarmung des Todes den Wunsch zum Ausdruck bringt, sich jenseits des Gewöhnlichen zu begeben. Und wie in Hitchcocks Vertigo wird auch hier das zitierte Musikstück psychodiegetisch eingesetzt, um den emotionalen Zustand der Heldin widerzuspiegeln und deren Übergang vom Leben in den Tod musikalisch zu begleiten. In der entscheidenden Schlussszene begeht Helen Wright (Joan Crawford) zu den Klängen von Richard Wagners Liebestod Selbstmord, indem sie unterhalb ihres Strandhauses auf Long Island ins Meer geht. Die alkoholsüchtige Hysterikerin aus reicher Familie hat begriffen, dass ihre stürmische Beziehung zu dem Violinisten Paul Boray (John Garfield) seiner Karriere schadet, und ist bereit, jenes weibliche Selbstopfer zu bringen, von dem Wagners Opern wiederholt erzählen. Deshalb ist sie nicht wie abgemacht nach New York City gefahren, um Pauls Konzert in der Symphony Hall beizuwohnen, sondern ruft ihren Geliebten stattdessen kurz vor seinem Auftritt dort an. Sie hat den Radiosender, der dieses Konzert ausstrahlen wird, bereits eingeschaltet. Auf Pauls wütende Vorwürfe, sie würde ihn mit ihrem Wegbleiben in Sorge versetzen und somit das Gelingen seines Auftritts bewusst untergraben, erwidert sie verzweifelt, er solle ihr zuhören: »Listen to me!« Mit dem Telefonhörer in der Hand wendet sie sich dem Fenster zu, von dem aus sie auf die nächtliche Meerlandschaft blickt, und beschreibt die einsame Ruhe, die sie umgibt.

Im Sinne einer melodramatischen Umschrift jener Weltenentronnenheit, von der Richard Wagners Nachtgeweihte träumen, beschreibt Helen Paul das Boot, das sie weit draußen am Horizont sieht, und gesteht ihm: »I wish we were on that boat, so far out that we couldn't see anything but sky and water. Nothing more.« Doch sie muss erschüttert einsehen (und auch dieses Detail lässt sich als Umschrift jener Stelle im Libretto lesen, in dem Isolde die auf der Bühne um sie versammelten Menschen fragt: »Fühlt und seht ihr's nicht? Höre ich nur diese Weise?«): Paul hat ihrer Fluchtfantasie aus Wut gar nicht zugehört: »You didn't hear«. Zwar verspricht er ihr sogleich, nach dem Konzert sofort zu ihr zu kommen, doch bevor sie ihm ihrerseits ihre Liebe versichern kann hat er bereits aufgelegt. Schluchzend wendet Helen sich vom Telefon ab, geht in den anliegenden Raum, schenkt sich einen Drink ein und prostet sich selbst zu, während der Radiosprecher den Auftritt von Paul Boray ankündigt. Der Geiger wird, erklärt der Sprecher seinen Zuhörern, seine eigene Transkription »of the love music from Richard Wagner's opera *Tristan and Isolde*« darbieten. Mit einer Überblendung, in der für einen Augenblick der Dirigentenstab mit dem versonnenen Gesicht der Heldin überlagert ist, leitet die Filmerzählung in den Konzertsaal über, und zwar zu einer Bildeinstellung, in der wir zuerst nur die linke Hand Borays sehen, mit der er die Violine hält, auf der er seine Transkription der Stimme Isoldes sodann zum Erklingen bringen wird.

Die Mise en Scène entfaltet somit eine Verbindungslinie zwischen den Gedanken der Heldin, die einsam in ihrem Strandhaus verharrt, und jener Transkription und Interpretation des Liebestods (der mit dem Vorspiel beginnt), die ihr Geliebter im Konzert zu spielen begonnen hat. Zugleich wird die leibliche Helen, der Paul nicht zuhören wollte (und die für ihn, weil er ihr Liebesgeständnis nicht mehr vernommen hat, als Geliebte verstummt ist), durch das Musikinstrument, dessen Stimme er buchstäblich in der Hand hat, ersetzt. Bald verlässt die Kamera das Konzert, um zu Helen zurückzukehren. Diese trinkt beharrlich die Karaffe Whiskey aus, während sie in Gedanken sichtlich mit sich ringt und schließlich auf die Veranda vor dem Zimmer schreitet, von dem aus sie den Mond betrachtet hatte. Noch einmal kehrt die Kamera zum Konzert zurück – diesmal mit einer Überblendung, welche die Nahaufnahme des Gesichtes einer hadernden Helen mit einer halbnahen Einstellung Pauls verbindet, der in seinem Spiel für einige Takte pausiert. Mit dem neuerlichen Geigeneinsatz folgt eine zweite Überblendung, in der die Violine von unten zu sehen ist und zugleich einen großen Schatten auf das Gesicht des Musikers wirft, während sich im linken oberen Teil des Bildes das Gesicht der zur Tat entschlossenen Heldin aufrichtet. Im Gegensatz zu Frank Borzages Schlusssequenz ergänzt die Musik-Bild-Interaktion stimmlich nicht einen Dialog zwischen zwei Figuren, sondern fungiert als psychodiegetischer Kommentar jenes gedanklichen Selbstgesprächs, das die Heldin mit sich zu führen begonnen hat, jedoch – und darin folgt das Drehbuch dem Libretto – als sei sie in Gedanken mit ihrem Geliebten gänzlich verschmolzen.[2]

Von der Radio-Musik inspiriert, schreitet Helen, nachdem sie ein Flugblatt, das Pauls Konzert ankündigt, mit der linken Hand aufgegriffen hat, die Treppen zum Strand hinunter, überquert diesen und läuft direkt zum Meer. Aufgrund der Distanz hört sie von dort aus die Violinstimme zwar nur noch in ihrer Vorstellung, doch von dieser internalisierten Musik begleitet, läuft sie weiterhin mit sich ringend am Wasser entlang. Die Kamera zeigt sie teils von oben aus einer Totalen, teils von der Seite mit den wogenden Wellen im Hintergrund. Dann setzt beim musikalischen Höhepunkt der Liebestod-Musik eine deren Rhythmus visuell genau entsprechende dreifache Schuss/Gegenschuss-Bildabfolge ein. Die Kamera fährt zuerst in eine Nahaufnahme von Helens Gesicht, rückt dann in der entgegengesetzten Richtung den aufbrausenden Wellen näher, kehrt zur Heldin zurück und fährt in ein extremes Close-up, um nochmals – als wäre die Kamera nun Helens Auge – zum Anblick der Wellen zurückzukehren. Ein letztes Mal fährt die Kamera noch dichter an ihr Gesicht heran, das – auf ihre Augen reduziert – unscharf wird. Isoldes letzte Worte »In dem wogenden Schwall, in dem tönenden Schall, in des Welt-Atems wehendem All – ertrinken, versinken – unbewusst – höchste Lust« finden in HUMORESKE (HUMORESQUE) ihre visuelle Entsprechung darin, dass wir zuerst nur Helens Gestalt sehen, während sie das Flugblatt fallen lässt und ins Wasser schreitet. Dann bricht im Gegenschuss eine Welle über der Kamera zusammen und diese geht – stellvertretend für den Blick der Ertrinkenden – für einige Augenblicke im Wasser unter, sinkt bis an den Meeresboden, während Luftblasen an ihr empor steigen.

Der Einsatz der Musik untermalt jenen Übergang in den Tod, der sich im Filmbild nur als Vorher oder Nachher darstellen lässt: eine schreitende Figur

**2** | Für eine musikologische Analyse dieser Szene siehe Citron, Marcia J.: »›Soll ich lauschen?‹: Love-Death in *Humoresque*«, in: Joe, Jeongwon und Gilman, Sander L.: Wagner & Cinema, Bloomington: Indiana University Press 2010, S. 167-185.

und deren Verschwundensein. Zugleich vollzieht die Kamera visuell, was die Violinklänge klanglich andeuten: jene ekstatische Auflösung in höchster Lust, die uns selbst für einen Augenblick an den Abgrund des kinematischen Spektakels – an eine gänzlich dunkle Leinwand – führt. Dann kehrt die Kamera zu dem am Strand liegenden Flugblatt zurück, über das zweimal Wellen fließen, und zeigt anschließend nochmals die Meereslandschaft in einer Halbtotalen, bevor die Montage die Wellen, in denen Helen versunken ist, mit einer Nahaufnahme Pauls überblendet. Dieser holt, in seiner Musik gänzlich versunken, die letzten Töne des Liebestodes aus seiner Violine hervor. Während das Publikum begeistert applaudiert, verharrt die Kamera auf Pauls Gesicht, das kraft seiner im Schatten liegenden Augen einen sinistren Ausdruck angenommen hat. Ein letztes Mal setzt Jean Negulesco eine Überblendung ein, die vom Gesicht des Violinisten zum Anblick der am Strand brechenden Wellen führt, wo Paul wenige Stunden später als dunkle Silhouette stehend aufs Meer blickt.

Wie in Frank Borzages In einem anderen Land (A Farewell to Arms; 1932) entpuppt sich auch hier der Tod der Heldin als notwendiges Opfer. Über Helens Leiche wird die erfolgreiche Karriere des Violinisten Paul Boray verhandelt. Das Abschlussbild, das nach dem Ende des Konzerts nahtlos von dem auf der Bühne stehenden Musiker zur Todesszene seiner Geliebten überleitet, ist hingegen wesentlich unheilvoller als das verzweifelte Überleben von Borzages Kriegsveteran Fred. Denn auch in diesem Sinn bildet Wagners Liebestod die Verbindungslinie zwischen Pauls erfolgreichem Auftritt in der Symphony Hall und Helens Ableben im Meer, da es doch sein Spiel war, das sie zu ihrem Selbstmord inspirierte. Wesentlich weniger eindeutig als in Vertigo ist jedoch in Humoreske (Humoresque) die genaue Zuschreibung des psychodiegetischen Soundtracks. Wessen Gedanken entspricht die Liebestod-Musik? Nur denen Helens oder vielleicht doch beider Liebenden? Ist die Musik, die sie in Gedanken hört, die klangliche Artikulation jener Fantasie, der Welt zu entrinnen, die sie Paul am Telefon vermittelt hat? Oder ist diese Musik Ausdruck seines Wunsches, sie möge verschwinden, damit er sich ungestört seiner Kunst widmen kann? Entpuppen die beiden Fantasien sich kraft der von Negulesco ausgewählten Mise en Scène womöglich als zwei Seiten derselben Medaille?

Da uns in den Überblendungen wiederholt die Entsprechung zwischen Helens Gesicht und Pauls Geige vorgeführt wurde, lässt sich jene Einstellung im Konzert, in der er nach seinem Spiel regungslos auf der Bühne verharrt, als sein Triumph entschlüsseln. Die Frau, für dessen Stimme das Instrument, das er weiterhin in der Hand hält, einsteht und dessen Klänge ihren Entschluss, den Tod auf sich zu nehmen, vorangetrieben hatten – diese Frau ist für immer in den Wellen versunken. Selbst wenn er nicht wie Isolde verklärt auf Tristans Leiche sinkt, ahmt auch Paul in der letzten Einstellung – am Stand zur Schattenfigur erstarrt – ihr Ableben nach. Zugleich hat sich in seinem düsteren Blick hoffnungsvolle Ahnung mit trauriger Erschütterung vermischt, als hätte er – weil sie über die Musik tatsächlich gedanklich verbunden waren – im Laufe seines Spielens empathisch ihren Tod miterlebt. Nur chimärenhaft angedeutet wird somit jene Rachelust, von der Richard Wagners Libretto im ersten Aufzug erzählt und die Hitchcock seinem sadistisch-nekrophilen Helden Scottie Ferguson explizit zuschreibt. Was sich hingegen deutlich zeigt, ist ein prägnanter Zug, was das Nachleben Wagners im Hollywood-Melodrama betrifft: Die Heldinnen sind bereit, die Todesfantasien ihrer Geliebten bis zur letzten Konsequenz am eigenen Leib durchzuführen, um deren traurig ernüchtertes Überleben sicherzustellen.

## 5.2 Der Liebestod als Indiz

Mit Alfred Hitchcocks frühem Tonfilm Mord – Sir John greift ein! (Murder!) beginnt ein zweiter musikalischer Einsatz des Liebestod-Motivs, der dem Wagner'schen Libretto nicht ein aus Liebe gewähltes Selbstopfer, sondern eine aus Eifersucht geborene Todeslust – und somit wesentlich deutlicher die Isolde des ersten Aufzugs – entlehnt. Zugleich bemerkenswert ist, dass sich an der äußerst spezifischen Rolle, die dieses musikalische Motiv in der Aufklärung der Mordgeschichte spielt, zugleich ein Gespräch zwischen Hitchcock und dem ebenfalls in den 1930er Jahren nach Hollywood emigrierten Fritz Lang ablesen lässt. Der 1953 erschienene Film noir Gardenia – Eine Frau will vergessen (The Blue Gardenia) setzt somit augenfällig jenes Genregedächtnis um, das bei einer Verwendung dieses musikalischen Motivs nicht nur die Oper *Tristan und Isolde* aufruft, sondern über das explizite Zitat eines früheren Films auch an die mediale Umsetzung von Oper im Mainstream-Kino erinnert. Die narrative Verbindung besteht darin, dass in beiden Filmen eine Orchesterversion des Liebestodes als Warnung an den in einem Mordfall verwickelten Helden fungiert. Eine Frau soll für einen Mord, den sie nicht begangen hat, hingerichtet werden. Wie in Humoreske (Humoresque) löst auch in Mord – Sir John greift ein! (Murder!) die »wundervoll und leise, Wonne klagend, alles sagende« Weise eine Gedankenwelle aus, sodass ein Musikstück, das anfänglich vom Held als Radioübertragung gehört wird, seine plötzliche Einsicht in den wahren Zustand der Dinge signalisiert und zugleich dramaturgisch die Peripetie der Filmgeschichte einleitet.

Am Anfang der Szene in Hitchcocks frühem Kriminalfilm steht Sir John Menier (Herbert Marshall), der im Mordprozess gegen Diana Baring (Norah Baring) als Geschworener diente, vor dem Spiegel in seinem Badezimmer und rasiert sich. Sein Butler hat das Radio eingeschaltet und so hört John aufmerksam zu, während der Nachrichtensprecher berichtet, dass der Richter die Angeklagte zum Tod verurteilt hat. Mit der Erklärung, »Now that is all the news« leitet der Nachrichtensprecher zu einer SOS-Meldung der Polizei über, die einen Straßenunfall betrifft. Den genauen Inhalt können wir jedoch nicht hören, weil an dieser Stelle der Butler mit einem Brandy-Cocktail in der Hand erneut das Badezimmer betritt und sich zwischen den beiden Männern ein Gespräch entfaltet. Nachdem der Butler den Raum wieder verlassen hat, ist der Hinweis des Nachrichtensprechers, etwaige Zeugen sollten sich bei einer Polizeistation melden, wieder gut hörbar. Sir John, nun allein vor dem Spiegel stehend, beginnt erneut, sich zu rasieren. Wir sehen ihn weiterhin von hinten. Mit der Ankündigung des Radiosprechers, das erste Stück des heutigen Abendkonzertes sei die Ouvertüre aus Richard Wagners *Tristan und Isolde,* rückt die Kamera jedoch in eine halbnahe Einstellung, sodass wir nun das Gesicht Sir Johns auf der Oberfläche des Spiegels, mit einer Ansicht seines Hinterkopfes am äußeren linken Rand gedoppelt, deutlicher sehen. Somit können wir auch die Veränderung seines Gesichtsausdruckes nachvollziehen, die das mentale Selbstgespräch begleitet, das mit dem Beginn von Wagners Musik ebenfalls einsetzt.

Zuerst bemerkt er lakonisch den Zufall, dass sofort auf den Hinweis des Gerichtsspruchs eine SOS-Meldung folgte. Dann lösen die ersten Cello- und Holzbläserklänge (Tristan-Akkord aus dem Tristan-Vorspiel) statt einer Opferfantasie den Rettungsgedanken »Save her« aus, gefolgt von einer Rückerinnerung an die Debatte unter den Geschworenen. Wie in HUMORESKE (HUMORESQUE) dient die Musik auch hier dazu, ein Selbstgespräch zu untermalen – nun allerdings nicht das einer mit dem Selbstmord ringenden Frau, sondern das eines von Gewissensbissen geplagten Mannes. Die ansteigenden und absinkenden Töne der Violine erlauben Sir John, nochmals in Gedanken durchzuspielen, warum es ihm nicht gelungen war, die anderen Geschworenen von der Unschuld der Angeklagten zu überzeugen. Mit seinem Griff nach dem Brandy-Glas perfekt koordiniert, hören wir das erste dynamische Aufbäumen zum Sforzato des Vorspiels (Takt 16). Die Radiomusik unterstreicht somit den Einbruch unerwarteter Evidenz. Plötzlich begreift Sir John, den wir weiterhin nur als Widerspiegelung sehen, dass auch im Prozess gegen Diana ein Glas Branntwein jenes entscheidende Indiz war, das alle übersehen haben. Man hatte die Angeklagte bewusstlos neben dem ermordeten Mitglied einer wandernden Schauspieltruppe im Hinterzimmer eines Theaters aufgefunden. Nach ihrem Erwachen konnte sie sich an nichts erinnern, was in der vorhergehenden Nacht passiert ist. Mit absoluter Sicherheit wusste sie einzig, dass sie das Glas Branntwein, das noch immer auf dem Tisch stand, an dem sie gesessen hatte, nicht ausgetrunken hat.

Von den Klängen der Radiomusik inspiriert, begreift Sir John, dass jemand anderes an jenem Abend ebenfalls im Zimmer gewesen sein muss – und deduziert daraus den wahren Mörder. Im Dialog mit Johns Gedanken spiegelt die Musik Richard Wagners seine nachträgliche Rekonstruktion des Prozessablaufs und lässt den Geschworenen nun klar erkennen, was an der Beweisführung der Staatsanwaltschaft falsch gewesen ist. Nachdem der Butler ihn erneut unterbricht, um die Ankunft seines Sekretärs anzukündigen, verlässt Sir John das Badezimmer, um diesen in seinem Wohnzimmer zu empfangen. Wie in HUMORESKE (HUMORESQUE) hören wir weiterhin auf der Tonspur die Klänge des Tristan-Vorspiels, obgleich Sir John das Radio im Wohnzimmer nicht mehr vernehmen kann. Somit ist in dem Augenblick, in dem er seinem Sekretär seinen Gesinnungswechsel vermittelt, die musikalische Untermalung nicht länger rein diegetisch zu verorten, sondern dient als Widerspiegelung des von ihm gefassten Entschlusses. Hat die Musik zuerst jene innere Stimme unterstrichen, die ihn den wahren Sachverhalt dieses Mordfalls erkennen ließ, fungiert sie nun als Ansporn zur Handlung. Im Gegensatz zur Nachricht im Radio, die den Abschluss des Gerichtsverfahrens verkündet hat, ist der Fall für Sir John nicht gelöst, weiß er doch nun, wo der wahre Mörder zu suchen ist. In MORD – SIR JOHN GREIFT EIN! (MURDER!) erfährt Wagners Libretto somit eine entscheidende Umschrift. Alfred Hitchcock setzt das Motiv ein, um in dem Sinne eine Transzendenz des Todes zu vollziehen, als Diane Baring vor dem Vollzug der Todesstrafe bewahrt wird.

Eben diese Umdeutung einer Opferbereitschaft in eine Rettungsfantasie greift Fritz Lang in GARDENIA – EINE FRAU WILL VERGESSEN (THE BLUE GARDENIA) auf. Indem er Alfred Hitchcocks Plot recycelt, treibt Lang zugleich den Einsatz des Liebestod-Motivs als Evidenzproduktion auf die Spitze. Auch in seinem Film noir wird die Telefonistin Norah Larkin (Anne Baxter) fälschlich verdächtigt, den Maler Harry Prebble (Raymond Burr) ermordet zu haben, weil sie nach einem nächtlichen Treffen mit ihm in seinem Wohnzimmer ohnmächtig wurde und sich nachträglich nicht mehr erinnern kann, was zwischen ihnen wirklich passiert ist. In Gegensatz zu Hitchcock spaltet Fritz Lang jedoch einen von dem Erklingen des Liebestodes inspirierten Erkenntnisprozess in zwei voneinander getrennte Szenen auf. In der ersten besucht der Kolumnist Casey Mayo (Richard Conte) den Tatort und erfährt dort vom ermittelnden Polizeidetektiv, dass, als die Putzfrau die Leiche auffand, auf dem Plattenspieler noch immer eine Aufnahme von *Tristan und Isolde* lief. Um dem Journalisten zu zeigen, wovon er spricht, legt der Polizist diese Platte nochmals auf. So hören wir einen kurzen Ausschnitt aus dem Liebestod, während der Polizist für Casey Mayo das am Tatort aufgefundene Beweismaterial auflistet: ein mit Blut beflecktes Taschentuch, ein Paar Damenschuhe aus Wildleder und eine blaue Gardenie.

Erst beim zweiten Einsatz dient dieses Musikstück dazu, die Ermittlung des Falls in neue Bahnen zu lenken. Casey Mayo hatte seine Zeitungskolumne benutzt, um der Mörderin eine Falle zu stellen. Norah, die wie Hitchcocks Heldin in MORD – SIR JOHN GREIFT EIN! (MURDER!) zwar weiß, dass sie in jener Nacht beim Ermordeten war, sich aber nicht an die Mordtat erinnern kann, fällt auf die List des Journalisten hinein und befindet sich nun in Untersuchungshaft. Casey, der sich insgeheim in sie verliebt hat, plagen jedoch Gewissensbisse. Mit seinem Photographen Al sitzt er in der Lounge eines New Yorker Flughafens und hört, wie ein Zeitungsjunge die Schlagzeile ausruft, die seinen Medien-Coup verkündet. Beim Gedanken an die Rolle, die er selber bei der Festnahme der »Blue Gardenia Murdress« gespielt hat, erklärt er Al melancholisch, er sei überzeugt, einen Fehler gemacht zu haben. Dann hört er über den Lautsprecher das Liebestod-Motiv. Auf die Frage, was diese Klänge zu bedeuten haben, antwortet Al lakonisch mit einem Blick zum Lautsprecher, den wir im Gegenschuss zu sehen bekommen: »Music, canned – they can everything these days.« Die Evidenz, welche die Wiederholung dieser Klänge für die Aufklärung des Falls liefert, lässt Casey plötzlich hellwach werden und erinnert zugleich an Alfred Hitchcocks Protagonisten, der von eben diesen Klängen begleitet zum Brandy-Glas griff und seine Erleuchtung hatte.

Bei Fritz Lang wird die Musik allerdings selber zum materiellen Indiz in der Wiedereröffnung dieses vermeintlich abgeschlossenen Kriminalfalls, erinnert Casey sich doch daran, dass am Tatort eine Aufnahme von *Tristan und Isolde* lief, als die Leiche dort gefunden wurde, Norah hingegen zu Protokoll gegeben hatte, in Prebbles Wohnung ein anderes Musikstück gehört zu haben, bevor sie in Ohnmacht fiel. Auch in GARDENIA – EINE FRAU WILL VERGESSEN (THE BLUE GARDENIA) dient somit das Liebestod-Motiv als Hinweis auf die Mitwirkung einer dritten Person. Was in der ersten Szene als Stimmungsindikator für den fatalen Ausgang eines Liebesstreits fungierte, führt nun ganz neues Beweismaterial ein. Dabei wird dem Einspielen dieses musikalischen Motivs eine für die Auflösung des Falls entscheidende filmtechnische Komponente hinzugefügt. Auch dadurch fungiert das Liebestod-Motiv als Beweis für die Unschuld der Verdächtigten, dass es nahtlos von diegetischem Sound zur psychodiegetischem Untermalung des Geständnisses der schuldigen Frau wechselt. In einer Überblendung verbindet GARDENIA – EINE FRAU WILL VERGESSEN (THE BLUE GARDENIA) den zu neuer Enthüllungslust erwachten Journalisten mit dem Plattenspieler, auf dem – zum Tatort zurückgekehrt – Casey Mayo sich zusammen mit dem Polizeidetektiv ein weiteres Mal die Aufnahme von *Tristan und Isolde* anhört.

Dem Journalist gelingt es, den skeptischen Ermittler davon zu überzeugen, in den Plattenladen zu gehen, wo Prebble diese Aufnahme gekauft hat. Dort arbeitet die von Prebble geschwängerte Rose Miller (Ruth Storey), die ihn in der verhängnisvollen Nacht zur Heirat zwingen wollte. In dem Augenblick, in dem sie erfährt, dass ein Detektiv des Homicide Department mit ihr sprechen möchte, wird das musikalische Stück, das den Tatort mit dem Plattenladen im Sinne des klassischen »continuity editing« verbindet, zum psychodiegetischen Soundtrack, der nun Ruths Selbstmordversuch in der Frauentoilette begleitet. Das Musikstück stellt auch weiterhin filmsprachlich die Kontinuität her, nachdem die Narration im Zeitraffer in die Krankenstation jenes Gefängnisses vorgesprungen ist, in das man die verzweifelte Frau noch rechtzeitig bringen konnte, um ihr ein Geständnis zu entlocken. Auf ihrem Krankenbett von dem ermittelnden Polizisten, dem Arzt, den Krankenschwestern sowie Casey und der nun entlasteten Norah umgeben (und somit an die Abschluss-Sequenz in IN EINEM ANDEREN LAND [A FAREWELL TO ARMS] erinnernd), legt Rose die Ereignisse der Mordnacht offen. Weiterhin vom Liebestod-Motiv begleitet, kommentiert ihr »voice-over« die Rückblende, die den Liebesstreit zwischen ihr und Prebble auf der Leinwand aufflackern lässt. An seiner abweisenden Manier erkennt sie, dass er sie mit ihrem noch ungeborenen Kind im Stich lassen wird, und greift deshalb, nachdem er sich von ihr abgewandt hat, um eine Platte aufzulegen, nach dem Schüreisen, das er bei ihrer Ankunft in der Hand gehalten hat. Gezielt hat er die Aufnahme von *Tristan und Isolde* gewählt – ist dies doch die Platte, die er an dem Nachmittag, als er sie zum ersten Mal sah, gekauft und mit ihr in seinem Wohnzimmer gehört hatte.[3]

Von den steigenden Klängen des Liebestod-Motivs angefeuert (das wir weiterhin zusammen mit ihrer Erzählstimme auf der Tonspur hören), erschlägt Ruth ihren Geliebten im Affekt und stürzt aus der Wohnung. In diesem Augenblick fallen die diegetische Musik des Plattenspielers und jene innere

---

**3** | Ein Vorbild für den Einsatz des Liebestod-Motivs als musikalische Begleitung dient auch Robert Stevensons Gerichts-Film FRAU OHNE MORAL (DISHONORED LADY; 1947). Die betrunkene Künstlerin Madeleine Damien (Hedy Lamarr) lässt sich von ihrem ehemaligen Geliebten Felix Courtland (John Loder) überreden, ihm in seine Wohnung zu folgen, wo er ihr zu den Klängen Wagners nochmals seine Liebe versichert. Der Kuss, der dieses Geständnis bekräftigen soll, wird jedoch von der Ankunft seines Privatsekretärs unterbrochen. Die Heldin bleibt allein im Wohnzimmer zurück, hört aber durch die Türe einen Streit zwischen den beiden Männern ausbrechen und flieht plötzlich ernüchtert in die regnerische Nacht. Für wenige Minuten unterbricht auch die Filmmusik die Wagner'schen Klänge und ersetzt sie durch die diegetischen Laute des Regens, kehrt jedoch in jedem Augenblick, in dem die Filmerzählung erneut den Streit zwischen Courtland und Jack Garet (William Lundigan) aufgreift, der ihm ein Juwel gestohlen hat, zum Liebestod-Motiv zurück. Um Courtland davon abzuhalten, erschlägt der jüngere Mann ihn am dramatischen Höhepunkt der Wagner'schen Musik, welche alsdann abbricht und – während die Kamera erneut die dunkle Straße vor dem Haus zeigt – vom Klang des Regens nochmals ersetzt wird. Im Gegensatz zu Fritz Langs Ummodellierung der Szene in GARDENIA – EINE FRAU WILL VERGESSEN (BLUE GARDENIA) ist die Heldin in diesem früheren Film bereit, sich im trunkenen Zustand einem Liebhaber hinzugeben, für dessen Mord sie anschließend fälschlich verdächtigt und in diesem Film sogar vor Gericht gestellt wird. Die Affekttat hingegen begeht nicht eine andere in Liebe betrogene Frau, sondern ein unlauterer Geselle, von dem wir wissen, dass er weder vor Diebstahl noch Erpressung haltmachen würde. Der Liebestod betrifft also jene homoerotische Rivalität, die sich in Wagners Libretto auf Tristan und Melot bezieht, den Tod hingegen trifft wie in Langs Film den älteren Rivalen für die Liebe der betörend schönen Frau.

Musik, die sowohl ihren Selbstmordversuch wie ihr Geständnis untermalen, zusammen. Blickt man zurück auf das Opernlibretto, lässt sich mutmaßen: Rose Miller vollzieht jene Mordlust, die Richard Wagners Isolde im ersten Akt ausführen will, bevor Brangäne den Todestrank durch den Liebestrank ersetzt. Wie Alfred Hitchcock mit seinem nekrophilen Helden in VERTIGO dekonstruiert auch Fritz Lang die tödliche Aggression, die eine den Tod transzendierende Liebe in Wagners Libretto nur scheinbar ausblendet. Zugleich changiert der Einsatz des Liebestodes in GARDENIA – EINE FRAU WILL VERGESSEN (BLUE GARDENIA) zwischen materiellem Tonträger und immateriellen Klängen; er holt die Vergangenheit in die Gegenwart zurück und fungiert zugleich als Scharnier zwischen Erkenntnis und Enthüllung. Der Umstand, dass Prebble dieses Musikstück wählte, um sowohl den Anfang als auch das Ende seiner klandestinen Affäre mit Rose Miller zu markieren, bezeugt auch die Umschrift des Wagner'schen Liebestodes in ein für die Gattung des Film noir typisches »crime de passion«. Als musikalische Einrahmung für diese von Anfang an verhängnisvolle Affäre hört die Aufnahme – mitten in den ansteigenden Klängen – in dem Augenblick auf, in dem Rose ihr Geständnis zu Ende gebracht hat. Die Versöhnung zwischen Casey und Norah wird durch die geschmeidige Filmmusik Raoul Kraushaars signalisiert. Das Abschlussbild fängt zudem den Leitspruch des Gerichtshofes ein – »Justizia semper triumphat« – sodass auf visueller Ebene die gefährliche Leidenschaft, die mit Wagners Liebestod verbunden wurde, als überwunden gelten darf.

## 5.3 Der Triumph der Isolde

Stellen das Melodrama und der Film noir bei ihrem Zitatespiel mit Wagners *Liebestod* die Frage des Todes – ob Selbstopfer oder »crime de passion« – in den Vordergrund, erweist sich in Curtis Bernhardts Biopic UNTERBROCHENE MELODIE (INTERRUPTED MELODY; 1955), in dem die Partie der Isolde ins Repertoire der portraitierten Opernsängerin gehört, die Transzendenz des Todes als Überwindung eines selbstzerstörerischen Begehrens. Narrativ mündet das affektträchtige Portrait der australischen Sopranistin Marjorie Lawrence (Eleanor Parker) in ihrem fulminanten Comeback nach ihrer Erkrankung an Polio. Trotz ihrer Gehbehinderung singt sie in der Schlusssequenz in der Metropolitan Opera die Partie der Isolde. In den Films noirs von Alfred Hitchcock und Fritz Lang fungiert, wie ich bereits gezeigt habe, das Liebestod-Motiv als Kommentar für einen aus Eifersucht begangenen Mord. Die Musik symbolisiert dabei eine durch exzessive Liebe erzeugte Tötungslust und dient zugleich – von jeglicher konkreten Aufführungspraxis auf einer Opernbühne losgelöst – als Anhaltspunkt in einer Mordermittlung. In beiden Filmen eingesetzt als Beweismaterial in einem Kriminalfall, hängt an dem Recycling dieses musikalischen Motivs die unzweideutige Unterscheidung zwischen Schuld und Unschuld vor dem Gesetz.

Curtis Bernhardt hingegen nutzt diese Opernpartie sowohl, um die stimmliche Leistung der porträtierten Sängerin hervorzuheben, als auch, um unsere Aufmerksamkeit darauf zu lenken, dass das Wiederaufnehmen eben dieser Partie auch die Überwindung der von ihrer Krankheit ausgelösten Selbsttötungsfantasien bedeutet. Dabei greift im Sinne eines impliziten Genregedächtnisses das Biopic jene Hinwendung zum Anbrechen eines neuen Tages auf, den Frank Borzage am Abschluss seines Kriegsmelodramas zelebriert hatte. Das Sängerinnenportrait verfolgt zugleich jene psychische Entwicklungstrajektorie, die Stanley Cavell in seinen Ausführungen zum Melodrama des »Classical Hollywood« als Bewegung von Trauer (»mourning«) zur seelischen Morgendämmerung (»morning«) bezeichnet. Die Operndiva Marjorie Lawrence muss nach ihrem ersten Erfolg in der internationalen Opernwelt eine von Todessehnsucht geprägte seelische Prüfung durchlaufen, bevor sie ihre Gesangskunst erneut aufgreifen kann. Die hart errungene Rückkehr auf die Bühne steht aufgrund des durchgearbeiteten Selbstzweifels jedoch auf wesentlich sichererem Boden als vorher. Dreimal setzt Curtis Bernhardt Isoldes Schlussgesang ein, um musikalisch diesen seelischen Umschwung von narzisstischer Selbstgenügsamkeit zu tiefer Verzweiflung und schließlich einer neugewonnenen Hoffnung affektreich darzubieten.

Der erste narrative Umbruch betrifft den Widerspruch zwischen einem Streben nach persönlichem Glück und den Anforderungen einer Bühnenkarriere. Marjorie hat sich in den Arzt Thomas King (Glenn Ford) verliebt und ist – von ihren romantischen Gefühlen überwältigt – bereit, dieser romantischen Beziehung den Vorrang zu geben. In ihrem Penthouse in New York übt sie mit ihrer Gesangslehrerin die letzten Takte des Duetts zwischen Tristan und Isolde aus dem zweiten Aufzug der Oper. Sichtlich unaufmerksam, weil sie in Gedanken bei ihrem Geliebten ist, erreicht sie den hohen Ton nicht und unterbricht den Gesang, bevor sie die entscheidenden Abschlussworte singen kann: »ein-bewusst: ewig, endlos, heiß erglühter Brust höchste Liebeslust!« Zwar bittet sie die sie am Flügel begleitende Frau, nochmals anzusetzen, doch das Klingeln des Telefons unterbricht die Probe definitiv. Bevor Marjorie hastig den Raum verlässt, kündigt sie den anbahnenden Zwiespalt zwischen Liebe und Arbeit an. Sie will bis auf Weiteres keinen neuen Termin mit ihrer Lehrerin ausmachen. Dass sie an eben dieser Stelle in der Partitur von *Tristan und Isolde* die Probe willentlich unterbricht, deutet zugleich darauf hin, dass die alltägliche Liebe zu einem unscheinbaren Arzt eine öffentliche Darbietung Wagners selbstentgrenzender Liebe ersetzen soll. Die unterbrochene Melodie steht an dieser Stelle implizit für eine Abwendung vom ekstatischen Pathos des Bühnenlebens überhaupt.

Im Verlauf der Filmgeschichte wird jedoch ersichtlich, dass die Operndiva Marjorie sich nicht auf das häusliche Glück der Ehe beschränken lassen will – zu sehr ist der Drang, sich als Sängerin zu entfalten, Bestandteil ihres Wesens. Der anhaltende Streit mit ihrem Gatten, der seine Arbeit als Arzt in einem New Yorker Krankenhaus nicht ihrer Karriere zuliebe aufzugeben bereit ist, führt dazu, dass sie ein Engagement in Südamerika annimmt. Dort soll sie die Partie der Isolde als Vorbereitung auf ihren Auftritt in der Metropolitan Opera singen. Während einer Probe des letzten Aktes, bei dessen Beginn sie bereits unter Kopfschmerzen leidet, bricht ihre Krankheit schließlich durch. An der Stelle in der Partitur, in der sie begeistert die Leiche Tristans besingt – »wie er leuchtet, sternumstrahlet hoch sich hebt« –, sackt sie zusammen. Nicht Rührung und Entrücktheit, wie es im Libretto steht, bewegen die Umstehenden, sondern Erschütterung. Curtis Bernhardt hatte die Verquickung von persönlichem und theatralem Drama zu Beginn der Szene dadurch hervorgehoben, dass er die Bühnenarbeiter im Hintergrund herumlaufen ließ – ungeachtet dessen, was sich auf der Probebühne abspielte. Die Ermattung der Heldin, deren privates Leben in wenigen Augenblicken die Züge eines tragischen Opernlibrettos annehmen wird, war zuerst nur für unsere Augen gedacht.

In dem Augenblick, in dem die Stimme der Gestürzten verstummt, drängen hingegen alle zu ihr auf die Bühne, um an jenem anderen Schauspiel teilzunehmen, das dem spannungsreichen Verhältnis zwischen Bühnenrolle und privatem Leben eine neue Wende verleiht. Das Selbstopfer, das Majorie nun auf sich nehmen muss, ist ein körperliches. Hatte sie zuerst die Partie der Isolde in der Hoffnung unterbrochen, ihr Leben als Ehefrau mit ihrer Opernkarriere in Einklang bringen zu können, unterbricht in dieser Szene nicht sie ihren Gesang. Stattdessen wird dieser gewaltsam durch den Ausbruch einer latent längst schon vorhandenen körperlichen Erkrankung aufgehoben. Die narrative Dramaturgie des Films deutet diese zweite unterbrochene Melodie nicht nur als persönliches Schicksal, sondern lässt darin symptomatisch einen virulenten gesellschaftlichen Widerspruch im Amerika der Eisenhower-Jahre aufflackern. Hatte man während der Mobilisierung an der Heimfront die Amerikanerinnen für ihren Einzug in die Arbeitswelt gefeiert, wollten sich viele nach Kriegsende mit einer Rückkehr in die Domestizität nicht zufrieden geben.

Wie sehr eben diese doppelte Zeitlichkeit Curtis Bernhardts melodramatischem Biopic eingeschrieben ist, zeigt sich in der Peripetie seiner Filmgeschichte. Nachdem Tom seine Arbeit im New Yorker Krankenhaus doch aufgegeben hat, um sich in Florida ganz der Genesung seiner Frau zu widmen, überschattet der auf der Bühne unterbrochene Liebestod weiterhin ihre Beziehung. Verzweifelt darüber, dass sie die körperliche Kraft, die ihr Gesang benötigt, nicht wiederzugewinnen scheint, verfällt auch Marjorie der Fantasie, der Welt entrinnen zu wollen. Ihr Selbstmordversuch wird zwar von ihrem Gatten vereitelt, doch zugleich zwingt ihn die Einsicht, dass sie womöglich nie mehr auf die Bühne zurückkehren wird, zur Entscheidung, eine private Arztpraxis in New York zu eröffnen, um den Lebensunterhalt für beide zu verdienen. Parallel kann, weil diese Episode in der Biographie Marjorie Lawrences in die Kriegsjahre fällt, das Drehbuch eine national sanktionierte Tötungslust gegen einen privaten Todestrieb ausspielen. Ein Freund engagiert sie im Jahr 1944 für die Truppenbetreuung der australischen Armee. Zusammen mit dem Optimismus der Kriegsmobilisierung erlaubt Marjorie der Anblick ganzer Bataillone mutiger Soldaten, die wie sie im Rollstuhl sitzen, ihr Selbstmitleid zu überwinden und auf ihre Bühne zurückzukehren.

Curtis Bernhardt setzt das *Liebestod*-Motiv zuerst ein, um die fatale Entscheidung für eine ihre Gesangskunst ausschließende Ehe musikalisch zu unterstützen. Das zweite Mal erlaubt das Motiv ihm, den Verlust Marjories Beine als körperliches Symptom für eine seelische Unschlüssigkeit umzukodieren. Die Unterbrechung dient dazu, nochmals zu prüfen, ob diese Sängerin wirklich zur Opernkarriere berufen ist. Dient der dritte Einsatz dem musikalischen Beweis einer Rehabilitation, bedeutet er zugleich die Überwindung jeglicher Opferlogik. In dieser Umschrift des Liebestodes muss weder die Ehe noch die Opernkarriere aufgegeben werden. An der Möglichkeit, die unterbrochene Arie ein drittes Mal aufzugreifen, um sie diesmal zu Ende zu singen, zeichnet UNTERBROCHENE MELODIE (INTERRUPTED MELODY) zugleich den Ausweg aus einer todesdurchdrungenen Verzweiflung. Bei der Premiere von *Tristan und Isolde*, die nun tatsächlich in der Metropolitan Opera stattfindet, sehen wir zuerst, wie Tom seine Gattin im Rollstuhl auf die Bühne schiebt und sie sachte auf den Stuhl setzt, auf dem sie den ersten Akt bestreiten wird. Noch muss er ihre Füße, die sie allein nicht bewegen kann, behutsam auf dem roten Kissen vor diesem Stuhl ablegen.

War sie bei der Probe in ihrer Wohnung unachtsam, ist sie nun sichtlich verängstigt. Die Verhängnis verkündenden Klänge der Ouvertüre versetzen zugleich auch alle hinter der Bühne Stehenden (wie auch uns) in erwartungsvolle Spannung. Dann öffnet sich der Vorhang und eine Aufführung der Oper beginnt, die – filmisch im Zeitraffer wiedergegeben – den ersten und zweiten Akt nur andeutet, um rasch zu Isoldes Schlussgesang im dritten Aufzug vorzuspringen. Wie in den vorhergehenden Szenen trägt Marjorie weiterhin ihren Gesang sitzend vor. Am Höhepunkt angelangt, vom »wogenden Schwall« und »tönendem Schall« der Musik inspiriert, richtet sie sich jedoch langsam mithilfe ihrer Arme in der Felsspalte, in der sie sitzt, auf. Während sie den höchsten Ton und die ekstatische Anrufung eines »Welt-Atems« perfekt trifft, steht sie schließlich auf beiden Beinen. Im Gegenschuss sehen wir Tom, der seinerseits erstaunt von seinem Stuhl am Seitenflügel der Bühne aufgesprungen ist. Dann kehrt die Kamera zur Sängerin zurück, die sich nun entschlossen, wenn auch aufgrund der Metallschienen an ihren Beinen ruckartig nach vorne zur Leiche Tristans zu bewegen begonnen hat. Die höchste Lust, von der sie über

Tristan gebeugt singt, verwischt ein letztes Mal die Grenze zwischen Theaterrolle und persönlichem Drama, sehen wir doch nochmals im Gegenschuss den verzückten Blick ihres Mannes, an den eine ganz andere Ekstase gerichtet ist.

Weder ein Selbstopfer noch eine Weltentronnenheit im Liebestaumel werden hier zelebriert, sondern ein Ehebund wird neu verhandelt, in dem die Liebe und die Karriere beider Eheleute eine zukunftsträchtige Balance gefunden haben. Während das Publikum begeistert klatscht, sehen wir hinter dem zugefallenen Vorhang die Wiederherstellung des Paares, das mit der Auflösung der Filmhandlung gefeiert wird. Nur ihre Blicke können sich berühren, weil alle anderen auf der Bühne nicht in dieses persönliche Glück eingebunden sind, sondern weiterhin mit dem Verlauf der Opernaufführung beschäftigt sind. Nochmals laufen Bühnenarbeiter im Hintergrund dieser gegenseitigen Anerkennung, dann wird Tom zusammen mit dem sich nochmals öffnenden Vorhang beiseite geschoben, sodass seine Gattin sich dem Jubel ihres Publikums hingeben kann. Auch in UNTERBROCHENE MELODIE (INTERRUPTED MELODY) reichen die Klänge des Liebestodes über die diegetische Filmhandlung hinaus. Während die Kamera in eine Totale zurückfährt, um die Verbeugung der gefeierten Sopranistin, die nun aufrecht allein auf der Bühne steht, im Abschlussbild zu feiern, hören wir aus dem Off (wie am Ende von IN EINEM ANDEREN LAND [FAREWELL TO ARMS]) nochmals die letzten Takte von Wagners Oper. Sie leiten nicht nur das Ende dieses opernhaft konzipierten Biopics ein, sondern führen damit zugleich eine andere, vom Libretto aufgerufene Transzendenz des Todes vor. Das Opfer, das Marjorie Lawrence mit der Interpretation des Liebestodes erbringt, ist nicht das des Lebens, sondern das jener todessehnsüchtigen Melancholie, die eine Rückkehr auf die Opernbühne fast verhindert hätte. Diese Hinwendung zum Gewöhnlichen hat die Bildung eines erwachsenen Paares zur Folge, das der Überwindung eines tragischen Pathos gleichkommt. Im Gegensatz zum Abschlussbild von IN EINEM ANDEREN LAND (FAREWELL TO ARMS) gibt es für dieses Paar jedoch ein gemeinsames Morgen und Übermorgen.

So lässt sich abschließend festhalten: Im »Classical Hollywood« steht Richard Wagners Liebestod für eine faszinierende melodramatische Fatalität. Als vielseitig einsetzbares Klangzeichen unterstützt dieses musikalische Motiv Filmgeschichten, in denen die Verschränkung von Liebe und Tod sowohl eine Selbstaufgabe als auch eine mörderische Leidenschaft zur Folge haben kann. Zugleich ergibt sich eine Palette an Möglichkeiten, wie Wagners tragische Königin von Hollywood refiguriert wird. Sie erscheint als Figur in Filmgeschichten, in denen die Idee einer Tod bringenden Liebe wörtlich umgesetzt wird. Entscheidend dabei ist, dass in IN EINEM ANDEREN LAND (FAREWELL TO ARMS) wie auch in VERTIGO der Held die Position von Isolde einnimmt und zu den Klängen des Liebestodes verzückt eine im wörtlichen oder übertragenen Sinne entlebte Geliebte in den Armen hält. In MORD – SIR JOHN GREIFT EIN! und

Gardenia – Eine Frau will vergessen (Blue Gardenia) flackert wiederum die Vorstellung der mörderischen Isolde des ersten Aufzuges auf, die einem Liebhaber, der sie betrogen hat, den Tod bringen will. Als Rettungsnarrativ konzipiert, dient die Aufklärung am Ende der Erzählung dazu, die Filmheldin aus jeglicher Tod bringenden Liebeskonzeption wieder herauszulösen und somit eben jenes verhängnisvolle Narrativ, das als musikalisches Motiv zur Aufklärung des Falls geführt hat, auch zu überwinden.

Im klassischen Melodrama ruft Wagners Liebestod zum Selbstopfer auf, im Film noir zur Enthüllung einer klandestinen Tat. Im Biopic Unterbrochene Melodie (Interrupted Melody) hingegen erweist sich Richard Wagners Isolde als jene Rolle, an der die Kosten der professionell erfolgreichen Gesangskarriere verhandelt werden können. Alle drei Gattungen rufen zwar den verheißungsvollen Pathos des Liebestodes auf, entlarven ihn aber im Zuge der Aneignung zugleich – überlebt doch in jedem Fall zumindest einer der Nachtgeweihten, um ernüchtert, erschüttert oder erleichtert auf jene fatale Liebesverschwendung zurückzublicken, deren Spuren nie ganz getilgt werden können. Zugleich fungiert das Klangzeichen als Generator eines Genregedächtnisses, das in den nachträglichen Filmen die Spuren vorhergehender aufruft. So produziert Isoldes Liebestod nicht nur eine eigenwillige Evidenz auf der Erzählebene. Zusammen mit der Musik Wagners führt er jeweils auch über die Filmdiegese hinaus. Das kulturelle Nachleben Isoldes in Hollywood erzeugt ein kinematisches Netzwerk, das sowohl eine Verwischung der Grenzen klassischer Filmgenres als auch das Überleben der Oper im Mainstream-Kino bezeugt.

# Gender und die Frage der Darstellbarkeit

# 6. Bilder, die töten – Tod im Bild

## Michael Powells PEEPING TOM

»Für das Auge pflegen wir die dunkeln psychischen Vorgänge bei der Verdrängung der sexuellen Schaulust und bei der Entstehung der psychogenen Sehstörung so zu übersetzen, als erhöbe sich in dem Individuum eine strafende Stimme, welche sagte: ›Weil du dein Sehorgan zu böser Sinneslust missbrauchen wolltest, geschieht es dir ganz recht, wenn du überhaupt nichts mehr siehst‹, und die so den Ausgang des Prozesses billigte. Es liegt dann die Idee der Talion darin, und unsere Erklärung der psychogenen Sehstörung ist eigentlich mit jener zusammengefallen, die von der Sage, dem Mythos, der Legende dargeboten wird. In der schönen Sage von der Lady Godiva verbergen sich alle Einwohner des Städtchens hinter ihren verschlossenen Fenstern, um der Dame die Aufgabe, bei hellem Tageslichte nackt durch die Straßen zu reiten, zu erleichtern. Der einzige, der durch die Fensterläden nach der entblößten Schönheit späht, wird gestraft, indem er erblindet.«
SIGMUND FREUD (1910)

Die klassische Tiefenpsychologie stuft die Scoptophilie – die sexuelle Stimulation oder Befriedigung durch Schauen oder Entblößen – als eine der Grundperversionen ein. Sie stellt eine Abweichung vom sogenannten normalen Sexualakt dar – »dem Koitus mit einer Person des entgegengesetzten Geschlechts mit dem Ziel, durch genitales Eindringen zum Orgasmus zu kommen«.[1] Ganz im Sinne der Lehre Sigmund Freuds beschreibt der an einen der Mordschauplätze gerufene Psychoanalytiker in Michael Powells Film AUGEN DER ANGST (PEEPING TOM; 1960) diese im Voyeurismus enthaltene Verkehrung des ›normalen‹ sexuellen Begehrens demzufolge auch als »the morbid urge to gaze«. Verdreht am Peeping Tom, der in der alten englischen Legende für seine Schaulust mit Blindheit bestraft wird, ist die Tatsache, dass sein Blick auf einer intermediären Beziehung zum Sexualobjekt verweilt, dass das Schauen, »was auf dem Wege zum endgültigen Sexualziel rasch durchschritten werden soll«, zum Se-

1 | Laplanche, Jean/Pontalis, J.-B.: Das Vokabular der Psychoanalyse, Frankfurt a.M.: Suhrkamp 1972, S. 378.

xualziel gemacht und aus ihm ausschließlich die sexuelle Lust gewonnen wird. Freud unterscheidet jedoch zwischen einem Verweilen beim sexuell betonten Schauen, das den Menschen die Möglichkeit bietet, »einen gewissen Betrag ihrer Libido auf höhere künstlerische Ziele zu richten«, und der Perversion des Blickens.[2] Letzterer ist eigen, sich ausschließlich auf einen Körperteil zu beschränken, mit der Überwindung des Ekels verbunden zu sein und vor allem das normale Sexualziel – anstatt es vorzubereiten – zu verdrängen. Bei der Schaulust entspricht das Auge einer erogenen Zone, die als Nebenapparat und Surrogat der Genitalien hervortritt. Das Schauen löst das Tasten ab, verselbstständigt sich regelrecht und führt zu einer verkehrten Form der Penetration des oder der anderen; in Powells AUGEN DER ANGST (PEEPING TOM) zur Penetration durch den Blick oder/und durch das Messer statt durch das männliche Glied. Apodiktisch gesagt: Perversion entsteht, wenn »Gelüste sich ganz wie sexuelle gebärden, aber dabei von den Geschlechtsteilen oder deren normaler Verwendung ganz absehen«.[3] Dieser Definition fügt Freud jedoch hinzu, dass das Streben, zu schauen und beschaut zu werden, in zweifacher Ausbildung vorhanden ist: in aktiver, sadistischer (männlicher) und in passiver, masochistischer (weiblicher) Form, »von welch ersterer später die Wissbegierde abzweigt, wie von letzterer der Drang zur künstlerischen und schauspielerischen Schaustellung«.[4]

## 6.1 Der selbstgenügsame Blick: Hure, Pin-up, Stand-in

Gerade diese von Freud herausgearbeitete Vernetzung zwischen dem Schautrieb und dem Trieb zur Grausamkeit bildet das Gesamtmuster für Michael Powells Geschichte über den »focus puller« Mark Lewis, der darunter leidet, dass er alles, was er sieht, auch filmen muss und somit die Welt entweder durch die vermittelnde Instanz seines Suchers oder als kinematographische Duplikation auf seiner privaten Leinwand wahrnimmt. Die Fatalität dieses Leidens jedoch liegt darin, dass er an einem Dokumentarfilm über die Todesangst arbeitet, dessen Anschauungsmaterial zuerst drei schöne, sich dem Blick des Voyeurs willig anbietende Frauen sind. Zuletzt kann Mark aber sein Gesamtkunstwerk nur durch das Hinzufügen seines eigenen sterbenden Körpers vervollständigen. Denn indem er versucht, den Tod durch das Photographieren

**2** | Freud, Sigmund: »Drei Abhandlungen zur Sexualtheorie«, in: Werke aus den Jahren 1904-1905 (=Gesammelte Werke, Band 5), Frankfurt a.M.: Fischer 1942, S. 55 und 56.

**3** | Freud, Sigmund: »Abriß der Psychoanalyse«, in: Schriften aus dem Nachlaß 1892-1938 (= Gesammelte Werke, Band 17), Frankfurt a.M.: Fischer 1951, S. 74.

**4** | Freud, Sigmund: »Über Psychoanalyse«, in: Werke aus den Jahren 1909-1913 (= Gesammelte Werke, Band 8), Frankfurt a.M.: Fischer 1945, S. 46.

weiblicher Gesichter, die von Todesangst geprägt sind, im Bild einzufangen, nimmt er das Klischee, dass Blicke töten können, wörtlich. Er lebt eine ganz besondere Variante der Schaulust: nicht den herkömmlichen Drang, die weibliche Person, auf die er sein verdrehtes sexuelles Begehren gerichtet hat, nackt zu sehen, wie etwa auf den »views« – den Pornobildern, die er im oberen Geschoss eines Tabakladens, wo sie dann heimlich vertrieben werden, herstellt.[5] Marks perverse, mit Ekel und einer Art Enthüllung verbundene Phantasie besteht darin, durch das Sexuelle hindurch den Schrecken des Todes zu betrachten. Diesen Einblick in den tiefsten Grund der menschlichen Existenz sucht er als Anblick, als »view«. Der für jeden Lebenden immer nur erahnbaren Todesangst versucht er, Schärfe zu verleihen – eben eine perverse, eine verdrehte Art des »focus pulling«, des Schärfenziehens.

Einem seiner Opfer – der Statistin Vivian – erzählt Mark das Szenario, das er sich für sein Dokumentationsprojekt ausgedacht hat, um sie in die richtige Stimmung zu versetzen für die Rolle, die sie darin zu spielen hat: »Imagine a man coming towards you, who wants to kill you regardless of consequences ... a mad man but he knows it and you don't and just to kill you isn't enough for him.« Daraufhin zeigt er ihr, dass sich in einem Bein seines Stativs ein Messer verbirgt, und ergänzt: »But there is something else.« Dieses »something else«, diesen Mehrwert, der erst das spezifisch Perverse an Marks Dokumentationsprojekt ausmacht, kann er Vivian nur zeigen. In Worte fassen kann er diesen verkehrten Zusatz erst für die Frau, die er statt seiner Kamera lieben könnte – seine Nachbarin Helen. Auf ihr Drängen, eine Antwort für die Schreckbilder, die sie auf der Leinwand seines privaten Kinos gesehen hat, zu erhalten, erklärt Mark ihr folgendes: »Do you know what the most frightening thing in the world is? It's fear. So I did something very simple.« Er zeigt ihr den Spiegel, der neben der Kamera befestigt werden kann, und fügt hinzu: »When they felt the spike touching their throat and knew I was going to kill them, I made them watch their own deaths. I made them see their own terror as the spike went in. And if death has a face, they saw that too.«

Marks ganz spezifische Perversion besteht also nicht nur im Verweilen auf einem sexualisierten Blick. Auch bezieht sie sich nicht allein auf die Transformation vom Blicken ins Töten. Sie enthält vor allem die Hinzufügung eines Blickwechsels, indem die Mordopfer sich selbst beim Sterben betrachten müssen. Die schönen Frauen, die sich willig dem Blick des Voyeurs angeboten haben, werden selbst in die Position des Zuschauers gezwungen. Dies ist – sozusagen – ihre Strafe für den Narzissmus. Die Figur des Voyeurismus kollabiert hier, denn die Betrachtung des anderen als Selbst und des Selbst als anderen

**5** | Freud, Sigmund: »Bemerkungen über einen Fall von Zwangsneurose«, in: Werke aus den Jahren 1906-1909 (= Gesammelte Werke, Band 7), Frankfurt a.M.: Fischer 1941, S. 388.

fallen zusammen. Selbstreflexiv hinterfragt jedoch Michael Powell somit auch die eigene Tätigkeit als Filmemacher. Denn per Implikation sind er und seine Zuschauer in einem ähnlichen Blickwechsel eingefangen. Für jede Art des Filmes kommt der Tod ins Spiel, hatte Jean Cocteau doch das Kino eine Arbeit mit dem Tod genannt. Denn der dargestellte Körper wird eingerahmt und wird zum entlebten Körper, der als abwesender durch den Ersatz des Bildes wieder anwesend wird.

Am Anfang von AUGEN DER ANGST (PEEPING TOM) sehen wir ein geschlossenes Auge, das sich plötzlich vor Entsetzen öffnet, dann eine Prostituierte, die vor einem Schaufenster steht und auf den nächsten Kunden wartet. Ein Mann geht auf sie zu, während er sie filmt. Die Kamera ist verborgen, über der Hüfte unter seinem Mantel versteckt. Wir sehen von nun an die Prostituierte nur noch als Objekt seines Blickes bzw. durch den Sucher seiner Kamera. Das Blickfeld, in dem die Frau eingefangen und im übertragenen Sinne entleibt wird, ist zudem durch ein schwarzes Kreuz strukturiert. Die Kamera wählt den Ausschnitt, die Ferne, das Detail; mal den Rücken, den Po, die Beine, die Füße, mal das Gesicht. Doch sie lässt die Frau nicht mehr entkommen. Die Frau ist bereits auf dem Kreuz des Suchers festgenagelt, während sie sich noch zu bewegen scheint, die Straße entlang schlendert und die Treppe zu ihrem Zimmer im oberen Stockwerk hochsteigt.

*Abbildung 5: Die Hure im Fadenkreuz*

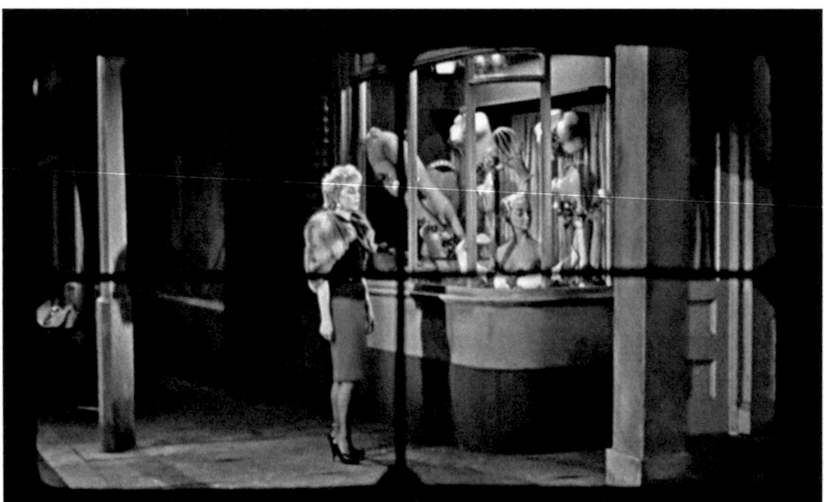

Michael Powell: AUGEN DER ANGST (PEEPING TOM; 1959)

Dieses Blicken, mit dem wir von Beginn an Komplizen sind, ist jedoch nicht das desinteressierte Blicken des Cineasten. Die eingefangene Frau – das erfahren wir jedoch erst im Verlauf des Films – ist Teil einer Dokumentation, die selbstreflexiv auf ihr eigenes Verfahren verweist. Durch den Sucher sehen wir, wie der Mann sein perverses Handeln dadurch kommentiert, dass er das Wegwerfen der Filmhülle mit im Filmbild einfängt. Dies stellt eine Brechung der herkömmlichen Kameraführung dar, die gemäß Hollywoods »continuity editing« so wenig als möglich auf sich aufmerksam machen soll. Die Frau gibt sich dem Blick des Kunden bewusst hin, entkleidet sich, legt sich auf das Bett – sie inszeniert sich also explizit als Ware. Was diese Frau jedoch nicht weiß, ist, dass sie sich zusätzlich dem Blick des filmenden Perversen anbietet. Ein kleiner Zusatz – das ominöse »something else« – taucht plötzlich in der Gestalt einer Lichtreflexion über ihrem Kopf auf. Sie blickt nun nicht mehr von der Routine ihres Geschäftes gelangweilt, sondern entsetzt. Die Kamera mit ihrem tödlichen Zubehör – dem für die Zuschauer noch verborgenen Messer und Spiegel – nähert sich ihr. Die Verkehrung der sexuellen Penetration endet im Schrei. Wir sehen ein von Entsetzen verzerrtes Gesicht.

Die konventionelle Tauschsituation hat sich gewandelt. Die Prostituierte beherrscht den Blick des Kunden nicht mehr, sondern er beherrscht sie. Blicken ist nun ganz wörtlich zum Akt des Besitznehmens geworden. Wir als Zuschauer sind ebenso beengt wie die betrachtete Frau – ebenso auf das Blickfeld des Suchers reduziert. Auf den Schnitt, der immer erfolgt, bevor das Messerstativ den Hals der Frauen penetriert, sodass in diesem Schnitt das Nichtzeigbare – der Tod und die Todesangst – stattfindet und somit gerade als Auslassung zum Ausdruck kommt, folgt eine Wiederholung der Szene, vom Blickfeld ähnlich begrenzt. Während der Vorspann abläuft, sehen wir den Filmemacher Mark, der sich die vorhergehende Szene auf der Leinwand seines privaten Kinos ansieht – nun ohne das Kreuz im Sucher. Die Mordszene wirkt deshalb noch weniger unmittelbar, und gleichzeitig macht sie ein unheimliches Paradox sichtbar: Auf den ganz wörtlich tötenden Blick der Kamera folgt eine Wiederauferstehung der Toten. Auf der Leinwand lebt die ermordete Prostituierte, um sich als Filmfigur auf endlos wiederholbare Weise vor dem Blick des Kunden zu entkleiden und dann plötzlich entsetzt in die Kamera zu blicken. Der dargestellte Tod ist ein doppelter. Die Hure ist im übertragenen Sinne tot, weil sie körperlich ab- und nur als Bild anwesend ist; im realen Sinne ist sie aber auch tot, weil sie vom Zusatz der Kamera erdolcht wurde. Demzufolge läuft das Wechselspiel von Blicken und Töten auf folgende Weise ab: Ein Sehen, das im übertragenen Sinne die Angeblickte tötet, weil es sie zur Ware macht, führt zum wirklichen Tod und wird wiederum von einem Sehen abgelöst, das von diesem realen Tod ausgeht und ihn in einem endlosen Spiel der filmischen Doppelungen auffängt.

Diese erste mörderische Filmsequenz endet mit einer Auflösung. Mark filmt, wie die Leiche der Hure aus dem Haus getragen wird. Teilweise sehen wir diese Leiche wieder durch den von einem Kreuz strukturierten Sucher seiner Filmkamera, teilweise aber durch den Blick eines Dritten, dem ›Erzähler‹ der Filmhandlung, der erst an dieser Stelle eine Distanz zu seinem perversen Doppelgänger herstellt – und zwar bezeichnenderweise erst, nachdem die Komplizität mit diesem ›verkehrten‹ Filmen unverkennbar etabliert wurde. An dieser Stelle zeigt Michael Powell zum ersten Mal in der Außenperspektive – und somit quasi objektiv – Mark beim Filmen. Gleichzeitig geht es ihm – analog dieser Anfangssequenz – in allen darauffolgenden Tötungsszenen darum, auszuloten, was die logische Konsequenz einer Filmsprache sein kann, die sich an der Grenzlinie des Todes selbst wiedergibt, dabei aber immer die Frage nach der Bestrafung des voyeuristischen Objekts ebenfalls mit ins Spiel bringt. Die sogenannte perverse Filmsprache, die im Spiel der kinematographischen Widerspiegelung mit ihrer tödlichen Grenze entsteht, ist für Powell eine des Entzugs, aber auch eine der Duplikation. Denn einerseits ist Mark gezwungen, seine tödliche Filmerei ständig zu wiederholen, weil ihn seine Bilder des Todes an die Grenze der Filmsprache bringen, dann aber zurückschlagen. »The lights fade too soon«, erklärt er an einer Stelle im Film, aber man könnte von diesem Umstand auch sagen: Bestraft er seine Modelle für deren Exhibitionismus, wird er vom Realitätsprinzip bestraft. Der Tod lässt sich nicht im Bild einfangen.

*Abbildung 6: Zerrspiegel des Todes*

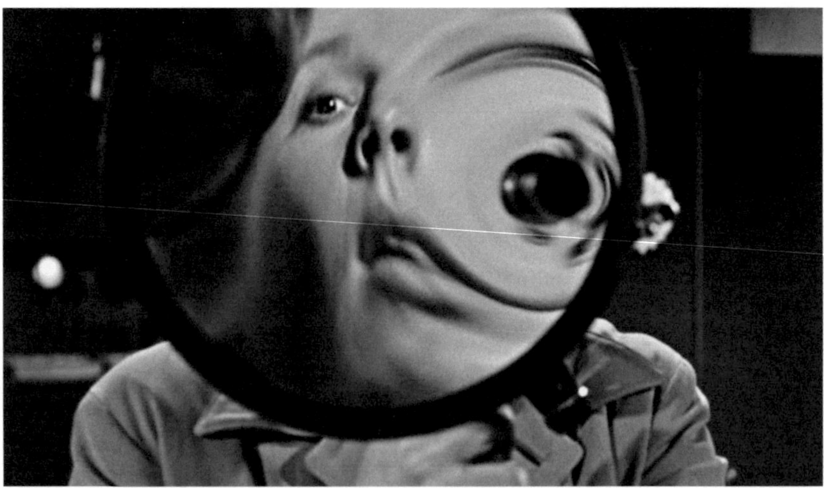

Michael Powell: AUGEN DER ANGST (PEEPING TOM; 1959)

Mitten im Film findet der zweite Mord am »stand-in« Vivian statt. Nachts wollen Mark und sie verbotenerweise im abgeschlossenen Studio der Filmgesellschaft, für die beide arbeiten, eine geheime Probeaufnahme von ihr machen, damit sie den Produzenten Don Jarvis von ihrem Schauspieltalent überzeugen kann. Vivian ist eitel, macht sich für die Aufnahme schön und simuliert den männlichen Blick, indem sie sich gekonnt in dessen begehrtes Blickobjekt verwandelt. Doch wieder kippt eine Inszenierung des weiblichen Körpers, in der die Frau meint, den männlichen Blick beherrschen zu können, in eine Szene völliger femininer Machtlosigkeit um. Während sie tanzt und sich in der Rolle des Stars selbstgenügsam gefällt, baut Mark akribisch eine Szene auf, leuchtet den Raum aus, richtet seine Scheinwerfer und seine Kamera auf die Frau und zeichnet die Stelle, an der sie stehen wird, mit einem Kreuz. Selbst die postmortale Haltung wird geprobt. Scherzend legt Vivian sich in den Koffer, der ihr später die Flucht vor der tötenden Kamera verbauen und als ihr Sarg dienen wird. Wurde die Hure für ihr Metier bestraft, wird das »stand-in« wegen ihrer Eitelkeit getötet. Denn man muss festhalten: Die weiblichen Opfer sind bezeichnenderweise Figuren, die eine gesellschaftlich nicht sanktionierte Grenzüberschreitung vollziehen; man könnte auch sagen, sie sind ›bestrafungswürdig‹, weil sie – denkt man an Michel Foucaults Diskussion von Strafe als Reglementierung dessen, was nicht in die Norm passt – gegen Gesetze verstoßen haben.

Anders als der erste Mord soll jedoch dieser zweite nicht zufällig, sondern durchkalkuliert verlaufen. »The result«, erklärt Mark, »must be so perfect, that even he ...«, und bricht den seinen Vater betreffenden Satz ab. Die Inszenierung ist also bewusst auf einen Dritten gerichtet, doch während Vivian damit den Produzenten Don Jarvis meint, hat Mark seinen Vater im Kopf. Denn seine Dokumentation des perfekten Abbildes der Todesangst stellt seine perverse Antwort auf das Lebensprojekt dieses toten Vaters dar, der seinerseits als Verhaltensforscher versucht hatte, eine vollkommene Dokumentation des Lebens eines Kindes herzustellen. Es werden demzufolge auch zwei Kameras für diese doppelt gerichtete Szene benötigt: die offizielle Kamera, die der »focus puller« Mark scheinbar usurpiert, und seine eigene, tötende Kamera. An diesem Umstand lässt sich auch festmachen, dass die Strafe, die ein stetes Beobachten durch den Vater bedeutet, auch die Urszene für die Bestrafung darstellt, die von Marks tödlicher Kamera ausgeht. Dieser dritte Blick – des Vaters, des Produzenten – fungiert analog zu demjenigen des Wächters im Zentrum des Bentham'schen Panoptikums. Er wird impliziert, reguliert alles Verhalten, auch oder vor allem weil es keine reale Verkörperung des strafenden Gesetzes mehr gibt. Der Wächter bewohnt die psychische Realität und ist somit seiner Allmacht sicher. Zudem inszeniert Michael Powell nochmals eine selbstreflexive Brechung des narrativen Geschehens. Vivian stellt sich hinter die Kamera des offiziellen Vaters, während Mark sie mit seiner Kamera filmt und somit eine Widerspiegelung des Blickes der Kamera inszeniert: »Photographing you photographing me«, sagt er. Auf den Befehl »Stand on your cross« soll Vivian dann ihre Glanzrolle spielen – die Szene der Todesangst, zu der Mark zwanghaft zurückkehren muss. Die Aporie seines Perfektionswahns besteht nun aber darin, dass für Vivian die Simulation in Realität umkippt; sie stirbt in der Tat aus Angst. Der Ausdruck dieser Angst lässt sich hingegen im Filmbild weder berechnen noch einfangen. Der Tod erscheint als Erwartung und als Nachtrag, aber der Augenblick des Todes entzieht sich; für Mark aufgrund des frühen Schwindens der Lichter, für den Filmbetrachter aufgrund von Powells selbstbewusst inszeniertem Schnitt.

In seiner Verzweiflung greift Mark schließlich auf das Pin-up Milly zurück, die ebenfalls ›bestrafenswürdig‹ ist, weil sie auf sein Angebot, verbotene Aktphotos zu machen, eingeht. Anfangs gibt sie sich noch bewusst der Photokamera Marks hin, macht sich bewusst zum Bild. So will sie z.B. in der ersten Photositzung die Täuschungsmöglichkeiten des Photobildes für sich nutzen und bittet Mark, die blauen Flecken auf ihrem Körper unsichtbar zu machen: »Can you fix my bruises so they don't show?« Michael Powell inszeniert somit zwei Arten des Sehens. Die eine, gesellschaftlich sanktionierte Art des Blickens ist eine, in der die pornographisch gestellten Szenen der Erotik reale Gewalt mit der Künstlichkeit des Bildes verdecken. Die andere Art des Blickens sucht gerade das Hässliche, um die ästhetische Einheit des Bildes aufzubrechen. Dieses zweite Blicken fällt aus der sanktionierten Ökonomie heraus. Somit besteht eine der beunruhigenden Ironien des Films darin, dass der pornographische Blick, der den Frauenkörper zum Bild des männlichen Begehrens entlebt, diesen zwar verdinglicht, sogar im übertragenen Sinne tötet. Jedoch tötet erst das sexualisierte Blicken, das aus dem herkömmlichen ökonomischen Kreislauf herausfällt, wirklich. Auch Milly kann dieser anderen Filmsprache nicht entkommen. Sie liegt zuerst noch leicht bekleidet auf dem Bett des Photostudios. Die Pose einer Hure simulierend, blickt sie Mark selbstgenügsam an. Dann springt die Kamera Powells in der nächsten Einstellung auf die andere Seite des Bettes, als wolle sie die bestrafende und bestrafbare Grenzüberschreitung, die stattgefunden hat, filmsprachlich signalisieren. Milly liegt nun nackt auf dem Bett, ihr Blick noch immer auf den ihr entgegenkommenden Mark gerichtet. Noch in einem zweiten Sinne sehen wir somit filmsprachlich eine tödliche Grenzüberschreitung, denn wir sehen zum ersten Mal nicht das Opfer aus dem Blick der mordenden Kamera, sondern wir betrachten aus der Position des Opfers, wie der Täter auf sie und implizit uns zukommt.

Sigmund Freud bietet zwei Erklärungen dafür, warum ein Triebschicksal sich ins Gegenteil verkehren kann: die Wendung eines Triebes von der Aktivität zur Passivität und die inhaltliche Verkehrung. Mit dieser Erklärung haben wir vielleicht eine Antwort auf die Frage, warum die tödliche Ökonomie des verkehrten Blickens zuerst an drei weiblichen Opfern durchgespielt werden muss. »Beispiele für den ersteren Vorgang«, so Freud, »ergeben die Gegensatzpaare Sadismus – Masochismus und Schaulust – Exhibitionismus. Die Verkehrung betrifft nur die Ziele des Triebes; für das aktive Ziel: Quälen, Beschauen wird das passive: Gequältwerden, Beschautwerden eingesetzt. Die inhaltliche

Verkehrung findet sich in dem einen Falle der Verwandlung des Liebens in ein Hassen.«[6] In Marks Wahl dieser drei schönen Frauen als Opfer zeigt sich also die Komplementarität des Voyeurs und der Exhibitionistin, denn nur die Frauen, welche die tödliche Blickökonomie des Schärfenziehers unterstützen, können in seinem Dokumentationsprojekt mitwirken, weil sie bestrafbar sind. Erst am Ende des Films, im Schlussbild der Leiche Marks, wird das Kollabieren von aktivem männlichen und passiven weiblichem Schautrieb inszeniert.

Die Perversion Marks, die der Film zu dekonstruieren sucht, besteht nun aber vor allem darin, dass der Tausch von weiblichem Körper und Bilder des Schreckens an der Grenzlinie zum Tod in den Bereich des Realen umkippt. Die in der Verdinglichung enthaltene Tötung findet wirklich statt und sprengt so auf mehrfache Weise den sogenannten normalen Kreislauf. Indem der weibliche Körper mittels der Übertragung in ein zweites Medium – das Bild – doppelt getötet wird, soll für Mark ein Rätsel dingfest gemacht werden, nämlich die Todesangst im Gesichtsausdruck seiner Opfer. Hier kommt er aber auch an die Grenze seines Repräsentationssystems. Er scheitert wiederholt und ist gezwungen, diesen tötenden Akt mehrmals zu vollziehen. Man könnte auch sagen: Er wird ästhetisch mit Scheitern bestraft, lange bevor das Gesetz ihn einholt. Die drei Frauen hingegen passen in sein monströses Gesamtkunstwerk, weil sie eitel sind, weil sie sich willig in ein Bild umwandeln lassen – für Geld (die Hure), aber auch für Ruhm (das Double) und für Veredelung (das Pin-up). Sie befinden jeweils sich in einem transgressiven Raum – der dunklen Straße, dem nächtlichen Filmstudio, dem abgeschlossenen und verdunkelten Zimmer über dem Tabakladen. Sie dienen Mark als brauchbares Material für sein strafendes Projekt, weil sie die Grenze des Gesetzes selbst überschritten haben, nicht unschuldig und deshalb bestrafbar sind. Insofern ist die reale Tötung auch vom Benjamin'schen Morschen im Gesetz bedingt sanktioniert. Sterben können und müssen diese drei Frauen, weil sie bereit sind, in den Spiegel zu schauen, um dort an der Grenze des Selbstbildnisses den Tod zu sehen. Hiermit verweist Michael Powell natürlich auch auf die Ikonographie der Vanitas im europäischen Barock, genauer auf die Allegorie der sieben Todessünden, in der die Eitelkeit im Spiegelbild den eigenen Tod erblickt.

Es sind aber vor allem schöne, verführerische weibliche Leichen, weil sie eine Wiederholung der falschen Mutter darstellen. In den Kindheitsfilmen, die Mark Helen an ihrem Geburtstag zeigt, sehen wir das Vorbild aller zukünftigen Opfer – die zweite Ehefrau seines Vaters, die venusartig aus dem Meer heraustritt. Mark bestraft ihre Nachfolgerinnen also als Kompensation dafür, dass er diese falsche Mutter nicht bestrafen konnte. Was die weiblichen Leichen jedoch vor allem auszeichnet und was als Verkehrung des konventio-

**6** | Freud, Sigmund: »Triebe und Triebschicksale«, in: Werke aus den Jahren 1913-1917 (= Gesammelte Werke, Band 10), Frankfurt a.M.: Fischer 1947, S. 220.

nellen Blickes der Frau in den Spiegel inszeniert wird, ist die Brechung dieser Schönheit. Denn der Blick, dem sie sich auf fatale Weise hingeben, indem sie gezwungen werden, den eigenen widerspiegelten Blick wahrzunehmen, ist anamorphotisch.[7] Diese Frauen müssen in einen Zerrspiegel schauen und sehen deshalb schon analeptisch den Tod, weil die Widerspiegelung, die narzisstisch ihr Gefühl von Selbstgenügsamkeit unterstützen soll, bereits durch die Verzerrung der Wiedergabe subvertiert wird. So ist das Spiegeldouble bereits im übertragenen Sinne ein Vorbote dessen, was das Messer des Stativs dann vollziehen wird – nämlich ein Zerstören ihrer Integrität. In den Sekunden, bevor die Tötung diese Spiegeltäuschung real werden lässt, sehen die drei Frauen sich bereits fragmentiert, und auch darin liegt ein Aspekt ihrer Bestrafung.

Diese unheimliche Verkehrung bleibt auch für die Betrachter der Toten. Die Polizisten bemerken, dass diese toten Frauen sich wegen ihres entsetzten Blickes von anderen Leichen unterscheiden (»Never seen such fear on anyone's face as on this girl's«). Der Inbegriff des schönen, zur Schau gestellten Körpers wird im Tod mit radikaler Hässlichkeit bestraft. Der verkehrte Tauschprozess verläuft also folgendermaßen: Alle drei Frauen geben sich dem männlichen Blick hin – dem Auge, der Photo- oder der Filmkamera. Am Körper dieser Leichen wird der damit implizierte Tötungsprozess wörtlich. Doch zwei Aspekte stören diese Blickökonomie und machen sie zu Repräsentationen des Bestrafens: Erstens bekommt Mark nie das Bild, nach dem er sich sehnt. Die Perfektion des Bildes, die den Tod in diese Ökonomie mit einbinden könnte, führt dazu, den Regisseur selbst dafür zu bestrafen, dass er für sich beansprucht, zwischen Leben und Tod zu entscheiden – zumindest auf der repräsentatorischen Ebene. Zweitens trägt die schöne Leiche zwar das Gesicht des Schreckens. Die Drehung geht zu weit, wird real, aber der ersehnte Mehrwert – das »something else« – entzieht sich. Die Frauen erlauben Mark nicht, die Todesangst im Bild festzuhalten, sondern werden stattdessen zu allegorischen Figurationen der Bestrafung von Eitelkeit als Sünde.

## 6.2 Der abwesende Blick: Die tote Mutter

Im Gegensatz dazu lassen sich weder der abwesende Blick der toten Mutter noch der stumpfe Blick der blinden Mrs. Stevens in Marks Ökonomie einbinden. Eine der privilegierten Szenen aus dem Dokumentarfilm seiner Kindheit stellt dar, wie Mark von seiner toten Mutter Abschied nimmt. Bezeichnenderweise sind der ganze Körper des Jungen sowie die Hände der Leiche sichtbar, nicht aber das Gesicht der Mutter. Die darauffolgenden Szenen (die Trauer-

**7** | Lacan, Jacques: Les quatres concepts fondamentaux de la psychoanalyse (=Le séminaire de Jacques Lacan, Band 11), Paris: Seuil 1973.

feier, das Begräbnis) werden übersprungen. Gezeigt werden erst wieder Bilder dessen, was diese Mutter ersetzt: Vaters neue Geliebte am Strand. Am Morgen seiner Hochzeitsreise schenkt der Vater seinem Sohn eine Kamera, damit dieser als sein Stellvertreter seine Umwelt indirekt – durch den Sucher der Kamera – wahrnehmen und aufzeichnen kann. Demzufolge füllt also nicht die reale Stiefmutter, sondern die Kamera und der daran gekoppelte väterliche Blick die leere Stelle, die sich mit dem Tod der Mutter aufgetan hat. Die Funktion der realen Ersatzmutter ist lediglich die der Zeugin. Sie filmt die Übergabe der Kamera vom Vater an den Sohn und filmt den Sohn beim Filmen. Sie wird somit aber auch zur Katalysatorin seiner Bestrafung von Frauen – als Antwort auf das verbietende qua ›kastrierende‹ Gesetz des Vaters.

Oder anders formuliert: Marks Bestrafung kann als Antwort auf einen radikalen Eingriff in seinen am mütterlichen Körper vollzogenen Narzissmus verstanden werden. Die Phantasie der Einheit, die der Blick der Mutter und – als deren Surrogat – derjenige der Geliebten dem Subjekt bietet, wird vom Vater einerseits und vom Tod andererseits verfrüht verworfen. Im sogenannt normalen Entwicklungsverlauf verursacht der Vater als Stellvertreter symbolischer Gesetze einen Bruch im imaginären Selbstbild. Zwar ist im narzisstischen Selbstbild, das über den Blick der Mutter vermittelt wird, wie Lacan festgehalten hat, immer eine entfremdende Differenz, eine »méconnaissance« enthalten: weil das Selbstbild nie mit dem Abgebildeten identisch ist und weil das Bild die Abwesenheit des Körpers impliziert. Für die normale Entwicklung des Subjekts muss aber diese Phantasie der Einheit erst erlebt worden sein, bevor sie dann aufgegeben werden kann; bevor jene vom Vater als Strafender qua Störer der narzisstischen Mutter-Kind-Dyade eingeleitete zweite Phase des Blickens einsetzt. Der Vater als Dritter spricht die strafenden Verbote und Gesetze der Kultur aus und erlaubt dem Kind damit, in die symbolische Ordnung einzutreten. Psychoanalytisch gesprochen verhandelt der Vater symbolisch die Entsagung des mütterlichen Körpers. Die Annahme des väterlichen Blickes – und daran geknüpft dessen bestrafende Anrufung – gibt dem Subjekt jedoch eine andere Art der Stabilität. Die an den verbietenden Blick des Vaters geknüpfte Autorität verleiht einem an sich inkonsistenten Universum Konsistenz. Das imaginäre Bild des unversehrten Körpers wird durch die Annahme der Selbstspaltung ersetzt, Phantasien von vollständiger Befriedigung werden aufgeschoben, Grenzziehungen zwischen Körper und Bild, Gedanken und deren Realisierung unternommen. Kultur bedeutet demzufolge, Zerstörungs-, Unversehrtheits- und Vollkommenheitsphantasien in den Bereich der Zeichen zu verlagern; für die Geschichte von AUGEN DER ANGST (PEEPING TOM) bedeutet das eine Verlagerung in den Bereich der Wissenschaft und der Kunst. Ausschlaggebend für Michael Powells Film ist jedoch, dass die Störung, die perverse Verkehrung des normalen Kreislaufes, die dekonstruiert wird, davon ausgeht, dass der Platz der Mutter nie adäquat gefüllt ist, sodass einerseits der durch den Blick des Vaters hervorgerufene bestrafende Bruch von Anfang an einer leeren Stelle aufsitzt, andererseits Marks primärer Narzissmus nie zur Genüge aufgebaut werden konnte.

Bezeichnenderweise hat nur die blinde Mutter Helens einen Einblick in die Fatalität von Marks Schaulust. Sie warnt ihn: »Instinct is a wonderful thing. Pity it can't be photographed. If I'd listened to it years ago, I might have kept my sight. I wouldn't let a man operate I had no faith in. So I'm listening to my instinct, Mark. And it says, all this filming isn't healthy. You need help, get it, Mark.« Sie verbietet ihm als Vertreterin des normativen Gesetzes, Helen wiederzusehen, bis er ärztliche Hilfe gesucht hat. Als Blinde erkennt sie die Gefahren des Photographierens, kann jedoch die leere Stelle der eine beruhigende Illusion von Unversehrtheit vermittelnden Mutter nicht einnehmen. Dieser Mangel wird im Film durch das Gegensatzpaar Kamera/Helen verhandelt.

## 6.3 Der neugierige Blick: Die Kamera, die Geliebte

In der Gegenüberstellung zwischen der Kamera und Helen ergibt sich sowohl eine Weiterführung als auch eine bezeichnende Durchbrechung des väterlichen Projektes – und somit eine Möglichkeit, aus der von diesem ausgehenden Ökonomie der Bestrafung auszubrechen. Wie bereits erwähnt, ist Marks Dokumentation eine Perversion, weil sie eine verkehrte Vervollkommnung der Dokumentation eines aufwachsenden Kindes darstellt, die sein Vater an ihm durchzuführen versucht hat: Man könnte sagen: Marks Film ist eine Bestrafung anderer, aber auch des Selbst als Antwort auf den strafenden Blick des Vaters. Helens Buch über eine Zauberkamera und was diese photographiert ist hingegen ein Gegenentwurf zum väterlichen Projekt. Helen, die mit ihrer Mutter zur Untermiete in Marks Haus wohnt, wird von Anfang an als die Figur des Films eingeführt, die sich außerhalb der fatalen Blickökonomie zu bewegen scheint. So ist sie diejenige, die an ihrem 21. Geburtstag auf Mark zugeht und ihn zu ihrer Feier einlädt, dann in sein Zimmer hinaufsteigt und ihn im Betrachten seiner Todesfilme stört, um ihm ein Stück Geburtstagstorte zu bringen. Wiederholt unterbricht sie daraufhin Marks krankhaftes Schauen. An diesem ersten Abend erbittet sie sich jedoch nicht nur den Eintritt in seine Dunkelkammer, sondern sie will auch – als eine Art Geburtstagsgeschenk – seine Filme sehen. Mark zeigt ihr nicht etwa den eigenen Dokumentarfilm, sondern denjenigen seines Vaters, führt ihr also nicht seine perversen Symptome, sondern die Urszene seines Traumas vor, nicht die im Bild doppelt getöteten Objekte seines Blickes, sondern seinen eigenen Körper als Blick- und Filmobjekt.

Dieses Geschenk beinhaltet einen Austausch der Blickpositionen. Zusammen mit Mark darf Helen die Betrachterposition einnehmen, darf seinen

Kinderkörper und die Qualen des strafenden väterlichen Experimentes, dem er ausgesetzt war, miterleben – die nächtliche Blendung, das plötzliche Erwachen, die Angst (wenn beispielsweise eine Eidechse auf sein Bett geworfen wurde). Im Gegensatz zu den schönen, selbstgenügsamen Frauen unterstützt Helen diese Blickökonomie nicht. Als Mark sie beim Betrachten dieses Dokumentarfilms filmen möchte, um sie somit in die passive Position zu versetzen, in der er sich als Kind auf so traumatische Weise ständig befand, wehrt Helen sich gegen den strafenden Kreislauf des Blickens und Bildmachens und will statt einer Duplikation des dargestellten Szenariums dieses durch ein Verstehen unterbrechen. Mit anderen Worten: Gerade weil sie sich der Kamera Marks nicht hingibt, stellt Helen auch die Möglichkeit dar, aus diesem Kreislauf ausbrechen. Sie hält radikal die Hand auf die Linse seiner Kamera. Zudem fordert sie beim Betrachten dieser Bilder, die zeigen, wie ein Vater sein Kind mit seinem Blick bestraft und es in Qualen versetzt, dieses paternale Projekt in Frage zu stellen. Sie stellt an Marks Stelle den Projektor ganz ab, während er den Szenen seiner Kindheit nur hilflos zusehen kann. Dies tut sie bezeichnenderweise an der Stelle, wo der Vater dem Sohn am Tag seiner Hochzeitsreise die erste Kamera überreicht und die Linse der geschenkten Kamera als Verlängerung von Marks kindlichem Blick direkt in die väterliche ihn filmende Kamera blickt. Schließlich betrachtet Helen in der letzten Szene von AUGEN DER ANGST (PEEPING TOM) Marks Morddokumentation doch, aber alleine und trotz seines Verbots, und bringt so seine aufklärende Beichte in Gang. Auch bezeichnend für die Gegenüberstellung Kamera und Geliebte ist die Tatsache, dass wir an dieser Stelle nur Helens Reaktion auf die entsetzten Gesichter der Frauen sehen, nicht mehr die Filmbilder selber. Damit wird nochmals verdeutlicht, dass Mark seine verkehrten Liebesobjekte aufteilt in Frauen, welche die tödliche Blickökonomie unterstützen, indem sie sich filmen lassen, und Helen, die diesen Kreislauf der Bestrafungen auf radikale Weise unterbricht.

Denn Helen plädiert mit dem Projekt ihres Kinderbuchs über eine magische Kamera (für das Mark die Photographien machen soll) für einen anderen, nicht tötenden Blick. Die Kamera in ihrer Geschichte gehört einem kleinen Jungen und die Bilder, die sie macht, zeichnen die Spuren kindlicher Züge, die in den Gesichtern der Erwachsenen enthalten sind, auf: »It sees grown-ups as they were when they were childern.« Somit ist ihr Projekt dem von Mark diametral entgegengesetzt. Filmsprachlich inszeniert Michael Powell diesen Gegensatz dadurch, dass Mark und Helen gleichzeitig in zwei getrennten Räumen die Schreckbilder von Vivians Tod und die Pläne für das Kinderbuch mit Mark entwickeln. Die Analogie besteht ferner darin, dass auch Helen das Kindliche im Erwachsenen einzufangen sucht – allerdings nicht wie Mark das Trauma der Bestrafung durch den Vater, sondern als Spur eben jenes an den mütterlichen Blick gekoppelten primären Narzissmus: das Glück, das Staunen, das vom Prozess des Erwachsenwerdens zwar verdeckt, nie aber gänzlich getilgt wird. Das Zurückholen des kindlichen Zustandes bedeutet deshalb nicht wie für Mark ein Szenario, in dem das Kind als Objekt des väterlichen Blickes bestraft, sondern eher durch den Blick der anderen belohnt wird. Dieser auf unterstützende Intersubjektivität statt Entlebung des anderen gerichtete Blick zeigt sich auch darin, dass Helen von Powell auf fast überdeterminierte Weise als Muttersurrogat inszeniert wird. Sie wohnt im Zimmer der verstorbenen Mutter und wird wiederholt mit Milch assoziiert. Sie nimmt Mark vor dem gemeinsamen Abendessen die Kamera weg und sperrt diese Rivalin in ihr Schlafzimmer (den mütterlichen Raum) ein. Ohne seine Kamera kann Mark eine im Sinne Freuds normale Beziehung zu einem Liebesobjekt haben – er kann Helen küssen. Nachdem Mark selbst diese Rivalität benennt – »It will never see you ... whatever I photograph I always lose« –, überlebt Helen die Beichtszene eben gerade deshalb, weil sie weder in die Kamera noch in den Spiegel blickt. Somit steht sie für ein unvermitteltes, auf Anwesenheit basierendes Blicken als Unterbrechung der tödlichen Blickökonomie, die sich von der strafenden Autorität des Vaters ableitet.

Bezeichnend für das Argument des Films ist jedoch die Tatsache, dass sich beide Abbildungsprojekte als unmöglich erweisen: sowohl Marks Versuch, den Gesichtsausdruck der Todesangst aufzuzeigen, als auch Helens Versuch, im Gesicht der Erwachsenen Züge einzufangen, die sie wie Kinder aussehen lassen. Beide – das vollkommene Bild des Todes und das vollkommene Bild des Glücks – scheitern, weil die leere Stelle der Mutter weder mit einem normalen Surrogat (Helen als lebenserhaltende Alternative zu seiner Kamera) noch mit den pervertierten Wiederholungen (die schönen Frauen und ihre tödliche Beziehung zu seiner Kamera) gefüllt werden kann. Was hingegen nicht scheitert – so Michael Powells beunruhigende Botschaft –, ist die aus der väterlichen Strafe entstandene Bildproduktion. Weil Mark stets Objekt des Blickes seines Vaters war, konnte sich kein gesunder Narzissmus entwickeln. So dokumentiert AUGEN DER ANGST (PEEPING TOM) nicht nur das Leid desjenigen, der stets blicken muss. Hierfür bietet Powells Film das Gleichnis von Voyeuren und Mördern, indem er ein psychisches Szenario entwickelt, in dem die Kamera die Stelle der Geliebten einnimmt und wo der als »work« bezeichnete mörderische Umgang mit Film statt des ›normalen‹ Geschlechtsverkehrs stattfindet.

Fast noch eindringlicher wird das als Strafe empfundene Leid dokumentiert, stets gesehen zu werden und sich dessen auch stets bewusst zu sein. So sind vielleicht das Schrecklichere nicht die Morde, die Mark begeht, nimmt uns die Sympathielenkung der Erzählung doch unzweideutig für ihn ein. Viel beunruhigender ist der Umstand, dass Mark von seinem Vater stets beobachtet und in Filmbildern auf Tonband festgehalten wurde. Fatal an dem durch diese frühkindliche Bestrafung qua Reglementierung ausgelösten Wiederholungszwang ist auch die Tatsache, dass Mark andere Figuren in den Kreislauf der an ihm verübten Bestrafung einbeziehen muss, um ihn zu Ende zu führen;

dass er andere als Identifikationsfiguren wiederholt die Urszene seines Traumas durchspielen lässt und selber zum Strafenden wird, obgleich er sich dafür auch selber bestraft. Denn der Mehrwert, das »something else«, um den dieses perverse Szenarium sich dreht, ist die Tatsache, dass Marks Opfer sich beim Sterben zusehen müssen, dass sie ihren eigenen Blick treffen. Genau an diesem Punkt inszeniert Michael Powell also auch das von Freud angesprochene Kollabieren von Aktivem und Passivem in der Perversion. Sowohl der, der blickt, als auch der, der betrachtet, wird bestraft. Im gleichen Zuge, in dem Mark seinen männlichen Sadismus über die Opferung eines weiblich-masochistischen Körpers zu bestätigen sucht, kippt er unwillkürlich in diese passive Position um.

Inszeniert wird also das Scheitern der narzisstischen Einheit – eine Unfähigkeit, diese illusionäre Unversehrtheit in der eigenen Phantasiewelt aufzubauen, weil Mark den strafenden Blick des Vaters immer schon mitreflektieren musste. Somit tritt er verfrüht in die symbolische Ordnung ein – und zwar bevor er diese von der am mütterlichen Blick verhandelbaren imaginären Tätigkeit trennen konnte. Das Resultat ist seine perverse Überflutung des Symbolischen mit imaginärer Tätigkeit. Der Bruch in der an den Blick der Mutter gebundenen Spiegelphase des unversehrten Ich-Bildes[8] bzw. die Fragmentierung des Selbstbildes mittels der väterlichen Intervention wird dann in seiner Perversion derart wiederholt, dass Mark diese Fragmentierung des Selbstbildes nun seinen Opfern vorhält. So spiegelt er sich in ihnen, und so spiegeln sie ihm seine Verwundbarkeit wider. Der Kreislauf der Bestrafung kann endlos fortgeführt werden. Mark jedoch erkennt, dass er sein Projekt über den anderen Körper niemals vervollständigen kann, bzw. dass er seinen eigenen Körper als Objekt wählen muss; dass die Befreiung aus dem System nur der Kurzschluss sein kann, in dem er beide Positionen einnimmt – diejenigen des strafenden Vaters und des bestraften Sohnes.

## 6.4 Von der weiblichen Leiche zum Suizid des Voyeurs

Für Sigmund Freud ist der Schautrieb zu Anfang seiner Betätigung autoerotisch: »Er hat wohl ein Objekt, aber er findet es am eigenen Körper.«[9] Erst später wird er dazu geleitet (auf dem Wege des Vergleichens), dieses Objekt mit einem analogen fremden Körper zu vertauschen. Anders gesagt, ergeben sich aus der Selbstbeschauung (der autoerotischen Vorstufe) zwei Möglichkeiten: ein fremdes Objekt zu beschauen (männliche Schaulust) oder als eigenes Objekt von

8 | Lacan, Jacques: »Le Stade du miroir comme formateur de la fonction du Je«, in: Écrits, Paris: Seuil 1966.

9 | S. Freud: Triebe und Triebschicksale, S. 222.

einer fremden Person beschaut zu werden (weiblicher Exhibitionismus); das erstere ist die aktive, das letztere die passive Endgestaltung. An genau diesem Punkt verkehrt nun Michael Powell in seinem Film auf radikale Weise das Freud'sche Muster, das er als Intertext mit seinem Titel AUGEN DER ANGST (PEEPING TOM), mit dem Beruf des abwesenden Vaters und mit dem von der Polizei an den Mordschauplatz gerufenen Psychoanalytiker explizit anspricht. Gehört die Vorstufe des Schautriebes, während der die Schaulust den eigenen Körper zum Objekt macht, in den Bereich des Narzissmus, und ist der aktive Schautrieb ein Verlassen des Narzissmus, der passive Schautrieb ein Festhalten an der narzisstischen Bildung, bietet Marks Biographie den Narzissmus als leere Stelle. Anders gesagt: Powell übernimmt Freuds Einsicht, »dass die Triebschicksale der Wendung gegen das eigene Ich und der Verkehrung von Aktivität in Passivität von der narzisstischen Organisation des Ichs abhängig sind und den Stempel dieser Phase an sich tragen«,[10] doch er inszeniert deren postmoderne Dekonstruktion. Denn in seiner Darstellung ist dieser Ursprung leer. Vor jeder narzisstischen Bildung stehen die strafende Stimme und der autoritäre Blick des Vaters. Jede Autoerotik ist in diesem Fall immer schon durch die Mitreflexion des strafenden Blickes dieses anderen geprägt. Eine ebenso prägnante Verkehrung, die Powell dem herkömmlichen Freud'schen Muster entgegensetzt, besteht darin zu zeigen, dass sich die ursprüngliche Schaulust gerade als Kreuzung von Sexualität und Körperbedrohung bzw. als Reglementierung des Körpers darstellt. Bei seinem Versuch, eine lückenlose Dokumentation der Entwicklung eines Kindes zu erstellen, bevorzugt der Vater nicht kindliche Freude, Lust oder Glück, sondern die Reaktion des kindlichen Nervensystems auf Angst. Die zweite Schlüsselerklärung des Films, die nicht Marks pathologisches Verbrechen, sondern dasjenige seines Vaters betrifft, findet demzufolge statt, als Mark Helen den Film seiner Kindheit erklärt. Bezeichnenderweise schreit nämlich Helen gerade an der Stelle im Film auf, an der sie sieht, wie eine Eidechse auf das Bett des Jungen geworfen wird und in der Nähe seiner Genitalien unter der Decke abtaucht, worauf der kleine Mark angstergriffen aufwacht.

Wir haben also folgenden Kreislauf, der vom abwesenden, aber weiterhin mächtigen väterlichen Blick ausgeht: Mark empfindet seine Disziplinierung durch den Vater als Strafe. Statt einen ihn bestätigenden mütterlichen Blick erhält er eine Kamera – er soll seine Identität also als Blickender konstituieren. Dieser Kreislauf spielt sich dann in seinem Erwachsenendasein folgendermaßen ab: Der Drang, Todesfurcht im Filmbild einzufangen, ist eine verschobene Veräußerung seiner eigenen Angst. Um diesen fatalen Zirkel aufzuhalten, kehrt er zuletzt zu seinem eigenen Leib als Objekt seines Dokumentationsprojektes zurück. Während seine Opfer das Gesicht des Todes im Spiegel sahen,

**10** | S. Freud: Triebe und Triebschicksale, S. 224.

konnte seine Kamera diesen Ausdruck nicht einfangen. Erst indem Mark sowohl betrachtendes Subjekt als auch betrachtetes Objekt dieses strafenden Blickes wird – und damit sowohl die Position des Kindes als auch die des Vaters in den Szenen seines frühkindlichen Traumas einnimmt, um sie ein letztes Mal zu wiederholen – kann er das väterliche Projekt vervollständigen: Er bestraft sich selber mit dem Tod, ist sein eigener Richter und sein eigener Henker. Diesen Selbstmord hat er immer miteinkalkuliert, denn er erklärt Helen: »I've been ready for this for such a long time.« Im Augenblick des Kurzschlusses laufen alle Tonbandstimmen gleichzeitig, die Blitzlichter und Auslöser sämtlicher Kameras gehen eine nach der anderen los. In dem Moment, da er sich selber an seinem Messerstativ ersticht, empfindet Mark zum ersten Mal das befreiende Gefühl unmittelbarer Angst. Für die Überlebenden bleibt dieser Ausdruck des Todes jedoch weiterhin unzugänglich – wieder eine Allegorie, in diesem Fall einer anderen Bestrafung von Sünde, nämlich derjenigen des voyeuristischen Mordens. Am Ende des Films ersetzen Tonbandstimmen zudem den von Marks Suizid zum Abschluss gebrachten Kreislauf der tötenden Bilder. Auf das väterliche Verbot – »Don't be a silly boy, there's nothing to be afraid of« –, nachdem die Filmspule in Marks Projektor durchgelaufen ist, nachdem auch Powells Leinwand dunkel geworden ist, kommt aus dem Off – als sei es die Halluzination des Films Augen der Angst (Peeping Tom) selber – die Kinderstimme Marks: »Good night, Daddy. Hold my hand.« Der Kreislauf schließt sich also, indem die Ökonomie des strafenden väterlichen Blickes bestätigt wird, das Reale des Todes hingegen sich weiterhin dem Filmbild entzieht.

Als bewusste Kritik an dem vom Kino implizierten Voyeurismus stellt der Film demzufolge die Frage: Wer darf ungestraft blicken? Die Antwort lautet, der Vater und der Wissenschaftler, der Regisseur und der Produzent, die Polizei und die Kunden der pornographischen »views«. Bestraft hingegen wird der selbstgenügsame Blick eitler Frauen, der neugierige Blick Helens und der perverse Blick des Voyeurs Mark. Aufgrund welcher Instanz jedoch wird diese Grenzziehung unternommen, und wessen Gesetz wird damit stabilisiert? Wiederholt zeigt sich, dass die Vernetzung von Töten und Bildproduktion von der Position des Vaters abhängt. Dabei erscheint die Verhandlung um die paternale Metapher als konsistenzstiftende Instanz ausschlaggebend. Zum einen unterminiert diese strafende Instanz vorzeitig die Mutter-Kind-Dyade, sodass Mark von Anfang an statt des bestätigenden mütterlichen Blickes den traumatisierenden Blick des Vaters erhält. Zum zweiten ist dieser väterliche Blick ein verselbständigter. Mark weiß nicht nur, dass er ständig vom Blick des Vaters getroffen ist. Diese väterliche Autorität funktioniert zudem gerade aufgrund der leiblichen Abwesenheit des Vaters. Die abweichende Verkehrung, die somit einsetzt, hängt nun davon ab, wie mit diesem konsistenzsichernden und zugleich strafenden Blick umgegangen wird bzw. was passiert, wenn das strafende Gesetz, das dieser Blick vertritt, schief geht. Erweist sich nämlich die paternale Metapher als inadäquat, hat dies eine Verwerfung des Gesetzes zur Folge. Die Stelle des gesetzstiftenden Anderen wird sodann als ein Loch wahrgenommen und durch Halluzinationen im Realen ersetzt. Für AUGEN DER ANGST (PEEPING TOM) könnte man nun sagen, dass das wissenschaftliche Projekt des Vaters zum halluzinatorischen Projekt Marks wird, genauer zu einem delirierenden Dokumentationsfilm, in dem Körper und Bild nicht mehr getrennt werden und die figurale Tötung des Filmens real wird. Für diese Halluzinationen im Realen ist das anschaulichste Beispiel die Auflösungsszene, in der Helen nicht in den Spiegel sieht, die Filmzuschauer aber weibliche Schreie hören. Aporetisch bleibt die Tatsache, dass Marks Dokumentationsarbeit sowohl die höchste Huldigung an die paternale Metapher als auch deren psychotische Verkehrung darstellt. Auf genau diametral entgegengesetzte Weise versucht auch die neugierige Helen, der paternalen Autorität ihre Version der delirierenden Metapher entgegenzusetzen. Mit ihren Zaubergesichtern, in denen die Grenze zwischen kindlichem und erwachsenem Ausdruck verschwimmt, bietet sie sich als Alternative zur konsistenzstiftenden, strafenden väterlichen Autorität an.

Doch nicht Helens, sondern Marks Halluzination siegt. Nach seinem letzten Satz – »I'm sorry I couldn't find those faces for you« – und nachdem er Helen zu Boden geworfen hat, verkehrt er ein letztes Mal das symbolische Mandat, das er von seinem Vater übernommen hat, und vollzieht im Suizid den einzig ihm offenstehenden ethischen Akt. Im Akt des Suizids in AUGEN DER ANGST (PEEPING TOM) – und damit ist nicht nur der Selbstmord, sondern die lang vorher geplante Inszenierung des letzten, endgültigen Todesbildes gemeint – kollabieren die seine mörderische Ökonomie des Blickens strukturierenden Positionen: der Betrachtete (Mark als Kind), der Betrachter (der Vater sowie dessen internalisierter strafender Blick) und der Stellvertreter des Betrachters, der das Mandat des Strafens übernommen hat (Mark als mordender Filmemacher). Slavoj Žižek beschreibt diese Art symbolischen Suizids folgendermaßen: »Der Akt als Real, als Überschreitung einer symbolischen Grenze [...] wirft uns zurück in den Abgrund des Realen, aus dem heraus unsere symbolische Wirklichkeit hervorgeht.«[11] Dieser Akt, in dem eine Bewegung von der Wirklichkeit hin zum Realen vollzogen wird, inszeniert einen Kurzschluss des symbolischen Kreislaufs, dessen traumatischer Kern die väterliche Bestrafung ausmacht. Die Freiheit, die Mark im Augenblick seines Sterbens empfindet, erklärt sich also daraus, dass er in diesem Augenblick zum ersten Mal auf die Unterstützung beim väterlichen Anderen verzichtet, seine Aussage nicht an ihn richtet, sondern die Last seiner Existenz ganz auf sich nimmt, sich – indem er sich selbst bestraft – auch jenseits des Gesetzes des väterlichen Bestrafens

**11** | Žižek, Slavoj: »Roberto Rossellini. Die Frau als Symptom«, in: Lettre International von Frühjahr 1991, S. 87.

begibt, dabei aber eigentlich auch das ihn quälende väterliche Mandat ein letztes Mal gänzlich unterstützt. Aus dem Kreislauf der vom Vater ausgehenden Strafe und der tödlichen Bildproduktion ist kein Entkommen möglich.

Am Schluss – und das macht vielleicht das Beklemmende dieses Films aus – wird augenscheinlich die Implikation Marks mit dem verinnerlichten strafenden Blick des Vaters durchaus wieder installiert. Gegen Marks und gegen Helens delirierende Metapher gerichtet und nachdem alle Filmbilder endgültig erloschen sind, spricht die Tonbandstimme des Vaters seine Verbote. Diejenigen, die im Sinne dieser Autorität blicken, bleiben unversehrt, während diejenigen, die sich dagegen wehren (Helen) oder sich verkehren (Mark), bestraft werden. Sie erhalten entweder das erhoffte Glück nicht oder müssen sich im Zuge ihrer devianten Reaktion zerstören. Aber so sehr diese paternale Instanz die perverse Verkehrung des Symbolischen durch den Sohn wie auch dessen Akt als kurze Suspendierung der symbolischen Ordnung überlebt, so sehr ist sie doch auch in ihrem tödlichen Aspekt – oder dem, was Walter Benjamin das Morsche im Gesetz nennt – dekonstruiert worden: durch Marks zerstörerische Umkehrung des väterlichen Erbes einerseits und Helens kritischen Gegenentwurf andererseits. Zudem bleibt unentscheidbar, ob diese Stimmen aus dem Off für die Zuschauer nicht eine weitere Halluzination darstellen, sodass auf der extradiegetischen Sinnebene des Films die delirierende Metapher der Kinder durchaus nicht angehalten wird. Demontiert wurden die sanktionierten Verwalter des Voyeurismus, d.h. die Werkstätte des kommerziellen Kinos und der Pornographie. Mitten im Film- und Photostudio liegen – als Zeichen ihres morschen Kerns – die Leichen von Vivian und Milly. Entlarvt erscheinen schließlich auch die Stellvertreter des Gesetzes par excellence, die Polizei. Denn sie kommen mit ihrer Bemächtigung zur Bestrafung immer zu spät.

# 7. Femme fatale

## *Genre Memory* einer Denkfigur

### 7.1 Tragischer Wiederholungstrieb

Eines der ältesten Themen der Tragödie, erklärt Stanley Cavell in seiner Lektüre von William Shakespeares *King Lear*, besteht darin: »that our actions have consequences which outrun our best, and worst, intentions [...] the reason consequences furiously hunt us down is not merely that we are half-blind, and unfortunate, but that we go on doing the thing which produced these consequences in the first place.« Cavell setzt somit einen Wiederholungstrieb ins Zentrum seiner Tragödientheorie – allerdings nicht nur, um die ethische Botschaft in den Vordergrund zu rücken, die wir der Tragödie entnehmen sollen. Ebenso sehr interessiert ihn die Frage, wie man den Schauplatz einer Tragödie verlassen könnte. Aus diesem Grund fährt er mit folgender Behauptung fort: »What we need is not rebirth, or salvation, but the courage, or plain prudence, to see and to stop. To abdicate. But what do we need in order to do that? It would be salvation.«[1] Indem er zwischen einer Erlösung (»salvation«) unterscheidet, die einem Hinsehen und Innehalten entspringen würde, und einer, die einer Wiedergeburt gleichkäme, wirft Cavell zwei verschränkte Fragen auf: Was genau tun wir, damit eine Tragödie aufrechterhalten werden kann? Und was würde es bedeuten, dem Wiederholungstrieb, der dieses tragische Begehren aufrechterhält, ein Ende zu setzen? Für Cavell kreisen beide Fragen um unseren allzu menschlichen Hang, auf die Besonderheit der uns gegenüberstehenden Menschen nicht zu achten. In seinen Ausführungen hängt die Anerkennung einer anderen Person zudem davon ab, sich von dieser selber anerkennen zu lassen – dies infolge einer dialogischen Geste, in der die Selbstpreisgabe eine Selbsterkenntnis miteinschließt. Wenn für Stanley Cavell die klassische tragische Handlung dazu dient, den einen davon abzuhalten, den anderen (und implizit sich selbst) zu sehen, ist das somit abgewendete Wissen vor allem eines, das

---

**1** | Cavell, Stanley: »The Avoidance of Love: A Reading of *King Lear*«, in: Must We Mean What We Say? A Book of Essays, Cambridge: Cambridge University Press 1976, S. 310.

sich auf die eigene Menschlichkeit – die eigene Fehlbarkeit und Verletzbarkeit – bezieht. Der einer tragischen Szene eingeschriebene Wiederholungstrieb erlaubt den Betroffenen, weder innezuhalten und die ihnen verfügbare Welt sehen noch die eigene Begrenztheit (»separateness«) anerkennen zu müssen.

Denn die Versehrtheit, von der die Tragödie erzählt, bezieht sich oft darauf, dass man die anderen nie kennen, sondern sie nur als die Grenze des eigenen Wissens anerkennen kann. Gleichzeitig bringt die Zurückweisung einer Anerkennung der anderen einen weiteren Aspekt der Sterblichkeit ins Spiel. Die Leichen, deren Produktion die unausweichliche Konsequenz für die Verweigerung darstellen, einer Geschichte der Vermeidung ein Ende zu setzen, verkörpern den Umstand, dass das Nicht-Hinsehen einer Verneinung der Menschlichkeit der anderen gleichkommt. Diese Logik der Verneinung kann folgendermaßen formuliert werden: Die Anerkennung der eigenen Versehrtheit wird erfolgreich abgewendet, indem man die anderen in Figuren transformiert, deren Funktion darin besteht, eine Illusion der Selbstbemächtigung aufrechtzuerhalten. Doch wie Stanley Cavell feststellt, läuft die Tragödie schlussendlich auf den Punkt hinaus, an dem weder ihre Heldinnen und Helden noch wir als Zuschauende den Konsequenzen dieser Vermeidungsstrategie entkommen können. Stellen die Leichen am Ende einer tragischen Handlungsabfolge den Beweis für eine Verneinung der Menschlichkeit der anderen dar, so bedeuten sie immer auch, dass unsere Fähigkeit zur Anerkennung abgestorben ist. Im Folgenden möchte ich dieses tradierte Thema einer tragischen Vermeidung der Eigenständigkeit der anderen anhand einer Gattung erörtern, die normalerweise nicht in den Kanon der Tragödie gehört: dem Film noir. Dabei interessieren mich sowohl die Konsequenzen der tragischen Blindheit des Noir-Liebespaares als auch die Möglichkeit, einer Heimsuchung durch diese Konsequenzen ein Ende zu setzen. Arbeiten die einzelnen Geschichten des Film noir oft mit der schicksalhaften Verwandlung der weiblichen Protagonistin in eine Projektionsfläche für die verblendeten Obsessionen ihres Liebhabers, geht es mir um die Umschrift des tragischen Ausgangs in jene von Stanley Cavell angedeutete Erlösung, die mit einem Innehalten und Hinsehen erreicht werden kann.

Der Film noir, so meine These, verarbeitet im Sinne dessen, was Michael Bachtin »genre memory« nennt, die Frage tragischer Verblendungen mit Vorliebe an der Gestalt der Femme fatale. Nicht ihre Funktion als Symptom für den Noir-Helden steht deshalb für meine Diskussion im Vordergrund, sondern die Art, wie sie im Verlauf der Geschichte dazu kommt, die Verantwortung für ihr eigenes Handeln und die Konsequenzen anzunehmen, die dieses mit sich bringt. Zugleich geht es bei der Frage eines »genre memory« des Tragischen, die sich am Film noir ablesen lässt, um die Veränderung unseres Blickes auf die Femme fatale. Denn Billy Wilders Klassiker FRAU OHNE GEWISSEN (DOUBLE INDEMNITY; 1944) macht uns durchaus das Angebot, davon abzukommen, seine Femme fatale – analog zum Noir-Helden – als Fantasiegeschöpf einer männlich kodierten psychischen Realität zu begreifen. Stattdessen können wir jene Szenen oder Einstellungen dieses Films hervorheben, in denen die Femme fatale als Subjekt ihres eigenen Fantasieszenarios hervortritt – und zwar, weil sie sich an etwas erinnert, das sie die Ausweglosigkeit tragischer Heimsuchung begreifen lässt. Schließlich bezieht sich »genre memory« aber auch auf die Art, wie im Neo-Noir der klassische Film noir eine Umschrift erfährt – und zwar derart, dass die Femme fatale nicht nur überlebt und als eigenständiges, von der Fantasiearbeit des Noir-Helden abgekoppeltes Subjekt auftritt, sondern auch eine Anerkennung jener anderen, die in ihr Schicksal mit einbegriffen sind, übernimmt. Somit nimmt sie – und darin besteht die Brisanz von Brian de Palmas FEMME FATALE (2002), der intertextuell explizit an FRAU OHNE GEWISSEN (DOUBLE INDEMNITY) erinnert – nicht die Verantwortung für den eigenen Tod auf sich, sondern die Verantwortung für das eigene Überleben wie auch dasjenige anderer – was auch bedeutet, für das Weiterleben dieser Denkfigur im kulturellen Gedächtnis verantwortlich zu sein. Dabei geht es nicht nur um eine Umkodierung des Genres, sondern darum, dass Brian de Palma auch unsere kulturelle Erinnerung an das tragische Schicksal der klassischen Femme fatale als postmodernes Spiel mit Versatzstücken bis zur logischen Konsequenz durchspielt, um es daraufhin umzuwandeln – oder besser gesagt aufzulösen.

Wie Vivian Sobchack feststellt, ist es zu einem Gemeinplatz geworden, den Film noir in seiner Blütezeit als pessimistische kinematische Antwort auf die unbeständigen gesellschaftlichen und ökonomischen Bedingungen des Jahrzehnts nach dem Zweiten Weltkrieg zu verstehen.[2] Tatsächlich dringen die Heldinnen und Helden des Film noir immer in eine dunkle Gegenwelt der Intrige, der Korruption, des Verrats und der Dekadenz ein, die eine faszinierende und gleichzeitig gefährliche Alternative zur Alltagswelt darstellt, weil man aus ihr meist nur mit dem Tod entkommen kann. Doch das Gefühl von Paranoia, das der Film noir zelebriert, muss nicht nur als filmische Refiguration der politischen Instabilität der Nachkriegszeit gelesen werden – vor allem, wenn wir die Umschriften dieses Filmgenres mit in Betracht ziehen: die seit den 80er Jahren erfolgreichen Neo-Noirs. Die Fantasieszenarien des Film noir können nämlich ebenso sinnvoll als Beispiel dafür gesehen werden, wie eine tragische Sensibilität sich aus dem klassischen Drama gelöst und in einem neuen Feld – dem des populären Hollywood-Kinos – im Sinne eines kulturellen Fundus erinnert wird. Dabei entpuppt sich die Femme fatale als besonders hartnäckiges zeitgenössisches Beispiel für eine Haltung, welche die Grenzen

**2** | Sobchack, Vivian: »Lounge Time: Postwar Crises and the Chronotope of Film Noir«, in: Nick Browne (Hg.), Refiguring American Film Genres. Theory and History, Berkeley: University of California Press 1998, S. 130.

unseres modernen Traumes der Vollkommenheit verkörpert. Denn in der Welt eines Film noir wie FRAU OHNE GEWISSEN (DOUBLE INDEMNITY), in dem Handlungen »accidentally on purpose« stattfinden, fungiert die Femme fatale zwar einerseits als Projektionsfläche für Allmachtsfantasien. Andererseits erweist sie sich auch als das Subjekt einer ethischen Entscheidung: als diejenige, die – weil sie bereit ist, die Konsequenzen ihrer Noir-Handlungen anzuerkennen – die Fragilität jenes Glücksgefühls entlarvt, das die Transgression des Gesetzes verspricht.

Im Folgenden möchte ich ein Crossmapping von Brian de Palmas Neo-Noir FEMME FATALE mit dem Prototyp des klassischen Film noir – nämlich Billy Wilders FRAU OHNE GEWISSEN (DOUBLE INDEMNITY) – vorstellen. Dabei geht es mir darum, wie die Femme fatale sich als jene Figur entpuppt, die im Sinne Stanley Cavells eine tragische Anerkennung vorführt – und zwar als »an enactment not of fate but of responsibility, including the responsibility for fate.«[3] Für die Heldin bedeutet dies, darauf zu bestehen, dass sie und ihr Liebhaber sich nur in eine Richtung bewegen können, nachdem sie sich auf einen Gesetzesbruch eingelassen haben. Es mag zwar Schicksal gewesen sein, dass sie sich zufällig getroffen haben. Das verbrecherische Spiel, das sie in Wilders Film daraufhin eingehen – Mr. Dietrichson (Tom Powers) zu töten und die Versicherungsgesellschaft, für die Walter Neff (Fred MacMurray) arbeitet, zu betrügen – läuft aber unumgänglich darauf hinaus, dass jeder der beiden die eigene Verantwortung für die tragischen Konsequenzen dieser Transgression annehmen muss. Bezeichnend an Billy Wilders Femme fatale ist jedoch, dass sie im Gegensatz zu dem Liebhaber, den sie in ihre Intrige verwickelt, die Zerstörung bewusst sucht und somit unsere Aufmerksamkeit auf die Frage der Unvermeidbarkeit innerhalb einer tragischen Handlungsabfolge richtet. In Anbetracht der Tatsache, dass es ihr freisteht, sich gegen die Opferung ihrer Mitmenschen und schlussendlich auch ihrer selbst zu entscheiden, ruft ihre konsequente Annahme des Todes uns zur Frage auf, warum man den Tod wählt, wenn man ihn hätte vermeiden können. Oder wie Brian de Palma vorschlägt, indem er mit seinem Film an den tragischen Ausgang von FRAU OHNE GEWISSEN (DOUBLE INDEMNITY) erinnert: Was wäre, wenn man nicht die Notwendigkeit einer schicksalhaften Fatalität für eine tragische Sequenz annimmt und sich stattdessen – wie seine Femme fatale Laura Ash (Rebecca Romijn-Stamos) – dafür entscheidet, die Genreregeln des Szenarios zu verändern – und zwar derart, dass der Tod vermieden werden kann? Was wäre, wenn man Schicksal – weil man sich daran erinnert, dass alles schrecklich ausgehen wird – in eine vom Zufall gebotene Gelegenheit verwandeln könnte? Mein Crossmapping folgt einem Vorschlag Stanley Cavells: »tragedy grows from the fortunes we choose

**3** | S. Cavell: Avoidance of Love, S. 310.

to interpret, to accept, as inevitable.«[4] Mein eigenes Interesse sowohl an der klassischen Femme fatale wie auch an ihrer Neo-Noir-Umschrift geht somit von einem doppelten Engagement mit der unsauberen Schnittfläche zwischen Handlungsbefähigung und Schicksal aus. Selbst wenn sich Phyllis Dietrichson (Barbara Stanwyck) in Wilders klassischem Film noir dafür entscheidet, ihr Sterben als unausweichlich zu interpretieren, entdeckt sie doch ihre Freiheit gerade darin, dass sie die Unvermeidbarkeit des Kausalprinzips für sich bewusst anerkennt. Im Falle von Brian de Palmas Laura Ash hingegen entpuppt sich die Geste einer Annahme des Tragischen als Verwandlung dieses Kausalprinzips. Auch sie lernt die Konsequenzen ihrer Gesetzesübertretung anzuerkennen, doch indem sie darauf beharrt, dass es uns freistünde, wenn wir im Voraus den Ausgang einer tragischen Handlungssequenz wüssten, unser Schicksal nicht als unvermeidbar zu interpretieren. Wir könnten diese Verwandlung der Genreregel auch als Annahme von Kontingenz deuten. Mit Stanley Cavell gesprochen würde das bedeuten, von der Einsicht, die eine tragische Sensibilität uns anbietet, zu profitieren und gleichzeitig innezuhalten, um zu erkennen, dass die Erlösung, die gebraucht wird, nicht in den Sternen liegt, sondern in der uns zugänglichen Welt.

Mich vornehmlich auf die Femme fatale im Noir und Neo-Noir zu konzentrieren, bedeutet natürlich auch, die Frage der Geschlechterdifferenz in meine Diskussion einer »genre memory« tragischer Sensibilität im Hollywood-Kino einzufügen. Während die Femme fatale sich entscheidet, ihre Verantwortung für ihr Schicksal anzuerkennen, zeichnet den Helden, den sie in ihre Intrige involviert, gerade eine entgegengesetzte Haltung aus; nämlich das Begehren, ein Wissen über seine eigene Versehrtheit abzuwenden, koste es, was es wolle. Der Noir-Held trifft die ihn fesselnde Femme fatale meist zufällig: In FRAU OHNE GEWISSEN (DOUBLE INDEMNITY) betritt er eines Nachmittags ihr Haus, um ihren Gatten daran zu erinnern, seine Versicherungspolice zu erneuern; in FEMME FATALE erblickt und photographiert er sie zuerst vor einer Kirche und dann in einem Café. Doch das Treffen der beiden folgt der schicksalhaften Logik einer Liebe auf den ersten Blick. Wie Mladen Dolar festhält, wird ein scheinbar nicht intendiertes Ereignis nachträglich als Erfüllung eines tiefen inneren Wunsches umkodiert: »the pure chance was actually no chance at all: the intrusion of the unforeseen turned into necessity.«[5] Von dem Augenblick, in dem der Noir-Held die Femme fatale erblickt, sind beide in einer Ereignisabfolge eingefangen, die nur in eine Richtung gehen kann. Beide sind nun tragisch einem Narrativ des Schicksals verfallen, in dem sie nur das Gesetz der Kausalität annehmen können. Doch auch wenn wir die kontingente Verwand-

**4** | Ebd., S. 318.

**5** | Dolar, Mladen: »The Object Voice«, in: Sic 1. Gaze and Voice as Love Objects, Durham: Duke University Press 1996, S. 131.

lung einer freien Wahl in Unvermeidbarkeit mit dem männlichen Blick gleichsetzen, der sich den verführerischen weiblichen Körper aneignet, dürfen wir nicht übersehen, dass die Femme fatale den Ausgang dieses schicksalhaften Treffens mitmanipuliert. Es mag zwar ein Zufall sein, dass dieser bestimmte Mann sie mit seinem Blick einfängt, aber sie hat auf einen wie ihn gewartet. Sie weiß von Anfang an, dass sie vom Schicksal gezeichnet ist, und kann deshalb den unvermeidlichen schicksalhaften Ausgang in eine Quelle ihrer Macht umwandeln. Die Femme fatale nimmt nicht zuletzt deshalb eine so vitale Stelle im kulturellen Gedächtnis ein, weil sie sowohl sexuell freizügig ist als auch rücksichtslos eigenständig und opportunistisch agiert und ihre verführerischen Reize sowie ihre Intelligenz dafür einsetzt, sich entweder aus dem Gefängnis einer unbefriedigenden Ehe (DOUBLE INDEMNITY) oder aus einer Partnerschaft zu befreien, in der sie nicht ebenbürtig behandelt wird (FEMME FATALE). Zudem gewinnt sie zwar ihre Macht über den Noir-Helden, indem sie seine sexuellen Fantasien nährt, doch ihr eigenes Interesse ist nur oberflächlich ein erotisches. Stattdessen erfährt sie eine narzisstische Freude darin, die Männer, die ihr verfallen, zu täuschen, während sie sie schonungslos für ihre eigenen Interessen ausbeutet.

Wir können in Bezug auf die Femme fatale zum Teil von einer tragischen Sensibilität sprechen, weil sie schlussendlich erkennt, dass ihr radikales Beharren auf Eigenständigkeit eine Selbsttäuschung darstellt, die dazu dient, eine Anerkennung ihrer eigenen Fehlbarkeit abzuwenden. Tatsächlich wird sie im Augenblick der Anagnorisis gänzlich tragisch, weil sie nun erkennt, dass ihr Begehren nach Freiheit nur im Tod erfüllt werden kann. Gleichzeitig verkörpert sie aber auch für den anderen – den Noir-Helden – den Todestrieb, indem sie ihre Verführungskraft dazu benutzt, ihn in die Nachtwelt der Transgressionen, des Betrugs und schließlich des Ablebens zu lotsen. So fungiert die Femme fatale einerseits als Figur einer Männerfantasie – als Ausdruck sowohl einer Faszination für die sexuell aggressive Frau als auch einer Angst vor weiblicher Herrschaft. Andererseits ist die Femme fatale immer auch mehr als nur Symptom für die erotische Gefühlsambivalenz des Helden. Sie unterstützt zwar seine Selbsttäuschung, bringt aber auch ein weibliches Begehren zum Ausdruck, das seinen Fantasiebereich überschreitet. Indem sie darauf beharrt, »it's straight down the line for both of us,« zeichnet sich in ihrem Handeln ein ethischer Akt ab, dessen Ziel es ist, die Blindheit des Selbsterhaltungstriebes, die ihr Liebhaber an den Tag legt, radikal zu unterminieren. Ihre volle Annahme des Todestriebes bedeutet schlussendlich, aufzuzeigen, dass die Suche nach Macht und Geld notwendigerweise scheitern muss. Bei dem Crossmapping von FRAU OHNE GEWISSEN (DOUBLE INDEMNITY) und FEMME FATALE möchte ich deshalb vornehmlich hervorheben, dass die Femme fatale sowohl in ihrer Funktion als Symptom wie auch in ihrer Funktion als Subjekt eine tragische Sensibilität verkörpert. Sie dekonstruiert jenen Aspekt des American Dream, der besagt, man hätte das Recht auf Glück und eigenständige Selbstentfaltung, koste es, was es wolle.

## 7.2 Die tragische Femme fatale

Frau ohne Gewissen (Double Indemnity) ist von der Kritik nicht zuletzt deshalb zum brillanten Prototyp des Film noir geadelt worden, weil er diese rhetorische Duplizität der Femme fatale als Motor der tragischen Handlung explizit inszeniert. Phyllis Dietrichson wird von Billy Wilder sowohl als Symptom von Walter Neff als auch als weibliches Subjekt inszeniert, das in seinem Begehren nicht nachgeben will und welches das Narrativ ihres Liebhabers überschreitet. Wir hören nur die Beichte, die Walter als Rückblende in der Rahmenerzählung an seinen Vorgesetzten Barton Keyes (Edward G. Robinson) richtet, nachdem er seine Geliebte erschossen hat. Diese Entlastungsgeschichte, mit der er sich zu rechtfertigen und die Schuld von sich abzuwenden sucht, beginnt mit einer Erinnerung: »I killed Dietrichson. I killed him for money and for a woman. I didn't get the money and I didn't get the woman. Pity, isn't it?« Zwar wird Walter Neffs »voice-over« im Verlauf des Films noch mehrmals eingespielt, doch in mehreren Schlüsselmomenten bietet Billy Wilder uns auch Nahaufnahmen von Phyllis' Gesicht an, die visuell eine andere Perspektive zum Ausdruck bringen als die ihres Noir-Geliebten. In diesem Wettstreit zwischen erinnernder Erzählung und vergegenwärtigender Visualisierung liegt die brisante Duplizität der Femme fatale. Indem sie Walters Narzissmus stützt, um diesen ihrem eigenen Interesse nutzbar zu machen, und deshalb willentlich als das Fetischobjekt seines Begehrens fungiert, ist Phyllis durchaus Komplizin seiner Verweigerung, ihre Eigenständigkeit anzuerkennen. In der ursprünglichen Verführungsszene hebt Billy Wilder den Umstand hervor, dass sowohl Phyllis als auch Walter nicht in der Gegenwart des anderen sind, weil die beiden von ihnen gehegten Fantasieszenarien sich nicht überlappen. Nachdem Walter durch die Eingangstüre der Dietrichson-Villa getreten ist, erscheint Phyllis über ihm am Treppengeländer des ersten Stockes, ihr Körper knapp mit einem Handtuch bedeckt. Das erotische Wortspiel, das daraufhin folgt, zeigt uns nicht nur, dass er ihr nachzustellen gedenkt, sondern dass sie das auch weiß – und dass sie dieses Wissen zudem einsetzen wird, um seiner romantischen Fantasie ihre Todesfantasie hinzuzufügen. Nachdem sie wenige Minuten später begonnen hat, die Treppe zu ihm herunterzusteigen, fährt Wilders Kamera zuerst auf ihre Füße, um das Goldband, das sie am Knöchel trägt, ins Bild zu rücken, bevor wir ihren ganzen Körper sehen, den sie nun mit einem hochgeknöpften hellen Kleid bedeckt hat. Sie treffen sich auf einer Bühne, auf der jeder den anderen zu betrügen versuchen wird, weil ihr Begehren über Kreuz verläuft. Wie Walter Neff sie während ihres letzten fatalen Treffens erinnert:

»We were talking about automobile insurance, only you were thinking about murder, and I was thinking about that anklet.«

Indem die Kamera mit der visuellen Hervorhebung von Phyllis' Knöchel den Kode des Fetischismus aufruft und das Bild eines Körperteils als Bindeglied anbietet zwischen Walters Blick auf Phyllis' fast entblößten Oberkörper und der gänzlich bekleideten Frau, die er nun uneingeschränkt visuell genießen darf, wird auch seine willentliche Blindheit angedeutet. Wie Laura Mulvey festhält: »Fetishism is born out of a refusal to see, a refusal to accept the difference the female body represents for the male. These complex series of turnings away, of covering over, not of the eyes but of understanding, of fixating on a substitute object to hold the gaze, leave the female body as an enigma and threat.«[6] Die Gefühlsambivalenz, die Billy Wilder mit dieser ursprünglichen Verführungsszene etabliert, besteht darin, dass sein Noir-Held den Genuss der Transgression sucht, während er sich gleichzeitig weigert, die Frau, die dieses Begehren in ihm wachruft, als ein von ihm abgegrenztes Subjekt anzuerkennen. Stattdessen überträgt er die reale Frau in eine rätselhafte Erscheinung, die ihn betrügen und sich ihm entziehen wird. »How could I have known that murder can sometimes smell like honey-suckle«, erinnert er sich aus dem Off, während wir ihn in seinem Auto wegfahren sehen. »I didn't. I felt like a million.« Die Selbsttäuschung, auf die er anspielt, darf jedoch nicht nur als Zeichen einer nachträglichen Entlastung gelesen werden. Der Umstand, dass Walter sich von der Femme fatale willentlich verführen lässt, macht sichtbar, dass er getäuscht werden will. Sein Begehren läuft darauf hinaus – koste es was es wolle –, Phyllis nicht wirklich zu sehen, sondern seinen Blick auf einen Körperteil (den Knöchel) und dann eine »idée fixe« (den Ehebruch, den Mord) zu richten, um nicht in ihre Gegenwart treten zu müssen. Es heißt aber auch, das Vergangene falsch zu erinnern.

Als Walter mehrere Tage später Phyllis' Angebot annimmt, tut er dies, um seine Eitelkeit zu stützen. Wieder hebt Billy Wilders Mise en Scène hervor, dass dieses Noir-Paar keinen Fantasieraum miteinander teilt. Phyllis ist eines Abends in Walters Wohnung gekommen und setzt ihre Verführungskraft ein, um ihn von ihrem Mordplan zu überzeugen. Nach ihrem ersten Kuss löst Walter sich aus ihren Armen und setzt statt weiteren Liebkosungen eine Kette an Erzählungen in Gang. Er erinnert sie daran, dass, wenn jemand plötzlich stirbt, der bei seiner Firma eine Unfallversicherung hat, sein Vorgesetzter Keyes bislang immer alles getan hat, um die überlebende Ehefrau zu Fall zu bringen. Phyllis reagiert mit einer eigenen Fantasie davon, wie ihr Gatte, der sie schlecht behandelt, an einem tödlichen Unfall ums Leben kommen könnte. Walter nimmt sie daraufhin in seine Arme, lächelt plötzlich, während er ihr Gesicht auf seine Schulter drückt, und vermeidet somit, sie anzusehen. Um

**6** | Mulvey, Laura: Fetishism and Curiosity, London: British Film Institute 1996, S. 64.

nochmals hervorzuheben, dass diese beiden Liebenden nicht in der Gegenwart des anderen sind, fährt Billy Wilders Kamera zurück und schneidet zu der Rahmenerzählung, in der Walter sich an dieses Ereignis in seiner Beichte an Keyes erinnert. Dort erzählt er, dass er Phyllis' Angebot weder aus erotischem Begehren noch aus Mitleid angenommen hat, sondern aus professioneller Eitelkeit. Die ganzen Jahre hatte er sich gefragt, wie man die Versicherungsgesellschaft betrügen könnte, ohne dabei aufzufliegen. Phyllis' Eintreten in seine Wohnung an diesem Abend war einfach nur die Verkörperung jener von ihm lang ersehnten glücklichen Chance, diesen Betrug endlich durchzuführen.

Der Kuss, der den Pakt der beiden Noir-Liebenden beschließt, kann als leere Geste gelesen werden, die ihnen erlaubt, ihre Vermeidung des Anderen zu verdecken. Denn Billy Wilder hat uns in dieser Szene nicht nur vor Augen geführt, dass Walters Fetischismus zwar darin besteht, ein Verständnis für Phyllis' Situation zugunsten seiner Hybris auszublenden. Er hat uns auch gezeigt, dass das Verführungsspiel seiner Femme fatale sich darum dreht, etwas zu sehen, was Walter nicht sieht – oder nicht sehen will. Nach dem ersten Kuss des Noir-Paares, während Walter von der Frau erzählt, die für den Mord an ihrem Gatten im Gefängnis landete, fügt Billy Wilder eine kurze Nahaufnahme von Phyllis ein, während sie traurig antwortet: »Perhaps it was worth it to her.« Dies ist die erste in einer Sequenz an Nahaufnahmen, die uns erkennen lässt, dass Phyllis zwar auf Walters Fantasie eingeht, aber dennoch emotional abseits von ihm steht. Während Barbara Stanwycks geschickte Darbietung von Phyllis' geschmeidigen Verführungsgesten uns sichtbar machen soll, wie erbarmungslos sie ihren Geliebten manipuliert, rufen diese Nahaufnahmen unser Mitleid hervor. Sie übertragen eine tragische Sensibilität auf uns, indem sie nicht nur sichtbar machen, wie allein diese Femme fatale ist, sondern uns zugleich zwingen zu tun, was Walter im Umgang mit ihr – sowie in der Rahmenerzählung über sie – vermeidet. Wir müssen sie ansehen und – weil wir nie die Gegenstände ihrer Erinnerung vor Augen geführt bekommen – ihrem Blick in einen abstrakten Raum folgen. Dadurch bewegen wir uns weg davon, sie als Fetisch zu behandeln, und teilen stattdessen jenen geistigen Raum mit ihr, in dem die Unvermeidbarkeit ihres Schicksals vor ihrem inneren Auge abläuft. Walters fetischisierender Blick auf seine Geliebte erlaubt ihm, mit seinem Handeln weiterzumachen – den perfekten Mordplan auszuhecken und dann, nachdem das Gesetz ihn einzuholen droht, sich einen Mord auszudenken, damit die Schuld für dieses Verbrechen auf Phyllis allein fällt. Die Nahaufnahmen von Phyllis' Gesicht hingegen führen uns eine entgegengesetzte Haltung vor Augen. Wilder zeigt uns, dass Phyllis jeweils innehält und hinsieht – nicht jedoch auf ihren Noir-Geliebten, sondern auf die Konsequenzen, die ihr Handeln mit sich bringen wird.

*Abbildung 7: Die Femme fatale im Close-up I*

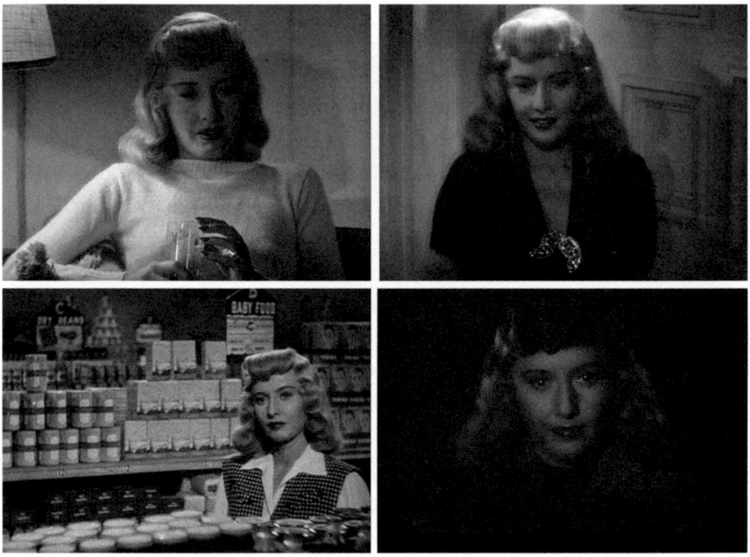

Billy Wilder: FRAU OHNE GEWISSEN (DOUBLE INDEMNITY; 1944)

Folgen wir der Fährte dieser Nahaufnahmen, um FRAU OHNE GEWISSEN (DOUBLE INDEMNITY) gegen den Strich von Walters Beichte und somit auch gegen seine Entlastungs- und Verleumdungsgeschichte zu lesen, erweist sich der Film als ein tragisches Szenario, in dem die Frage der freien Wahl – den Tod meines Gatten und sein Geld – in die Anerkennung verwandelt wird, dass jede Wahl eine erzwungene ist, wenn die Verantwortung für das eigene Schicksal auf dem Spiel steht. Nachdem sie zugesehen hat, wie ihr Gatte versehentlich eine Unfallpolice unterschrieben hat, obwohl er nur seine Autoversicherung erneuern wollte, bringt Phyllis Walter zur Türe und folgt ihm mit ihrem Blick. Für einen kurzen Augenblick zeigt Billy Wilder uns ihr Gesicht, das bei dem Gedanken zu strahlen begonnen hat, dass ein Zugunfall die doppelte Versicherungsprämie bedeuten würde. Im Supermarkt, in dem sie sich mit Walter trifft, um sich darüber zu beklagen, wie schwer das Warten für sie ist, und ihm erklärt, »it's so tough without you; it's like a wall between us,« kehrt er ihr einfach den Rücken zu, um ihrem Blick auszuweichen. Wieder sehen wir eine Nahaufnahme ihres Gesichts, wie sie ihm traurig nachblickt – sich bewusst, dass er ihre Gegenwart meidet. Der Mord an Mr. Dietrichson wird daraufhin nur zeichenhaft dargestellt, nämlich als Veränderung ihres Gesichtsausdruckes. Während Walter, der sich auf dem Rücksitz des Autos, mit dem Phyllis ihren Gatten zum Bahnhof fahren will, versteckt hat, ihn erdrosselt, zeigt uns Billy Wilder eine Nahaufnahme von Phyllis. Dort können wir die subtile Transformation ihrer Emotionen nachempfinden: wie die Entschlossenheit zum Mord sich zuerst in eine traurige Annahme des Todes verwandelt, den sie verursacht hat, und dann zu einer leisen Freude darüber, dass sie ihren Plan erfolgreich durchführen konnte. Am Abend schließlich, nachdem der Untersuchungsrichter bestätigt hat, Mr. Dietrich sei an einem Unfall ums Leben gekommen, besucht Phyllis Walter nochmals in seiner Wohnung. Noch rechtzeitig erkennt sie, dass Keyes bei ihm ist, und versteckt sich hinter der Türe, die Walter nach außen auf den Gang hin öffnet, um Keyes herauszulassen. Hatte sie in der Supermarktszene versucht, Walter auf die emotionale Wand hinzuweisen, die sie voneinander trennt, bestätigt die Türe, die nun konkret zwischen ihnen liegt, ihre Vermutung. Walter möchte ihr weiterhin den Rücken zuwenden, sie hinter sich lassen. Während sie Keyes' wütende Rede darüber mitanhört, dass er sie am liebsten der Polizei ausliefern möchte, sehen wir in der Nahaufnahme zum ersten Mal die Zeichen einer Erschütterung über die Risiken, die sie bereit war einzugehen. Als Sequenz gelesen, zeigen diese Nahaufnahmen das graduelle Entfalten von Phyllis' tragischer Kodierung der Kausalkette, die sie in Gang gesetzt hat, bis hin zur Anerkennung ihres unvermeidbar tragischen Ausgangs. Sie bieten aber zugleich die Verwandlung der Femme fatale vom Symptom männlicher Wünsche und Ängste in ein eigenständiges Subjekt.

Walter arrangiert ein zweites Treffen in Jerry's Market, um Phyllis davon zu überzeugen, ihre Forderung an die Versicherungsanstalt fallen zu lassen, weil Keyes ihre Intrige entdeckt hat. Nun schaut die Femme fatale mit einem nüchternen und fest entschlossenen Blick auf ihren Geliebten. Nochmals bietet uns Billy Wilder eine Nahaufnahme, während sie ihn entschieden daran erinnert: »We went into this together and we're coming out in the end together. It's straight down the line for both of us, remember!« Diesmal dreht sie ihm den Rücken zu. Hatte seine Wohnungstüre sie von ihm abgetrennt, zeigt sie ihm nun, dass ein gegenseitiges Abkehren unmöglich ist. Zudem entfernt sie in diesem Augenblick ihre Sonnenbrille, damit ihr Blick Walter ungeschützt trifft und uns gleichzeitig signalisiert, dass sie alle Selbsttäuschungen hinter sich gelassen hat. Sich voneinander zu trennen stellt keine Option dar, nur der gemeinsame Tod. Um sich auf ihr letztes Treffen mit Walter am folgenden Abend vorzubereiten, legt Phyllis einen Revolver unter das Kissen ihres Sofas, denn zu Recht geht sie davon aus, dass auch er bewaffnet zu ihr kommen wird. Tatsächlich wird er zuerst seinen Mordplan andeuten und dann zum Fenster gehen, um dieses zu schließen, damit die Nachbarn den Schuss nicht hören können. In diesem Augenblick feuert Phyllis ihren ersten Schuss. Hatte sie sich ursprünglich an Walter gewandt, weil sie sich für den Tod ihres Gatten und sein Geld entschließen wollte, trifft sie nun eine andere Wahl. Die Freiheit, der sie nacheiferte, erfährt eine bezeichnende Umwandlung und entpuppt sich als Annahme des Todestriebes in seiner reinsten Form, nachdem alle Vermeidungsversuche aufgegeben worden sind. Während der verwundete Walter auf sie zugeht, senkt sie ihre Waffe und umarmt ihn ein letztes Mal.

Sie entschließt sich, die zweite Kugel, die ihr Leben retten würde, nicht abzufeuern. Noch einmal sehen wir ihr Gesicht in einer Nahaufnahme, während sie ihm eingesteht: »No, I never loved you nor any body else. I'm rotten to the heart. I used you just as you said, until a minute ago, when I couldn't fire that second shot. I never thought that could happen to me.«

*Abbildung 8: Die Femme fatale im Close-up II*

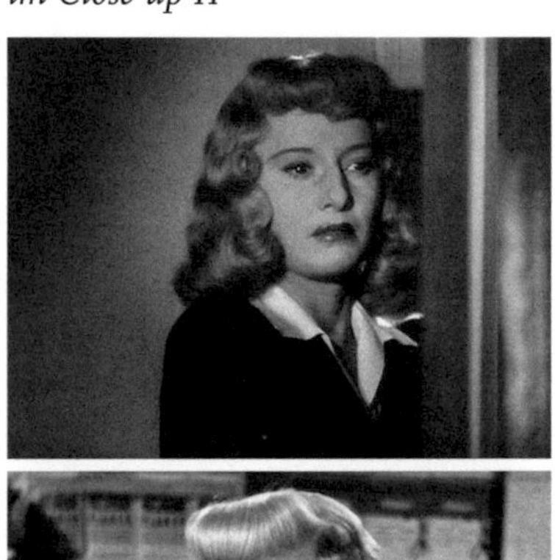

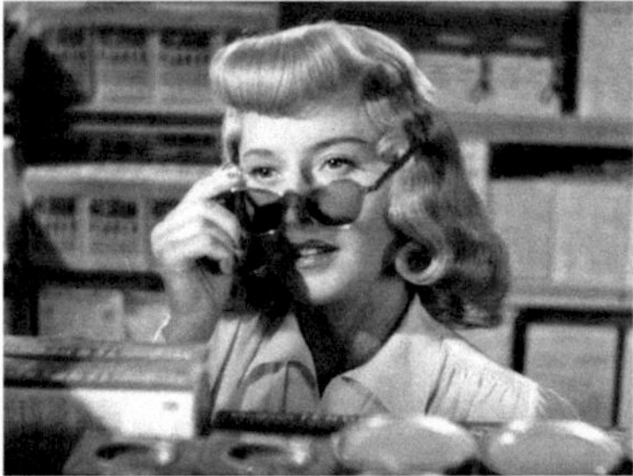

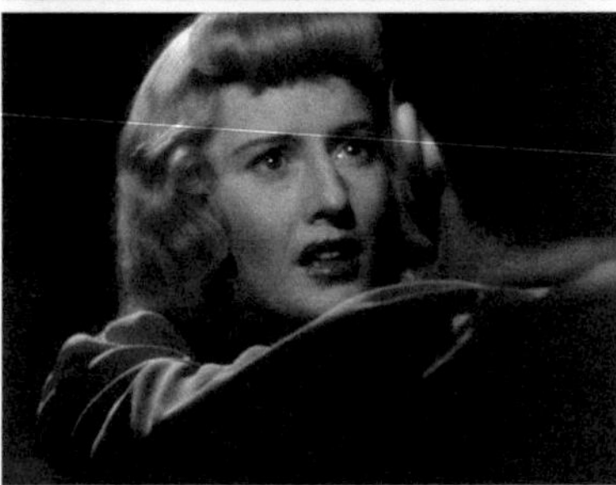

Billy Wilder: FRAU OHNE GEWISSEN (DOUBLE INDEMNITY; 1944)

Man könnte dieses Geständnis als eine Art Abdankung im Sinne Stanley Cavells verstehen. Denn in diesem Augenblick hört Phyllis tatsächlich mit ihrem Verführungsspiel auf, um sowohl ihren Liebhaber als auch sich selber jenseits aller falschen Erinnerungen und Selbsttäuschungen zu sehen. Sie anerkennt

Walter, indem sie explizit zugibt, ihn ausgenutzt zu haben, und bittet ihn gleichzeitig, sie als das, was sie ist, wahrzunehmen. Er hingegen antwortet lakonisch: »Sorry, I'm not buying.« Sie bietet ihm einen Austausch an, bei dem es sich nicht um einen ökonomischen Gewinn, sondern um gegenseitige Anerkennung handelt: »I'm not asking you to buy – just hold me close.« Er aber hält hartnäckig bis zum Schluss an seiner fetischistischen Vermeidung fest. Als Höhepunkt aller Nahaufnahmen von Phyllis Dietrichson sehen wir zuerst den Ausdruck des Erstaunens und dann des Schmerzes auf ihrem Gesicht aufflackern, während wir jene zwei Schüsse hören, die Walter direkt auf ihr Herz abgibt. Wie den Tod ihres Gatten sehen wir auch den ihrigen nur zeichenhaft – als Gefühlsspuren auf ihrem Gesicht. So entlässt Billy Wilder uns mit einer zweifachen tragischen Einstellung. Auf der einen Seite zementiert Phyllis' Leiche die Inkompatibilität der Fantasien der beiden Noir-Liebenden und somit Walters tragische Vermeidung einer Selbsterkenntnis. Auf der anderen Seite ruft gerade ihr Gesichtsausdruck im Augenblick ihres Todes unser Mitleid hervor, weil wir darin erkennen, dass sie ihr tragisches Schicksal anerkannt und angenommen hat. Dadurch erhält dieses letzte Bild der Femme fatale eine affektive Ausstrahlungskraft, die weit über das Ende des Films hinaus wirkt. Es ist dieses Bild, das sich im kulturellen Gedächtnis festschreibt und neue Identifikationen hervorruft.

## 7.3 Brian de Palmas Umschrift der tragischen Femme fatale

So ist es nur konsequent, dass Brian de Palmas kinematische Verwandlung von Frau ohne Gewissen (Double Indemnity), in der es auch auf der inhaltlichen Ebene um die aneignende Erinnerung und Verwandlung der Pathosformel der Femme fatale geht, mit genau diesem Bild einsetzt. Die Titelsequenz von Femme Fatale beginnt mit einer schwarzen Leinwand. Zuerst hören wir nur den letzten Dialog zwischen Walter und Phyllis. Dann sehen wir sowohl Fred MacMurray und Barbara Stanwyck als auch ein Frauengesicht, das sich auf ihren Körpern widerspiegelt: die Betrachterin der Szene. In dem Augenblick, in dem wir den Schuss aus Phyllis' Revolver hören, sehen wir den Titel des Films. Gleichzeitig fährt die Kamera zurück, um uns eine knapp bekleidete junge Frau (Rebecca Romijn-Stamos) zu zeigen, die – zugleich auch an die Odalisken Ingres' erinnernd – mit ihrem Rücken zu uns auf einem Hotelbett liegt, eine Zigarette in der rechten Hand hält und aufmerksam das Duell zwischen den beiden Noir-Liebenden auf ihrem Fernsehbildschirm verfolgt. Sie sieht ihr eigenes Gesicht auf das der prototypischen Femme fatale überblendet, als würde sie sich mit ihr identifizieren und für sich selbst ein ähnliches Fantasieszenario entwerfen. Plötzlich betritt ein Mann (Eriq Ebouaney) das

Zimmer, schaltet den Fernseher aus – und zwar bezeichnenderweise an der Stelle, an der Phyllis ihrem Geliebten zwar eingesteht, sie sei »rotten to the core«, aber dennoch nicht den zweiten Schuss abfeuern kann. Es beginnt eine andere Szene des Verbrechens, in der Laura Ash ihre Vorstellung der fatalen Frau darbieten wird – unter der Schirmherrschaft einer Erinnerung dessen, was sie gerade auf ihrem Fernsehbildschirm gesehen hat. Doch die von Brian de Palma angebotene Verwandlung des klassischen Film noir wiederholt nicht nur die bekannten Versatzstücke des Genres – den gegenseitigen Betrug und die Heimsuchung durch die Konsequenzen dieses transgressiven Verhaltens. Er bietet zugleich ein postmodernes Spiel der Doppelungen, Wiederholungen und zeitlichen Überlagerungen, die einen Ausweg aus der tragischen Sequenz zeigt. Sich medial zu erinnern heißt in diesem Fall, Fatalität in Glück umzuschreiben.

Laura Ash steht von ihrem Bett auf, zieht sich ihr verführerisches Lederkostüm an und setzt einen Juwelendiebstahl während der Internationalen Filmfestspiele von Cannes in Gang, bei dem sie und ihre beiden Partner versuchen werden, ein goldenes, mit Diamanten besetztes Collier zu stehlen, das die Schauspielerin Veronica (Rie Rasmussen) trägt. Im Verlauf der Nacht betrügt Laura ihre beiden Partner, flieht allein mit der Beute nach Paris und lässt sich auf ein Abenteuer ein, das an alle Motive des klassischen Noir-Narrativs erinnert. Man hält sie für eine andere Frau namens Lily, die auf geheimnisvolle Art verschwunden ist. Während sie versucht, einen neuen Pass zu bekommen, holt einer der beiden von ihr betrogenen Verbrecher sie ein und wirft sie übers Geländer vor ihrem Zimmer im Sheraton Hotel. Lilys Eltern, die ihr dorthin gefolgt sind, bringen sie in die Wohnung ihrer Tochter, wo Laura dann ihrer Doppelgängerin zusieht, wie diese sich aus Verzweiflung eine Kugel in den Kopf schießt. Sie stiehlt Lilys Pass und lernt – mit einer neuen Identität versehen – auf ihrem Flug in die Vereinigten Staaten einen Millionär kennen. Als seine Frau kehrt sie sieben Jahre später nach Paris zurück. Weil er in der Zwischenzeit amerikanischer Botschafter geworden ist, heuert eine Boulevardzeitung den ehemaligen Paparazzi Nicolas Bardo (Antonio Banderas) an, von Laura ein Photo zu machen, und dieses Bild bewirkt eine letzte Wendung des fatalen Schicksals. Denn die beiden von ihr betrogenen Männer sehen just dieses Photo als Billboard, erinnern sich an den Betrug und machen Laura ausfindig.

Um vor ihnen zu fliehen, muss Brian de Palmas Femme fatale einen neuen Fluchtplan aushecken, wiederholt dabei aber genau jene verbrecherischen Handlungen, deren Konsequenzen sie hartnäckig heimsuchen. Weiterhin einem tragischen Wiederholungszwang verfallen, setzt sie eine neue Sequenz an Betrug und falschen Identitäten in Gang, verführt den Photographen, täuscht dann vor, er hätte sie entführt, um von ihrem Gatten ein Lösegeld zu fordern, mit dem sie erneut zu verschwinden hofft. Auf einer Brücke inszeniert sie schließlich für Nicolas ihre Erinnerung jener Szene aus FRAU OHNE GEWISSEN (DOUBLE INDEMNITY), die sie auf ihrem Fernsehbildschirm in Cannes nicht zu Ende sehen konnte, und schreibt sie zugleich um. Sie gesteht ihm, sie sei »rotten to the heart«, doch im Gegensatz zu Phyllis ist sie an dieser Stelle noch nicht bereit abzudanken. Stattdessen glaubt sie hartnäckig daran, dass sie auch diesmal ihr tragisches Schicksal abwenden kann – wie damals, als der Selbstmord ihrer Doppelgängerin ihr zufällig die Möglichkeit bot, aus einer ausweglosen Situation zu fliehen. Nicolas hingegen lässt sich nicht auf ihr Spiel ein, sondern reißt sich bei der Übergabe des Lösegeldes die Maske vom Gesicht, um den amerikanischen Botschafter über die Motive seiner Frau aufzuklären, worauf Laura kaltblütig zuerst ihren Gatten und dann ihren Geliebten tötet. Mit dieser Umschrift ihrer Erinnerung des tödlichen Duells am Ende von FRAU OHNE GEWISSEN (DOUBLE INDEMNITY) kann sie durchaus eine zweite Kugel abfeuern, direkt ins Herz ihres Geliebten, was bedeutet, dass sie – im Gegensatz zu Phyllis Dietrichson – nicht innehält und hinsieht, also noch keinen Wandel erfahren hat. Ihr Wiederholungszwang führt stattdessen zu dem unvermeidbaren Tod, der dem Noir-Plot eingeschrieben ist. Sie wird von einem der beiden Verbrecher, die sie endlich gefunden haben, lustvoll über das Brückengeländer in die Seine geworfen, während Nicolas mit einem Lächeln auf seinen Lippen stirbt. Doch Brian de Plama geht es nicht nur auf der Ebene der Filmdiegese, sondern auch der Verarbeitung intertextueller Verweise um Erinnerungsarbeit. Die Peripetie im Schicksal seiner titelgebenden Femme fatale wird regelrecht als verkörperte Geste des Umschwungs inszeniert. Mit ihrem Sturz in die Seine verliert seine Heldin ihre Kleider und wir sehen, wie sie sich nackt mehrmals um die eigene Achse dreht, vom Schweif der Wasserblassen umhüllt, bevor sie langsam zur Wasseroberfläche emporsteigt.

Zweimal im Film hatte Lauras Partner sie aufgefordert, sie solle aufwachen: Das erste Mal, nachdem er den Fernseher in ihrem Hotelzimmer in Cannes abgestellt und ihr ins Gesicht geschlagen hatte, das zweite Mal auf der Brücke, kurz bevor er sie in den Tod stürzen lässt. Tatsächlich wacht sie auch auf und wir erkennen, dass alle Ereignisse, die mit dem Selbstmord von Lily eingesetzt hatten, ein prophetisch-proleptischer Traum gewesen sind, in dem Laura alle Ängste bezüglich ihres Betruges während des Juwelendiebstahls in Cannes verarbeitet hat. Alles, was ihr passierte, nachdem sie die Identität ihrer Doppelgängerin Lily angenommen hat, erweist sich als fantasmatisches Übertragen jener Ereignisse in die Bildsprache eines Traumes, die sie erlebte, bevor sie von ihrem Partner übers Treppengeländer im Sheraton Hotel geworfen wurde. Bezeichnend für die Art, wie Brian de Palma das Noir-Genre erinnert und zugleich umschreibt, um einen Ausweg aus der Unvermeidbarkeit des tragischen Endes zu entwerfen, ist nun aber der Zustand, in dem er seine Heldin aufwachen lässt. Denn sie befindet sich plötzlich in einer Situation, in der sie selber entscheiden kann, ob sie ihre Zukunft als schicksalhafte Unvermeidbarkeit oder als glückliche Gelegenheit, die sich ihr zufällig bietet, interpretieren soll. Wie im prophetischen Traum erhält sie eine zweite Chance. Doch weil sie sich nun an die Konsequenzen erinnern kann, die ihre erste Entscheidung – dem Beiwohnen eines Selbstmordes – auslösen könnte, entscheidet sie sich nun, anzuhalten und hinzusehen. So umgeht sie jenen Wiederholungszwang, der die fatalen Konsequenzen überhaupt hervorgebracht hatte und führt stattdessen einen Kontingenzfaktor in die Geschichte ein.

Stanley Cavell hält fest: »In tragedy people in pain are in our presence, but we are not in their presence. Tragedy shows we are responsible for the death of others even when we have not murdered them.«[7] Ganz in diesem Sinne befindet sich Laura beim Aufwachen aus ihrem prophetischen Traum in der Badewanne ihrer Doppelgängerin. Wie im ersten Teil des Films versteckt sie sich anfänglich im Dunkeln eines Kleiderschrankes, um von dort aus dem Schmerz ihrer Doppelgängerin beizuwohnen. Lily ist in ihre Wohnung zurückgekehrt, um sich zu erschießen. Doch nun behält Laura nicht länger die Haltung der betroffenen Zuschauerin bei, die Lily wie einer Gestalt in einem Theaterstück zusieht, ohne persönlich einzugreifen. Sie tritt aus dem Dunkel des Schrankes hervor, verlässt somit das Versteck und das Schweigen, das sie von ihrer Doppelgängerin abgegrenzt hatte, und drängt Lily ihre Gegenwart auf. Mit dieser entscheidenden Umwandlung der bereits im Traum erlebten Szene macht Laura es möglich, dass alle weiteren tragischen Ereignisse nicht mehr unvermeidbar sind. Indem sie sich Lily zu erkennen gibt, inszeniert Laura ihre Erinnerung an das schicksalhafte Duell am Ende von FRAU OHNE GEWISSEN (DOUBLE INDEMNITY) nochmals anders. Wie Walter nimmt sie der Frau, die sie in ihrem prophetischen Traum wie ein Fetisch behandelt hat, die Waffe weg. Nur bietet sie Lily eine Wahl, die Phyllis nie hatte – Tod oder Überleben. Sie handelt ganz im Sinne der klassischen Tragödie aus Mitleid und Angst: Mitleid für das Leiden ihrer Doppelgängerin und Angst vor den schrecklichen Dingen, die passieren werden, wenn sie dieser tragischen Sequenz nichts entgegensetzt. Anstatt die Rolle der Femme fatale erneut anzulegen, um ihr Leben als Noir-Narrativ weiter zu leben, tut Laura, was in einer Tragödienaufführung unmöglich wäre: Sie interveniert. Gerade weil sie nun anzuerkennen bereit ist, dass die andere Frau, die ihr ähnelt, auch gänzlich anders ist als sie – und sie somit einen Bruch mit ihrer narzisstischen Spiegelung von Welt unternimmt –, kann sie sich in deren Gegenwart begeben und denselben Raum wie sie bewohnen. Diese Geste ist natürlich vergleichbar mit jener Handlung, die Stanley Cavell eine erlösende Abdankung nennt. Lauras Leben als Femme fatale setzt in Brian de Palmas Film für uns als Zuschauer damit ein, dass sie die Grenze zwischen sich und Billy Wilders Phyllis Dietrichson verwischt. Die imaginäre Aneignung einer anderen konnte sie nur aufrecht-

7 | S. Cavell, Avoidance of Love, S. 332.

erhalten, indem sie die Verwechslung zwischen sich und einer anderen Frau wiederholte – und zwar indem sie Lily ebenfalls als eine fiktionale Figur behandelte, deren Identität sie ebenso leicht annehmen konnte wie die der Protagonistin aus Billy Wilders Film noir. Lauras Abdanken als Femme fatale findet dementsprechend dann statt, wenn sie nicht mehr die Eigenständigkeit ihrer Doppelgängerin auszublenden sucht und Lily stattdessen als einer Leidenden, die von ihr gerettet werden muss, entgegentritt. Was Laura mit dieser Abdankung aufgibt, ist die Fantasie unbeschränkter Eigenständigkeit und Macht, die im klassischen Film noir stets an der Femme fatale verhandelt wurde. Doch die gewonnene Erlösung beinhaltet auch eine reale Differenz. Nachdem Laura ihrer Doppelgängerin Lily eine falsche Wahl auferzwungen hat, weil diese nur das Leben wählen kann, werden zwar viele Ereignisse aus ihrem prophetischen Traum wiederholt, doch mit einem radikal anderen Ausgang. Wie in Ovids Metamorphosen nutzt Brian de Palma hier ein Spiel zwischen Konstanz und Veränderung. Der Tod der drei Hauptfiguren – Lauras eigener, der ihrer Doppelgängerin und der ihrer Freundin Veronica, die ihr geholfen hat, die beiden anderen Verbrecher hereinzulegen, und welche die Diamanten für sie versetzt hat – könnte abgewendet werden.

Die Frage danach, wie eine tragische Unvermeidbarkeit in Kontingenz verwandelt werden kann, verhandelt Brian de Palma aber auch auf der Ebene des Filmbildes. Denn selbst-reflexiv erinnert seine Mise en Scène an die schicksalhafte Logik einer Liebe auf den ersten Blick. Nachdem Laura aus Cannes geflohen ist, trifft sie sich mit ihrer Freundin Veronica auf einem Platz in Belleville, um von ihr einen neuen Pass zu bekommen. Mit Entsetzen muss sie feststellen, dass Nicolas von seinem Balkon auf der gegenüberliegenden Seite aus angefangen hat, sie zu photographieren. Wütend schreit sie ihn an, er solle aufhören, denn sie muss befürchten, dass die Existenz dieser Bilder ihren Wunsch, ihrer Vergangenheit erfolgreich zu entfliehen, vereiteln könnte. An ihr Gefühl der Ohnmacht darüber, dass sie nicht bestimmen kann, wer von ihr Bilder herstellen darf, erinnert sie sich im prophetischen Traum. Dort nimmt das Gefühl die Gestalt jenes Photos ein, das Nicolas heimlich von ihr macht, an die Presse verkauft und das – weil es daraufhin überall in Paris auf Billboards zu sehen ist – mehrere Tode mit sich bringt – den ihres Gatten, den des Photographen und schließlich ihren eigenen. Indem Brian de Palma seinen Film mit einem letzten Bild seiner Femme fatale aufhören lässt, erinnert er selbst-reflexiv an diese Urszene einer fatalen Verschränkung von Tod und Bild in den Anfangssequenzen von FEMME FATALE. Auch dieses Photo wurde im Geheimen in der Abschlussszene aufgenommen. Gleichzeitig verwandelt de Palma aber auch die Geste des Fetischismus (die auf einer Substitution basiert) in die der ästhetischen Vervollkommnung. Nicolas arbeitet nämlich seit Jahren an einer Photomontage jenes Platzes in Belleville, den er von seinem Fenster aus täglich betrachtet. Es fehlt ihm nur noch ein Bild – von dem Straßencafé an der Ecke gegenüber seiner Wohnung. Dort trifft sich in der Abschlussszene Laura mit ihrer Freundin Veronica, die ihr einen Aktenkoffer aus Aluminium überreicht, der das Geld enthält, das sie über sieben Jahre für die gestohlenen Diamanten erbeutet hat.

Nachdem Veronica aufgestanden ist und das Café verlassen hat, beginnt Nicolas zu photographieren. Innerhalb weniger Sekunden spielt sich vor Lauras Augen eine Szene aus ihrem prophetischen Traum ab. Veronica, die ihr Appartementgebäude betreten hat, rennt zurück auf die Straße, auf der Flucht vor den beiden von ihnen betrogenen Verbrechern, während ein Lastwagen langsam um die Straßenecke fährt. Laura, die plötzlich von ihrem Stuhl aufgesprungen ist, muss befürchten, dass der Tod ihrer Freundin, den sie aus ihrem Traum erinnert, nun tatsächlich stattfinden wird. Doch weil sie beim Selbstmordversuch ihrer Doppelgängerin interveniert hat, ist ein bezeichnendes Detail dieser Wiederholung der Szene aus ihrem prophetischen Traum hinzugefügt worden. Um den Anfang ihres neuen Lebens zu markieren, schenkte Lily dem Lastwagenfahrer, der sie zum Flughafen gebracht hat, einen Kristallanhänger. Während dieser nun auf Veronica zufährt, verfängt sich ein Sonnenstrahl in diesem kleinen Juwel und blendet sowohl Nicolas, der somit gezwungen ist, seine Kamera niederzulegen, wie auch den Fahrer, der mit seiner rechten Hand seine Augen vor diesem plötzlichen Lichteinfall schützt. Gleichzeitig überflutet der vom Kristall zurückgeworfene Lichtstrahl auch Lauras weißgekleidete Gestalt mit einem strahlenden hellen Glanz. Weil für einen kurzen Augenblick die Hauptfiguren dieser Szene gezwungen sind, innezuhalten und hinzusehen, wird der tragische Ausgang abgewendet. Anstatt Veronica zu überfahren – wie Laura es im Traum erlebt hat – trifft der Lastwagen die beiden Verbrecher, welche die Frau auf die Straße haben werfen wollen. Laura wird nun ihrerseits von Passanten zu Boden geworfen, die zum Unfallort eilen, während Nicolas erschüttert seine Position des Betrachters aufgibt und in die Szene, die sich vor seinen Augen abspielt, interveniert. Er rennt auf Laura zu und hilft ihr beim Aufstehen. Es folgt eine Liebe auf den ersten Blick, nur haben beide das Gefühl eines Déjà-vu. Sie erinnern sich an einander, wissen aber nicht warum. Während er Laura in seine Arme nimmt, meint er: »You look so familiar. Haven't we met before?«, und sie antwortet: »Only in my dreams.«

Daraufhin überblendet Brian de Palma eine Nahaufnahme von Nicolas erstauntem Gesicht mit einer Aufnahme der fertigen Photomontage: An der Stelle des fehlenden Bildes sehen wir Laura, ihren Aktenkoffer unterm Arm, dessen silbrige Oberfläche jenen Lichtstrahl zurückwirft, den die Kristallkugel im Fenster des Lastwagens auf sie geworfen hat. Wir sehen gleichzeitig, wie der Fahrer des Lastwagens seine Augen vor dem gleißenden Licht schützt, und wie Laura in der Geste der erschütterten Vorahnung innehält. In dem Augenblick, als Nicolas auf den Auslöser seiner Kamera drückte, war der Ausgang der Szene noch gänzlich offen. Somit erinnert dieses Photo an einen Augenblick reiner Kontingenz, in dem noch nichts entschieden ist und noch alles passieren könnte. Während Brian de Palmas Kamera zurückfährt, erkennen wir, dass dieses Bild von Laura – wie sie innehält und hinsieht – den Nabel von Nicolas' Photomontage ausmacht: als Quelle einer gebrochenen Illumination – nicht zuletzt, weil sich an ihrem Körper Schicksal und Glück die Waage halten.

Wie Stanley Cavell festhält, behandelt die Tragödie einen bestimmten Tod, der weder natürlich noch zufällig ist. Von diesem nicht abgewendeten Tod meint er: »It need not have happened. So a radical contingency haunts every story of tragedy.« Gleichzeitig, so fährt er fort, wird jede Tragödie von einer radikalen Notwendigkeit heimgesucht. Gerade die unsaubere Schnittfläche zwischen Kontingenz und Notwendigkeit macht somit aus, was wir tragische Ereignisse nennen: »necessary, but we do not know why: avoidable, but we do not know how.«[8] Lebt das hartnäckige Nachleben des Abschlussbildes von Phyllis Dietrichson in FRAU OHNE GEWISSEN (DOUBLE INDEMNITY) in unserem kulturellen Gedächtnis davon, dass sie ihre Verantwortung für ihren schicksalhaften Tod, den sie nicht abwenden wollte, anerkannt hat, erinnert uns das Abschlussbild von Laura Ash in FEMME FATALE an eine andere Verbindung zwischen dem Zufälligen und dem Unvermeidbaren. Hängt das Vermeiden von Tragödie von der Erkenntnis ab, dass die Wahl, sich im Dunkeln und im Schweigen vor der Gegenwart des Anderen zu verstecken, bei uns liegt, so führt uns diese erinnernde Umschrift des klassischen Film-noir-Narrativs eine alternative Haltung vor Augen, und somit einen möglichen Ausweg aus dem Dunkel der Fatalität: Man könnte eben auch ins Sonnenlicht treten.

**8** | Ebd., S. 341.

# 8. Pandoras Nachleben

Figuren weiblicher Neugierde

## 8.1 Pandora in Hollywood

In seinem Film Pandora und der fliegende Holländer (Pandora and the Flying Dutchman; 1951) verschränkt Albert Lewin – wie der Titel bereits ankündigt – zwei mythische Figuren. Die verführerische Pandora Reynolds (Ava Gardner) aus Indiana befindet sich Anfang der 30er Jahre in einem Küstendorf Spaniens. Ein Mann hat sich ihretwegen bereits das Leben genommen, ein anderer hat seinen Rennwagen ins Meer stürzen lassen – als Beweis seiner Liebe zu ihr. Doch ihr Begehren ist auf einen dritten Mann gerichtet; einem geheimnisvollen Holländer, dessen Segelyacht plötzlich ohne Besatzung in der Bucht von Esperanza aufgetaucht ist. Sie schwimmt eines Nachts zu ihm hinaus und findet ihn in seiner Kajüte an einer Staffelei malend. Auf dem Bild entdeckt sie ihr Gleichnis. Sie hätte, meint sie, für dieses Gemälde als Modell stehen können. Auf ihre Feststellung, dies sei doch ein erstaunlicher Zufall, antwortet Hendrick van der Zee (James Mason), Zufall sei nicht, dass er eine Frau gemalt hat, die er vorher noch nie gesehen hat, sondern dass er sie als Pandora gemalt hat. Die junge Amerikanerin interessiert sich an diesem Punkt der Geschichte noch nicht für mythologische Geschichten und fordert ihn stattdessen heraus, ihr zu erklären, wie ihr Gesicht und ihr Name in das Gemälde gekommen seien. Als sie das Bild nochmals betrachtet, stellt sie fest, es bilde sie nicht ab, wie sie sei, sondern wie sie sein möchte. Die Erwartung – man könnte auch sagen: das Begehren –, die das Bild (als wäre sein Anblick vergleichbar mit dem Blick in die Büchse ihrer Namensvetterin) bei ihr auslöst, wird schnell durch eine andere Gefühlsregung ersetzt, die auch in der ursprünglichen Büchse enthalten war: eine Zerstörungswut. Entschlossen greift Pandora nach einem Pinsel und versucht mit schnellen Schlägen, ihr Gesicht auf dem Gemälde zu zerstören. Hendrick, der die Regung der Wut nicht mehr kennt, versichert ihr, sie hätte damit seinem Gemälde kein Leid zugefügt, sondern es mit dieser zufälligen Intervention nur verbessert. Denn ihre ikonoklastische Geste erlaubt ihm, sein Gemälde zu vervollständigen. Mit wenigen Strichen fügt er dem Bild ein Detail hinzu, das dieses zur Allegorie erhebt. Er hätte sich geirrt, erklärt er seiner nächtlichen Besucherin, Pandora – die erste Frau, deren Neugierde uns das irdische Paradies gekostet hat – als eine bestimmte Frau abzubilden. Stattdessen müsse eine adäquate Darstellung sie als abstrakte Figur – als Urmutter und Urbraut – einfangen: »The original and generic egghead, from which we can imagine the whole human race to have been hatched.« Daraufhin schneidet die Kamera nochmals auf das Gemälde und wir erkennen, dass James Mason das Gesicht mit weißer Farbe übermalt hat, sodass es – unkenntlich geworden – als Ovalgebilde die Matrix für alle verführerischen Frauengesichter darstellen könnte, die dem generischen Mann Hoffnung, aber auch Übel zuteilwerden lassen.

Im Laufe des Films wird dieses leere Gesicht natürlich doch wieder mit dem der glamourösen Ava Gardner ausgefüllt, jener »secret goddess«, wie Hendrick van der Zee sie nennt, die von allen Männern begehrt wird – und zwar nicht zuletzt, um das endgültige Ablösen der einen mythischen Geschichte durch die andere zu besiegeln. Denn im Verlauf des Films wird die verführerische Femme fatale zur Senta, die bereit ist, sich für ihren Geliebten zu opfern; ihr Leben zu geben, um den sündigen Mann zu erlösen. Führte die antike Pandora mit ihrer Neugierde das menschliche Leid, die Notwendigkeit zu arbeiten und die Sterblichkeit in die Welt ein, gibt diese Hollywood-Pandora ihr Leben als Gabe an den Geliebten, um ihn vom Fluch der Unsterblichkeit zu erlösen. Wir bleiben jedoch jener Ökonomie des Todes verhaftet, um die es mir in den folgenden Ausführungen zum Nachleben der Pandora geht. Das Leben wird zwar als Gabe verstanden, um dem Geliebten den begehrten Tod zu bescheren. Doch indem eine biologische Unsterblichkeit aufgegeben wird, entsteht eine textuelle. Im Augenblick, in dem sich die beiden Liebenden endlich zueinander bekennen, befinden sie sich nicht nur außerhalb der Zeit: auf der Segelyacht, kurz bevor sie im Sturm untergeht. Sie hinterlassen auch eine Geschichte, nämlich die ihrer tragischen und zugleich erlösenden Liebe. Pandora Reynolds leibliche Abwesenheit (der Film zeigt uns nicht, wie ihre Leiche geborgen wird), hinterlässt einen Text – genauer ein Buch, das mit dem Leichnam Hendricks an Land geschwemmt worden ist. Auf der aufgeschlagenen Seite steht eine Botschaft aus Omar Khayyams *Rubaiyat*, die der Film als Motto für die gesamte Handlung in der ersten Filmsequenz eingeführt hatte: »The moving finger writes, and, having writ, moves on: nor all they piety nor wit shall lure it back to cancel half a line. Nor all thy tears wash out a word of it.« Mit einer Nahaufnahme dieser poetischen Huldigung der Unsterblichkeit des literarischen Textes endet PANDORA UND DER FLIEGENDE HOLLÄNDER (PANDORA AND THE FLYING DUTCHMAN). Das Buch ist an den Archäologen, der es Hendrick einst ausgeliehen hatte, zurückgekommen, und dieser meint, er könne nun die Fragmente der Geschichte zu einem Ganzen zusammensetzen.

Ich habe meine Ausführungen mit dieser kurzen Filmbeschreibung begonnen, um zu verdeutlichen, dass es mir im Folgenden weder um die antike Pandora noch um ihr ikonographisch und motiv-geschichtliches Nachwirken gehen wird, was Dora und Erwin Panofsky in ihrer Studie *Die Büchse der Pandora* bereits hervorragend aufgeführt und analysiert haben.[1] Noch geht es mir um die zentralen Fragen, die von der Altertumsforschung an dieser mythischen Geschichte bereits verhandelt worden sind. Zur Erinnerung: In *Werke und Tage* erzählt Hesiod die Geschichte der Pandora in Bezug auf die Auseinandersetzung zwischen dem Titanen Prometheus und dem Göttervater Zeus, sodass die künstliche Frau als Pfand in einem Männerkampf dient – oder wie Froma Zeitlin dies formuliert: »a byproduct of a contest between males [...] an artificial creation, imposed on man as an unwelcome supplement.«[2] Um sich am Raub des Feuers zu rächen, befiehlt Zeus Hephaistos, eine Frau anzufertigen, die an Schönheit den Göttern gleich war und zudem von diesen mit betörenden Gaben ausgestattet wird, weshalb sie auch den Namen Pandora (Griechisch »die Allbegabte«) erhält. Daraufhin wird sie unter die Menschen gebracht und von Epimetheus geheiratet, obgleich sein Bruder Prometheus ihn gewarnt hat, keine Gaben des Göttervaters Zeus anzunehmen. Die Nichtachtung Epimetheus' erweist sich als fatal, denn die geheimnisvolle Schönheit hat von Zeus als Geschenk ein gewaltiges Gefäß, einen »pithos«, bekommen, in dem alle Not und Plagen, welche die Menschen betreffen, enthalten sind. Aus Neugierde öffnet sie denn auch dieses Gefäß, um zu sehen, was darin sei, und entlässt damit alle Übel. Einzig die Hoffnung bzw. Erwartung, »elpis«, bleibt im Gefäß.[3] Nun ließe sich natürlich fragen, wie Almut-Barbara Renger und Immanuel Musäus dies in ihrer Anthologie tun, was Pandora eigentlich verstreut hat: Güter oder Übel? Außerdem lässt sich fragen, ob diese Dinge vorher im »pithos« eingesperrt oder aufbewahrt waren, ob die »elpis« als Hoffnung auf Gutes oder als Erwartung von Üblem zu verstehen ist und ob sie nun den Menschen zur Verfügung steht oder ihnen entzogen worden ist.[4] Doch Albert Lewins Inszenierung seiner Hollywood-Pandora lenkt meinen Blick in eine andere Richtung. Pandora als erste Frau und als Stammmutter der späte-

1 | Panofsky, Dora und Erwin: Die Büchse der Pandora. Bedeutungswandel eines mythischen Symbols, Frankfurt a.M.: Campus 1992.

2 | Zeitlin, Froma: »Signifying Difference. The fate of Hediod's Pandora«, in: Playing the Other. Gender and Society in Classical Greek Literauture, Chicago: University of Chicago Press 1996, S. 82 und 85.

3 | Siehe Hesiodus: Theogonie, hg., übers. und erl. v. Karl Albert, 6. Auflage, Sankt Augustin: Academia 1998.

4 | Siehe Renger, Almut-Barbara und Musäus, Immanuel (Hg.): Mythos Pandora, Leipzig: Reclam 2002, insb. ihr Nachwort »Von Hesiod bis Sloterdijk. Scholien zum Pandora-Mythos«, S. 201.

ren Menschheit hat sich seither als unerschöpfliche Quelle für künstlerische und philosophische Debatten um das fatale Verhältnis von Mann und Frau, von Künstlichkeit und Natürlichkeit, vom Göttlichen und Menschlichen, sowie überhaupt der Frage der menschlichen Genealogie entpuppt. Was dabei jedoch gerne übersehen wird, ist der eigentümliche Umstand, dass Pandora, wie Günter Kunert festhält, »nachdem sie ihr unseliges Werk verrichtet hat, spurlos aus der Sage verschwindet. Ihr ferneres Schicksal ist nicht überliefert.« Dieses kuriose Verschwinden ist durchaus vergleichbar mit dem zum merkmallosen Oval entstellten Gesicht auf der Leinwand von Hendrick van der Zee: eine Leerfläche, auf die alle möglichen kulturellen Anliegen projiziert werden können. »Ihr Lebenslauf verliert sich im Dunkel«, folgert Kunert, »um uns unseren Spekulationen zu überlassen.«[5] Oder die spezifischen Merkmale dieser ersten, verführerischen und trügerischen Frau müssen, wie Albert Lewin uns vorführt, unkenntlich gemacht werden, damit wir dieses unspezifische Gesicht – zum mythischen Signifikanten (im Sinne Roland Barthes') erhoben und somit jeglicher Spezifika entleert – jeweils neu ausfüllen können.

An der durch ihre Abwesenheit als Leerstelle markierten Figur kann dann nämlich die gegenseitige Bedingtheit vom Einführen des Todes und der Erwartung auf Unsterblichkeit verhandelt werden. Mythos im allgemeinen, erklärt Mieke Bal, bringt unsere kulturelle Obsession mit den Anfängen zum Ausdruck – eine Obsession, die als Kompensation für die Angst des Endes zu verstehen ist.[6] Das tragische Gefühl der Kontingenz, das sich als Resultat menschlicher Sterblichkeit – als Ergebnis von Pandoras Neugierde also – ergibt, wird durch das Überleben von Geschichten, aus dem immer wieder Kontinuität gewonnen werden kann, abgedichtet. Dabei bleibt jedoch offen, ob – macht man den Ursprung für die Übel der irdischen Existenz an einer Figur, nämlich dem ursprünglich künstlichen Weib Pandora fest – damit eine tragbare Entlastungsgeschichte entworfen und tradiert wird oder ob, indem diese mythische Figur immer wieder bemüht wird, nicht auch eine Brüchigkeit eingeführt wird, die auf genau jene Kontingenz verweist und diese somit zum Ausdruck bringt, die abzudichten man überhaupt den Mythos bemüht. Wenn ich also im Folgenden von Pandoras Nachleben spreche, dann indem ich mit schräg angesetztem Blick die von Aby Warburg in Umlauf gesetzte Denkfigur der Pathosgeste bemühe – genauer die Vorstellung, dass bestimmte leidenschaftliche Gesten über die Jahrhunderte in umgewandelter Gestalt immer wieder auftauchen und als visualisierte Form ein Nachleben oder Über-

---

**5** | Zitiert in A.-B. Renger und I. Musäus: Mythos Pandora, S. 140.

**6** | Bal, Mieke: »Sexuality, semiosis and binarism. A narratological comment on Bergren and Arthur«, in: *Arethusa* 16 (1983), S. 118-119.

leben erfahren.[7] Dabei stellt sich mir sowohl die Frage, wie wir den zeitlichen Nomadismus bestimmter Denkfiguren begründen können, also warum eine Figur wie die der Pandora – in der Weiblichkeit als Rätsel und als Ursprung von Sterblichkeit verdichtet ist – uns heute noch angeht. Gleichzeitig stellt sich auch die Frage, worin ihre Aufnahmefähigkeit zu sowohl medialen Refigurationen als auch theoretischen Relektüren besteht, die sichtlich auf einen zeitgenössischen Kontext zurückzubeziehen sind. Um mein eigenes Erkenntnisinteresse noch mehr zu fokussieren, beschränke ich mich im Folgenden zudem auf ein ganz bestimmtes Wiederaufflackern der Pandora, nämlich auf ihre Einkehr in den Diskurs der Kinobilder, und zwar als eine Femme fatale, deren Handlungen zwar ein Übel über ihre Mitmenschen einbrechen lässt, deren Schönheit jedoch auch unweigerlich die Frage des Filmbildes als trügerischen Glamour mit ins Spiel bringt. Denn diese paradigmatische Figur weiblicher Filmschönheit begehren wir als Zuschauer gerade deshalb, weil sie uns eine Verschwendung vor Augen führt, in der Sterblichkeit und Unsterblichkeit sich als zwei Seiten derselben Medaille entpuppen. Gleichzeitig steht für mich noch in einem weiteren Sinn die Frage der zeitgenössischen Aneignung auf dem Spiel. Mir geht es nämlich um eine kritische Haltung gegenüber den kinematischen Refigurationen der Pandora, die diese Denkfigur bewusst gegen den Strich liest und sie somit aus der tradierten Funktion befreit, nur ein Nebenprodukt in einem Männerkampf zu sein. Die nachträgliche Lektüre einer mythischen Geschichte soll mir also nicht als Perpetuieren dessen misogynen Gehalts dienen, sondern dem Herstellen einer kritischen Transformation, bei der die weibliche Neugierde eine eigenständige Würdigung erfährt. So stelle ich im Folgenden zwei Annäherungen an Pandora vor und beleuchte sie kritisch: zum einen den von der Experimentalfilmemacherin Laura Mulvey entwickelten Gegenentwurf zu Freuds eigenem Vergreifen an einem antiken Mythos, nämlich der Ödipus-Geschichte. Mulveys Aneignung der Pandora dient einer geschlechtsspezifischen Epistemologie, die im Öffnen des »pithos« die Erwartung und Hoffnung einer weiblichen Selbsterkenntnis entdeckt. Zum anderen beziehe ich in meine theoretischen Ausführungen zwei Filmbeispiele ein, die explizit Bezug auf den Pandora-Mythos nehmen, indem sie die antike Gestalt als Femme fatale wiederaufscheinen lassen, wenngleich sie

---

**7** | Siehe dazu Didi-Huberman, Georges: »Nachleben oder das Unbewusste der Zeit. Auch die Bilder leiden an Reminiszenzen«, in: Jörg Huber (Hg.), Singularitäten – Allianzen, Zürich: Voldemeer 2002, S. 177-187. Für eine methodologische Diskussion der von mir durchgeführten überlagerten Lektüre von Kulturtheorie und cinematischen Textbeispielen siehe auch »Cross-Mapping. Kulturwissenschft als Kartographie von erzählender und visueller Sprache«, in: Lutz Musner und Gotthart Wunberg (Hg.), Kulturwissenschaften. Forschung – Praxis – Positionen, Wien: WUV-Universitätsverlag 2002, S. 110-136.

sich jeweils dezidiert nicht als Verfilmung des mythischen Stoffes verstehen: einerseits G.W. Pabsts Stummfilm Die Büchse der Pandora (Pandora's Box; 1929), in dem das phänomenale Gesicht der amerikanischen Schauspielerin Louise Brooks eine Selbständigkeit und Unsterblichkeit gegenüber der misogynen Erzählhandlung einnimmt, und andererseits Robert Aldrichs Film noir Rattennest (Kiss me Deadly; 1955), der die Frage des Überlebens in ein erschütternd dunkles Licht rückt.

## 8.2 Eine psychoanalytische Umdeutung der Pandora

Im Nachwirken des von Pandora vorgeführten fatalen weiblichen Wissensdrangs sind Verhängnis und Hoffnung, Erkenntnis und Übel auf komplexe Weise verschränkt. Zum einen dient sie immer wieder einer Logik des Sündenbocks, die besagt: Pandoras Wille zum Wissen ist am Übel der Welt schuld. Wenn sie sich ihrer Neugierde nicht hingegeben hätte, gäbe es die menschliche Not nicht. Daran geknüpft ist die für den Film noir typische Handlungsauflösung, nämlich das Zerstören der Femme fatale. Denn auf der manifesten Erzählebene besteht im herkömmlichen Plot des Film noir die Hoffnung darin, dass mit der Opferung der todbringenden Frau das menschliche Unglück zumindest in dem jeweiligen partikularen Fall getilgt werden könnte. So wird beispielsweise am Ende von Die Büchse der Pandora (Pandora's Box) über Lulus (Louise Brooks) Leiche das Gefühl von Versehrtheit abgedichtet, das den ganzen Film überschattet. Nach ihrer Ermordung schließt sich Alwa Schön (Franz Lederer), der Geliebte Lulus, der Heilsarmee an, während ihr vermeintlicher Vater Schigolch (Carl Goetz) endlich den gewünschten »christmas pudding« vorgesetzt bekommt. Dies könnte man als einen Pakt zwischen dem Serienmörder Jack the Ripper und den beiden Männern sehen.[8] Man könnte aber – dieser konventionellen Deutung diametral entgegengesetzt – die Hoffnung, die mit dem Öffnen der Büchse einhergeht, auch darin sehen, dass Pandoras Neugierde zur Erkenntnis der menschlichen Versehrtheit, genauer zur Unumgänglichkeit des Todes geführt hat und somit zu dem, was das Spezifische des Menschen ausmacht. Was Slavoj Žižek für die Femme fatale im Allgemeinen feststellt, ließe sich auch für die Transformation der Figur Pandoras in Pabsts Lulu feststellen, nämlich dass es nicht die Frau als ein Objekt der Faszination ist, welche die Männer ihre Sinne verlieren lässt. Verkörpert wird in dem Akt, mit dem Lulu die Konsequenzen ihrer Neugierde vollzieht, indem sie nämlich

**8** | Wie Mary Ann Doane in ihrer Analyse des Films feststellt: »The silent pact between Jack and Alwa is formed over the corpse of Lulu. Male subjectivity cuts itself loose from the terror of otherness«; in: Femmes Fatales. Feminism, Film Theory, Psychoanalysis, New York: Routledge 1991, S. 161.

den Serienmörder Jack the Ripper in ihr Zimmer bittet, eine Enthüllung, die einer ethischen Geste gleichkommt. Wie Žižek feststellt: »that which remains hidden beneath this fascinating mask and appears once the masks fall off is the dimension of the pure subject fully assuming the death drive.«[9] Ich möchte dieses Bestehen auf Wissen, diesen Akt der Hinwendung – was im Film als metaphorische Umsetzung des Öffnens eines verschlossenen Gefäßes inszeniert wird – eine *ethische* Geste nennen, weil es eine Bereitschaft darstellt, sich auf etwas Neues einzulassen, auf das Unbekannte, das Überraschende; koste es, was es wolle; auf eine Intimität von der man nicht weiß, wohin sie führt; man könnte aber auch sagen, auf die Kontingenz schlechthin.

Bevor ich auf die Implikation der Leerstelle, die durch die Tötung Lulus entsteht, zu sprechen komme, stelle ich zuerst Laura Mulveys theoretische Umschrift der Pandora-Figur vor. Für die britische Kulturtheoretikerin bewegt sich die doppelschichtige Topographie des Pandora-Mythos zwischen der Vorstellung, dass ein Geheimnis in einem verschlossenen Ort aufbewahrt und somit entdeckt werden kann, während gleichzeitig die geheime Bedeutung dechiffriert werden muss. Während Pandoras Büchse durchaus einfach geöffnet werden kann, ist die Bedeutung dieser Ikonographie eines weiblichen Wissensdurstes nämlich kodiert und kann für einen zeitgenössischen Kontext nur mithilfe theoretischer Konzepte, die diesen mitreflektieren, entschlüsselt werden. »The myth of Pandora is about *feminine curiosity*«, erklärt Mulvey, »but it can only be decoded by *feminist curiosity*, transforming and translating her iconography and attributes.«[10] Ein geschlechtsspezifischer Blick ist laut Mulvey nötig, weil im Bildrepertoire der westlichen Kultur der weibliche Körper gerne als Verdichtung einer symbolischen und einer wörtlichen Bedeutung eingesetzt wird. Im Falle der Pandora entpuppt sich die Dekodierung jedoch als noch komplexer, weil diese künstliche Frau seit der Antike zwar einerseits als allegorische Darstellung einer verhängnisvollen Neugierde und als Ursprung des irdischen Unglücks behandelt wird, diese Bedeutung aber andererseits kulturell auch als Aussage über weibliche Sexualität schlechthin gehandelt worden ist. So betrachtet, kommt in der Figur der Pandora auf entstellte Weise eine doppelte Bedeutung zum Ausdruck – die eine auf ein moralisches Verbot gerichtet, die andere auf einen Diskurs der Sexualität. Bei einem Versuch, die Figur der Pandora für einen zeitgenössischen Kontext zu refigurieren, geht es also um die Frage, warum die Denkfigur einer verhängnisvollen weiblichen Neugierde eingesetzt werden kann, um Ängste bezüglich der menschlichen Versehrtheit derart zu verhandeln, dass sie sowohl zensiert als auch als Entstellung dargestellt werden: Die Femme fatale wird zwar moralisch von der Handlung her denunziert, dennoch gilt ihr das Begehren der Kamera und so-

**9** | Žižek, Slavoj: The Sublime Object of Ideology, London: Verso 1989, S. 125.

**10** | Mulvey, Laura: Fetishism and Curiosity, London: British Film Institute 1996, S. 54.

mit auch die Hingabe des Publikums. Es geht aber auch darum, die ikonographisch tradierte Erotisierung verhängnisvoller Neugierde nicht ausschließlich auf eine latente, entstellte (sprich: allegorische) Bedeutung hin zu befragen, sondern gleichzeitig die manifeste Oberfläche zu lesen, um somit zu fragen, welche Vorstellungen von weiblicher Sexualität an der Figur der Pandora verdichtet werden, die eben nicht direkt zum Ausdruck gebracht werden können, die aber nicht nur die Projektion eines männlichen Blickes sind. Apodiktisch formuliert, lautet die Frage nicht, welches Geheimnis die neugierige Frau für das männliche Subjekt darstellt, das über sie die Frage des Verhängnisses verkörpert sehen will, sondern welches klandestine Wissen über die Weiblichkeit. Denn Pandoras Neugierde kann entweder – als gefährlich gewertet – zum Objekt eines Verbots werden (was einer Stilllegung gleichkäme) oder sie kann uns anstecken, und zwar indem sie uns anhält, wörtliche und projizierte symbolische Bedeutungen zusammenzufügen, die an dieser Figur verdichtet werden, um den blinden Fleck zu erörtern, der sich zwischen ihnen ergibt.

Kehren wir also nochmals zur ersten filmischen Pandora zurück. Pabsts Film stellt die Verbindung zum antiken Mythos in der Gerichtsszene explizit her, und zwar im Plädoyer des Staatsanwalts, der für Lulu die Todesstrafe fordert. Aus Frank Wedekinds gleichnamigen, zugrundeliegenden Stück ist bekannt, dass Lulu ihren Liebhaber Dr. Schön, Chefredakteur einer bedeutenden Tageszeitung, davon überzeugen konnte, sie zu heiraten, ihn jedoch in der Hochzeitsnacht erschoss. Der eifersüchtige Gatte hatte nämlich während der Hochzeitsfeier den alten Schigolch, den sie ihm als ihren ersten Patron vorgestellt hatte, im gemeinsamen Schlafzimmer entdeckt. Dort sitzt er, nachdem er Rosen auf das Bett der Braut gelegt hat, mit der Braut auf der Bettkante und liebkost sie zärtlich. Nachdem Dr. Schön seine Pistole auf den vermeintlichen Nebenbuhler gerichtet hat, gelingt es Schigolch zwar, unversehrt das Haus zu verlassen. Doch Dr. Schön wird nun Zeuge davon, wie sein Sohn Alwa seine Braut bittet, mit ihm das Haus seines mörderischen Vaters zu verlassen. Lulu lehnt diesen Ausweg ab, geht ins Schlafzimmer – was psychoanalytisch durchaus als visuelle Umsetzung des Eindringens in die mythische Büchse gedeutet werden darf – und dort, bezeichnenderweise vor einem Spiegel, vor dem sie begonnen hat, sich zu entkleiden, reicht Dr. Schön ihr seine Waffe. Sie soll sich töten, damit sie ihn nicht auch noch zum Mörder macht, erklärt er ihr. Lulu wehrt sich und löst während des Gefechts ungewollt die Pistole aus, wobei Pabst diesen tödlichen Schuss so inszeniert, dass wir Dr. Schön nur von hinten sehen, den verhängnisvollen Ausgang dieses Zweikampfes hingegen auf Louise Brooks Gesicht ablesen dürfen. Alwa, der das Haus seines Vaters noch nicht verlassen hatte, stürzt ins Schlafzimmer der Jungvermählten und entdeckt dort den Sterbenden. In der darauffolgenden Szene der Gerichtsverhandlung plädiert der Verteidiger für einen Freispruch, indem er Lulu zum unschuldigen Opfer unglücklicher Zufälle deklariert. Der Staatsanwalt hingegen wendet sich mit folgender Rede an den Richter und seine Jury: »Hoher Gerichtshof! Meine Herren Geschworenen! Die griechischen Götter schufen ein Weib: Pandora. Es war schön, liebreizend, kannte betörende Schmeichelkünste ... aber die Götter gaben ihm auch ein Gefäß, in das sie alles Übel der Welt einschlossen. Die Unbesonnene öffnete die Büchse und alles Unheil kam über uns! Sie, Herr Verteidiger, belieben die Angeklagte als verfolgte Unschuld hinzustellen ... Ich nenne sie Pandora, denn alles Unheil kam durch sie über Dr. Schön! Die Ausführungen des Herrn Verteidigers beeinflussen in keiner Weise meinen Strafantrag: Todesurteil!« Im Gegenschnitt sehen wir einerseits das verführerisch lächelnde Gesicht Lulus, die dann, über das Urteil erschrocken, mit einem dunklen, aber transparenten Tuch ihr Gesicht zu verhüllen sucht, andererseits die Blicke derjenigen, die mit ihren Reden über Lulus Schicksal zu verfügen suchen. Wie Pandora in der antiken Geschichte wird Louise Brooks visuell als Nebenprodukt, aber auch visueller Angelpunkt im Streit zwischen Männern inszeniert – zuerst im Zwist zwischen Alwa und seinem Vater, dann im Rechtsstreit zwischen dem Verteidiger und dem Staatsanwalt.

Mit Mulveys kritisch-feministischem Blick fokussiert man leicht die Doppeldeutigkeit der vom Staatsanwalt aufgerufenen Allegorisierung Pandoras. Kraft ihrer Entstehungsgeschichte – als Werkzeug der Vergeltung – beinhaltet der Gegensatz zwischen einer verführerischen Oberfläche (dem halbverschleierten Glamour-Körper Lulus), und einem verhängnisvollen, verborgenen Inhalt (die Fähigkeit, Männer von Unheil befallen zu lassen) die doppelte Bedeutung des Wortes »Fabrikation«. Im antiken Mythos wurde Pandora nicht gezeugt, sondern künstlich hergestellt, und wie sie ist auch der Glamourstar Louise Brooks das Resultat einer Kosmetik, vornehmlich der szenischen Beleuchtung und der Wahl der Nahaufnahmen. Somit greift Georg Wilhelm Pabst einen Gemeinplatz der Pandora-Tradition auf – dass nämlich ihre äußere Schönheit einen Betrug inszeniert, der gleich auf doppelte Weise einer Schutzdichtung dient. Die mit allen Gaben versehene verführerische Frau – Louise Brooks als Lulu – ist rein mechanisch produziert, damit sie die Verschränkung von betörender Schönheit und Tod verkörpern kann. Beides – die mechanische Künstlichkeit wie auch das durch weibliche Reize verhüllte Unheil – laufen auf ein Gleichnis zwischen rätselhafter, verführerische Weiblichkeit und Todesfigur hinaus, haben wir doch visuell eine Tautologie in dem schwarzen Schleier, mit dem Louise Brooks mal ihr Gesicht verführerisch einrahmt, es dann verhüllt, nur um es wieder forsch zu enthüllen. Dabei ist wichtig, festzuhalten, dass die oberflächliche Schönheit der auf die Leinwand projizierten Frau entweder das Geheimnis ihres eigenen todähnlichen Zustandes verdeckt – ist das Gesicht eines Filmstars doch strenggenommen nichts anderes als ein beweglicher Schatten. Oder es steht allegorisch ein für ein verdrängtes, und somit ebenfalls geheim gehandeltes Wissen um die Unumgänglichkeit des Todes derer, die mit ihr in Berührung kommen, was in der mit einem dunklen Schleier verhüllten Gestalt Lulus im Sinne einer an tradierte Todesfiguren ikonographisch angepassten Figur besonders augenscheinlich wird.

Bedenken wir aber, dass Pabsts Filmtitel nicht nur auf die antike Gestalt, sondern vornehmlich auf ihr Attribut anspielt, wird die Rhetorik der Verschiebung, im Zuge derer weibliche Verführung und Tod sich gegenseitig widerspiegeln, dadurch erhöht, dass wir es ja mit einem verführerischen weiblichen Körper und einem geheimnisvollen Gefäß zu tun haben, wobei beide implizit gleichgesetzt werden. Das Öffnen der Büchse dient als tropischer Ersatz für das Öffnen des weiblichen Körpers, um an dessen geheimen, verbotenen Inhalt vorzudringen; das in der Büchse enthaltene Geheimnis entpuppt sich als eine metonymische Verkörperlichung des der weiblichen Sexualität zugeschriebenen Rätsels und implizit auch deren Gefahr für den Liebenden. Wichtig ist also nicht nur die reine Metaphorik des Filmtitels, steht die Büchse der Pandora doch als Denkfigur dafür, dass für den Staatsanwalt Lulus reine Gegenwart zum Verhängnis des verstorbenen Dr. Schön wurde und sie deshalb schuldig ist, egal ob sie tatsächlich die Pistole abgedrückt hat oder nicht. Festzuhalten ist auch, dass der Filmtitel von einer Büchse spricht, weil es ungeklärt bleibt, was Lulus Motive waren, bzw. ob sie überhaupt Motive hatte.[11] Brisant ist für mich deshalb nicht so sehr die Frage, ob man das Öffnen der Büchse als eindeutige metaphorische Umsetzung einer sexuellen Offenbarung lesen könnte – im dem Sinne, dass mit der Rede des Staatsanwaltes die inneren Beweggründe der Angeklagten freigelegt und in Analogie zu einer mythischen Figur erklärt wurden. Stattdessen möchte ich fragen, was es bedeutet, dass in einer modernen Umschrift der Pandora, wie sie von Pabsts Staatsanwalt aufgerufen wird, die Denkfigur einer unterliegenden geheimnisvollen Gefahr, die von einer oberflächlichen Schönheit verdeckt und nur als Reiz wahrgenommen wird, gleich zweifach zum Ausdruck gebracht wird: durch einen schönen weiblichen Körper und durch die Gleichsetzung ihrer Tat mit dem Öffnen einer verhängnisvollen Büchse. Denn die verführerische Schönheit Louise Brooks fungiert im Sinne der Vanitas-Logik dadurch als Fetisch, der für den Betrachter folgende versöhnliche Botschaft zu vermitteln scheint: ›Ihre fabrizierte und faszinierende Schönheit entschärft meine Befürchtung, sie könnte bedrohlich sein, nämlich dem Bereich des tödlichen angehörig.‹ Doch der Inhalt ihrer Schachtel – das Offenlegen ihrer Tat als Aussage im Gerichtshof – materialisiert das, was der Fetisch zu verneinen sucht – nämlich das Bedrohliche, das den Menschen in seiner Sicherheit stört; genauer einen Einblick darin, dass alles Leben versehrt ist, auch wenn es in der Gestalt der verführerischen Frau irdisches Glück verspricht.

Um die doppelte Artikulation dieser Fetischisierung zu präzisieren, erklärt Laura Mulvey: »Whatever is concealed by Pandora's surface is secretly stored in

**11** | Siehe M.A. Doanes Femmes Fatales, S. 142-162.

the box.«[12] Dem könnte man nun aber hinzufügen, dass Pandoras schillernde Oberfläche auch dadurch ihren Reiz gewinnt, dass wir in der Schachtel wähnen, was uns die schöne Oberfläche nicht zeigt. Auf Pabsts Film übertragen, würde dies bedeuten, wir erhoffen uns in der Gerichtsszene eine Antwort auf die rätselhafte und gleichzeitig beunruhigende Ausstrahlungskraft des Starkörpers Louise Brooks, der mit der Figur der Lulu/Pandora nach dem Erscheinen des Films immer gleichgesetzt wurde. Pandoras Reiz liegt nämlich nicht nur darin, dass ihre Schönheit uns vor der Sterblichkeit, die sie auslöst, zu schützen verspricht, sondern auch darin, dass sie uns die Offenbarung dieses Übels verspricht. Wir erwarten sozusagen das Fatale, das durch den dunklen Schleier kaum abgedichtet wird, während die Bildsprache diese Erwartung mit dem direkten, in der Nahaufnahme eingefangenen Blick auf das Gesicht Lulus einlöst. Wichtig an dem Nachleben Pandoras in einer Figur wie Pabsts verführerischen Lichtgestalt Lulu ist jedoch auch der Umstand, dass sie uns heute hauptsächlich wegen ihrer Neugierde bekannt ist und somit als Chiffre dient für ein Versprechen, das Rätsel der Frau zu lüften. Dabei geht es mir darum, hervorzuheben, wie Pabsts cinematische Refiguration sich der mythischen Geschichte auch in Bezug auf diese weibliche Neugierde in Form der Geste einer doppelten Artikulation bedient. Pandoras Verlangen, die Gabe, mit der sie versehen wurde – ihre unwiderstehliche Erscheinung – zu ergründen, kann nämlich auch als Neugierde gegenüber dem eigenen Begehren gedeutet werden, das verhängnisvoll erscheint, weil es an die Kontingenz des Todes gebundenen ist. Laura Mulveys Plädoyer für einen theoretischen Blick, der – einem zeitgenössischen Kontext entsprechend – das kulturelle Nachleben Pandoras refiguriert, versucht gerade die im Nachleben der mythischen Geschichte enthaltene ambivalente Verdoppelung von weiblichem Körper und Büchse gegen den Strich zu lesen, um zu erörtern, wie der Blick der neugierigen Frau auf sich selbst dieser fetischisierenden Ökonomie entkommen könnte und etwas ins Blickfeld rückt, das ihr zugeschrieben wird, gleichzeitig aber auch unsichtbar bleiben soll:

»If [...] the box is a displaced materialisation [...] of those aspects of the female body that are the site of anxiety and revulsion, and Pandora herself personifies both their threat and their disguise, then her gesture (opening the box) may be read as curiosity about the enigma of femininity itself. The female figure not only is driven by transgressive curiosity to open the box, but is able to look at the supposed horror of those aspects of that female body that are repressed under patricharcal culture. It is here that the myth, otherwise from its very beginnings truly a symptom of misogyny, can find a point of transformation.«[13]

---

**12** | L. Mulvey, Fetishism and Curiosity, S. 59.

**13** | Ebd., S. 63.

Bedenkt man die Art, wie Louise Brooks im Verlauf der Gerichtsverhandlung ihr Gesicht sowohl ver- als auch enthüllt, ließe sich in Pabsts Inszenierung dieser Femme fatale durchaus ein Versuch erkennen, das weibliche Subjekt hinter den von Männern auf sie projizierten Angstfantasien aufscheinen zu lassen. Denn der Blick, mit dem sie auf ihre Verwandlung in eine mythische Figur – Pandora – antwortet, entlarvt diese Rhetorik als Schutzgeste vonseiten der Vertreter des Gesetzes. Indem der Staatsanwalt sie mit Pandora vergleicht, betont er, dass man hinter der vom Verteidiger vorgebrachten Unschuld eine kategorische Gefahr zu vermuten hat. Doch er sitzt in dem Sinne auch der fetischisierenden Geste der Verhüllung auf, als er diese tödliche Gefahr nicht als partikulares Handeln betrachtet, sondern als allegorisches Erbe. Indem Lulu zu Pandora wird, wird sie ihrer historischen Spezifizität entleert – ein mythisches Zeichen in Kontext eines denunziatorischen Narrativs. Wir meinen, die Büchse sei geöffnet, ihr Geheimnis in dem Sinne gelöst, als der Schuldspruch eine Erklärung für den Tod ihres Gatten anbietet. Aber der Griff zur mythischen Geschichte bedeutet eigentlich, um auf Laura Mulveys Formulierung zurückkommen, dass mit dieser Erklärung die verführerische Frau und die Macht, die sie auf ihre Mitmenschen ausüben kann, gerade nicht betrachtet worden sind.

Lulu verweigert dieses »framing« und entflieht dem Gerichtshof mithilfe des Menschenauflaufes, der sich nach dem Gerichtsspruch plötzlich bildet, als wolle sie sich aus jenem eingerahmten Bild entfernen, das ihre Schuld kategorisch an ihrem weiblichen Wesen festmacht. Gleichzeitig wird sie – ganz im Sinne der von Laura Mulvey formulierten Relektüre der mythischen Pandora – tatsächlich das vermeintlich Entsetzliche der weiblichen Gestalt, das von patriarchalen Diskursen verdrängt wird, zu erkunden suchen, und zwar indem sie dem männlichen Begehren, das sie auslöst, bis zur fatalen Konsequenz auf den Grund geht. Während die Männer des Hohen Gerichts und auch diejenigen, die mit ihr nach England fliehen, sie als schönes Tauschobjekt handeln, dem eine Fähigkeit zur Zerstörung unterstellt wird, und sie Lulu somit nur als verschleierte Gefahr wahrnehmen wollen, ist es Lulu, die den Anblick einer realen Gefahr nicht scheut. Ich hebe in meiner eigenen Lektüre den Blick, mit dem Louise Brooks den verschiedenen Veränderungen ihres Schicksals begegnet – dem Todesurteil und später dessen mysteriösem Vollstrecker – deshalb hervor, weil er uns ihr Begehren als eines von den sie verhandelnden Männern abgelöstes Begehren lesen lässt. Die Inszenierung einer Gleichsetzung der Büchse Pandoras und ihrer schillernden Gestalt ergibt in Georg Wilhelm Pabsts Film das Aufflackern eines furchtlosen weiblichen Blickes, der durchaus bereit ist, alles zu betrachten, was er in sich enthält – und das bedeutet auch alle Gestaltungen des Übels. Mit Laura Mulveys Privilegieren der Neugierde als offene Selbstwahrnehmung im Sinn lässt sich Pabsts Lulu als ein weibliches Subjekt lesen, das die verdrängenswürdige, aber nicht zu tilgende

Sterblichkeit in die Welt entlässt, dieser eine entstellte Verkörperung als glamouröser Starkörper verleiht und gleichzeitig ihr zu begegnen nicht scheut. Mit forschem Blick betrachtet sie den geheimnisvollen Mann, der sich als ihr Mörder entpuppen wird, und lässt sich somit auf genau jene Sterblichkeit ein, die über ihre rhetorische Transformation zur mythischen Pandora der Staatsanwalt abzuwenden versucht. Wozu Pabst uns somit anhält – zumindest wenn man das neugierige Begehren seiner Pandora ernst nimmt – ist, auf den Grund ihrer magischen Ausstrahlungskraft zu blicken und in der radikalen Annahme des Todestriebes, der zu Tage tritt, wenn alle Masken fallen, gerade eine Hoffnung zu entdecken.

## 8.3 Freiheit oder Tod, Geld oder Leben

Kehren wir deshalb nochmals zur Abschlussszene des Stummfilms zurück, um Lulus Bereitschaft, ihre fatale Ausstrahlungskraft zu ergründen, eine weitere Sinndimension zu entlocken. Jacques Lacan hat in seinen Schriften darauf hingewiesen, dass das Subjekt gerade darin eine ethische Geste vollzieht, dass es – vor eine falsche Wahl gestellt – das wählt, was seine Unfähigkeit zu wählen deutlich macht. Man denke an die prototypische Szene des Überfalls, wo der Räuber einen vor die Wahl zwischen Geld oder Leben stellt und man nur das Leben wählen kann; man denke aber auch an die Szene der revolutionären Handlung, in der eine Entscheidung zwischen Freiheit oder Tod postuliert wird. Im zweiten Fall ergibt sich nur die Wahl des Todes, denn nur so wird bewiesen, dass man tatsächlich eine freie Wahl getroffen hat, obgleich man jegliche Freiheit verloren hat außer derjenigen zu sterben. Gerade diese Formulierung scheint nun, folgt man Jacques Lacans Argument, für eine Deutung Lulus Wahl am Ende von Die Büchse der Pandora (Pandora's Box) fruchtbar zu sein. Weil die Polizei eine Belohnung auf sie ausgesetzt hat, geht es nicht nur um Geld oder Leben, sondern vor allem um Freiheit oder Tod. Zuerst zeigt Pabst uns eine Szene in einem Kasino, in der Alwa am Spieltisch jene Summe zu gewinnen sucht, die er und seine Geliebte an einen Mann, der Lulu erkannt hat, zahlen müssen, damit dieser sie weder an die Polizei verrät noch an einen Ägypter verkauft, der eine ähnlich hohe Summe zu zahlen bereit ist. Dann wechselt die Szene zu einer tristen Kammer im East End Londons, wo das Einführen eines tödlichen Faktors in die Frage des Wählens einen ethischen Akt hervorruft. Zu Recht beharrt Joan Copjec in ihrer Erläuterung dieses Lacan'schen Schemas darauf, die Differenz zwischen Freiheit und Tod sei nur dann sinnvoll, wenn man davon ausgeht, dass der Tod, den man im zweiten Beispiel wählt, nicht der gleiche ist, der implizit in der Wahl zwischen

Geld und Leben auf dem Spiel steht. Stattdessen handelt diese Wahl von einer Entbiologisierung des Todes.[14]

Wenn Lulu in ihrer Begegnung mit Jack the Ripper den Tod wählt, um ihre Freiheit – nicht zuletzt gegenüber der Geldwut ihrer Mitmänner – zu gewinnen, ist es nicht der biologische Tod, der als Pfand gefordert wird. Denn im Tausch um Leben und Freiheit, wie ich es bereits für PANDORA UND DER FLIEGENDE HOLLÄNDER (PANDORA AND THE FLYING DUTCHMAN) gezeigt habe, rückt die Frage der Unsterblichkeit ins Blickfeld, die sich aus einer Leerstelle ergibt – und zwar, weil sich die Vorstellung eines Nachlebens daraus ergibt, dass sich das Subjekt, indem es all das für sich annimmt, was das Singuläre an seiner Existenz ist – man könnte auch sagen, auf den Grund des Gefäßes, das sein Wesen verkörpert, blickt – meiner räumlich und zeitlichen Verortung verweigert und somit für uns nicht tot ist. In der Wahl des Todes, der sich aus einer radikalen Neugierde ergibt, entsteht – weil es die Singularität des Subjekts (im Fall Lulus die Unabhängigkeit von dem sie definierenden oder einrahmenden Blick der anderen) betrifft – eine Eigenschaft, die *sein muss*, und *deshalb nicht sterben kann*, auch wenn – oder gerade weil – ein biologischer Tod visuell inszeniert wird. So lässt sich Georg Wilhelm Pabsts Refiguration der Pandora als Inszenierung eines psychoanalytischen Diktums deuten, dass nämlich, wie Joan Copjec argumentiert, »to say that the body is immortal is not to deny the inevitability of biological death, it is to contest the reduction of the body to biological foundations.«[15] Wenn wir von der Wahl des Todes, wie sie sowohl Pabsts Lulu als auch Albert Lewins Pandora Reynolds treffen, ergriffen sind, dann nicht nur im Sinne eines passiven Erleidens einer von außen auf uns eintreffenden Pathosgeste, sondern als ein aktives Engagement mit dem von diesen beiden Pandora-Figuren unternommenen Engagement mit der eigenen Sterblichkeit; mit dem Abwenden von einer rein empirischen Welt. Weil dieses Engagement eine Metamorphose hervorruft, eine Konversion, in der das Subjekt nicht so sehr sich selber, sondern dem schrecklichen Übel, das mit seiner Gestalt unumgänglich verschränkt ist, treu bleibt, nennt Copjec dies einen »ethical progress«: eine ethische Haftbarkeit, die darin besteht, dass wir gerade keine uns schützende Identifikation mit der dargestellten Figur unterhalten können.[16] Pabst betont in seiner Inszenierung dieser Wahl gerade das Verschwinden seiner Pandora, was uns – lassen wir uns auf das Angebot ein – zwingt, den Ort der Abwesenheit ins Blickfeld zu rücken.

---

**14** | Copjec, Joan: »The Tomb of Perseverance. On Antigone«, in: Joan Copjec und Michael Sorkin (Hg.), Giving Ground. The Politics of Propinquity, London: Verso 1999, S. 238.

**15** | Ebd., S. 256.

**16** | Ebd., 258.

Mit dieser Formulierung eines weiblichen ethischen Aktes wäre ich nochmals bei der von Laura Mulvey aufgeworfenen Frage der an Pandoras Neugierde widersprüchlich verhandelten Fetischisierung angekommen, und möchte deshalb, um diesen Punkt zu präzisieren, zum Abschluss auf ein weiteres Filmbeispiel eingehen. Mulvey hebt bei ihrer Umdeutung der Pandora folgenden Gegensatz hervor:

»While curiosity is a compulsive desire to see and to know, to investigate something secret, fetishism is born out of a refusal to see [...] these complex series of turnings away, of covering over understanding [...] leave the female body as an enigma and a threat, condemned to return as a symbol of anxiety while simultaneously being transformed into its own screen in representation.«[17]

Mir geht es also bei der Art, wie Robert Aldrich in seinem Film noir die Figur der Pandora einsetzt, darum, dass er zwischen diesen beiden Optionen – der Neugierde als ein geheimnisentlarvender Blick und dem Fetischismus als eine Abkehr des Blickes – pendelt. Er greift damit die Ambivalenz der Abschlussszene aus Die Büchse der Pandora (Pandora's Box) auf. Denn Aldrich betont mit seiner ersten Einstellung die Verschränkung von weiblicher Neugierde mit einem bedrohlichen Rätsel, das Unheil über denjenigen, der sich diesem aussetzt, kommen lässt. Hier erhält das grenzüberschreitende Verlangen der Femme fatale nach einem Blick unter die eigene Oberfläche nur als vom Narrativ explizit ausgeschlossener Geschichtspunkt seine Artikulation. Aldrich bietet uns nämlich explizit ein paranoides Fantasieszenarium an, in dem eine den Tod verkörpernde Frau als bedrohliches Rätsel inszeniert wird, damit der Detektiv seinen Blick auf ihr Wesen – und das heißt auf die kontingente Sterblichkeit, die sie vertritt – verweigern kann. Somit können wir die verführerische Pandora in Aldrichs Film noir entweder als eine weitere Transformation der misogynen Geste verstehen, die Laura Mulvey der Pandora-Geschichte attestiert. Oder wir können sie als Symptom einer Verdrängung von Wissen bezüglich der menschlichen Versehrtheit lesen; als fantasmatische Figur männlicher Angst. In Rattennest (Kiss Me Deadly) fehlt zwar die Resubjektivierung, die ich in Pabsts Büchse der Pandora (Pandora's Box) festgestellt hatte, was jedoch nicht bedeutet, dass wir uns der inszenierten paranoiden Defamierung der Frau nicht kritisch entziehen und diesem Gestus etwas entgegenhalten können. Mein Argument ist deshalb: Gerade weil Aldrich die radikale Konsequenz eines männlichen Blickes durchspielt, der sich einer Untersuchung der Versehrtheit, die von dieser Noir-Pandora verkörpert wird, dadurch zu entziehen sucht, dass dieser Blick die neugierige Frau zur allegorischen Figur eines bedrohlichen Rätsels festschreibt, ohne ihr eine eigen-

**17** | L. Mulvey, Fetishism and Curiosity, S. 64.

ständige Subjektivität zuzuschreiben, entsteht eine Metamorphose, die der männlichen Fantasie jegliche Substanz entzieht. Wir haben auch hier einen »ethical progress« im Sinne Copjecs, der nicht nur mit der Vorstellung von Pandora als Nebenprodukt eines Streites zwischen Männern spielt, sondern das von Prometheus gestohlene Feuer für die nukleare Welt nach dem Zweiten Weltkrieg ebenfalls transformiert. Ich nenne das katastrophale Ende einen ethischen Akt, weil das Entlarven des fetischisierenden Gehalts der durchgespielten Männerfantasie eine andere Grundlage gibt, was Copjec als »a surrendering of the grounding substance that supports fantasy and a grounding of the world in the act«[18] bezeichnet. Denn wie ich ausführen werde, liegt die Artikulation der Unsterblichkeit, die von dieser nuklearen Pandora vorgeführt wird, gerade darin, dass sie die Unmöglichkeit des biologischen Überlebens mit ihrer ungehemmten Neugierde ins Blickfeld rückt – und zwar so, dass ein Wegsehen unmöglich wird.

»Perseverance locates enjoyment, not in an unachievable past nor in an out-of-reach object, but in the body eroticized by the performance of the act«, erklärt Joan Copjec.[19] Ganz in diesem Sinne führt die Anfangsszene von RATTENNEST (KISS ME DEADLY) die Femme fatale (Cloris Leachman) als erotisiertes Rätsel ein – als Figur, die offensichtlich eine gefährliche Handlung vollzogen hat. Wir sehen sie ganz am Anfang nachts alleine auf offener Strasse barfuss rennend und keuchend, auf der Suche nach einem Auto, das sie mitnehmen würde, sodass sie durchaus als ein »out-of-reach object« inszeniert ist. Sie ist so verzweifelt, dass sie sogar bereit ist, sich überfahren zu lassen – und verkörpert somit für den Privatdetektiv Mike Hammer (Ralph Meeker), der schließlich anhält und sie mitnimmt, ein Rätsel. Sie stellt für das Fantasieszenario, das sie mit ihrer plötzlichen nächtlichen Erscheinung in Gang setzt, ein Fetisch in dem Sinne dar, dass sie auf eine tödliche Bedrohung verweist, diese aber auch – durch ihr geheimnisvolles Schweigen – verdeckt hält. Doch wie die Abschlussszene zeigt, unterliegt ihre tödliche Geste (die sich manifest als Wahl für das Geld gegenüber dem Leben und somit latent als Wahl für einen Tod entpuppt), einer anderen Erotik: dem Beharren auf einem Wissen – komme, was wolle. Im Verlauf des Films erfahren wir, dass die Neugierde dieser geheimnisvollen Frau sie in eine fatale Lage versetzt hat. Sie hat eine Schachtel mit radioaktiven Stoffen entwendet und wird deshalb vom amerikanischen Geheimdienst verfolgt und getötet. Durch ihre verlockende Erscheinung wird nun aber in dieser Nacht ihre Neugierde zu derjenigen des Detektive Hammers, der wegen ihr den Kampf gegen den Geheimdienst aufnimmt und damit über sich und seine Freunde Unheil kommen lässt. Dabei findet jedoch eine bezeichnende Verschiebung statt. Christinas Neugierde – wie die ihrer Freun-

**18** | J. Copjec, »Tomb of Perseverance«, S. 262.

**19** | Ebd., S. 263.

din Gabrielle (Gaby Rodgers), die am Ende des Films an ihrer Stelle tatsächlich den begehrten Gegenstand auch öffnet – gilt dem geheimnisvollen Inhalt der Schachtel, die Neugierde des Detektivs hingegen gilt ihr und dem verhängnisvollen Geheimnis, das wörtlich an ihrem Körper durchgespielt wird. Sie fungiert somit als Fetischobjekt in einer um ihre Figur und ihren Diebstahl kreisenden Verschwörungstheorie, die Mike lösen muss, um seinen Streit mit den Agenten des Geheimdienstes zu überleben. Löst sie einerseits das identifikatorische Fantasieszenario in ihm aus, er selber sei in tödlicher Gefahr, überwindet er diese Angst dadurch, dass er als Mann die tödliche Neugierde der Frau vermeintlich überlebt. Dieser paranoiden Angst, die von Aldrich als ein verzweifeltes Wegsehen qua Fetischisierung der Frau inszeniert wird, erhält dann in der Abschlussszene, in der seine Noir-Pandora die Schachtel öffnet und somit gleichzeitig ihr eigenes Geheimnis – ihr grenzenloser Wissensdurst als Selbstbemächtigungsgeste – entlarvt, ein extrem brüchiges Bild des Überlebendens.

Christina und ihr Liebhaber, der das gefährliche Gefäß, das ihre Freundin entwendet hat, von ihr zurückbekommen hat, haben sich in eine Hütte am Strand zurück gezogen, wo sie Mike Hammer und dessen Mitarbeiterin gefangen halten. Der Dieb erklärt Christina, sie dürfe ihn auf seiner Reise nicht begleiten, doch er rechnet weder mit ihrer unbegrenzten Geldsucht noch ihrer Neugierde. Mit dem Revolver in der Hand stellt sie ihm vor die Wahl: »Dein Leben oder dein Geld.« Da er sich für letzteres entscheidet, verliert er beides – jedoch erst, nachdem er eine Warnung ausspricht, die auf überdeterminierte Weise die Frage des Unheils, das über die Menschen kommen wird, mit einem Rückgriff auf antike Geschichten verdeutlicht. Auf ihre Frage, was in der Schachtel sei, erklärt er ihr:

> »You have been misnamed Gabrielle. You should have been called Pandora. She had a curiosity about a box and opened it and let loose all the evil in the world ... Did you ever hear about Lot's wife? Well, she was told not to look back but she disobeyed and she was changed into a pillar of salt ... The head of Medusa, that is what's in the box. And whoever looks on her would be changed not into stone but into brimstone and ashes. But you wouldn't believe me. You'd have to see for yourself, wouldn't you?«

Natürlich glaubt auch diese Hollywood-Pandora, die ihre griechische Mythologie nicht kennt, der Warnung nicht. Robert Aldrich nutzt seine Umschrift jedoch weniger dafür, die Ignoranz seiner Pandora als Grund des Unheils, das über ihre Mitmenschen kommen wird, hervorzuheben. Ihm geht es eher darum, dass sie als Todesbringerin dem geld- und machtsüchtigen Mann zu der Erkenntnis zwingt, dass die Wahl des biologischen Überlebens eine unmögliche ist. Gleichzeitig findet hier eine neue Variante der Unmöglichkeit des Überlebens statt, die in der zweiten Wahl, nämlich der zwischen Freiheit und

Tod, beinhaltet ist. Christina scheint das Geld, und somit die Freiheit von den Männern, die ihre Freundin getötet haben, zu wählen, indem sie ihre Widersacher – die Männer, die sie nur zum Nebenprodukt ihres Streites machen wollten – anschießt, den Freund dabei tötet, Mike Hammer nur verletzt, und daraufhin die Schachtel öffnet. Damit hat sie jedoch eigentlich den Tod gewählt, und Aldrich setzt die brisante Tautologie visuell um: Die Offenbarung des geheimnisvollen Inhalts der Schachtel und die Entdeckung des Geheimnisses der Femme fatale bedeuten dasselbe.

Robert Aldrichs Pandora fungiert somit nicht im konventionellen Sinn als Symptom für männliche Ängste, denn im gleichen Masse, in dem sie sich dem Anblick dessen, was sich im Innern der Schachtel befindet, nicht entzieht, können wir uns auch nicht dem erwartungsvoll lüsternen Blick verweigern, mit dem Christina das Öffnen der Schachtel begleitet. Es ist ein ähnlich forscher Blick wie der Lulus in ihrer Begegnung mit ihrem Mörder, der auf die Überlebenden ausstrahlt. Mike Hammer gelingt es zwar, sich und seine Partnerin noch rechtzeitig aus dem Haus zu befreien, bevor es explodiert. Doch Aldrich entlarvt diesen scheinbar glücklichen Ausgang, in dem sein Detektiv die Freiheit und das Leben gegenüber dem Tod und dem Geld wählen durfte, als entlastende Schutzdichtung. Seine Noir-Pandora wird zwar in dem Augenblick bestraft, in dem sie nicht länger das Nebenprodukt eines Streits zwischen Männern sein will. Dabei nimmt sie, der Logik des Sündenbocks entsprechend, die von ihr verkörperten Übel – den Tod und die Destruktionslust – auf sich und reinigt mit ihrer Zerstörung die Welt von diesem Unheil. Doch sie hat sich auch des Feuers bedient, das in der antiken Geschichte der Stein des Anstosses war, und somit eine Art Redundanz in die Logik eingeführt, die der Fantasie des Überlebens die Substanz entzieht und sie somit als bodenlose Schutzdichtung entlarvt. Visuell setzt Aldrich diese Entlarvung, die ich im Sinne Joan Copjec auch als »a surrendering of the grounding substance that supports fantasy and a grounding of the world in the act« verstehen will, folgendermassen um: Er lässt sein Liebespaar sich verzweifelt umklammernd im Meer innehalten und vor fasziniertem Entsetzen auf das brennende Haus zurückblicken. Sie können sich der fetischisierenden Geste des abgewendeten Blicks nicht bedienen und sind somit – psychisch wie physisch – verseucht. Die Wahl des Lebens (statt des Geldes) bleibt eine falsche Wahl. Christina hat sich zwar verflüchtigt – wie Pandora im antiken Mythos – aber an der Stelle dieser Abwesenheit lässt sich auch ablesen, dass die Überlebenden nun die Spuren und vielleicht die Verantwortung für ihre Neugierde tragen; für ihre Verhaftung am Todestrieb. Und wenn sie nicht wegblicken können, dann ist uns als Zuschauer diese entlastende Geste auch nicht mehr möglich.

# 9. Liebe, Glamour, Pflicht

Frauenbilder im Hollywood der 50er Jahre

## 9.1 It's all about women

Gerade ist die junge Eve Harrington (Anne Baxter) nach vorne zur Tribüne des Bankettsaals getreten und hat ihre makellos gepflegten Hände ausgestreckt, um die Trophäe der Sarah Siddons Society entgegenzunehmen. Dieses Bild der Erwartung wird eingefroren und wir erfahren als Rückblende nicht nur alles über diesen neuen Stern am Theaterhimmel, sondern auch alles über die Freunde, die an ihrem plötzlichen Ruhm beteiligt waren. Aus dem Off stellt der Theaterkritiker Addison DeWitt (George Sanders) diese vor. Der Drehbuchautor Lloyd Richards (Hugh Marlowe) und der Regisseur Bill Sampson (Gary Merrill), welche die Rolle geschrieben und das Stück inszeniert haben, für das Eve an diesem Abend ihre Auszeichnung erhält, werden von ihm nur kursorisch skizziert. Denn Alles über Eva (All About Eve; 1950) erzählt vornehmlich davon, wie Frauen mit Weiblichkeitsvorstellungen spielen, um zu bekommen, wovon sie träumen. So sind für den Mann, der mit seinen Kritiken ebenfalls maßgeblich zum Erfolg Eves beigetragen hat, seine beiden Tischnachbarinnen wichtiger. Karen Richards (Celeste Holm), die Gattin des Drehbuchautors, und Margo Channing (Bette Davis), seit Jahren ein Star des Broadway, stellen zwei weibliche Gegenentwürfe zur glücklichen Preisträgerin dar. Den Broadway als Schauplatz für seine dunkle Satire hat Regisseur Joseph L. Mankiewicz nämlich nicht zuletzt deshalb ausgewählt, weil an der Gestalt der Schauspielerin besonders anschaulich sowohl die unbegrenzten Möglichkeiten zur Selbsterfindung wie auch der Preis vorgeführt werden können, den Frauen für öffentlichen Ruhm bezahlen. Damit legt er seinen Finger auf einen neuralgischen Punkt seiner Zeit. Für die amerikanische Frau, die nach Kriegsende wieder aus dem Arbeitsmarkt, in dem sie sich erfolgreich durchgesetzt hatte, verdrängt wurde, um für die heimkehrenden Veteranen Platz zu machen, stellt sich am Anfang der 50er Jahre der Widerspruch zwischen Beruf und Liebe mit neuer Brisanz.

Die »tagline« des Films lautet: »It's all about women – and their men!« Ohne die Männer, von denen ihr professionelles wie privates Glück abhängt, sind diese Frauen nicht zu verstehen. Doch der Titel des Films, der uns alles über einen weiblichen Star zu erzählen verspricht, weist auch darauf hin: Vom Arbeitsplatz Hollywood ließen sich die Frauen in den 50er Jahren nicht verdrängen. Mit ironischer Melodramatik, intelligentem Kalkül, ruhiger Eleganz und erotischem Charme stellten sie dort ein komplexes Angebot an Identifikations- und Orientierungsmöglichkeiten dar. In ALLES ÜBER EVA (ALL ABOUT EVE) steht an erster Stelle der alternde Broadway-Star – eine Rolle, für die Bette Davis bis heute legendär bleibt. Mit ungeheurer Schärfe und brillantem Wortwitz erkennt die 40-jährige Margo, dass sie Gefahr läuft, zur Karikatur der hysterischen Bühnendiva zu werden, wenn sie nicht aufhört – auf der Bühne und im Leben – an der Rolle der ewig jungen Liebhaberin festzuhalten. Weil sie darauf vertrauen kann, dass sie immer ein Star bleibt, kann sie einer jüngeren ihren Platz überlassen und sich in ihrem Leben neu orientieren. Für Margos klarsichtige Selbsteinschätzung bekommt sie als Belohnung am Ende das Eheglück und erweist sich als eigentliche Siegerin des Films, nennt Eve in ihrer Dankesrede sie doch »eine große Schauspielerin und eine großartige Frau«. Hingegen gelingt weder der neugekrönten Nachfolgerin noch deren ersten Förderin diese Kreuzung von Beruf und Liebe. Die ehemalige Radcliffe-Studentin Karen hat von Anfang an in der Rolle der anmutigen Gattin eines erfolgreichen Bühnenautors ihre Selbsterfüllung gefunden. Als anteilnehmende Zuschauerin greift sie zwar in die Intrigen des Theatergeschäfts ein, verhilft Eve zu ihrem Durchbruch und verliert dabei fast ihren Ehemann. Auf die Ehe als Bühne ihrer Wirkungskraft beschränkt, kann sie aber auch von der Korruption der Arbeitswelt unabhängig bleiben. So steht sie für eine Haltung der Aufrichtigkeit; für weibliche Güte, deren Gutgläubigkeit zwar manipuliert werden kann, die aber am Schluss moralisch recht behält.

Beiden entgegengesetzt, verkörpert Eve die begabte Schauspielerin, die bereit ist, alles zu tun, um ihren Traum zu erfüllen – koste es, was es wolle: weder ein wirklicher Star, weil diese Qualität mit Ehrgeiz nicht erworben werden kann, noch eine wirkliche Frau, weil diese im Kode der 50er Jahre auch die Fähigkeit zur Liebe aufzeigen muss. Zuerst steht sie noch im Regen und wartet am Bühneneingang, dann schmeichelt sie sich als Mitarbeiterin bei Margo ein. Einmal sehen wir sie nach einer Theateraufführung vorne am Rand der Bühne, wie sie das Kostüme ihres Vorbildes vor den eignen Körper hält und sich vor einem imaginären Publikum verbeugt. Mit kühler Gelassenheit spielt sie die unterwürfige Unschuldige so perfekt, dass alle auf sie reinfallen. So bekommt sie die Rolle in Lloyd Richards neuem Stück, die Margo hätte spielen sollen – und damit auch den ersehnten »celebrity status«. Dabei gelingt Joseph Mankiewicz eine bittere Demontage der idealen Frau. Seine Eva überzeugt, weil sie geschmeidig in die Rollen zu schlüpfen weiß, die man für sie entworfen hat, während sich hinter der glatten Maske eine diebische Verführerin und gerissene Erpresserin versteckt. Meisterhaft stellt Anne Baxter das Schreckliche des schönen Scheins weiblicher Anpassung zur Schau. Die Frau, die allen gefällt, ist ein Automat. Für ihren gnadenlosen Ehrgeiz muss Eve jedoch nicht nur den schrecklichen Preis der Einsamkeit bezahlen, war sie doch bereit, ihr privates Glück zu opfern. Sie ist – auf ihr Kalkül und ihr Talent reduziert – auch austauschbar. Nach der Preisverleihung geht sie allein in ihr Hotelzimmer, denn in den Augen ihrer früheren Freunde ist sie als Mensch gescheitert. Dort trifft sie die Präsidentin eines ihrer Fanclubs, die demütig ihre Hilfe anbietet, um ihrerseits vom Startum der anderen Frau zu zehren. In der letzten Einstellung des Films steht nun Phoebe (Barbara Bates) vor einem Dreiweg-Spiegel und hält die Trophäe, die Eve an diesem Abend überreicht worden war, in den Händen. Wie ein Zerrbild des Ehrgeizes ihrer Vorgängerin verbeugt auch sie sich vor einem imaginären Publikum.

Doch neben dem Theater-Star und dessen skrupellosem Fan gibt es in ALLES ÜBER EVA (ALL ABOUT EVE) noch ein anderes Bild der Schauspielerin. Marilyn Monroe, damals noch ein Starlet, taucht in einer kleinen Nebenrolle inmitten des bitteren Zweikampfes zwischen Margo und Eve auf. Als Claudia Caswell – dem Prototyp der hüftschwingenden, dummen Blondine – scheitert sie zwar, von Evas Schauspielkunst ausgebootet, beim Probespielen. Aus der Distanz der Geschichte, die Monroe zur größten Ikone weiblicher Verführung der 50er Jahre werden ließ, stellt sie jedoch auch eine Alternative sowohl zu Bette Davis' dramatischem Wortwitz wie zur aseptischen Glätte Anne Baxters dar. In einer Schlüsselszene sitzt sie auf der Treppe in Margos Wohnung und wohnt dem Wortgefecht der beiden Rivalinnen bei. Erstaunt lauscht sie dem Spektakel, das sie nicht zu verstehen scheint, und nimmt dabei als helles Lichtwesen einen eigenen Raum ganz für sich ein. Ihr erotisch und zugleich ironischer Sexappeal hält den beiden anderen Frauen eine Vitalität entgegen, die sie aus allen von Hollywood festgelegten Kategorien des Weiblichen fallen lässt. Wenn auch Marilyn Monroe der Kompromiss zwischen Erfolg und Ehe nicht gelingen sollte, für den Margo Channing am Ende belohnt wird, dann nicht deshalb, weil Ehrgeiz sich als Störer der Liebe erwies. Das besondere Charisma ihrer Erscheinung bestand stattdessen darin, dass sie ihren medial erzeugten Starkörper mit einer leiblichen Substanz füllte; mit dem Schmerz ihrer persönlichen Tragödien, aber auch ihrer ungeheuren Vitalität. Wie die Eva, die Joseph Mankiewicz uns vorführt, erinnert Monroes Biographie an die Kosten, die auch dieser Star für ihren großartigen Ruhm bezahlen musste – nie aber als Intrigantin, sondern als eine Frau, die von der Ausstrahlung, die sie auf die Leinwand zu bringen wusste, selber verzehrt wurde.

## 9.2 Traumfabrik als Begehrensmaschine

Von Anfang an war Hollywood der Ort, an dem Geschichten entwickelt wurden, die kulturell brisante Anliegen – als Wunschträume oder Angstszenarien inszeniert – aufgreifen, verarbeiten und somit lesbar machen; nicht jedoch als mimetische Wiedergabe gesellschaftlicher Malaise, sondern als mythische Verarbeitung. Denn diese Filmgeschichten bieten auf der Ebene der von ihnen aufgerufenen Imagination Versöhnungen sozio-politischer wie auch persönlicher Konflikte an, die in der real gelebten Welt unmöglich wären. Wie sehr es sich bei Hollywoods Traumfabrik um eine Begehrensmaschine handelt, wird jedoch nirgends so sichtbar wie beim Phänomen des Stars. Dieser stellt laut Roland Barthes einen »gelebten Mythos« dar, an dessen Körper ungelöste kulturelle Fragen eine Antwort zu erhalten scheinen, weil der Star, seitdem es das Theater gibt, als Verschränkung von Erlösungs- und Identifikationsfigur fungiert. Hat unser kulturelles Imaginäres immer schon Helden und Heldinnen entworfen, die wir aufgrund ihrer Persönlichkeit und ihrer besonderen Fähigkeiten bewundern und stückweit auch bedauern können, fasziniert die Geschichte des Stars – seine Geburt sowie das Schicksal seines Startums – weniger als Beispiel für eine denkwürdige und meisterhafte Leistung. Sie bietet vielmehr eine Kompensation für die nicht lösbaren Unzulänglichkeiten, die sich im alltäglichen Leben ergeben, weil dort das Begehren nie wirklich befriedigt, das erträumte Glück nie ganz eintreten kann. Sein medial erzeugter Starkörper und die an ihm festgemachte Fantasie des Startums – Erfolg, Glamour, Abenteuer, Luxus aber auch tragisches Scheitern – werden regelrecht zum Stern, an dem Fans sich, was die eigenen Wünsche und Selbstvorstellungen anbelangt, orientieren können. Denn der Starkörper, den wir auf der Leinwand erleben, ist zwar das Resultat der schauspielerischen Darbietung einer realen Person, fungiert gleichzeitig aber auch als Projektionsfläche für Wünsche, welche die Zuschauer dort zu befriedigen suchen.

So bedurfte es, um in Hollywood zum kulturellen Traumaggregat zu werden, zwar jener nicht definierbaren Eigenschaft, die mit »star quality« umschrieben wird. Dennoch beziehen die von der Traumfabrik medial erzeugten Starkörper ihre affektive Wirkungskraft vornehmlich dadurch, dass sie zwischen realer Person und künstlich geschaffener Filmgestalt changieren. Als gelebter Mythos berichtet die Geschichte des Stars somit implizit immer auch von der künstlichen Erzeugung eines Star-Image am Körper einer realen Person. Der rhetorische Pakt, den jeder Kinogänger eingeht, besagt: Mit der Materialität des leiblichen Körpers verleiht der Star einer Filmgeschichte Substanz. Weil diese mit dem Happyend oder der tragischen Katharsis eine Sinnstiftung vermittelt, die im Alltagsleben unmöglich ist, befriedigt sie auf der Ebene einer affektiven Identifikation auch den Zuschauer. Die versöhnliche Botschaft kann dieser sich imaginativ einverleiben, weil die mythische Filmgeschichte auf der Leinwand in der Gestalt des Stars eine Verkörperung findet. Dieser magische Austausch funktioniert, weil der Star aus zwei Körpern besteht – dem erstellten Image und den diesen Bildkörper erstellenden Leib. Dabei kommt aber ein dämonischer Zug mit ins Spiel. Wenn der Star nämlich einerseits eine mythische Erzählung von Auflösung oder Erlösung mit seinem Körper füllt, so ist er als unbegrenzt verfügbarer Medienkörper, auf den andere uneingeschränkt ihre Fantasien projizieren können, andererseits auch bedingt seiner Individualität entleert.

Für den weiblichen Star ist dieser magische Austausch von besonderer Brisanz, gibt es doch eine lange Bildtradition, welche die Frau als Objekt und Trägerin des männlichen Blickes entworfen hat; ja, sie einem gelebten Bild gleichsetzt. In seiner Essaysammlung WEGE DES SEHENS stellt der Kulturkritiker John Berger die These auf: In unserer visuellen Kultur erscheint die Frau nur auf einer vom männlichen Blick beherrschten Szene. Während Männer handeln, so John Berger, treten Frauen in Erscheinung. Männer sehen Frauen an, während Frauen sich als Betrachtete wahrnehmen. Aufgrund dieser Aufspaltung in zwei Blickpositionen ist jener Teil der Frau, der sich selbst betrachtet, männlich; jener, der betrachtet wird, weiblich. Somit verwandelt sich die Frau unwillkürlich in das Objekt eines fremdbestimmten Blickes. Wie Berger hinzufügt, muss sie sich, um im öffentlichen Raum erfolgreich wirken zu können, ständig selbst beobachten. Sie ist stets begleitet von einem Wissen um den Eindruck, den sie macht, um das Bild, das sie von sich am eigenen Leib herstellt. Dies heißt aber auch: Die Frau weiß von der Diskrepanz zwischen dem Bild, das sie verkörpert, und der eigentlichen Person, die in diesem nicht enthalten ist. Der Betrachter hingegen kann sich einreden, er hätte es mit einer realen Verkörperung seiner Fantasie zu tun, um alles, was dieses Frauenbild stört, auszublenden. Keiner hat die Demontage dieser visuellen Rhetorik, welche die Frau als künstliche Erzeugung eines männlichen Begehrens inszeniert, so beherrscht wie Alfred Hitchcock; und keiner seiner Filme spielt die fatalen Konsequenzen dieser visuellen Vereinnahmung einer Ausblendung der realen, das Traumbild störenden Frau so erschütternd durch wie VERTIGO – AUS DEM REICH DER TOTEN (Vertigo; 1958). Dabei dient die Mordgeschichte auch als Metareflexion über den mörderischen Aspekt der Kamera, die den weiblichen Star als Kunstgeschöpf zeugt, im Zuge der Starbildung aber eine lebende Leiche produziert.

Zweimal wird in VERTIGO eine geheimnisvolle Frau künstlich erzeugt. Das erste Mal von einem skrupellosen Ehegatten, der sich einen raffinierten Trick ausgedacht hat, um seine Frau zu ermorden. Gavin Elster (Tom Helmore) stellt die begabte Schauspielerin Judy Barton (Kim Novak) ein, um die Rolle seiner Gattin Madeleine zu spielen. Sie hat nur einen Zuschauer – den ehemaligen Polizeidetektiv John »Scottie« Ferguson (James Stewart), der während einer Jagd über die Dächer San Franciscos einen Schwindelanfall erleidet, hilflos zusehen muss, wie sein Partner in den Tod stürzt, und deshalb seinen Dienst quittiert. Gerne übernimmt Scottie den Auftrag, die Frau zu beschatten, die vermeintlich ihre geisteskranke Großmutter Carlotta nachahmt und von dieser in eine Todessehnsucht getrieben wird. Denn die Frau, die er beschützen soll, fungiert wie der Star in einem von ihm entworfenen Filmskript; bietet das Liebesmelodrama, in das sie ihn hineinziehen wird, doch eine Kompensation für sein Gefühl von Versehrtheit, weil es für ihn die Rolle des Retters vorsieht. Dass Madeleine von Elster explizit als Star für jene private Filmgeschichte entworfen wurde, mit der er sich einen unwissenden Mitspieler für seine bösen Machenschaften schafft, macht Alfred Hitchcock in der Szene deutlich, in der Scottie die Frau seines Auftraggebers zum ersten Mal sieht. Zuerst sitzt Madeleine mit dem Rücken zu ihm an einem Tisch im hintersten Eck von Ernie's Restaurant, sodass er sie verstohlen über seine Schulter betrachten kann. Dann steht sie auf und läuft direkt auf ihn zu, während er, sichtlich erregt, sich leicht von ihr abwendet. Für einen Augenblick steht sie in ihrem tiefausgeschnittenen, grünen Seidenkleid im Türbogen, der den Speisesaal von der Bar trennt, an der Scottie sitzt, als würde sie eine Bühne betreten, die nur für ihn errichtet ist; aber auch als würde sie die Belebung eines vom Holzbogen der Türe eingerahmten Frauenportraits vorführen.

Dann stellt sie, »Madeleine«, sich direkt hinter Scottie und Alfred Hitchcocks Kamera fängt sie in der Nahaufnahme im Profil ein, bevor er uns eine Nahaufnahme von James Stewart zeigt. Eigentlich kann er sie wegen der Art, wie er seinen Kopf hält, kaum sehen. Zudem wendet er seinen Blick gleich ganz von ihr ab, während Madeleine, die ihn von hinten betrachtet haben muss, ihrerseits auf Gavin Elster zurückblickt, der ihr gefolgt ist, um mit ihm das Lokal zu verlassen. Nun kann Scottie sie ungeniert nochmals von hinten und dann als Bild im Spiegel betrachten, der an der Eingangstüre hängt. Die visuelle Logik der Szene, die jenes fatale Verkennen einleitet, das zwei weibliche Tode fordern wird, liegt zum einen darin, dass Hitchcock Madeleine als Star Scotties privater Filmgeschichte explizit als Fantasiegeschöpf inszeniert: eine weibliche Erscheinung, die sein Held jeweils nur ungenau erblickt, als Gegenwart spürt, nie jedoch direkt ansehen kann, als müsse er, um sie genießen zu können, einen direkten Anblick vermeiden. Zum anderen dient diese Szene auch als Kommentar zur künstlichen Erzeugung des weiblichen Stars. Der glamouröse Gang durch den Türbogen und vor allem die Nahaufnahme ihres Profils, die James Stewart jeweils nicht sehen kann, hat die Funktion, Kim Novak als neuen Hitchcock-Star zu etablieren. Sie weiß, dass die Kamera sie zum Objekt seines – und somit unseres – Blickes macht; und zeigt mit ihrem selbstbewussten Spiel zugleich, dass sie von dem Eindruck, den sie als Glamour-Star macht, ebenfalls weiß. In diesem Augenblick ist die geheimnisvolle Frau, die wir auf der Leinwand sehen, sowohl eine trickreiche Schauspielerin, die Scottie verführen wird, als auch ein Hollywood-Star, der uns den

Trick vorführt, der mithilfe von Bildausschnitt, Montage und Kamerafahrten aus einer realen Frau einen Starkörper entstehen lässt.

Alfred Hitchcock belässt es nicht bei diesem selbstreflexiven Verweis auf den visuellen Zauber, der die Bildung des Starkörpers ermöglicht. Scottie muss sich ein weiteres Mal den weiblichen Star seiner privaten Filmgeschichte erzeugen, weil er, ohne es zu wissen, seine Rolle im Skript seines Freundes Gavin perfekt gespielt hat. Er konnte aufgrund seiner Vertigo der Frau, die er für Madeleine hielt, nicht folgen, als sie einen Kirchturm hinauflief, und bezeugt deshalb vor Gericht fälschlicherweise, sie sei in den Tod gesprungen. Dabei ahnt er nicht, dass Gavin oben auf dem Turm auf Judy wartete und an ihrer Stelle seine bereits tote Gattin hinunterwarf. Als Scottie zufällig auf eine wesentlich vulgärere Judy stößt, ohne in ihr die Schauspielerin zu erkennen, die nur für ihn die Rolle der elegischen Madeleine verkörpert hatte, beginnt die zweite Runde ihrer Umgestaltung. Diese spielt nun die tragische Konsequenz durch, welche die Umwandlung einer realen Frau in eine künstlich geschaffene Traumgestalt zur Folge haben kann. In der berühmten Transformationsszene sehen wir, wie Judy sich anfänglich dagegen wehrt, nochmals die Kleider, die Maske und die Frisur Madeleines anzulegen, weil es einer Ausblendung ihrer Person gleichkommt – und sehen gleichzeitig, wie die Schauspielerin Kim Novak hergerichtet wurde, um nochmals als der Glamourstar der ersten Hälfte des Films auf der Leinwand zu erscheinen. Dabei geht es Hitchcock durchaus um eine kritische Abrechnung mit der mörderischen Rhetorik der Cinephilie, die den weiblichen Star dem Filmbild gleichsetzt. Sein Held erlebt – stellvertretend für das Filmpublikum – eine im Alltag unmögliche Liebesgeschichte. Auf der Leinwand kann er den Körper einer Schauspielerin seinem persönlichen Wunschbild soweit anpassen, dass er dieses Image (und nicht die reale Frau) sexuell zu genießen meint. Von diesem Versprechen lebt die Liebe zum Filmbild.

Alfred Hitchcock entlarvt aber gleichzeitig die Gewalt, die dem Erzeugen des Hollywood-Stars im Kern innewohnt, weil das Star-Image mit der realen Person, die diesem ihren Körper leiht, nicht zu vereinen ist. Dies läuft zum einen auf die Produktion von Judys Leiche hinaus, die am Ende des Films ebenfalls auf dem Kirchdach liegt: eine Chiffre dafür, dass die Schauspielerin, die sich gegen den Gestaltungswillen ihres Regisseurs nicht durchsetzen kann und deshalb mit ihrem Image identisch geworden ist, als eigenständige Frau abstirbt. Zum anderen hat Hitchcock aber auch einen ironischen Kommentar auf das mörderische Begehren seines bildbegeisterten Scotties parat. Wenn die Frau versucht, ihre eigenen Züge in das Traumbild zu übertragen, kann dies nur ein parodistisches Zerrbild ergeben. Scotties ehemalige Verlobte Margaret »Midge« Wood (Barbara Bel Geddes), die als Modezeichnerin ihr Geld verdient, gestaltet sich selber als Objekt seines Begehrens in der Hoffnung, ihn zurückzuerobern. Midge malt das Portrait Carlottas nach, an dem Judy sich in ihrer Rolle der Madeleine orientiert, setzt aber an deren Stelle ihr eigenes Gesicht. Verständlicherweise findet Scottie ihren Scherz nicht komisch, weil sie mit diesem Doppelportrait seiner Fantasiegestalt eine reale Frau entgegenhält. Er verlässt fluchtartig ihre Wohnung. Auch sie erschrickt über den eigenwilligen Mut dieser Herausforderung und zerstört ihr Gemälde. Sie aber ist es, die überlebt, und zu ihr kehrt Scottie – zumindest in der europäischen Zensurfassung – am Ende stillschweigend zurück.

## 9.3 Die Frau und der American Dream

Hollywood thematisiert auch deshalb gerne die künstliche Erzeugung eines Star-Image am Körper einer realen Person, weil dies im amerikanischen Traum als politisches Projekt selber eine Entsprechung findet. Die Entdeckung Amerikas wurde von Anfang an als gelebter Mythos konzipiert. Die ersten puritanischen Siedler betraten die Küste von Massachusetts wie eine Bühne, auf der eine von ihnen erträumte biblische Prophezeiung realisiert werden sollte – hatten sie doch den Ozean im Glauben überquert, sie seien von Gott auserwählt worden, um dessen Auftrag zu erfüllen und dort ein neues Israel zu gründen. Konzipiert als ein ihnen versprochenes Land, stellte Amerika für die Siedler den Ort dar, an dem sie jenes Recht auf ökonomischen Aufstieg, Selbstverwirklichung und Erlösung erfüllen sollten, das sie in den Texten ihrer Propheten entdeckt hatten. Amerika begann somit als Theater. Der neue Kontinent war nicht nur ein Stück bewohnbares Land wie jedes andere, sondern eine imaginäre Geographie, die als Schauplatz für die Erfüllung eines biblischen Schicksals diente, das sich dort als individueller und kollektiver Kampf abspielen sollte. Basiert somit die amerikanische Kultur von Anfang an auf einer mythischen Theatralik, spielt das Hollywood-Kino vor allem jenen Aspekt des amerikanischen Projektes wiederholt durch, der diesen Kampf als ein stetes Streben nach dem Erreichen dieser göttlichen Verheißung versteht. Denn das Recht auf Leben, Freiheit und dem Streben nach Glück, das die Autoren der amerikanischen Verfassung für alle Bürger proklamierten, bringt auch eine Verpflichtung gegenüber dem American Dream mit sich. Teil am amerikanischen Projekt können nur diejenigen haben, die sich in ihrem Bündnis mit Gott stets beweisen – und zwar indem jede und jeder sich immerfort verbessert, neu entwirft und verwandelt, um den Erwartungen an einen ökonomischen Aufstieg besser zu entsprechen; vor allem aber indem man den Traum der optimalen Selbstverwirklichung um jeden Preis durchzusetzen versucht. Gerade die mythische Verarbeitung des American Dream im Hollywood-Kino in den 50er Jahren thematisiert aber auch die fatalen Konsequenzen eines kulturellen Projektes, das nicht nur von der Vorbestimmung eines Schicksals ausgeht, sondern auch von der Notwendigkeit, dieses Schicksal zu erfüllen.

Stur und ohne Einschränkungen am eigenen Selbstentwurf festzuhalten setzt eine Imaginationskraft voraus, die man nur aggressiv nennen kann. Die Überzeugung, alle müssten sich entlang der Horizontlinie der eigenen Glücksvorstellungen immer wieder neu erzeugen, hat oft eine tragische Ausblendung der Realität zur Folge.

Wie in VERTIGO fungiert auch in George Stevens' Verfilmung von Theodore Dreisers Klassiker *Eine Amerikanische Tragödie* ein weiblicher Star als Verkörperung eines Traumbildes – nun jedoch betrifft es die Hoffnung des Helden auf Wohlstand, Erfolg und gesellschaftliche Anerkennung. Am Anfang von EIN PLATZ AN DER SONNE (A PLACE IN THE SUN; 1951) steht George Eastman (Montgomery Clift) mit seinem Rücken zur Kamera am Straßenrand und hofft, ein Autofahrer nimmt ihn mit. Dann wendet er sich von der Strasse ab und sein Blick fällt auf eine Werbetafel, die hinter ihm den Anblick der kalifornischen Landschaft verstellt: ein Plakat der Kleidungsfirma seines Onkels Charles Eastman, auf dem eine dunkelhaarige Frau am Strand liegend für einen Badeanzug wirbt. »It's an Eastman«, erklärt die Schrift über der liegenden Frau, und auch George ist ein Eastman, auch wenn er dem armen Teil der Familie angehört. Immerhin nahm er, als er seinen Onkel wenige Tage zuvor in Chicago zufällig traf, dessen Einladung, in seiner Fabrik zu arbeiten, an. Dann wendet sich der junge Mann wieder der Landstraße zu, als hätte er eine imaginäre Geographie betreten, in der sich sein Traum von Selbstverbesserung verwirklichen kann, und in diesem Augenblick fährt eine dunkelhaarige Frau in einem hellen Sportauto an ihm vorbei. Als Tochter aus reichem Hause verkörpert die von Elizabeth Taylor gespielte Angela Vickers jene Freiheit und Eleganz des Wohlstandes, nach der George strebt, und verschränkt somit sein Verlangen nach romantischer Liebe mit sozialem Ehrgeiz. Gleichzeitig wird an ihrer Gestalt, die immer in helles Licht getaucht ist, vor allem aber an ihrem Gesicht, das Stevens zudem meist in einer weich gezeichneten Nahaufnahme einfängt, um dessen fantasmatischen Charakter hervorzuheben, auch die Fragilität des American Dreams verhandelt. Setzt EIN PLATZ AN DER SONNE (A PLACE IN THE SUN) mit dem Anblick einer Frau auf einer Werbetafel ein, dem Elizabeth Taylor daraufhin einen realen Körper verleiht, hört der Film mit einem weiteren Bild von ihr auf. Während der zum Tode verurteilte George von Wächtern begleitet zur Gaskammer schreitet, sehen wir zuerst als Nahaufnahme seinen entrückten Blick, der den Eindruck hinterlässt, er sei in seinen Gedanken bereits nicht mehr von dieser Welt. Dann wird sein Gesicht überblendet mit einer zweiten Nahaufnahme, die den erwartungsvoll geöffneten Mund Angelas und dann ihren Kuss zeigt – als wäre dieses auf seiner inneren Leinwand aufflackernde Bild ihrer Hingabe ein auf Ewigkeit eingefrorener Augenblick des Glücks.

George Stevens' Kritik am American Dream verläuft jedoch in zwei Richtungen. Es geht ihm durchaus darum, die Gewalt vorzuführen, die sein Held einzusetzen bereit ist, um am Bild der edlen Geliebten festzuhalten, die in seiner Fantasie für das Bild der eigenen Selbstverbesserung einsteht. Um die Frage von Georges Schuld zu klären, wollte seine Mutter im Gefängnis von ihm wissen, ob er an Angela dachte, als er bei dem von ihm inszenierten Bootsunfall seine andere Geliebte, die ihn aufgrund ihrer Schwangerschaft zur Heirat zwingen wollte, vor dem Ertrinken nicht retten konnte. Anstatt zu antworten, versinkt er in seine Traumwelt und wir sehen zum ersten Mal die Großaufnahme der ihn küssenden Elizabeth Taylor, die er auch beim Gang in den Tod vor Augen haben wird. Indem er als Fluchtpunkt dessen Fantasielebens das Bild der ewig anhaltenden Liebe setzt, verklärt George Stevens somit auch das hartnäckige Festhalten seines Helden an einem verantwortungslosen Traum. Demütig akzeptiert George Eastman seinen Tod – nicht weil er Reue empfindet, sondern weil ihm das Traumbild der Frau bleibt, die ihm im Gefängnis noch versicherte, sie würde immer an ihn denken. Ihre Liebe verzeiht, wo weder juristische Gesetze noch ein moralischer Kode greifen, der vor allem in den 50er Jahren auf Familienbildung und Fortpflanzung setzte. Stattdessen wird an der Denkfigur einer unsterblichen Liebe die mythische Versöhnung verhandelt, die das Kino als Kompensation für die harte Todesstrafe der amerikanischen Justiz anbietet. Weil auch wir am Bild der beiden im Kuss versunkenen Liebenden festhalten können, das sowohl Georges Schuld überblendet als auch seinen Tod aufhebt, hat dieser American Dream doch ein beglückendes Ende.

Vor allem aber im Musical hat Hollywood das ideologische Erbe des amerikanischen Projekts vielzählig thematisiert. Nach langer, harter Arbeit – und dank einer Portion Zufall – endlich den Durchbruch als Entertainer am Broadway oder in Hollywood zu schaffen, fungierte, seit es den Revuefilm gibt, als Chiffre für das Streben nach Selbstverbesserung, Aufstieg und irdischem Glück, das die Gründer Amerikas im Sinn hatten. Obgleich diese Filmgeschichten meist die Geburt eines neuen Stars preisen, findet gerade in diesem Genre auch eine kritische Auseinandersetzung mit den Kosten statt, die der amerikanische Traum unbeschränkter Möglichkeiten mit sich bringt – vor allem, wenn es die Selbstentfaltung eines weiblichen Stars betrifft. Um sich von dem Schreckbild der ehrgeizigen Intriganten abzusetzen, die in den 50er Jahren nur im Film noir gefeiert wird, darf bei der Frau die Fähigkeit zur Empathie nicht fehlen, die sie kritisch abwägen lässt, ob Berühmtheit wirklich um jeden Preis erstrebenswert ist. Selbst wenn diese affektive Beschränkung der eigenen Wünsche nicht dazu führt, dass sie ihrer Ehe und Familie zuliebe die Karriere opfern, gehen die erfolgreichen Frauen im Musical-Geschäft nie ausschließlich in ihrem Startum auf. Hinter dessen Glamour flackert vielmehr die reale Frau und ihr Streben danach, ihre Kunst mit ihrer Liebe für einen Mann zu vereinen. Auch Judy Garland, die als Esther Blodgett in Ein neuer Stern am Himmel (A Star is born; 1954) ein Comeback schaffte, verfolgt den traditionellen American Dream. In der Szene, in der Norman Maine (James Mason) ihre grandiose Stimme entdeckt, erklärt sie ihm, sie fühle sich nur dann wirklich lebendig, wenn sie singe. Sie hegt zwar ebenfalls den Wunsch ein großer Star zu werden, doch sie ist von Anfang an eher bescheiden, zufrieden mit den kleinen Erfolgen und vorsichtig, was die Entwicklung ihrer Karriere betrifft. Weil er hingegen in ihr die Begabung und die Begeisterung wiedererkennt, die er aufgrund seiner Alkoholsucht als Schauspieler zu verlieren begonnen hat, überträgt er seinen Traum auf sie.

Auch in dieser Filmgeschichte schafft ein Mann sich einen weiblichen Star als Kompensation für die Mängel seines eigenen Lebens; sie soll der Star werden, der er einstmals war. Im Kontext einer Kultur, die Frauen auf ihren häuslichen Wirkungskreis reduzieren wollte, spricht EIN NEUER STERN AM HIMMEL (A STAR IS BORN) damit gerade nicht eine Angst vor kompetenten, selbstbewussten und ambitionierten Frauen auf dem Arbeitsmarkt an, sondern die Kehrseite dieser Medaille; jene ebenfalls für die 50er Jahre prominente Orientierungslosigkeit der Männer, die sich in der Nachkriegswelt in ihrer zunehmend technisierteren Arbeitswelt nicht mehr reibungslos zurechtfinden konnten. Nur fügt Regisseur George Cukor die Komponente der gegenseitigen Anerkennung hinzu, die Alfred Hitchcocks Psychothriller fehlen muss. Weil Norman an sie glaubt, kann auch Esther sich die eigene Umwandlung in den Musical-Star Vicki Lester vorstellen. Weil sie für sein Vertrauen in Normans Schuld steht, beweist sie ihm ihre Professionalität und beharrt gleichzeitig darauf, vor allem seine Frau zu bleiben. Sie hält dabei nicht blind an ihrem gemeinsamen Traum fest, sondern bringt sowohl eine bodenständige Pragmatik als auch einen liebevollen Witz mit ins Spiel, der beide mit der Härte des Showbusiness versöhnt, an der er zu scheitern droht. Diese Menschlichkeit ist es auch, die Cukor als das Besondere des Stars hervorhebt, dessen Geburt er feiert. In der berühmten Revue-Nummer des Films thematisiert er dessen künstliche Erzeugung auf eine Art, die wieder ins Bild rückt, was Hitchcock als radikale Ausblendung hervorhob: der Starkörper als Zusammenspiel von Image und realer Frau. Zuerst sitzt Vicki während des Previews ihres ersten Films neben Norman im Kino und schaut – als Film im Film – sich selber zu. Dann füllt die gefilmte Szene die ganze Leinwand unseres Films. Der Vorhang ist gefallen und ihre Filmpersona ist wieder auf die Bühne getreten, um den Applaus entgegenzunehmen.

Dort beginnt ein zweites Lied, das die Erzeugung ihres Startums als öffentliches Bekenntnis inszeniert. Doch zuerst setzt sie sich auf den Rand der Bühne, um ihr Publikum direkt anzusprechen. Als Zeichen ihrer Dankbarkeit für die Anerkennung, die sie gerade erfahren hat, demontiert sie ihr Star-Image und berichtet ehrlich und zugleich begeistert von dem findigen Durchhaltevermögen, das nötig war, damit sie diesen Glücksmoment erleben durfte. Bei dieser aufrichtigen und zugleich selbstironischen Beichte rückt sie immer näher, als wollte sie die Grenze zwischen sich und ihren Zuschauern aufheben und über die Vermenschlichung ihrer Starpersönlichkeit diese gleichzeitig in die Zauberwelt des Musicals hinüberleiten, die sich als filmische Einblendungen der Szenen, von denen sie singt, hinter ihr wieder auftut. In der Nahaufnahme, mit der George Cukor diese Offenbarung zu Ende bringt, hat sich die Bühne plötzlich verdunkelt, und einzig Esthers von einem Scheinwerfer beleuchtetes Gesicht ist zu sehen. Zu der glücklichen Erleichterung, die sich dort sichtlich abspielt, kommt für einen Augenblick das Aufflackern eines verwirrten und ängstlichen Erstaunens hinzu, bevor Judy Garland bescheiden ihren Kopf nochmals vor ihrem Publikum beugt. Dieses Doppelportrait des Stars unterstützt vor allem den Aspekt des American Dreams, der von einem Auftrag zur ethischen Selbstverbesserung spricht. Es gehört zu Cukors Kritik am amerikanischen Projekt, dass auch er dieses Gelingen nur als Tragödie erzählen kann, die wie in EIN PLATZ AN DER SONNE (A PLACE IN THE SUN) ein männliches Opfer fordert. Die sinnstiftende Versöhnung, welche die Auflösung seiner mythische Filmgeschichte anbietet, läuft ebenfalls auf das Bild einer Frau hinaus, die den Mann, der an ihr seinen Traum verkörpert fand, auf ewig in Erinnerung behalten wird.

Zwar ist Vicki anfangs bereit, ihr Startum aufzugeben, um ihren verbitterten Mann zu einer neuen Karriere zu verhelfen, doch als Veteran Hollywoods hat Norman erkannt, dass nur sie sein Vermächtnis in die ihm entfremdete Welt der 50er Jahre weitertragen kann. Er wählt den Freitod, damit sie das Werk, das er begonnen hat, als er sie zum Star machte, fortführt. In der verblüffenden Abschlussszene fällt das Bild der realen Schauspielerin mit demjenigen der Filmheldin zusammen. Judy Garland, die dafür berühmt wurde, ihre Verletzbarkeit öffentlich zur Schau zu stellen, doch der eigenen Absturzgefahr immer eine emotionale Intensität entgegenhielt, die ihr erlaubte, weiterzumachen, erscheint in der ihr eigenen Rolle; der Star, der Katastrophen überlebt und nachträglich dem Publikum davon berichtet. Um vorzuführen, dass sie – wieder mit der Hilfe ihres Gatten – ein zweites Mal als Star geboren wurde, spricht sie mit Tränen in der Stimme als einführende Worte nur einen einzigen Satz, bevor ihr Publikum in begeisterten Applaus ausbricht: »Hello everybody, this is Mrs. Norman Maine.« Die Versöhnung, die dieser Glücksmoment feiert, ist komplex. Vicki Lester schreibt sich mit diesem Namen nicht als Star, sondern als Gattin eines verstorbenen Schauspielers im Gedächtnis ihres Publikums ein. Doch sie tut dies als Musical-Star und nicht als Ehefrau, steht sie doch nun ganz alleine auf der Bühne. Der Mann, der sie mit seinem hingebenden Blick zuvor dort unterstützte, manchmal aber auch mit seinen trunkenen Ausfällen störte, ist für immer aus dem Blick der Öffentlichkeit verschwunden. Sie bleibt ein großer Star, weil sie sich selber als Frau entworfen hat, die nicht trotz, sondern wegen ihrer persönlichen Tragödie als Entertainerin weitermachen muss.

## 9.4 Eine Zeit dazwischen

So zeichnet sich gerade in den mythischen Produktionen der Traumfabrik Hollywoods eine für die 50er Jahre typische Diskrepanz ab. Herrschte in der Öffentlichkeit ein optimistischer Glaube am ökonomischen Aufschwung einer wachsenden Mittelschicht, wurde gerade von wohlsituierten Künstlern, Schriftstellern und Intellektuellen ein kritischer Protest gegen das grassierende Vertrauen am Überfluss einer Konsumgesellschaft geübt, die für ihr eigenes materielles Wohlbefinden den Preis der Konformität zu bezahlen bereit war, zur Entfremdung und Vereinsamung in der Massengesellschaft führte und mit Verlogenheit oder Verheimlichung am Bild einer heilen bürgerlichen Welt festhielt. In der Zeit zwischen dem Ende des Zweiten Weltkrieges und den politischen und sozialen Zivilrechtsunruhen, den Protestbewegungen und dem Zerfall urbaner Zentren, die das nächste Jahrzehnt charakterisieren würden, wollte man so unkritisch wie möglich sein Vertrauen in den American Dream setzen. Die Freude über den Sieg der Alliierten hinterließ nicht nur eine melancholische Erinnerung an die Zerstörung und die Toten, die der Krieg gefordert hatte, sondern kippte auch schnell in ein stillschweigendes Verbot um, über soziale Ungerechtigkeiten der Gegenwart zu sprechen. Es sollte stattdessen eine kulturelle Kontinuität mit den Werten der 40er Jahre hergestellt werden, die jedoch nur mit einer radikalen Domestizierung von Frauen im Zuge einer Kulturpolitik des Babybooms, der nicht arbeitenden Mutter und ihrer mit neuster Technologie ausgestatteten Küche durchzusetzen war; sowie der Ausgrenzung jeglicher psychischer Kolateralschäden des neuentfachten Streits der Geschlechter aus dem Blickfeld der öffentlichen Kultur. Auf der Ideologie einer unversehrten menschlichen Anständigkeit sowie einer genuin amerikanischen Strebsamkeit am Arbeitsplatz und im Heim sollte die Konsumstärke der Nachkriegszeit und das Versprechen eines stets wachsenden Wohlstands beruhen.

Erinnert werden die 50er für das Testen von nuklearen Waffen, die Rhetorik des Kalten Krieges, das Wettrüsten gegen die Sowjetunion, die von Joseph McCarthy bis 1954 geführte Hexenjagd gegen vermeintliche Kommunisten, den Korea-Krieg, den Tod Stalins, den Wahlsieg Fidel Castros, die Suezkanal-Krise, die Schauprozesse in Prag, den Aufstand in Ungarn, den Kampf um das geteilte Berlin sowie das anti-koloniale Aufbegehren in der Dritten Welt und daran geknüpft die Schaffung der CIA. Die massenmedial geschürte Paranoia verschränkte sich jedoch mit einer ebenfalls massenmedial verbreiteten Kommerzialität. Dies war auch die Zeit, in der das Fernsehen mit seinen Sitcoms und Quizshows in die Wohnzimmer der amerikanischen Familie Einzug nahm und man der Krönung Elizabeth II., der Hochzeit Grace Kellys mit Rainier Fürst von Monaco und der des Schah von Persien mit Farah Diba im trauten Heim beiwohnen konnte. Die Suburbs mit ihren Supermärkten, Fast-

Food-Restaurants und massenfabrizierten Häusern gewannen an Popularität, während gleichzeitig Alfred Charles Kinsey seinen Report über das sexuelle Verhalten der Amerikaner veröffentlichte, das Konzept des Teenagers geboren wurde und mit ihm eine Jugendkultur, die den Rock 'n' Roll, das Drive-in-Kino und die Figur des Halbstarken hervorriefen. Die massenmedial verbreitete Berichterstattung lenkte aber auch die Aufmerksamkeit der Bevölkerung auf die Ungerechtigkeiten des Rassismus. Als eine ältere afro-amerikanische Arbeiterin namens Rosa Parks 1955 ihren Sitz im für Weiße reservierten vorderen Teil eines Busses nicht aufgeben wollte und daraufhin verhaftet und verurteilt wurde, löste dieses Ereignis in Alabama jenen 381-tägigen Montgomery-Bus-Streik aus, der zur Folge hatte, dass die Rassentrennung in öffentlichen Verkehrsmitteln vom Supreme Court als verfassungswidrig befunden wurde. Die Bilder in der Presse und im Fernsehen machten gleichzeitig aus Rosa Parks wie auch ihrem Mitstreiter Martin Luther King nationale Stars der Bürgerrechtsbewegung.

Weil Hollywood als Produktionsstätte von mythischen Filmgeschichten wie ein historischer Seismograph immer auch das Rumoren gesellschaftlicher Unruhen aufzuzeigen wusste, lässt sich dort nachträglich ablesen, wie sehr diese Dekade, die mit materiellem Überfluss begann und in der Enttäuschung eines neuen ökonomischen Tiefstands endete, kulturell eine prekäre Zeit des Umbruchs darstellte. Mit dem Einführen von Cinemascope und Technicolor sollte die Leinwand noch grösser werden, bevor dann Mitte der 60er Jahre das Studio-System ganz zusammenbrechen würde. Gerade diese Überdimensionalität konnte sich gegen das Vorherschreiten des Fernsehens nicht zur Wehr setzen, und die Zahl von 90 Millionen Kino-Zuschauern im Jahr 1951 sank bis zum Ende des Jahrzehnts auf »nur« noch 43 Millionen. Gleichzeitig wurden etablierte Genres wie das Musical, das Melo und die romantische Liebeskomödie nochmals durchdekliniert in der Hoffnung, jene Filmgeographie mit ihren bekannten Figuren und Erzählmustern wiederzubeleben, die in der Zeit vor dem Krieg das amerikanische kulturelle Imaginäre erfolgreich besetzt hatten. Doch gerade die Farbenpracht, die Größe der Inszenierung, die Perfektion der Formalisierung und die makellose Eleganz sprechen auch vom enormen Aufwand, der betrieben werden musste, um mit diesen auf Versöhnung ausgerichteten Filmgeschichten die Brüche zu überbrücken, die in der soziopolitischen Realität bereits sichtbar geworden waren. Wie Michael Wood festhält, gibt das Hollywood Kino der 50er Jahre nicht das Portrait einer ängstlichen Nation wieder, die ihre Zuversicht vortäuscht, sondern die Ängste einer noch zuversichtlichen Nation mit einer kulturellen Selbstsicherheit, die – brüchig geworden – mit aller Kraft standzuhalten suchte. Die Üppigkeit dieses Kinos verweist somit implizit auch auf den sich längst schon anbahnenden Umschlag; als historische Momentaufnahme hält sie fest, dass die übermäßige Fruchtbarkeit dieses innovativen Jahrzehnts psycho-kulturell stets in Fäulnis umzukippen drohte.

Wie sehr diese Filmgeschichten mit den von ihnen angebotenen Sinnstiftungen der nagenden kulturellen Besorgnis mal direkt ins Auge zu sehen bereit waren, mal den Blick eher verhalten abwendeten, wird nachträglich vorwiegend in den Frauenfiguren ablesbar, die sie anzubieten hatten. Deren Kompromiss- und Opferbereitschaft fungiert sowohl als Chiffre für das enge gesellschaftliche Korsett, das der amerikanischen Kultur in den 50er Jahren angelegt wurde, als auch für den Subtext einer Orientierungslosigkeit und eines Aufbegehrens, die nur mit äußerster Strenge gezügelt werden konnten. Die Frauenfiguren stehen für die Zuversicht einer Politik ein, die vom Recht auf persönliches Glück ausgeht, zugleich aber auch darauf besteht, dass dieses den Belangen der Gemeinschaft untergeordnet werden muss. Aus dem Arbeitsmarkt weitgehend verdrängt, um das Fortleben der Familie, aber auch die emotionale Stabilität ihrer Männer zu garantieren, tragen die Frauen den unlösbaren Widerspruch zwischen dem Wunsch nach Anerkennung in der Liebe und professionellem Ehrgeiz aus, den die männlichen Helden der 50er Jahre kaum aussprechen durften. Als Verwalterinnen von Häuslichkeit und Herz konnten sie an einer Wirtschaft zweifeln, die nur auf materielles und nicht geistiges Wohl bedacht war; wie sie auch an dem Verbot jener Selbstentfaltung verzweifeln durften, welche die amerikanische Verfassung ihnen eigentlich versprach. Immer wieder wird der kritisch mahnende oder moralisch urteilende Blick der Frauen als Korrektiv für die Fehlbarkeit jener Männer eingesetzt, die als Stütze der Gesellschaft nicht mehr richtig taugen wollen; für die Intoleranz oder Gewalt, die sie einzusetzen bereit sind, um die Vormachtstellung sicherzustellen, an der sie selber leiden; für die Wankelmütigkeit oder das fehlende Durchsetzungsvermögen, das sie an ihren eigenen Träumen scheitern lässt.

Weil es vornehmlich die weiblichen Filmfiguren sind, die eine Wahl zwischen freier Selbstentfaltung und Familienverantwortung treffen müssen, repräsentieren sie die Instanz der Pflicht, der Anständigkeit, der Konformität und der Verschwiegenheit und verkörpern gleichzeitig die Rigidität der Einschränkungen, die diese Haltung fordert. Gerade an ihrem Schicksal konnte deshalb auch das kulturelle Rumoren unter der Oberfläche einer öffentlichen Zuversicht verhandelt und zugleich der Umbruch, vor dem dieses mahnte – wenn auch nur für den Zeitraum eines Jahrzehnts – aufgehalten werden. Denn gerade weil die Frau im Hollywood-Film der 50er Jahre auf die Brüchigkeit der moralischen Werte verweist, die sie auf eine Politik des Herzens festschreibt, kann sie diese auch mit Überzeugung vertreten. So setzt Vincente Minnelli die von Lana Turner gespielte Schauspielerin Georgia Lorrison in STADT DER ILLUSIONEN (THE BAD AND THE BEAUTIFUL; 1952) explizit als Figur ein, die das Umschlagen von einer berechtigten moralischen Anklage in Nachsicht vorführt. Mit dem Regisseur Fred Amiel (Barry Sullivan) und dem Drehbuchautor

James Lee Bartlow (Dick Powell) sitzt sie in der Rahmenhandlung des Films im Büro von Harry Pebbel (Walter Pidgeon), dem Boss ihres Filmstudios. Sie sollen dem Produzenten Jonathan Shields (Kirk Douglas) zu einem Comeback verhelfen, der sie zwar ausgenutzt hat, um seine eigenen Interessen zu fördern, gleichzeitig aber allen dreien zu ihrer Karriere verholfen hat. Skeptisch hören sie Harry zu, als er sie – als Rückblende inszeniert – daran erinnert, was sie Jonathan schulden. Als dieser aus Paris anruft, um zu erfahren, ob seine ehemaligen Freunde bereit sind, ihm zu helfen, verlässt Georgia als erste den Raum. Nachdem er ihr den Durchbruch als Star ermöglichte, hatte sie ihm ihre Liebe angeboten und wurde von ihm demütigend abgewiesen. Zuerst meint man, dass sie ihm seine Rücksichtslosigkeit mit der Verweigerung ihrer Hilfe heimzahlen wird. Doch dann lässt Minnelli seine Heldin vor dem Telefon im Vorzimmer anhalten und vorsichtig den Hörer abnehmen. Nun hört sie mit, wie Jonathan, der sich von seinen Projekten nie abbringen lässt, Harry von seinem neuen Film erzählt. Ihr Gesicht, auf dem zuerst noch zögerlich Mitleid, dann aber ein plötzlich erwachtes Interesse aufflackert, ist beleuchtet, während die anderen beiden Männer, die nach ihr ebenfalls das Zimmer verlassen haben, im Schatten hinter ihr stehen. Dann rücken auch diese neugierig zu ihr ins Licht, um im Abschlussbild des Films mit Georgia im Zentrum aufmerksam der Stimme am anderen Ende des Telefonhörers zu folgen. Georgia hat mit ihrer Bereitschaft zu verzeihen auch deren sture Ablehnung in Sympathie gewendet und steht nun als moralischer Angelpunkt inszeniert zwischen ihnen.

## 9.5 Schillernde Stützen der Gesellschaft

Weil ein Star immer innerhalb eines spezifischen moralischen Wertesystems entsteht und mit den von ihm durchlebten Konflikten auch ideologische Strömungen und ihren Subtext transportiert, verweist er auch auf jene »condition moderne«, die besagt, dass Menschen sich nur im Wechselspiel mit der sie prägenden kulturellen Matrix ausdrücken und handeln können. Gleichzeitig besteht das Charisma des Stars aber auch darin, eine Authentizität jenseits seiner künstlichen Erzeugung innezuhaben, und affirmiert deshalb die Realität des Menschen als eigenständiges Individuum. So sind laut Richard Dyer Stars nicht nur »ideologisch geprägt«, sondern »thematisieren auch die Ideologie«, der das Star-System Hollywoods unweigerlich dient. Für die Frauenbilder, die dort in den 50er Jahren angeboten wurden, ließe sich dementsprechend sagen: Als moralischer Maßstab und Stütze der Gesellschaft konzipiert, transportieren diese eine Ideologie, die auf Durchsetzvermögen, Aufrichtigkeit, Pflichtbewusstsein und Verzicht setzt. Diese Filmfiguren machen aber jeweils auch das moralische Wertesystem zum Thema, das diese Erwartungen an sie heranträgt und damit jede Selbstvorstellung wie auch jede Handlung prägt. Dabei ergibt sich ein entscheidender Widerspruch: Gerade die Frauenfiguren, die nicht nur als romantische Liebesobjekt der Helden entworfen werden, sondern Gefühl und Leidenschaften ausgiebiger darbieten dürfen als ihre Männer, sind gleichzeitig konsequenter in ihren Entscheidungen den symbolischen Gesetzen verhaftet – sie machen die Erfüllung von Pflicht regelrecht zu ihrem Begehren.

In Ein Herz und eine Krone (Roman Holiday; 1953) begegnet Prinzessin Ann (Audrey Hepburn) der fremden Großstadt mit dem für die Schauspielerin typischen offenen und zugleich unschuldigen Blick. Obgleich sie ihrem spontanen Drang folgt, dort ein Abenteuer zu erleben, bleibt sie im Ausleben ihrer Lust immer zurückhaltend, als könne sie die strengen Regeln des guten Benehmens, die sie geprägt haben, nie ganz von sich abstreifen. Noch will ihr die vorgeschriebene Rolle der Prinzessin nicht ganz passen, die sich als Vertreterin ihrer Nation einem rigorosen Kode der Diplomatie zu beugen hat. Die fröhliche Ausgelassenheit, mit der sie einen Tag lang ihre Befreiung aus dem engen Korsett dieser Erwartungen genießt, wird jedoch explizit als Ausnahmezustand inszeniert. Der Charme des Films liegt gerade darin, dass wir mit Ann eine Gefühlswelt entdecken, die sie sich am Ende dezidiert verbieten muss. Dem Gesetz des Herzens zu folgen heißt für sie, ihrer Pflicht als Prinzessin nachzugehen – auch wenn dies mit der Aufgabe der romantischen Liebe einhergeht. In der Pressekonferenz, mit der Regisseur William Wyler seinem harmlosen Bachanal ein Ende setzt, vertritt die Prinzessin würdevoll nicht nur ihr Land, sondern verkörpert regelrecht den Gestus der Ideologie; versteht man diese als kulturelle Prägung, der das Individuum nicht entkommen kann, weil sie sich vorwiegend auf der Ebene der Einbildungen – der Identitätsentwürfe und Verbote – festsetzt. Wieder in ihren förmlich-sittsamen Look zurückgekehrt, stellt Ann sich den Fragen der Reporter aus aller Welt, die in ihren Berichten dennoch die eigenen Fantasien von einer jungen Prinzessin abdrucken werden müssen, weil Ann von ihrem wirklichen römischen Urlaub nichts preisgibt.

Somit erfüllt Prinzessin Ann die Funktion, die Louis Althusser der Ideologie im Allgemeinen zuschreibt: Sie verkörpert regelrecht am eigenen Leib das imaginäre Verhältnis, das Individuen zu ihren realen Existenzbedingungen und den kulturellen Gesetzen unterhalten, die sie definieren. Die Antworten, die Ann in ihrer Funktion als Prinzessin gibt, erscheinen besonders aussageschwach, weil uns der Film ein Doppelportrait angeboten hat. Im Gegensatz zu den Reportern haben wir alles Mögliche über Ann erfahren und können ihrer Reduktion auf die leere Geste der Diplomatie die Bilder des vorangegangenen Films entgegenhalten. Doch eben diese gehören in jenen Bereich der imaginären Verhältnisse, in dem Kino und Ideologie sich vom Gestus her entsprechen. So erscheinen die Frauen im Kino der 50er Jahre mit ihrem Glamour, ihrer Komik sowie ihrer melodramatischen Leidensfähigkeit und Opferbereitschaft einerseits als Fantasiegestalten, an denen das Publikum sich orientieren kann. Andererseits wird gerade an ihrem Schicksal vorgeführt, dass jeder Selbstdefinition ideologische Schranken gesetzt werden müssen, jeder Traum von Selbstentfaltung von symbolischen Gesetzen und Kodes eingeschränkt werden muss. Nirgends wird dies so facettenreich durchgespielt wie in der Frage, was das Edikt der Ehe um jeden Preis für Konsequenzen mit sich bringen kann. Über die Filmheldinnen der 50er Jahre kann man nichts erfahren, ohne die Männer mitzudenken, die sie lieben, weil innerhalb eines kulturellen Selbstverständnisses, das die Frau vorwiegend als Liebhaberin, Gattin und Mutter konzipierte, eine Selbstdefinition unabhängig vom männlichen Blick noch undenkbar war. An fünf Abschlusssequenzen möchte ich jedoch vorführen, wie einfallsreich eine Ideologie, welche die Ehe um jeden Preis fordert, einem ehrgeizigen Geltungs- und Selbstbestimmungsdrang, einem Beharren auf moralischer Aufrichtigkeit, aber auch einem unnachgiebigen Begehren angepasst werden kann.

Im ironischsten Fall haben wir die Frau, die das Heim vom Mann als Machtdomäne zurückerobert und ihn dabei zu jener Häuslichkeit erzieht, die ihr Markenzeichen auszumachen hat. In Alfred Hitchcocks ÜBER DEN DÄCHERN VON NIZZA (TO CATCH A THIEF; 1955) sucht Frances Stevens (Grace Kelly) einen Ehegatten, als wäre die Heirat ihr Geschäftsunternehmen. Wenn sie ihren Witz und ihre List schon nicht auf dem Arbeitsmarkt entfalten kann, dann wendet sie diese wenigstens dafür an, den richtigen Mann zu den ihr vorteilhaftesten Bedingungen zu bekommen. Nur geringfügig verbirgt ihr gesitteter Charme das strenge Kalkül, mit dem sie dem ehemaligen Juwelendieb John »die Katze« Robie (Cary Grant) in die Falle lockt. Hitchcock, der wiederholt die Ehe mit goldenen Handschellen verglichen hat, lässt seinen Helden noch einmal vor der Heiratswütigen fliehen. Frances hatte ihm geholfen, die ihn nachahmende Juwelendiebin zu überlisten und ihn somit vor dem Gefängnis gerettet. Doch Frances folgt ihm in die Villa, wo der eingefleischte Junggeselle mit seinen Bediensteten regiert, und stellt ihn – noch immer im prächtigen goldenen Ballkostüm – zur Rede. Er gesteht, er hätte die Hilfe einer Frau gebraucht, und sei nicht der einsame Wolf, für den er sich gerne ausgebe. Dann küssen sie sich, doch das zufriedene Lächeln auf Frances' Gesicht macht erst wirklich die Doppeldeutigkeit des Originaltitels TO CATCH A THIEF klar. »So also sieht dein Zuhause aus?«, fragt sie strahlend und fügt hinzu: »Mutter wird es hier oben lieben.« In diesem Augenblick löst John sich aus der Umarmung, während gleichzeitig eine Turmglocke zu läuten beginnt. Deren warnend düsterer Klang entspricht dem finsteren Blick, den er erschüttert auf seine Braut lenkt. Nicht er ist es, der – um seinen Ruf zu schützen – einen Dieb gefangen hat, sondern sie. Dabei beraubt sie zugleich den Junggesellen jener Freiheit, die ihr nicht zugestanden wird, und entpuppt sich dabei als eigentliche Meisterdiebin. Mit ihr im Haus wird er nachts nicht mehr über die Dächer von Nizza schleichen.

Einen Ehegatten zu fangen ist auch das Ziel der Innenarchitektin Jan Morrow (Doris Day) in Michael Gordons BETTGEFLÜSTER (PILLOW TALK; 1959). Vor allem aber will auch sie die Bedingung, unter der sie das Bett mit ihm zu teilen bereit ist, selber bestimmen. Zuerst streitet sich die geradlinige Jan mit dem feschen Junggesellen Brad Allen (Rock Hudson), weil er mit seinen Liebesgesprächen morgens wie nachts das Telefon besetzt, das sie miteinander teilen. Dann verliebt sie sich in seine Imitation eines unbedarften Texaners namens Rex Stetson, der ebenso auf korrekte Formen der Liebeswerbung bedacht zu sein scheint wie sie. Nachdem ihr sein doppeltes Spiel schließlich doch bewusst wird, lehnt sie zwar jede weitere romantische Begegnung ab, nimmt aber den Auftrag an, seine Wohnung neu zu gestalten. In der Hoffnung, sie zurückzugewinnen, sagt er ihr, sie solle alles, was ihrem tadellosen Geschmack nicht entspricht, wegwerfen und einen Ort schaffen, an dem sie sich wohl fühlen würde. Was er hingegen vorfindet, ist eine in rote Seidenstoffe gehüllte Liebeshöhle, die – mit allen Klischees der Geschmacklosigkeit ausgestattet – eine Übertreibung jener sexuellen Freizügigkeit wiedergibt, die sie ihm zuschreibt. Von der kleinen afrikanischen Fruchtbarkeitsgöttin inspiriert, die Jan als Krönung aufgestellt hat, bricht tatsächlich ein atavistischer Paarungstrieb aus. Entschlossen dringt Rock Hudson in ihr Schlafzimmer ein und nimmt die entrüstet schimpfende Doris Day, von Kopf bis Fuß von ihrem hellblauen Pyjama bedeckt und in ihre Wärmedecke gewickelt, in seine Arme, trägt sie, wie es für den Bräutigam üblich ist, die Straßen New Yorks entlang bis über die Schwelle ihres neuen Heims, und wirft sie auf das Bett mitten im Raum. Wütend darüber, dass sie den Auftrag nicht als Heiratsantrag verstanden hat, will Rock Hudson gerade die Wohnung verlassen, doch die findige Doris Day hat den Schalter, mit dem sich in der alten Einrichtung die Türe automatisch abschließen ließ, in ihr neues Wohnkonzept integriert. Zuerst blickt Brad noch verwirrt seine Wächterin an, doch das strahlende Lächeln, mit dem Jan ihm verschmitzt entgegnet, nimmt ihn sofort ein. Im Gegensatz zu Alfred Hitchcocks Held beginnt er, von ganzem Herzen zurückzulächeln, während sie ihm erneut in die Arme springt. Sie hat sich ihr Hochzeitszimmer tatsächlich nach ihrem eigenen Geschmack eingerichtet: als Ort, wo sie die strengen Regeln anständiger Sittsamkeit ungehemmt überschreiten kann.

Auch in Vincente Minnellis ANDERS ALS DIE ANDEREN (TEA AND SYMPATHY; 1956) bildet das Haus eine weibliche Domäne. Dort lässt sich die ehemalige Schauspielerin Laura Reynolds (Deborah Kerr) freiwillig einsperren, um ein Gesetz der Zivilität aufrecht zu halten. Als Gattin eines Professors ist sie für das Wohlbefinden der Studenten verantwortlich, die bei ihnen wohnen, soll aber in deren eigentliche Ausbildung nicht eingreifen. In der Rahmenhandlung kehrt Tom Robinson Lee (John Kerr), bei dem ihre Sympathie in Ehebruch umgekippt war, zurück und erinnert sich in der Rückblende an die Frau, die mit ihrer sanften Zuneigung ein Gegengewicht zu den brutalen Initiationsriten darstellte, mit denen er zur heterosexuellen Männlichkeit erzogen werden sollte. Am Ende seiner Erinnerungen angelangt, sitzt er auf der Bank im verwahrlosten Garten, in dem Laura früher ihre Blumen hingebungsvoll züchtete, und liest den Brief, den Bill Reynolds (Leif Erickson) für ihn aufbewahrt hat. Sie wirft sich selber vor, mit ihrer Entscheidung, ihren Gatten zu verlassen, das Leben beider ruiniert zu haben. Nicht ihre Reduktion auf die Rolle der Verständnis-spendenden Ehefrau war ihr unerträglich, sondern das Wissen, dass sie aus dem Innenleben ihres Gatten immer ausgeschlossen bleiben würde, weil die Stabilität ihrer Ehe nur aufgrund einer radikalen Trennung der Geschlechter aufrechtzuhalten war. Doch die Stimme, die wir aus dem Off hören, benennt auch korrigierend den Egoismus des jungen Mannes, der ebenfalls ein Opfer von ihr forderte, als er – um seine Männlichkeit zu wahren – eine Affäre mit ihr einging. Nachträglich möchte sie ihren gemeinsam verübten Gesetzesbruch, den er in seinem ersten Roman romantisiert hat, ins richtige Licht rücken. Jede Handlung, erklärt sie entschieden, hat Konsequenzen, die ihre Spuren hinterlassen. Minnelli inszeniert Laura als die Instanz des treffenden ethischen Urteils, denn sie hat nicht nur das letzte Wort. Weil sie nur über ihre geschriebenen Sätze anwesend ist, hat Tom nicht die Möglichkeit der Gegenrede. Er muss die moralische Lektion, die sie ihm erteilt, stillschweigend annehmen.

Doch im Hollywood der 50er Jahre dürfen Frauen auch die Logik einer Reduktion auf Herz und Haus derart übererfüllen, dass nur eine finstere Demontage der Ehe als Herd der Zerstörung übrig bleibt. In Otto Premingers ENGELSGESICHT (ANGEL FACE; 1952) empfindet vorwiegend der Held Frank Jessup (Robert Mitchum) seine Ehe mit Diane Tremayne (Jean Simmons) als unerträgliches Gefängnis, dem er entfliehen muss. Von dem Ausmaß ihrer Leidenschaft, die scheinbar unberechenbar keine List scheut, um den Mann, den sie liebt, ausschließlich an sich zu binden, fühlt er sich in seinem Freiheitsdrang bedroht. Seine Gattin hingegen ist bereit, alles zu tun, um an dieser Ehe festzuhalten. Seitdem sie ihre Mutter während eines Bombenangriffs auf London verlor, leidet sie an einer traumatischen Angst, verlassen zu werden. Weil es ihr nicht gelingt, Frank vom Einreichen der Scheidung abzubringen, greift die gewiefte Hysterikerin zu einer drastischen List und verkörpert dabei das Zerrbild der 50er-Gattin, die bei ihrem Mann bleibt – komme, was wolle. Sie überredet Frank, ihn an den Bahnhof zu fahren, und bringt eine Flasche Champagner mit, um diesen Einschnitt in ihr Eheleben zu feiern. Während er die Flasche öffnet und einzuschenken beginnt, blickt sie ihn ein letztes Mal mit einer Kreuzung aus Kränkung und Wut an. Dann legt sie entschlossen den Rückwärtsgang ein und lässt das Auto in die Schlucht hinter ihrem Haus abstürzen. Auch sie hat eine moralische Botschaft, zeigt sie ihrem Gatten doch, dass man den Konsequenzen des Ehegelübdes nicht entkommen kann. So verdichtet das den Hang herabstürzende Auto als Filmbild die Gewalt, die einer

Festschreibung der Frau auf eine Politik des Sentiments inhärent ist. Wenn der Filmheldin, die nur im trauten Heim zur Geltung kommen darf, die Basis für diesen Machtbereich entzogen wird, muss sie, um ihrer kulturellen Prägung treu zu bleiben, alles in die Brüche gehen lassen.

Gefangene sind die Filmheldinnen in den 50er Jahren aber auch, weil die von ihnen verkörperte Verhaltenheit jeweils in Unaufrichtigkeit umschlagen konnte. Um das Rumoren, das historisch nicht mehr auszublenden war, nicht zu laut werden zu lassen, hatte sich eine Kultur der Heimlichkeit entwickelt, die von Klatsch, bedeutsamen Andeutungen, Geheimnistuerei oder entschiedenem Schweigen zehrte. Die zum Exzess betriebene Formalisierung der Kleider, Gesten und Worte, die mit stilvoller, gepflegter Eleganz die Stars dieser Zeit auszeichnet, hat als Kehrseite das harte Gesetz der Zensur, das keinen Ausdruck außerhalb den vorgeschriebenen Konventionen erlaubt. Ein System der Verlogenheit nennt es Brick Pollitt (Paul Newman) in DIE KATZE AUF DEM HEISSEN BLECHDACH (CAT ON A HOT TIN ROOF; 1958) und sucht Zuflucht im Alkohol. Selber in einem Kommunikationsnetz gefangen, das ein direktes Aussprechen von Konflikten verbietet, kann er dem Unbehagen an einer Ehe, die in seinem besten Freund einen Störer der Liebe sehen wollte, nur dadurch Ausdruck verleihen, dass er seiner Frau Maggie (Elizabeth Taylor) den Beischlaf verbietet und somit ihrem Bündnis das Fundament entzieht. An der Geburtstagsfeier seines Vaters entzündet sich ein Familienstreit, der durchaus dem mythischen Gestus des Hollywood-Kinos entspricht, als er auf eine Versöhnung zwischen dem Sohn und seinen Eltern hinausläuft. Eine ehrliche Aussprache wird als Korrektiv für das psychische Elend gefeiert, welches das enge Korsett der Verleugnung mit sich bringt. Die Versöhnung mit Maggie, die den Film hindurch an ihrem Begehren nach seinem Körper nicht loslässt, kann hingegen nur mit einer weiteren Lüge erreicht werden. Listig verkündet sie als Geburtstagsgeschenk an Harvey »Big Daddy« Pollitt (Burl Ives) eine Mutterschaft, von der alle wissen, dass sie erlogen ist. Hat Brick auf das direkte Benennen ihres Verlangens nicht hören wollen, lässt er sich nun von dieser indirekten Rede erneut verführen. Von den Werten der 50er Jahre geprägt, kann er in ihrer Lüge – aber scheinbar nur hier – die Wahrheit ihrer Liebe endlich hören. Das zweite Kissen, das er in der Abschlussszene aufs Bett wirft, verweist verschwiegen auf den längst reifen Ausbruch zurückgehaltener Erotik, der stattfinden wird, wenn die Leinwand wieder dunkel geworden ist.

In der übersprudelnden sexuellen Energie Marilyn Monroes zeichnet sich jedoch auch ein Gegenstück sowohl zur Verhaltenheit wie zur Verlogenheit der 50er Jahre ab, die Howard Hawks in BLONDINEN BEVORZUGT (GENTLEMEN PREFER BLONDES; 1953) noch dadurch erhöht, dass er ihr Jane Russell als Partnerin zur Seite stellt. Wenn Lorelei Lee (Monroe) und Dorothy Shaw (Russell) begeistert davon singen, dass Diamanten die besten Freunde einer Frau sind, sprengen sie ein gemäß dem Originaltitel von Robert Andersons Film auf Tee und Sympathie festgelegtes Frauenbild. Sie sprechen offen aus, dass eine Liebe ohne finanzielle Absicherung nur als romantischer Traum, nicht aber als Lebensstrategie Sinn ergibt, überzeugen aber gerade mit diesem unverblümten Selbstinteresse die Männer. Als Paar verkörpern sie die Zuversicht der frühen 50er Jahre, dass ökonomischer Aufstieg und Liebe keine Gegensätze sein müssen, wenn man das Geschäft der Ehe nur klug angeht, und erteilen gleichzeitig ihren Männern eine moralische Lektion. Die Traumfrau ist genau das – eine Illusion, die sich deshalb so hartnäckig hält, weil die Männer in der Liebe betrogen werden wollen. Doch ein kleines Detail ist für die Darstellung des Kinos der 50er Jahre als historischer Seismograph besonders auffällig. Die funkelnden »little rocks or square rocks«, die Lorelei im Gesicht jedes reichen Mannes zu sehen meint, werden – noch bevor der Vorspann abläuft – auf den Ursprungsort ihres Strebens nach Glück, Glamour und Geld zurückgeführt. »We're just two girls from Little Rock, born on the wrong side of the track«, erklären die mit rotem Paillettenrobe, Strassschmuck und Federhut bekleideten Showgirls. Irgendwann wollen sie zurückkehren und dem Mann, der ihnen dort das Herz brach, zeigen, wie erfinderisch sie ihren ersten Liebesschmerz in Erfolg umzusetzen wussten.

Vier Jahre später, am 3. September 1957 taucht die Hauptstadt von Arkansas ein weiteres Mal im öffentlichen Blickfeld auf – diesmal mit Aufnahmen der afroamerikanischen Schülerin Elizabeth Eckford. Würdevoll und zugleich mutig läuft sie – in einem adretten Petticoat gekleidet, die Augen von einer großen Sonnenbrille geschützt und die Schulmappe wie ihre Waffe unter dem linken Arm geklemmt – an der sie anpöbelnden weißen Menschenschar vorbei, um die Little Rock Central High School zu betreten. Empört über die Entscheidung des Supreme Courts, Rassentrennung an öffentlichen Schulen sei verfassungswidrig, setzte der Gouverneur von Arkansas an diesem Tag seine National Guard ein, um neun schwarze Schüler daran zu hindern, in das weiße Schulsystem integriert zu werden. Drei Wochen später antwortete Präsident Eisenhower auf dessen Ungehorsam, indem er seinerseits die 101$^{st}$ Airborne Division entsandte, um dieselben Schüler beim Betreten desselben Schulhauses zu schützen. So fungiert Little Rock im kulturellen Gedächtnis als Ursprungsort für zwei Frauenbilder, an denen die Möglichkeit jenes Aufbruchs – als Wunsch- oder Angstvorstellung – festgemacht werden konnte, der im darauffolgenden Jahrzehnt seine Umsetzung finden würde: die erotische Sprengkraft, die in den choreographierten Gesten des Gesangsduos Jane Russell und Marilyn Monroe lag, sowie die politische Sprengkraft, die mit dem beherrschten Auftritt Elizabeth Eckfords aus dem öffentlichen Blick nicht auszublenden war.

# Mediale Re-Imagination der Geschichte

# 10. Monumentalität im Historienfilm

## 10.1 Jerusalem und Rom: Zwei Kampfschauplätze

In seiner Schrift *Unzeitgemäße Betrachtungen. Vom Nutzen und Nachteil der Historie* hält Friedrich Nietzsche fest, dass wir die Historie nur so weit brauchen, als sie dem Leben dient. Nun erweist sich diese Forderung als besonders angemessen für eine Betrachtung darüber, wie die Traumfabrik Hollywood große Ereignisse und Themen der Weltgeschichte aufgreift, um sie als einer der Gegenwart angepassten Darstellung kinematischer Monumentalität darzubieten. Die unvermutete Nähe entsteht, weil gerade das Kino den heikelsten Punkt an Nietzsches Plädoyer für einen unhistorischen Umgang mit der Vergangenheit zu seinem Leitprinzip erklärt: dass wir die Historie nämlich nicht als etwas Feststehendes und Statisches voraussetzen sollten. Dem Drehbuchautor und Regisseur muss stattdessen die Möglichkeit eingeräumt werden, historische Fakten – da diese immer nur als originale Anschauungsmetaphern wahrgenommen werden können – in Bezug auf seine partikularen Bedürfnisse umzuschreiben. Nietzsche spricht davon, dass man die Vergangenheit richten und vernichten muss, damit es eine Zukunft geben kann. Für die Produktion von Historienfilmen des Hollywood-Mainstreams könnte man dies folgendermaßen umformulieren: Wir müssen die Vergangenheit aushandeln und dabei ›neudichten‹, um somit das Erbe der Geschichte produktiv einzusetzen – sowohl für die Zukunft des Kinos wie auch für den spezifischen kulturellen Kontext, aus dem jede nachträgliche filmische Umsetzung von Historie entsteht.

Für Ridley Scott heißt dies in Königreich der Himmel (Kingdom of Heaven; 2005) die Stadt Jerusalem um 1184 – hundert Jahre, nachdem die Christen sie von den Muslimen zurückerobert hatten – als multikulturellen Ort zu entwerfen, an dem der Traum einer friedlichen Durchmischung verschiedener Ethnien sowie einer Aufweichung starrer Klassensysteme sich – zumindest für eine kurze Zeit – als realisierte Utopie entfalten kann. Der Schmied Balian (Orlando Bloom), unehelicher Sohn des Barons Godfrey von Ibelin (Liam Neeson), folgt den Kreuzrittern nicht nur, weil es für ihn in seinem Dorf nach dem Selbstmord seiner Frau keine Zukunft zu geben scheint. Für die nach Jerusalem pilgernden Europäer stellt die neuentdeckte Welt des Orients auch ein himmlisches Königreich auf Erden da, weil dort nicht der Stand zählt, in den man geboren wurde, sondern das Potential, das in einem steckt. In Jerusalem kann ein Schmied zum Ritter werden, was in Frankreich unmöglich wäre – und so überträgt der sterbende Godfrey seinen Titel, sein Schwert und seine Güter auf seinen wiedergefundenen Sohn. Dieses symbolische Mandat wird jedoch zugleich mit einem Auftrag versehen: Balian soll den König von Jerusalem und dessen Frieden mit den Muslimen, für den er einsteht, um jeden Preis verteidigen. Mit König Balduin IV (Edward Norton) teilt Godfrey nämlich den Traum, Jerusalem als Ort, an dem eine Gleichberechtigung aller Religionen praktiziert wird, von jeglichen Auswüchsen des Fanatismus freizuhalten.

Explizit entfaltet Ridley Scott im Zuge seiner anachronistischen Neudichtung der Historie einen politischen Widerstreit, der sich an der von Samuel Huntington ausgelösten Debatte um einen »Kampf der Kulturen« (»clash of civilizations«) orientiert, die von der Prämisse ausgeht, dass ein Konflikt zwischen westlichen und islamischen Kulturen die globale Politik des ausgehenden 20. Jahrhunderts vorwiegend dominieren wird.[1] Durchaus im Sinne Huntingtons hält Guy de Lusignan (Marton Csokas) seine Vorstellung einer christlichen Hegemonie, die sich gerade in ihrem Kampf gegen eine orientalische Kultur bestimmt, der von König Balduin und Saladin (Ghassan Massoud) vereinbarten friedlichen Koexistenz von Christen und Muslimen entgegen. Nach dem Tod Balduins wird de Lusignan als Gatte dessen Schwester Sybilla (Eva Green) zum neuen Herrscher Jerusalems ernannt und leitet mit dem Befehl an seine Untergebenen »Give me a war« jenen aussichtslosen Feldzug gegen Saladins Truppen ein, der in der Zerstörung seines Heers in der Wüste, seiner eigenen Hinrichtung und dem Fall Jerusalems mündet. In KÖNIGREICH DER HIMMEL (KINGDOM OF HEAVEN) entpuppt sich somit der Kampf um Jerusalem als historische Urszene für jenen unlösbaren politischen Antagonismus im Nahen Osten, dessen Nachleben Ridley Scott in der Kriegswut der Bush-Regierung wiederzuentdecken meint. Aus den Belangen der Gegenwart auf die Vergangenheit zu blicken bedeutet für ihn, in diesem historischen Umschlagsmoment jedoch nicht nur die Wurzeln für einen anhaltenden kulturellen Konflikt zu entdecken, der bis heute die Außenpolitik der westlichen Welt bestimmt, sondern in dem mythisch erhöhten Szenarium eines funktionierenden Multikulturalismus ein Denkbild für die Zukunft zu entwerfen. In seiner epischen Verarbeitung der Historie zu einem monumentalistischen Spektakel samt aufwendiger Ausstattung und kostspieligen Massenszenen entsteht das himmlische Königreich als großartig angelegte Filmrealität, die auch über den fatalen Ausgang der Schlacht um Jerusalem hinausreicht. Denn

1 | Vgl. Said, Edward: Reflections on Exile and Other Essays, Cambridge: Harvard University Press 2001, S. 569-590.

auf der Kinoleinwand ist möglich, was die Globalisierungspolitik des frühen 21. Jahrhunderts sich nicht vorzustellen vermag: der Versuch, eine multikulturelle Gemeinschaft zu denken, in der es keine Fanatiker gibt. Am Ende der Schlacht lässt Ridley Scott den siegreichen Saladin durch die verwüsteten Gemächer des hingerichteten Königs schreiten. Stumm hebt er ein zu Boden geworfenes Kreuz auf und stellt es auf einen Tisch, bevor er in den Hof tritt und stolz zusieht, wie auf dem Dach des Palastes der Halbmond als Zeichen seines Triumphes wieder aufgerichtet wird. Die Schrifttafel, mit der Scott den Abspann einleitet, erzählt verknappt von der fragilen Waffenruhe, die wenige Jahre später Richard Löwenherz, König von England, erringen konnte, um in einem direkten Verweis auf die Gegenwart zu münden: »Nearly a thousand years later, peace in the Kingdom of Heaven remains elusive.«

Mit seiner nostalgischen Aneignung der Historie entfaltet Ridley Scott eine verlorene Utopie als Projekt für die Zukunft, das in dem Sinne selbstreflexiv auf seine eigene Medialität verweist, als es immer schon eine Tradition des Hollywood-Genre-Films war, für brisante kulturelle Antagonismen mythische Erzählungen zu übertragen, um dort jene sinnstiftende Auflösung zu finden, die in der zeitgenössischen politischen Realität unmöglich ist. So hält Michael Wood – in Anlehnung an Claude Lévi-Strauss – für die Blütezeit des Hollywood-Studio-Systems fest: »[V]irtually any Hollywood movie, however trivial, and whatever its intentions, can be seen as a text for a rather special kind of social history: the study of what might be called the back of the American mind, or perhaps the back of certain states of that mind.« Die von der mythischen Erzählung angebotene Lösung muss eine imaginäre sein, weil der kulturelle Konflikt ein authentisches Problem darstellt. Gäbe es eine reale Lösung, bräuchte man keine filmische Verhandlung des Problems. Deshalb spezifiziert Michael Wood die Funktion, die der »epic film« als Verarbeitung monumentaler Ereignisse der Weltgeschichte innerhalb der von Hollywood in Umlauf gesetzten Mythenproduktion einnimmt. Die Welt der Antike und des Mittelalters, so seine These, lässt sich nicht nur als ideologischen Umschlagort, sondern vor allem auch als grosse, facettenreiche Metapher für Hollywood verstehen: »[E]ven when shot on location or in studios in Italy and Spain, these movies are always about the creation of such a world in a movie, about Hollywood's capacity to duplicate old splendors, to bring Jerusalem and Rome to the screen, as the old phrase had it«.[2] Die Enthistorisierung der dargestellten Ereignisse zugunsten einer Mythologisierung entspricht der expliziten Fiktionalität von filmischer Welt, auf der das Genre-Kino Hollywoods immer beharrt hat, indem es Traumbilder produzierte, die entworfen wurden, um zeitgenössische Bedürfnisse zu befriedigen.

**2** | Wood, Michael: America in the Movies, New York: Basic Books 1975, S. 126 und 165.

Der »epic film« erzeugt eine dem Leben dienende Historie zudem dadurch, dass monumentale Ereignisse der Vergangenheit ihre affektive Wirksamkeit durch eine weitere Übertragung erfahren, und zwar in die Gattung des Melodramas. In Ridley Scotts Jerusalem wird nämlich der politische Machtstreit zugleich als ein Familienstreit inszeniert, dessen Preis die Schwester des an Lepra erkrankten König Balduins IV ist. Die verführerische Sybilla verachtet den Fanatismus des ihr zugesprochenen Guy de Lusignan, beginnt eine Affäre mit Balian und bietet dem jungen Mann die Möglichkeit, sie zu heiraten und seinen politischen Konkurrenten hinrichten zu lassen, um zu verhindern, dass anstelle des Mannes, der den Traum ihres Bruders vertritt, derjenige an ihrer Seite zum neuen König von Jerusalem wird, der nur vom Krieg träumt. Für sie sind politische und persönliche Entscheidung deckungsgleich; für Balian hingegen stellen sie einen inakzeptablen Widerspruch dar. Er hat sich einem Populismus verschworen, dessen ausschließliches Ziel es ist, die Freiheit und Sicherheit der Bevölkerung Jerusalems zu verteidigen, ohne sich in die politischen Intrigen der Fürsten hineinziehen zu lassen. Deshalb kann er auch jene von Sybilla vertretene Realpolitik nicht annehmen, die besagt, es sei besser, etwas Ungerechtes (die Hinrichtung seines Feindes) zu erlauben, um Gutes zu bewirken, als sich dieser ungerechten Tat zu verweigern und somit das Böse (die Machtergreifung de Lusignans) zu ermöglichen. Der Kampf um Jerusalem entpuppt sich somit auch als Kampf um Sybillas Heil. Hat sie nach dem Tod ihres Bruders – aus Wut über die Ablehnung Balians – den kriegslüsternen de Lusignan zu ihrem König ernannt, erkennt sie während der Schlacht um die heilige Stadt die verheerenden Konsequenzen dieser Fehlentscheidung. So gibt sie schließlich aus Reue ihren Stand als Königin auf und kehrt mit Balian zu dessen Schmiede in Ibelin zurück. Dort erscheint in der Abschlusssequenz des Films König Richard Löwenherz, der mit seinen Rittern nach Palästina zieht, um Jerusalem zurückzuerobern. Doch der Gattung des Melos entsprechend, hat nun auch Balian sich für sein persönliches Glück gegen jeglichen politischen Ruhm entschlossen. Entschieden beharrt er vor dem König Englands darauf, er sei jetzt nicht mehr der Verteidiger Jerusalems, sondern nur noch ein einfacher Schmied. Jerusalem als Ort, an dem er seinen Traum von Bruderliebe und Gleichheit realisieren kann, steht als Chiffre für das Opfer, das gebracht werden muss, damit seine Ehe mit Sybilla ein sicheres Fundament hat. Das irdische Glück, das am Ende eines klassischen Hollywood-Melos gewonnen wird, ist notwendigerweise nicht zuletzt dadurch beschränkt, dass es großangelegte emotionale Verluste voraussetzt.

Nun lässt sich für KÖNIGREICH DER HIMMEL (KINGDOM OF HEAVEN) in dem fünf Jahre früher von Ridley Scott verfilmten GLADIATOR (2000) ein weiterer medialer Zusammenhang feststellen, der den Blick auf den typischen Hollywood-Mittelalterfilm im Bezug auf die Gattung des »epic film« im Allgemeinen erweitert. Auch hier steht ein monumentalistischer Umgang mit Historie im Zentrum der Inszenierung, blickt Scott doch auf einen entscheidenden historischen Kipppunkt des alten Römischen Reiches zurück, damit aus der Vergangenheit eine Lösung für die aseptische zeitgenössische Medienrealität gewonnen werden kann. Ganz im Sinne von Friedrich Nietzsche entfaltet GLADIATOR am Helden Maximus (Russell Crowe) eine mythische Entlastungsgeschichte, die das Höchste einer längst vergangenen Zeit lebendig, hell und groß erscheinen lässt und somit auf den Mangel an Heldentum in unserer Alltagskultur antwortet. Früher, so das Argument, gab es stolze, weise und starke Helden – und diese bilden als Mitglied einer Gemeinschaft die Kontinuität des Großen aller Zeiten. Zudem findet auch in GLADIATOR eine Übertragung historischer Ereignisse in eine am Melo orientiere, mythischen Geschichte statt, die sich am Wechsel von einer Generation zur anderen entzündet. Der im Sterben liegende Marcus Aurelius (Richard Harris) designiert seinen größten Feldherrn zu seinem Nachfolger – in der Hoffnung, er würde über Rom herrschen, bis der Senat politisch mächtig genug ist, um die Staatsführung im Sinne einer Republik wieder zu übernehmen. Dabei orientiert sich die in GLADIATOR transportierte Nostalgie an der Vorstellung einer verlorenen politischen Kultur. Nach seiner Degradierung zum Sklaven kämpft Maximus in der Arena für die Vision des Römischen Reichs, die er – wie er dem sterbenden Caesar erklärt – einst von Marcus Aurelius übernommen hat und die ihn in fernen Ländern gegen jegliche dunkle Barbarei hat kämpfen lassen. Der Sterbende hingegen beharrt darauf, dass die real existierende Korruption im Widerspruch zum Traum steht, den Rom einst darstellte, und will mit der Regelung seiner Nachfolge sicherstellen, dass dieser verlorene Traum erneut angestrebt wird.

Wie in KÖNIGREICH DER HIMMEL (KINGDOM OF HEAVEN) steht in GLADIATOR somit die Fragilität von großen politischen Visionen auf dem Spiel, die eine systemische Notwendigkeit von Korruption und Fanatismus nicht miteinbeziehen. Wie das ethnisch durchmischte Jerusalem stellt das strahlende imperiale Rom eine prekäre Vision dar, die zugleich auf die politischen Unvereinbarkeiten der Gegenwart verweisen. Ridley Scott inszeniert die Machtübernahme von Commodus (Joaquin Phoenix) als Streit unter Brüdern. Commodus – Marcus Aurelius' leiblicher Sohn – befolgt dessen letzten Willen nicht, sondern tötet seinen Vater und sucht somit gegen die von Maximus vertretenen Werte des republikanischen Roms seine ehrgeizige Tyrannei durchzusetzen und den Senat abzuschaffen. Als dritte Figur in diesem Familienstreit steht wie in KÖNIGREICH DER HIMMEL (KINGDOM OF HEAVEN) die von beiden Männern geliebte Frau. Die verwitwete Lucilla (Connie Nielson), Tocher Caesars, vermittelt zwischen Maximus und Commodus, beugt sich zuerst dem Machthunger ihres Bruders, weil sie hofft, mit ihrem Einfluss seinen Größenwahn zu mildern, unterstützt jedoch dann eine politische Intrige der Senatoren gegen ihn, derzufolge Maximus befreit werden soll, um mit seiner Armee in Rom einzuziehen. Um ihren Sohn vor der Wut ihres Bruders zu schützen, verrät sie wiederum den Komplott und bewirkt somit jenen letzten Zweikampf in der Arena, in dem mit dem Sieg Maximus' die politische Vision ihres Vaters zuletzt doch triumphieren kann und sich für ihre Liebe zu Maximus eine erhabene Klärung finden lässt. Die politische Auflösung wird nämlich zugleich als private verhandelt, hatte Lucilla doch Maximus erklärt, dass Commodus ihn nicht hassen würde, weil Marcus Aurelius ihn als seinen Nachfolger auserwählt hatte, sondern weil er von ihrem Vater wie von ihr geliebt wurde. Den Soldaten, der mit seinem Sterben die bedrohten Werte der Republik noch einmal retten konnte, darf sie nun unbestraft und uneingeschränkt in ihrer Erinnerung verehren.

Zwar herrscht Commodus nicht im Interesse des Volkes über Rom, doch mit seiner Wiedereröffnung der Arena vertritt er jenen Populismus, den Ridley Scott als Chiffre für seine Kritik an der gegenwärtigen Politik des Massenentertainments versteht. In der Arena werden politisch brisante Fragen als Kampf um Leben und Tod verhandelt, weil Commodus' Daumenentscheidung für oder gegen das Überleben eines Kämpfers von der Stimmung des Volkes abhängt. Die Frage der Monumentalität als Selbstreflexion auf die Medialität von »epic films« ergibt sich dabei nicht zuletzt darin, dass Ridley Scott in GLADIATOR das leibliche Charisma seines Helden explizit ins Zentrum rückt. Der ehemalige Gladiator Proximus (Oliver Reed) erklärt seinem Star-Kämpfer: »Win the crowd and you'll win your freedom.« Weil es Maximus gelingt, tatsächlich ein Held der Arena zu werden und somit die Begeisterung des römischen Volkes für seine politischen Zwecke zu nutzen, stellt er eine Gefahr für Commodus dar, die beseitigt werden muss. So dient Ridley Scotts Rückgriff auf die Historie einer Kritik an einer korrupten Politisierung der Medienwelt, die darin ihre Schärfe gewinnt, dass sie der Banalität heutiger Celebrities einen Maximus entgegenhält, dessen Auftritte in der Arena als sublim und heroisch kodiert sind. Dabei bleibt jedoch nicht nur der Widerspruch, dass Scott jene Macht der Medien angreift, von dessen Monumentalität er als Regisseur von Monumental-Kino auch profitiert. Seiner moralisierenden Aussage unterliegt auch ein Gegensatz, der ihn ideologisch in die Nähe jener klassischen »epic films« wie Anthony Manns DER UNTERGANG DES RÖMISCHEN REICHES (THE FALL OF THE ROMAN EMPIRE; 1964) rückt; ein Film, an dem sich die Massenszenen von GLADIATOR – der Einzug des Siegers in Rom, die Schlachten in der Arena – medial orientieren. Die große Schlacht gegen die Hunnen in der Anfangssequenz des Films feiert zwar die uneingeschränkte Loyalität des Generals Maximus, der sich gegen alles, was seiner Vision eines hehren Roms entgegentritt, mit äußerster Brutalität zur Wehr setzt. Aber die visuelle Opulenz des restlichen Films – und somit der Grund, warum wir dessen Gladiatorenspiele als großes Spektakel genießen, bei denen der Schauspieler Russell Crowe seine »star quality« wiederholt zu Schau stellt – liegt auf der Seite des Tyrannen. Wenn also sowohl KÖNIGREICH DER HIMMEL (KINGDOM OF HEAVEN) als auch GLADIATOR ihre affektive Macht aus einem nostalgischen Blick auf weltgeschichtlich bedeutsamen Umschlagmomente beziehen, die den Verlust großer politischer Entwürfe bezeugen, so lebt die Monumentalität der Filmbilder davon, dass ihnen eine sie zersetzende, moralisierende Kraft entgegentritt. Diese setzt den ideologisch angestrebten Machtwechsel von Tyrannei zu guter Herrschaft besonders aufwendig, überbordend, und ab den späten 40er Jahren auch besonders farbenprächtig auf großer Cinemascope-Leinwand opulent ausgeschmückt in Szene, sodass das Kino-Publikum genießen darf, was es zugleich auch ablehnen soll.

## 10.2 Cecil B. DeMille: Meister des »epic film«

Dieser Widerspruch zwischen Moral und Monumentalität zeigt sich bei kaum einem Regisseur so ausgeprägt wie Cecile B. DeMille (1881-1959), bekannt nicht nur als Meister kinematischer Extravaganzen, sondern auch als genialer Beherrscher jener »compensating values«, aufgrund derer nach den Angaben der Filmzensurbehörde des Hays Production Code ab Mitte der 30er Jahre Laster, Zuchtlosigkeit und Wollust inszeniert werden durften, solange am Ende der Filmgeschichte die Sünde bestraft wird und die Tugend obsiegt.[3] Weil er als epischer Moralist für die Paramount Studios jene Geste des Populismus zum äußersten Extrem auszukosten wusste, die Ridley Scotts Commodus ebenfalls zelebriert, entziehen sich seine »epic films« bis heute einer orthodoxen Lesart, erhält doch das, was am Ende als moralische Abweichung seiner Heldinnen und Helden verdammt wird, während der Dauer der Filmgeschichte die größere Aufmerksamkeit. Aus der Sicht der Zensurbehörde bediente seine Erfolgsformel eine religiöse sowie patriotische Erbauungsstrategie, die alles darauf setzte, die Zuschauer emotional zu packen. Deshalb wählte DeMille, wie andere Regisseure auch, als Stoff seiner »epics« die Leidensgeschichte vorwiegend jener für die westliche Kultur ausschlaggebenden verfolgten Menschengruppen – die Christen in Jerusalem, die Juden in Ägypten –, die in ihrem Aufbegehren von Gott unterstützt werden und deshalb die unhinterfragte Sympathie des vom Hollywood-Mainstream intendierten Publikums besitzen. Die Handlung läuft jeweils auf eine Konfrontation zwischen einem mächtigen, jedoch dem Untergang geweihten Tyrann und seinem tugendhaften Gegenspieler hinaus, der am Ende als Held der Historie über jegliche Korruption und Ungerechtigkeit siegt.

Gleichzeitig spielte DeMille die säkularen und sinnlichen Nebeneffekte derart aus, dass gerade die vom Hays Production Code geforderte sublimierte

---

**3** | Vgl. Cook, David A.: A History of Narrative Film, New York: Norton 1990, und Mast, Gerald: A Short History of the Movies, Chicago: Pegasus 1971.

Erotik, die mit der Zerstörung von Sünde im Abschlussbild einhergeht, die Sublimation laut Richard Roud selber erotisch erscheinen lässt.[4] Zudem präsentiert der von ihm zur Perfektion entwickelte »epic style« die Historie als perfektes Filmspektakel, das jegliche Mimesis in ein überdimensionales Simulakrum zu übertragen sucht. Wie Michael Wood festhält, ging es Cecil B. DeMille im »epic film« nämlich nie nur um bedeutende Momente der Weltgeschichte, sondern auch um das Durchsetzen seiner Film-Produktion, die im Triumph des Helden über seine Widersacher eine Entsprechung findet: »In the contexts of these triumphs, the movies' own engineering feats made perfect, harmonious sense, the whole show became a celebration of magnificent, improbable conquests.«[5] Dabei entspricht die Größe des weltgeschichtlichen Ereignisses der Größe der Leinwand, der technischen Virtuosität, dem Exzess der Ausstattung, der Überschwänglichkeit der Inszenierung von großartig angelegten Szenen sowie den üppigen Kosten des gesamten Unternehmens. Dieses Zusammenspiel von säkularer Lust und religiöser Moral, an dessen Fluchtpunkt immer auch eine Zelebration der Monumentalität dessen aufflackert, was das Medium Film im Hollywood-Studio-System kann, zeigt sich besonders anschaulich in KREUZRITTER – RICHARD LÖWENHERZ (THE CRUSADES; 1935). DeMilles Wiedergabe der Schlacht um Jerusalem beginnt an der Stelle, an der Scotts KÖNIGREICH DER HIMMEL (KINGDOM OF HEAVEN) aufhört. Um den religiösen Kode leitthematisch einzuführen, zeigt DeMille in der Titelsequenz Rüstungen, Schwerter, Fahnen und Feuer und leitet dann sofort zu einer pathosgeladenen Szene der Unterdrückung über. Die Sarazenen reißen Kreuze von den Dächern der Kirchen, verbrennen Bücher und Bilder, legen Christen in Ketten und verkaufen Christinnen als Sklavinnen. Ein alter Eremit droht, im Herzen der Menschen in Europa eine Flamme zum Erwachen zu bringen und so ein mächtiges Heer aufzubauen, das auf einem bewaffneten Kreuzzug zurückkehren und im Dienste Gottes erfolgreich gegen die Sarazenen kämpfen und das Grab Christi befreien wird.

Auch in KREUZRITTER – RICHARD LÖWENHERZ (THE CRUSADES) wird ein politischer Kampf als Familienzwist ausgetragen, nur läuft dieser auf jene Paarbildung hinaus, die in den 30er Jahren vom Hays Production Code als moralische Kompensation für die Darstellung sinnlicher Ausschweifungen gefordert wurde. Der Kampf um Jerusalem entpuppt sich zwar auch als Streit des Helden um die Liebe der Heldin Berengaria von Navarra (Loretta Young), nur stellt nicht Entsagung oder Verlust die Voraussetzung dieser Verbindung, sondern das reumütige Bekenntnis zum christlichen Glauben. Denn Cecil DeMilles Inszenierung der Kreuzzüge führt König Richard Löwenherz (Henry Wilcoxon)

4 | Roud, Richard (Hg.): Cinema. A Critical Dictionary. The Major Film-Makers, Vol. 1, London: Secker and Warburg 1980.

5 | M. Wood, America in the Movies, S. 177.

als Prototyp eines ungezügelten Hedonismus ein, festet dieser doch lieber mit seinen Freunden, als sich aus politischem Kalkül mit Alice, der Schwester des Königs von Frankreich (Katherine DeMille), zu verheiraten. DeMilles Richard glaubt nicht an Gott, nur an die Kunst des Kampfes, ist aber bereit, sich mit den Kreuzrittern zu vereinigen, um einer ihm leidigen Ehe auszuweichen. An dem neu erworbenen Schwert, das vom Eremiten für den Dienst Gottes gesegnet wird (und nicht, wie Richard meinte, für England und die Körperschaft seiner Gefolgschaft, die er dort in Turnieren vertritt), wird die moralische Bekehrung des Königs verhandelt. Wählt Richard zuerst das Schwert statt der Prinzessin Alice, zeugt diese Entscheidung auch davon, dass er seinen Kreuzzug unter falschen Vorzeichen antritt. Nicht eine religiöse Überzeugung treibt ihn nach Jerusalem, sondern sein Begehren, jener politischen Verantwortung zu entfliehen, die das lustvolle Treiben mit seinen Männern unterbinden würde. Noch in Marseille wird diese fröhliche Bruderbande fortgeführt, nur entzündet sich nun an Berengaria ein zweiter Geschlechterkampf, dem Richard sich nicht mehr entziehen kann. Um vom König von Navarra das Vieh zu erhalten, das er als Nahrung für seine Armee braucht, willigt er in eine Hochzeit ein, bleibt aber bei seinen Männern und feiert mit diesen, während sein Diener mit seinem Schwert an seiner Stelle zur Braut an den Altar tritt.

Um ihren Anteil am Kreuzzug zu leisten, willigt Berengaria in den heiligen Ehestand ein, nimmt das Schwert als Zeichen eines ihr von Gott auferlegten, symbolischen Mandates zum Gemahl und küsst dieses anstelle des abwesenden Königs. Die für die Erfolgsformel des »epic films« ebenso zentrale Lust an romantischer Dramatik wie der religiöse Pathos gewinnt von dem Augenblick an Momentum, als Richard die von ihm verschmähte Braut zu Augen bekommt. Zwar ist er noch immer nicht vom christlichen Glauben überzeugt, dafür aber von seinem neuentfachten Begehren für eine Frau. Und so deklariert er gegen die Machtinteressen des französischen Königs, der weiterhin auf eine Verbindung mit seiner Schwester als Zeichen ihrer politischen Solidarität hofft, Berengaria zur Königin. Ist er aus Solidarität zu seinen Gefolgen in den Krieg gezogen, ist ihm nun das Bündnis mit seiner Gattin wichtiger als der Glaubensfeldzug. So sieht sich Richard in seinem Kampf um Jerusalem mit drei Gegnern konfrontiert, deren Angriffe die Handlung verschränkt: Conrad, Marquis von Monferrat (Joseph Schildkraut), der Richard insgeheim ermorden lassen will, um selber König von Jerusalem zu werden; Sultan Saladin (Ian Keith), gegen dessen Sarazenen Richard erfolgreich die Stadt Acre erobert; und schließlich seine Gemahlin. Weil für sie die Ehe eines der heiligen Sakramente darstellt, weigert sie sich, diese mit Richard leiblich zu vollziehen, bevor er ihr nicht die Wahrhaftigkeit seiner Liebe bewiesen hat. In einer Schlüsselszene des Films verbietet Berengaria ihrem Mann, zu ihr ins Bett zu steigen, und nimmt stattdessen sein Schwert mit der Erklärung zu sich, sie sei mit diesem – und nicht mit seinem Leib – verheiratet. Während sie das Schwert über ihrem

Kopf erhebt, um ihn von ihrer Sittsamkeit zu überzeugen, stürzen Richards Männer in das Zelt, weil die Sarazenen gerade über ihr Lager hergefallen sind.

Die politische Schlacht löst den privaten Liebeskampf ab, der von DeMille zugleich als Schlüssel für die Rückeroberung Jerusalems inszeniert wird. Denn im Gegensatz zu ihrem säkularen Gatten, der nahtlos in die Rolle des stürmischen, romantischen Helden geschlüpft ist, steht Berengaria für den Gestus des Melodramas, in Zuge dessen Liebe nur als Belohnung für das Erbringen eines Opfers gewonnen werden kann. Um sicherzustellen, dass Richard aus seiner allzu irdischen Liebe zu ihr den Kreuzzug nicht abbricht, erbittet Berengaria sich von ihm einen Schwur: Das Schwert, mit dem sie verheiratet ist, muss zuerst auf das Grab Christi in Jerusalem gelegt werden, bevor die beiden Liebenden ihre Ehe leiblich vollziehen können. Sie wird sich als Gefangene des Sultans ihrerseits bereit zeigen, ein Opfer zu vollbringen, und verspricht Saladin, bei ihm zu bleiben, wenn er Richard vor den Verschwörern rettet, die ihn nachts auf dem Schlachtfeld bei den Toten ermorden wollen. Zugleich dient Berengaria als Figur der Versöhnung, gelingt es ihr doch – weil sich an ihrer Person eine Rivalität zwischen zwei Liebenden als Widerstreit zwischen zwei Herrschern festmacht –, einen Friedensvertrag zwischen Richard und Saladin auszuhandeln. War sie es, die als Bedingung für einen leiblichen Vollzug ihrer Ehe auf den Einzug Richards in Jerusalem bestand, ist sie es nun, die ihn bittet, aus Liebe zu ihr sein Schwert niederzulegen. Von ihrem Glauben ist Berengaria nicht abgewichen, doch sie hat den politischen Irrtum erkannt, diesen als »clash of civilizations« durchzusetzen. Während Ridley Scotts Sybilla bereit ist, Blut fliessen zu lassen, weil Balian keine Kompromisse in seiner Liebe zu ihr einzugehen willig ist, vertritt DeMilles Heldin eine dem Neuen Testament entnommene Haltung der persönlichen Entsagung, um einen Weltfrieden auszuhandeln, für den Jerusalem als offene Stadt symbolisch einstehen soll.

Nicht ohne Grund lautet die »tagline« von KREUZRITTER – RICHARD LÖWENHERZ (THE CRUSADES): »Wonders to dazzle the human imagination – a flaming love story set in titanic world conflict.« Die Erfolgsformel des »epic film« fordert nämlich für das Zusammenspiel von großen romantischen Leidenschaften und einem weltgeschichtlich brisanten politischen Konflikt eine Auflösung im Happy End. Es mag einen Wandel im öffentlichen Geschmack bezeugen, dass dieses Mitte der 30er Jahre fröhlicher ausfällt als am Ende des 20. Jahrhunderts. Als Zeichen des Opfers, das er aus Liebe zu Berengaria zu erbringen bereit ist, zerbricht Richard sein Schwert, denn da Saladin ihm als Bedingung für ihren Frieden den Zutritt zu Jerusalem verboten hat, wird dieses Schwert nun auf ewig zwischen ihm und seiner Frau stehen. Die rhetorische List Cecil B. DeMilles liegt darin, dass Richard, indem er sich bereit zeigt, als Zeichen seiner grenzenlosen Liebe deren Vollzug für immer zu verhindern, gerade diese Liebe erhalten wird. Denn seine Geste der Entsagung bezeugt einen christlichen Glauben, den KREUZRITTER – RICHARD LÖWENHERZ (THE CRUSADES) als Friedensreligion und nicht als Kulturkrieg vermitteln möchte. Sie bezeugt aber zugleich ein hartnäckiges Festhalten an der sentimentalen Vorstellung einer romantischen Liebe, die keine Opfer scheut – und so wird Richard nicht als Held des Kreuzzuges, dafür aber des Filmmelodramas schlussendlich belohnt. Der weise Saladin, der Berengaria nicht zu einer Liebe zwingen will, die ihr unmöglich ist, entlässt sie aus seiner Gefangenschaft, und so kann sie an Stelle Richards das zerbrochene Schwert auf das Grab Christi legen. Während sich der König und seine Königin so ihr Eheglück erkauft haben, kann Cecil B. DeMille diesen Handel zudem als den Sieg eines friedlichen Christentums an sein Publikum verkaufen.

Als hätte sich Ridley Scott mit der abschließenden Sequenz von KÖNIGREICH DER HIMMEL (KINGDOM OF HEAVEN), die als Auslöser für den Kreuzzug seines Richard Löwenherz angelegt wird, am Ende von KREUZRITTER – RICHARD LÖWENHERZ (THE CRUSADES) orientiert, sehen wir, wie das Kreuz auf einer Kirche wieder errichtet wird. Als monumentalistische Inszenierung einer Befreiung und Wiedervereinigung werden bei Cecil B. DeMille den Gefangenen die Ketten abgenommen, die Tore Jerusalems geöffnet und die Pilger in die Stadt hereingelassen, damit alle Christen sie umarmen können. Um die Transformation von Krieg in eine alle Gläubigen umfassenden Liebe zu visualisieren, erinnert diese letzte Bildfolge zugleich an den Anfang des Films, denn das Waffenfeuer, vor dem die Titelsequenz abgelaufen war, mündet nun in ein Lichtermeer. Die Differenz zu KÖNIGREICH DER HIMMEL (KINGDOM OF HEAVEN) lässt nachträglich das zeitgenössische Anliegen dieser epischen Verarbeitung von Historie erkennen. DeMilles Jerusalem stellt nicht die Zerstörung eines Traums dar, sondern den Ort eines friedlichen Gottesdienstes, der zugleich visuell hervorhebt, dass sich in diesem historischen Moment des Umbruchs eine kulturelle Hegemonie des Christentums anbahnt. Ridley Scotts kulturkritische Haltung lässt ihn am Anfang des 21. Jahrhunderts auf die Historie zurückgreifen, um Geschichten darüber zu entwickeln, wie das Heldenhafte sich gegen die Tyrannei und den Fanatismus nur mit tragischen Kosten durchzusetzen weiß und nur ein äußerst fragiler Waffenstillstand errungen werden kann. Cecil B. DeMille hingegen setzt die Transformation eines männerbündlerischen Unglaubens in christliche Reue ins Zentrum einer Inszenierung, die als Verschränkung von Politik und Romantik auf die Stabilisierung eines Königpaares hinausläuft, das symbolisch sowohl die Festigung Englands politischer Macht als auch die moralischen Werte des Christentums sicherstellt. Wenn Ridley Scotts nostalgische Bildsprache Jerusalem als verlorenes Paradies hervorbringt, in das wir nur mit jenem Sprung der Einbildungskraft zurückkehren können, die uns das monumentale epische Kino anbietet, verklärt auch DeMille jeglichen Streit – ob zwischen den Kulturen oder den Geschlechtern – in einer Pathosgeste des reinen Glaubens. Während am Ende von

KREUZRITTER – RICHARD LÖWENHERZ (THE CRUSADES) im Hintergrund ein Chor »Glory to Jesus« singt, ist Berengaria im weißen Gewand einer Büßerin am Grab Christi auf ihre Knie gesunken, hat das zerbrochene Schwert dort niedergelegt und blickt verzückt auf ein Bild des Heilands, das Cecil B. DeMille uns vorenthält. Denn sein Abschlussbild gilt nicht nur der Frau, an der Richard sich in seiner moralischen Wandlung zum gläubigen Christen orientiert hat, sondern Loretta Young als Glamourstar, deren strahlende Schönheit im weichen Kerzenlicht die Sublimation, die sie den Film hindurch zur Schau gestellt hat, selber erotisch erscheinen lässt. Denn sie strahlt in diesem Abschlussbild eine sinnliche Betörung des Filmbildes aus, das wir angehalten werden, begeistert anzubeten.

## 10.3 CECIL B. DEMILLES GEBOTE

An den kinematischen Spektakeln von Cecil B. DeMille lassen sich Kategorien des »epic film« ablesen, die den Blick auf Mittelalterfilme in dem Sinne erweitern, als sie das Verhältnis zwischen der Epochalität des historischen Moments, auf den jegliches episches Kino zurückgreift, und der formalen Umsetzung in ein auf Masseninszenierung und kostspielige Ausstattung ausgerichtetes Filmbild erkennbar machen. Dabei zeigt sich, dass zwar nur die größten Umbrüche der Weltgeschichte einer auf der Leinwand produzierten Monumentalität dienen können, muss doch der finanzielle, technische wie ästhetische Aufwand durch die Bedeutsamkeit des Stoffes gerechtfertigt sein. Zugleich muss diese grandiose Weltgeschichte im Hollywood-Mainstream an den kleinen Geschichten einzelner Individuen verhandelt werden, denn nur eine Personalisierung historischer Ereignisse garantiert jene emotionale Übertragung auf das Filmereignis, von der das Unterhaltungskino lebt, weil diese meist an einer Identifikation mit dem Schicksal der Helden oder dem Charisma des Stars hängt. Als erstes Kriterium des »epic film« lässt sich demzufolge festhalten, dass die historischen Ereignisse als Familiengeschichten abgehandelt werden – sei es als Ablösungsprozess zwischen Eltern und Kindern, bei dem es darum geht, wer das moralische Erbe der vorhergehenden Generation weiter trägt; sei es als Rivalität zwischen Brüdern entweder um die Liebe der Eltern oder die einer von beiden begehrten Frau; sei es als Bildungsprozess, infolgedessen ein Held für sein symbolisches Amt als Herrscher erzogen wird. Dabei steht ein persönliches Begehren entweder im Widerspruch zum historischen Auftrag, den ein Held erfüllen muss, oder privater Wunsch und öffentlicher Auftrag erweisen sich wie in KREUZRITTER – RICHARD LÖWENHERZ (THE CRUSADES) als deckungsgleich.

Als zweites Kriterium des »epic film« bildet sich eine anachronistische Überblendung der Historie heraus. Denn die weltgeschichtlichen Ereignisse werden zugunsten einer monumentalistischen Erhöhung ihrer Spezifizität entleert, obgleich sie durchaus im Sinne von Roland Barthes' Definition des mythischen Signifikanten nie gänzlich ausgeblendet sind.[6] Vielmehr verschränkt sich eine Referenz auf die Weltgeschichte mit der auf moralische Erbauung ausgerichteten Botschaft, sodass für die Zuschauer mal die Historie mehr fokussiert wird, mal das Melodrama. Denn inmitten aller Fiktionalisierungsstrategien, mit der Schauplätze und Handlungen der Vergangenheit als Hollywood-Sets rekonstruiert werden, bleibt ein Anspruch auf Authentizität. Die Hinwendung zur Bildsprache des Films verleiht der Vergangenheit überhaupt erst ein populäres Gesicht. Dabei kristallisiert sich als weiteres Kriterium des »epic film« eine Reflexion des zeitgenössischen Kontextes heraus. Die Historie dient dem Monumentalfilm als Chiffre dafür, brisante kulturelle Anliegen der Gegenwart als Fiktionen der Vergangenheit entstellt zu verhandeln – sei es im Sinne einer verlorenen Vision (KÖNIGREICH DER HIMMEL) oder einer politischen Hoffnung, an der sich die gegenwärtige Kultur orientieren kann (KREUZRITTER – RICHARD LÖWENHERZ). Schließlich lässt sich für den »epic film«, der in der Ära des Stummfilms von seiner Bildsprache her sowohl an das Bühnen-Melodrama als auch an die Historienmalerei des 19. Jahrhunderts anknüpft, als letztes Kriterium eine ausgeprägte Intermedialität feststellen, die für das Wiederaufleben dieser Gattung sowohl in ihrer Blütezeit in den 50er und frühen 60er Jahren als auch im zeitgenössischen Hollywood mit dem Rückverweis auf vorhergehende Filme einhergeht. Ridley Scott verweist mit KÖNIGREICH DER HIMMEL (KINGDOM OF HEAVEN) sowohl auf Cecil B. DeMilles KREUZRITTER – RICHARD LÖWENHERZ (THE CRUSADES), an den er im Sinne einer nachträglich gefilmten Vorgeschichte anknüpft, wie auch auf seinen fünf Jahre vorher gedrehten GLADIATOR, der zwar ein anderes historisches Ereignis zum Thema hat, aber dennoch große Ähnlichkeiten sowohl in der Dramaturgie der Geschichte als auch in der visuellen Inszenierung (vorwiegend der Massenszenen) aufzeigt. Dabei hat Ridley Scott die Geschichte des Generals Maximus, der als Sklave in der Arena zum Held des römischen Volkes wird, seinerseits als eine Art Remake von Anthony Manns DER UNTERGANG DES RÖMISCHEN REICHES (THE FALL OF THE ROMAN EMPIRE) konzipiert. Dabei folgt er Cecil B. DeMille, der seinerseits mit seinen »epic films« ein intertextuelles Bezugsnetz herstellt, das von KREUZRITTER – RICHARD LÖWENHERZ (THE CRUSADES) zeitlich in zwei Richtungen verläuft. Während er mit dem verzückten Gesicht Berengaria am Grab Christi den historischen Umbruch zum Christentums ausleuchtet, der die erlösende Kraft einer aus Liebe geborenen Selbstopferung feiert, hat er sich zweimal der Urszene der jüdisch-christlichen Gesetzgebung angenommen. Dabei bildet sein Film DIE ZEHN GEBOTE (THE TEN COMMANDMENTS) von 1956 ein Remake der Fassung von 1928, bei der

6 | Vgl. Barthes, Roland: Mythologies, Paris: Seuils 1957, S. 14-27.

die Frage dessen, was monumentales Kino kann, im Vordergrund steht. Drei Trailer wurden als Werbung für diesen Film gedreht – der erste 1956 zur Erstaufführung, der zweite 1966 für die Wiederaufführung und der dritte 1989 für eine restaurierte Fassung. Weil sie die Anliegen und Erzählstrategien des »epic film« knapp und pointiert inszenieren, möchte ich im Sinne einer zusammenfassenden Diskussion am Vergleich dieser drei Trailer veranschaulichen, wie Monumentalität im Popularkino funktioniert.

Wie Richard Roud festhält, hat Cecil B. DeMille in seinen »epic films« der 50er Jahre nicht nur aus dem Off der Geschichte oder Gott seine Synchronstimme verliehen. Es war auch durchaus typisch für ihn, seine nächsten Produktionen in Trailern persönlich vorzustellen, die viel länger waren, als für einen Werbespot der 50er Jahre üblich.[7] Der Trailer für DIE ZEHN GEBOTE (THE TEN COMMANDMENTS) von 1956 hat den Zweck, mithilfe eines expliziten Rückgriffs auf historische Dokumente seiner fiktiven Wiedergabe des jungen Moses Autorität zu verleihen. In der Nahaufnahme sehen wir zuerst eine handgroße Kopie von Michelangelos Moses, die eingerahmt von schweren, in dunkelbraunem Leder eingebundenen Annalen der Historie auf dem Tisch des Regisseurs steht. Mit einem Schwenk leitet die Kamera über zu Cecil B. DeMille, der seine Zuschauer mit einem direkten Blick in die Kamera bittet, seinen Ausführungen über diese historische Gestalt zu folgen, deren Seele Michelangelo so hervorragend in seiner Statue einzufangen gewusst hat. Zuerst weist er auf die beiden geheimnisvollen Hörner hin, die aus dem Kopf der Statue herausragen, um sich sowohl einer Textstelle in der Ausgabe des Alten Testaments zuzuwenden, die vor ihm auf dem Tisch liegt, als auch einer Illustration von Gustave Doré. Beiden entnimmt er die Erklärung, Lichtstrahlen wären aus dem Kopf Moses entsprungen, als er den Berg Sinai mit den beiden Tafeln unterm Arm verließ. Doch der Schnitt zu einem Photo der Originalstatue in Rom dient keiner weiteren Ausführung dieses mirakulösen Phänomens, sondern einem Verweis auf die physiognomische Ähnlichkeit zwischen dem Schauspieler Charlton Heston und der steinernen Figur. Denn DeMille sucht mit diesem Trailer, seine Verfilmung grundsätzlich in die Nähe jenes tradierten Bildrepertoires zu rücken, das Moses entweder als Propheten mit langem Bart oder als Baby darstellt, das die Tochter des Pharaos im Schilf findet. Um die Kamera auf ein Gemälde von Anthonis van Dyck zu lenken, auf dem diese Findungsszene abgebildet ist, steht DeMille deshalb von seinem Schreibtisch auf.

Als die zwei bekannten Episoden im Leben des Propheten verweisen Michelangelos Statue und Anthonis van Dycks Gemälde nämlich auf jene Lücke in der traditionellen Übertragung der Moses-Geschichte, die Cecil B. DeMille mit seinem Film zu füllen hofft: in Anlehnung an diese Bildtradition, aber auch als eine Überbietung, die nur im Monumentalkino möglich ist. Indem

7 | R. Roud, Critical Dictionary, S. 266.

er sich wieder vom Gemälde abwendet, führt DeMille deshalb nun auch Requisiten aus seiner eigenen Produktion ein, die diese Eckdaten markieren: den Korb, in dem der kleine Moses am Anfang seines Films von seiner Mutter auf seine Flussreise geschickt wird, und die beiden Schrifttafeln, auf denen am Ende seiner Filmgeschichte die zehn Gebote eingeschrieben stehen werden. Nochmals geht es DeMille um eine Autorisierung seiner fiktiven Filmwelt, weist er doch explizit darauf hin, dass die beiden Tafeln aus dem roten Granitstein des heiligen Berg Sinai geschnitzt wurden, während der Schriftzug wahrheitsgetreu das kanaanitische Alphabet nachahmt. Dann rückt er die Annalen jener Historiker ins Bild, derer er sich bedient hat, um jene Jahre im Leben Moses auszuschmücken, die in der Bibel nicht beschrieben werden – die Werke von Philo Judaeus und Josephus, von denen er in der Nahaufnahme das Titelblatt zeigt. Indem er darauf hinweist, dass sich die Aufzeichnungen der Historiker ihrerseits auf Dokumente beziehen, die seitdem zerstört worden oder verlorenen gegangen sind, bringt er aber zugleich nochmals die eigene Geste der Überbietung ins Spiel. Sein Filmepos belebt eine verlorengegangene Welt – jedoch in eine mimetische Nachahmung übertragen, die sich zugleich als Simulakrum entpuppt, weil sie sich auf keine Wirklichkeit beziehen kann, sondern nur auf andere Zeichen: die Schrift der Propheten und Historiker sowie die Bilder ihm voran gegangener Künstler. »To film The Ten Commandments«, erklärt Cecil B. DeMille, »we roled our cameras on the very ground that Moses walked«, während er das Faksimile einer antiken Landkarte vor seiner Kamera ausbreitet und den Weg sowohl seines Propheten als auch seiner Filmproduktion mit dem ungespitzten Teil seines Bleistiftes nachzeichnet, bis er am Berg Sinai ankommt.

Um die unsaubere Verschränkung von Historie und Verfilmung nochmals auf einen Punkt zu bringen, wendet sich Cecil B. DeMille einem letzten Gemälde zu. Dort ist eine von einem Glorienschein umgebene Sonne abgebildet, von der er behauptet, sie hätte auch über dem heiligen Berg gestanden, als seine Karawane von dort aus nach unten fuhr. Weil ihm andere Bilder als Quelle und als Orientierung für sein monumentales Spektakel dienen, leitet DeMille erst mit diesem Hinweis zur eigentlichen Vorschau seiner eigenen Filmbilder über: »Moses' life is one of the greatest adventure stories ever put between the covers of a book.« Der daraufhin folgende Zusammenschnitt von Filmszenen bebildert somit nicht nur die historischen Erkenntnisse, die DeMille aus den Annalen der Geschichte gewonnen hat. Die Montage bezeugt auch Fähigkeit des Regisseurs, diese Historie in die Dramaturgie des »epic film« übertragen zu können, die sein Publikum nicht nur wegen ihrer historischen Verifizierbarkeit fesseln wird, sondern auch aufgrund der Farbenpracht, der breiten Leinwand des Cinemascope, der Stars und der genial inszenierten Menschenmassen. Als Regisseur, der an seinem Schreibtisch über seine Bibel gelehnt jene Fragen ans Publikum stellt, die er mit seinem Film zu beantworten verspricht, inszeniert Cecil B. DeMille sich selbst – wie Michael Wood festhält – als General, der erfolgreich seine Schauspieler und Statisten aufbieten und lenken kann. »The hero of The Ten Commandments«, folgert Wood, »is not Moses, but DeMille himself, who set up the whole show.«[8] Der biblischen Geschichte verleiht er eine Form und mit dem Star Charlton Heston auch eine Gestalt, die sie für jeden durchschnittlichen Filmzuschauer deshalb nachempfindbar werden lässt, weil sie an die Erzählmuster und Bildsprache der aus anderen Hollywood-Filmen bekannten imaginären Geographie erinnert. Am Herzen dieses Spiels freischwebender Zeichen steht aber jener Verweis auf die Anliegen der Gegenwart, die seiner Feier des monumentalen Spektakels immer auch miteingeschrieben waren. Eine epische Verfilmung der Urszene der Gesetze, die den Menschen ermöglichen, in Frieden und Freiheit zu leben, wirft die Frage auf: »Are men to be ruled by God's laws or are they to be ruled by the whims of a dictator? Are men the property of the state or are they free souls under God?« Das hatte mitten im Kalten Krieg durchaus eine zeitgenössische Brisanz.

Der Trailer, der 1966 die Wiederaufführung von Die zehn Gebote (The Ten Commandments) begleitete, verknappt alles auf die Feier des kinematischen Mediums. Die Geschichte wird nun wieder auf jene zwei Eckdaten reduziert, für welche die Geschichte Moses im kulturellen Gedächtnis bekannt ist: das Baby im Schilf und der bärtige Prophet, der mit den beiden Tafeln in den Armen vom heiligen Berg Sinai zurückkehrt und die von ihm aus ihrer Gefangenschaft befreiten Juden um das goldene Kalb tanzend vorfindet. Der Film wird nicht als Auseinandersetzung mit der Frage angekündigt, welches Gesetz der Mensch befolgen soll, sondern als grandioses Filmereignis, dessen Geschichten von Liebe, Drama, Abenteuer und majestätischer Erhabenheit auch zehn Jahre nach der Erstaufführung ihre Faszination nicht verloren haben. Als Zusammenschnitt der visuell prägnantesten Ausprägungen eines großartigen Spektakels – die sich vor allem auf Cecil B. DeMilles Inszenierung der Massen konzentrieren – läuft der Trailer auf jene Szene hinaus, für die Die zehn Gebote (The Ten Commandments) bereits in den Annalen der Filmgeschichte eingegangen war: die grandiose Teilung des Roten Meers, die als reines Filmvergnügen angedeutet, aber nicht gezeigt wird. Als Paramount 1989 eine restaurierte Fassung mit neuem Ton und aufgefrischtem Technicolor lanciert, geht es nicht mehr um die Frage einer Historie, die dem Leben dienlich sein könnte, noch um eine kontinuierliche Ausstrahlungskraft der »epic films« aus den 50er und 60er Jahren. Das Studio-System, das diese produzierte, ist von New Hollywood und den Blockbustern von Spielberg, Lukas und Scorsese ab-

**8** | M. Wood, America in the Movies, S. 173.

gelöst worden.[9] So rückt eine nostalgische Haltung gegenüber einem längst verschollenen Hollywood in den Vordergrund, die den Versuch DeMilles spiegelt, eine vergangene Welt zu neuem Leben zu erwecken. Während sich vom Zentrum einer schwarzen Leinwand ein kleiner Bildausschnitt, auf dem zuerst kaum etwas erkennbar ist, langsam über das ganze Bild ausbreitet, bis dieses ganz vom Blick auf einen stürmischen Himmel erfüllt ist, hören wir aus dem Off die von einer beruhigenden Männerstimme gesprochenen Ankündigung: »There was a time when the cinema was a place of spectacle and wonder. When unforgettable films played on gigantic screens that overwhelmed the imagination. Now that time has come again.« Mit der Teilung des Roten Meers, welche die beiden vorhergehenden Trailer dem Publikum vorenthielten, setzt dieser daraufhin ein, erfüllt diese Sequenz doch am besten den unvergesslichen Monumentalismus, für den Cecil B. DeMilles Die zehn Gebote (The Ten Commandments) Ende der 80er Jahre erinnert werden soll. Zwar erscheint der Regisseur selber nicht mehr im Trailer, doch dafür hat er einen gottähnlichen Status angenommen; wird doch das technische Mirakel implizit auf der gleichen Ebene des Wunders angesiedelt wie die Gesetzgebung Gottes, von welcher der Film handelt. Ohne auf die biblische Geschichte hinzuweisen, erhalten wir eine Montage von Einstellungen, die einerseits die Stars eines anderen Hollywoods aufflackern lassen, ohne auf ihre Namen oder ihre Rollen im Film hinzuweisen, und somit ihren mythischen Status ebenfalls festschreiben. Andererseits lassen sich die eingeschnittenen Massenszenen auf einen Nenner reduzieren – das Aufbegehren, die Verfolgung und die Befreiung von in Sklaverei lebenden Menschen. Mit der Aufforderung, ein unvergessliches Filmereignis nochmals zu erleben, endet dieser Trailer, in dem das Monumentalkino vornehmlich sich selber feiert. Losgelöst von jeglicher Historie bietet es visuelle Versatzstücke an, deren Reiz in ihrer Vertrautheit liegt.

Doch während die Trailer zu den beiden Wiederaufführungen von Die zehn Gebote (The Ten Commandments) die Fassung von 1956 in Erinnerung rufen, hatte dieser Film selber eine mnemonische Funktion, zitiert Cecil B. DeMille doch dreißig Jahre später seine Urfassung von 1928. Figuren wie Myriam, die Wasserträgerin, und Dathan, der unzufriedene Jude, werden dort in der Anfangssequenz eingeführt, erfahren aber erst in der zweiten Fassung eine personalisierende Ausarbeitung. Weil es DeMille ausdrücklich um das Nachwirken der Gesetzgebung im zeitgenössischen Amerika der 20er Jahre geht, behandelt der erste Teil dieser Fassung nur den Propheten Moses, dessen zehn Plagen zum Auszug der Juden aus Ägypten führen. Erst in der zweiten Fassung wird DeMille nicht nur die Ereignisse im Leben des jungen Moses hinzufügen, sondern auch den Streit zwischen Moses und Ramses als Rivalität

---

**9** | Vgl. dazu Prinzler, Hans Helmut, und Jatho, Gabriele: Trouble in Wonderland. New Hollywood 1967-1976, Berlin: Bertz 2004.

zweier Brüder um die Königstochter Nefretiri dramaturgisch ausschmücken. Stattdessen konzentriert er sich in der Fassung von 1928 auf eine filmische Rekonstruktion des Exodus, deren visuelle Kraft nicht zuletzt daher rührt, dass diese Bilder unweigerlich sowohl an die Flüchtlinge des ersten Weltkrieges als auch an die Massenimmigration in die USA Anfang des 20. Jahrhunderts erinnern. Im Gegensatz zur starken Formalisierung in der Fassung von 1956, in der Stars wie Statisten als einzelne Details einer durchkalkulierten Bildmaschinerie eingesetzt werden, bietet sich in der ersten Fassung eine Dichte der Gesichter, die den Fokus auf das Leid und die Hoffnung der Auswanderer legt. Gleichzeitig wird der monumentale Blick aus der Totalen auf die sich im Aufbruch befindende Masse angelegt, der im Remake dann zum visuellen Leitthema ausgearbeitet wird. Vor allem aber lässt sich an der ersten Fassung von DIE ZEHN GEBOTE (THE TEN COMMANDMENTS) nochmals die unsaubere Schnittfläche zwischen authentischer Historisierung und melodramatischer Fiktionalisierung im »epic film« feststellen. Wenn sich am Ende von KREUZRITTER – RICHARD LÖWENHERZ (THE CRUSADES) Berengarias Plädoyer für einen Weltfrieden und Jerusalem als offene Heilige Stadt als versteckter Hinweis auf eine verzweifelte Hoffnung auf Weltfrieden angesichts der sich anbahnenden Kriegsanstrengungen Nazi-Deutschlands um 1935 ablesen lässt, hat Cecil B. DeMille seine erste Fassung der ZEHN GEBOTE (THE TEN COMMANDMENTS) explizit in Bezug auf den Ersten Weltkrieg konzipiert. Die Schrifttafel, die als Vorspann dient, erklärt, dass die moderne Welt Gott als »religiösen Komplex« und seine zehn Gebote als lächerlich altmodisch abzutun versuchte, bis die blutdurchtränkte, bittere Nachkriegsrealität diesem Gelächter ein Ende setzte. Diese Gebote, fährt der Erzähler fort, stellen jedoch den einzigen Ausweg dar, der sich dem zeitgenössischen Unbehagen an der Kultur bietet, denn sie sind »the fundamental principles without which mankind cannot live together. They are not laws – they are the LAW«.

Der Rückgriff auf eine Historie, die dem Leben dienlich ist, wird mit dem zweiten Teil des Films dramaturgisch als Familien-Melodrama umgesetzt. Mit einem Schnitt in die Gegenwart führt Cecil B. DeMille die beiden Brüder John (Richard Dix) und Dan (Rod La Rocque) ein, deren Mutter (Edythe Chapman) gerade die Geschichte Moses‹ aus der Bibel vorgelesen hat. Während John sich an den Worten des Propheten orientiert, die im ersten Teil visualisiert wurden, tut Dan diese als Unfug ab. In der Vorgeschichte hatte DeMille Gottes Strafe in den Vordergrund gerückt, welche die abtrünnigen Juden traf und 3000 den Tod brachte. Um ein Aushandeln der Härte des Gesetzes, an dessen uneingeschränktem Glauben der einzige Ausweg aus dem moralischen Chaos der Gegenwart hängt, geht es demzufolge auch in der darauffolgenden Filmgeschichte, die sich aus dem Disput der beiden Brüder entwickelt. Während der jüngere John sich mit einem bescheidenen Leben als Schreiner zufriedengibt, bricht Dan alle Gebote Gottes, heiratet die von beiden Brüdern geliebte Mary

Leigh (Leatrice Joy), verdient als korrupter Architekt ein Vermögen, besitzt ein prunkvolles Haus und feiert kostspielige Feste. Dan vertritt somit jene Wollust und moralische Zügellosigkeit, die DeMille mit seiner Inszenierung des Tanzes der Ungläubigen um das goldene Kalb dramaturgisch ankündigte und wird – durchaus im Sinne der »compensating values« des Hays Production Code – für seine Lasterhaftigkeit mit dem Tod bestraft.

Der Anschluss an KREUZRITTER – RICHARD LÖWENHERZ (THE CRUSADES), der die erste Fassung von DIE ZEHN GEBOTE (THE TEN COMMANDMENTS) auch als intermediales Vorbild für eine ganze Reihe von »epic films« der 50er und 60er Jahre erscheinen lässt, weil diese sich vorwiegend am Neuen Testament orientieren, besteht bezeichnenderweise in der Abmilderung des mosaischen Gesetzes, welche die Mutter mit ihrem Sterben autorisiert. Sie war in die Kirche eingetreten, die ihr Sohn mit verseuchtem Zement zu bauen begonnen hat, weil dies ihm erlaubte, mehr Profit herauszuschlagen. Sie entdeckt dort verwundert einen großen Riss in der Wand und wird bald darauf von der einstürzenden Mauer getroffen. In den Armen ihres unwillentlichen Mörders verzeiht sie jedoch ihrem Sohn. Endlich hat sie eingesehen, sie hätte ihm nur beigebracht, das Gesetz zu fürchten, während sie ihn darin hätte unterrichten müssen, es zu lieben. Dieser Umschlag von einem rächenden Gott als ethische Instanz in einen, der Liebe spendet und Reue mit Heilung belohnt, wird – der Formel des »epic film« entsprechend – als melodramatische Auflösung im Happy End inszeniert. Mary, welche die Sündhaftigkeit ihres Gatten anerkannt hat, begibt sich nach dessen Tod zu John, weil sie sich von der Korruption ihres Gatten selbst beschmutzt glaubt. Dass der Kampf zwischen Sittenlosigkeit und Tugend – wie in den anderen analysierten »epic films« – am Körper des weiblichen Stars durchgeführt wird, bringt nochmals die Ambivalenz ins Spiel, die Cecil B. DeMille seinem Medium gegenüber unterhält. Am Höhepunkt der Feier um das goldene Kalb rückt er eine schöne junge Frau ins Zentrum seiner Inszenierung fleischlicher Schändlichkeit, die sich lüstern um dieses Götzenbild windet. Ein Mann ist zu ihr getreten und hat sie zur Priesterin dieses neuen Kultes ernannt, entdeckt dann aber plötzlich die Leprazeichen auf ihren Händen. Entsetzt weicht er von ihr, während sie vergebens versucht, die leiblichen Zeichen ihrer moralischen Beschmutzung von sich abzuschütteln. Sie wirft sich Moses zu Füßen und bittet ihn, sie von den Spuren ihrer Götzenverehrung zu reinigen, doch der Prophet harscher Gesetze wendet sich von ihr ab, um sein gesamtes Volk mit der Rache Gottes zu bestrafen. Die beschmutzte weibliche Gestalt verharrt als Inbegriff einer untilgbaren Schuld, für die dieser Gott keine Gnade finden will, weiterhin flehend zu seinen Füßen, während DeMille von seiner Illustration des biblischen Textes zu seiner gläubigen Mutter überleitet.

In der zweiten Hälfte des Films taucht die Gestalt der schönen Leprakranken mehrfach auf: zum einen als geheimnisvolle Fremde aus Asien, die mit dem verseuchten Zement heimlich in die USA eingeschleust worden ist und nun als Kollateral der zügellosen Geldgier des Architekten Dan die Bevölkerung anstecken wird. Zum anderen wirkt sie dramaturgisch ebenfalls in der reumütigen Mary nach, die sich in ihrer Verzweiflung an John wendet, weil sie auf ihren Händen die Spuren jener Sündhaftigkeit zu sehen meint, mit der die Korruption ihres Gatten auch sie gebrandmarkt hat. Während sie dessen jüngerem Bruder zu Füßen liegt, greift auch er zum Wort Gottes – nicht aber zu den Geboten des Alten Testaments, sondern zu einem anderen göttlichen Wunder. Als Einblendung stellt Cecil B. DeMille die Geschichte einer Leprakranken dar, die ehrfurchtsvoll zu Jesus Christus kommt und von ihm geheilt wird – als Zeichen seiner Barmherzigkeit. Gottes Sohn wird uns nur von hinten gezeigt, will DeMille den Blick seiner Kamera doch ungestört auf der weiblichen Gestalt ruhen lassen, die vor Freude langsam ihren Schleier von sich abstreift und begeistert ihre reinen, nackten Arme zur Schau stellt, bevor sie vor ihrem Heiland gänzlich zu Boden sinkt. Im Licht der ersten Sonnenstrahlen entdeckt auch Mary, dass die Spuren der Sünde von ihren Händen verschwunden sind. John versichert ihr: »In the light, it's gone.« In der letzten Einstellung des Films legt Mary ihren Kopf auf die Bibel, die auf Johns Schoss aufgeschlagen ruht, während er milde auf sie blickend beginnt, ihre Haare zu streicheln. Mit diesem Tableau einer geteilten Verzückung, das zugleich als erotisierte Sublimation par excellence gelesen werden kann, bringt Cecil B. DeMille die affektive Ambivalenz seines Mediums ein letztes Mal auf Punkt. Als Quelle für den Glanz des Filmbildes fungiert sowohl das Licht, das aus weltgeschichtlichen Ereignissen der Vergangenheit auf die Gegenwart fällt, als auch das künstlich erzeugte, das erleuchtete Gestalten als Spiel von Licht und Schatten auf einer Leinwand aufrufen und dann wieder auflösen kann. Der Widerspruch zwischen Selbstreferenz und Historie lässt sich indes nicht auflösen.

# 11. Retro-Bildwelten

Die 50er Jahre im Hollywood-Kino der 90er Jahre des 20. Jahrhunderts

## 11.1 Das Aufflackern der 50er Jahre

In ihrem Aufsatz »Flash Back, Flash Forward. The Fifties, the Nineties, and the Transformed Politics of Remote Control« spricht Alice Jardine die Frage der nachträglichen kulturellen Wirkungen historischer Einflüsse an und nutzt dabei eine psychoanalytische Denkfigur. Gewisse, vornehmlich populärkulturelle Felder der 90er Jahre – so ihre spekulative These – werden auf eine unheimliche Weise von den 50er Jahren heimgesucht, und zwar derart, dass man von der Rückkehr eines verdrängten kulturellen Materials sprechen könnte. Bei der von ihr hervorgehobenen kulturellen Heimsuchung der Gegenwart durch die Vergangenheit geht es jedoch weniger um ein Wiedererscheinen von Erinnerung als ein Aufflackern von »recall and reruns«. Jardine erklärt: »I began to think about the 1950s fear that someone ›Outside‹ was in control from some remote place, as opposed to the 1990s fear that No One is in control of the remote at all.«[1] Ausgehend von der Frage, warum gerade diese Epoche amerikanischer Geschichte für das Ende des Jahrtausends eine solch prägnante psychohistorische Bedeutung angenommen hat, hält Jardine an der Genese der Postmoderne in genau diesem Zeitraum fest: »I think that most of the important questions facing us in the nineties can be traced right back to the beginnings of our last great epistemological rupture in the early fifties.«[2] Für den historischen Zeitraum, während dem das Testen von nuklearen Waffen, die Rhetorik des Kalten Krieges, das Fernsehen, der Supermarkt, Fastfood-Restaurants, Suburbia, das Konzept des Teenagers, sowie Science-Fiction in die amerikanische

1 | Jardine, Alice: »Flash Back, Flash Forward. The Fifties, the Nineties, and the Transformed Politics of Remote Control«, in: Marjorie Garber und Rebecca L. Walkowitz (Hg.), Secret Agents. The Rosenberg Case, McCarthyism and Fifties America, New York/London: Routledge 1995, S. 108.

2 | Ebd.

Alltagswelt eingeführt wurden und diese kulturellen Innovation mit einer radikalen Domestizierung von Frauen sowie mit der Ausgrenzung von Homosexuellen und ethnischen Minoritäten verknüpft wurden, lässt sich nämlich als ein zentrales Anliegen die Verschränkung einer massenmedial geschürten Paranoia mit einer ebenfalls massenmedial verbreiteten Kommerzialität feststellen. Als Gegenstück zu Präsident Dwight D. Eisenhowers Propaganda des Kalten Kriegs, die von der Wahnvorstellung eines den amerikanischen Bürger von unterschiedlichen, abgelegenen Orten kontrollierenden Kreml zehrte – ein Phantasma, das in den Szenarien des Science-Fiction-Kinos in Form von angreifenden Außerirdischen dann seine kinematische Gestalt annahm – entwickelte sich in den 50er Jahren nämlich gleichzeitig die Ideologie einer heilen menschlichen Anständigkeit, sowie einer genuin amerikanischen Güte am Arbeitsplatz wie im Heim, auf der die Konsumstärke der Nachkriegszeit beruhte und die eine Zukunft weiteren Wohlstands versprach.[3] Der Grund, einen neuen, kritischen Blick auf die 50er Jahre zu werfen, macht Jardine demzufolge in dem politischen, kulturellen und psychologischen »flash resurfacing« der Phantasmen dieser Epoche fest, den sie eine Art »anniversary effcet of the era of McCarthyism« nennt.[4]

Während Alice Jardine sich in ihrer Forschung damit beschäftigt, wie dieses Aufflackern der Vergangenheit eher eine unheimliche Nachträglichkeit darstellt, da sie den Eindruck hat, diese Wiederkehr der Vergangenheit sei als »flashes *from*, rather than *about*, the fifties«[5] zu verstehen, möchte ich mit meinem Essay etwas anderes fokussieren. Ein Blick auf die Hollywood-Produktionen des letzten Jahrzehnts zeigt nämlich eine erstaunliche Renaissance an Filmen, in denen es tatsächlich zumindest von der Szenerie, der Ausstattung und der Geschichte *um* die 50er Jahre geht.[6] Gleichzeitig geht aber auch die von mir durchgeführte Argumentation von der von Jardine postulierten Grundprämisse aus, dass nämlich die kulturell brisanten Fragestellungen der 90er Jahre auf Ereignisse und Entscheidungen der 50er Jahre zurückzuführen sind. Der mit diesem Essay unternommene Versuch, Erzählkino als Antwort auf das Nachwirken historischer Ereignisse zu lesen – und zwar im Sinne dessen, was

---

**3** | Siehe auch Halberstam, David: The Fifties, New York: Villard 1993.

**4** | A. Jardine, Flash Back, Flash Forward, S. 111.

**5** | Ebd., S. 110.

**6** | Es lassen sich natürlich durchaus auch andere Epochen im zeitgenössischen Hollywood-Kino festmachen, so etwa die Zeit des Zweiten Weltkrieges (Steven Spielbergs Der Soldat James Ryan oder Schindlers Liste) oder auch die 70er und frühen 80er Jahre als Zeit eines kulturellen Umbruches (Ang Lees Der Eissturm, Spike Lees Summer of Sam oder Mary Harrons American Psycho). Dennoch sind erstere immer im Zusammenhang mit Genre-Kino – nämlich dem Kriegsfilm oder der »survival narrative« – zu sehen, zweitere eher als Einzelphänomen zu betrachten.

Stephen Greenblatt einen »50-years-after effect« nennt, soll einer Reflexion darüber dienen, welche historischen ›Wahrheiten‹ in Form einer Aneignung von Geschichte hier erzählt werden. Welches »unfinished business« der Historie wird hier aufgegriffen? Dient die Refiguration dieser Historie eher dazu, in der Vergangenheit verdrängte Fragen aufkommen zu lassen oder die Unzulänglichkeiten der Gegenwart durch eine nostalgische Idealisierung der Vergangenheit zu entlasten?

Wenn bei einer Analyse von Filmen, die sich eine historische Situation aneignen, immer die fiktive Komponente der Refiguration hervorgehoben werden muss, so beharrt Robert Burgoyne zurecht darauf, dass für die Verarbeitung von Geschichte im Hollywood-Kino gleichzeitig auch immer betont werden muss, wie sehr gerade kulturell in den Massenmedien verbreitete Narrative es der amerikanischen Nation immer wieder erlaubt haben, sich neu zu artikulieren – mit anderen Worten: wie präzise die vom Hollywood-Produktionsapparat entworfenen Ideologien als Neuverhandlungen amerikanischer nationaler Ideologeme gelesen werden können. Er erklärt demzufolge in seiner Studie über amerikanische Historienfilme: Bei einer kritischen Analyse kinematischer Umschriften – etwa Oliver Stones JFK – TATORT DALLAS (JFK; 1991) oder Spike Lees MALCOLM X (1992) – geht es vornehmlich darum, die von Antagonismen und Oppositionen geprägte kulturelle Identität der USA als einen der brisantesten Knotenpunkte amerikanischer Geschichtsbilder hervorzuheben. Denn Burgoyne stellt fest, dass der unlösbare Widerspruch der Ethnien dem amerikanischen Ideologem einer alle Differenzen tilgenden Gleichheit wie ein verdeckter traumatischer Kern innewohnt: ein Antagonismus, den man in Anlehnung an Judith Butlers Terminologie »race trouble« nennen könnte. Burgoynes somit unternommene reduzierte Semantisierung des Widerstreits ergibt sich logischerweise daraus, dass er nur Filme in Betracht zieht, die sich explizit als Narrativ der amerikanischen Nation verstehen.[7] Für die von mir ausgewählten Filmbeispiele hingegen soll zwar ebenfalls an der Denkfigur eines nicht lösbaren Antagonismus am Nabel der amerikanischen Geschichtserzählung festgehalten, dieser aber primär als »gender trouble« behandelt werden. Dabei geht es mir sowohl um das Weiblichkeitsbild, das nach Kriegsende aufgrund der Rückkehr amerikanischer Veteranen und somit der Verdrängung von Frauen aus dem Arbeitsmarkt in den häuslichen Bereich neu verhandelt werden musste, als auch um dasjenige einer in Krise geratenen

**7** | Burgoyne, Robert: Film Nation. Hollywood Looks at the U.S. History, Minneapolis: University of Minnesota Press 1997. Es ließen sich auch noch weitere Filme nennen, in denen der traumatische Gehalt historischer Ereignisse erzählerisch umgeschrieben wird, beispielsweise Alan Parkers EVITA, Oliver Stones GEBOREN AM 4. JULI (BORN ON THE FOURTH OF JULY), Steven Spielbergs DER SOLDAT JAMES RYAN (SAVING PRIVATE RYAN) und SCHINDLERS LISTE (SCHINDLER'S LIST), oder Robert Zemeckis' FORREST GUMP.

Männlichkeit.[8] Auch meine eigene semantische Fokussierung ergibt sich aus der Auswahl der von mir betrachteten Filme. Denn in ihrer kulturellen Nachwirkung erscheinen die 50er Jahre als jene Epoche des 20. Jahrhunderts, in der sich der Streit der Geschlechter als zentrale Metapher anbot, um jegliche Bedrohung der »white middle-class male hegemony« durch das andere zu verhandeln: vornehmlich Fragen wie diejenigen der Arbeitsteilung, der In- bzw. Exklusion anderer Ethnien in den realisierten Traum einer »suburban middle class« wie auch der Bedrohung heterosexueller Normierung.

Wie Max Brod, eine der führenden Stimmen in den amerikanischen »male studies«, erklärt, muss für die von Judith Butler aufgebrachte Debatte um »gender performance« daran festgehalten werden, dass für jede kritische Hinterfragung geschlechtlicher Identität deren historische Quelle in Betracht gezogen werden sollte: »The various gender theories, as a group, may be seen as a developing line of reasoning which arose out of the U.S. postwar experience, specifically, in reaction to the profound but repressed cultural anxiety over gender identity in the 1950s.«[9] Die in den 50er Jahren im Hollywood-Kino thematisierte Debatte um neue Männlichkeitsbilder lässt sich demzufolge als Reaktion auf kulturell verbreitete Ängste über den Zerfall männlicher Virilität nach dem Zweiten Weltkrieg lesen, die unterschiedlichst auf Kriegstraumata, auf Frauenemanzipationsbestrebungen oder auf eine Feminisierung bzw. Homoerotisierung der Pop-Musik (z.B. Elvis Presley) zurückgeführt werden kann, aber auch auf eine wachsende Technologisierung und Entindividualisierung der Arbeitswelt.[10] Ein Rückgriff auf diese Schwellenzeit erlaubt demzufolge, die die 90er Jahre charakterisierende Krise der Männlichkeit historisch zu unterfüttern. Zwar behandeln die in diesem Essay besprochenen Filme die Epoche der 50er Jahre als Zeitraum für explizit fiktive Geschichten und erlauben somit von ihrer Gattung her eine Verflüssigung der Grenze zwischen imaginativem und realistischen Diskurs, die für eine kinematische Refiguration historischer Ereignisse problematischer ist. Dennoch beunruhigen auch sie aufgrund der von Robert Burgoyne für Historienfilme entwickelten Rhetorik, und zwar »because of their use of fiction to challenge history's accepted views«.[11] Für die Betrachtung der einzelnen Filme stellt sich also die Frage, inwieweit ein

---

**8** | Siehe auch Bronfen, Elisabeth: Heimweh. Illusionsspiele in Hollywood, Berlin: Volk und Welt 1999.

**9** | Brod, Harry: »Masculinity as Masquerade«, in: Andrew Perchuk (Hg.), The Masculine Masquerade. Masculinity and Representation, Cambridge: MIT List Visual Arts Center 1995, S. 18.

**10** | Siehe auch Faludi, Susan: Stiffed. The Betrayal of the Modern Man, New York/London: Vintage 1999, und Cohan, Steven: Masked Men. Masculinity and the Movies in the Fifties, Bloomington: Indiana University Press 1997.

**11** | R. Burgoyne, Film Nation, S. 5.

Rückgriff auf eine vergangene Epoche, die für die Gegenwart weichenstellende Funktion hatte, tatsächlich kritisch mit der kultur-politischen Richtung umgeht, die in den 50er Jahren eingeschlagen wurde, und inwieweit die in diesen Filmen durchgespielte Hinterfragung akzeptierter Vorstellungen der Vergangenheit nicht auch ihrerseits einer gewissen reduzierenden Narration aufsitzt.

## 11.2 Gattungen des Heroischen

Für eine Typologisierung der Frage, wie Hollywood-Filme der 90er Jahre die 50er Jahre aufgreifen und produktiv umschreiben, erscheint es mir sinnvoll, auf Friedrich Nietzsches Betrachtungen in »Vom Nutzen und Nachtheil der Historie für das Leben« zurückzugreifen, in denen er für einen unhistorischen Umgang mit der Vergangenheit plädiert – genauer dafür, dass die Historie nicht als etwas Feststehendes vorauszusetzen ist, sondern dem Subjekt stattdessen die Möglichkeit eingeräumt werden muss, historische Fakten – da diese immer nur als originale Anschauungsmetaphern wahrgenommen werden können – im Bezug auf seine partikulären Bedürfnisse umzugestalten. Denkt man an James Camerons Terminator, der ganz diesem Denkbild entsprechend in die Vergangenheit zurückgeschickt wird, um dort nachträglich jene Ereignisse umzugestalten, von denen das Überleben der Menschheit abhängt, ließe sich auch für den Rückgriff des Hollywood-Kinos auf die 50er Jahre feststellen: Zeitgenössische Schauspieler werden in eine Szenerie der 50er Jahre zurückversetzt, um dort eine Botschaft zu vermitteln, die vornehmlich für das Publikum der 90er Jahre bedeutsam ist.[12] Denn gerade für diese Filme trifft Nietzsches Beharren darauf zu, dass wir zwar eine Historie brauchen, aber eine, die dem Leben dient, – eine, bei der das Leben nicht verkümmert und entartet wird. Denn sie entstehen im Kontext einer kritischen Debatte um kollektive Gedächtnisbilder, in denen gerade für die amerikanische Narration der Nation wiederholt hervorgehoben wird, wie notwendig es ist, unfertige, widersprüchliche und changierende ›Fiktionen‹ oder ›symbolische Geschichten‹ in Umlauf zu bringen, da die festgeschriebenen »accepted views« die Belange von Frauen, Schwarzen und anderen Ethnien sowie Homosexuellen ausschlie-

**12** | Natürlich gibt es neben James Camerons TERMINATOR-Filmen auch andere, die diese Art Zeitreise direkt thematisieren, um »unfinished business« – vornehmlich in der Familie – zu Ende zu führen, etwa Robert Zemeckis' ZURÜCK IN DIE ZUKUNFT (BACK TO THE FUTURE; 1985), in dem ein Teenager 30 Jahre in der Zeit zurückreist, um aus seinem Vater einen richtigen Mann werden zu lassen, oder Gregory Hoblits FREQUENCY (2000), in dem ein Sohn mit seinem verstorbenen Vater Kontakt aufnimmt, um den gewaltsamen Tod der Eltern zu verhindern und somit durch die Veränderung historischer Ereignisse eine glückliche amerikanische Familie entstehen zu lassen.

ßen. Dabei antworten diese Filme auf ein kulturelles Verlangen, historische Fakten zwar nicht zu leugnen, ihre Bedeutung für die Art, wie Geschichte erzählt wird, jedoch neu verhandeln zu können. Sie argumentieren dafür, dass Geschichte immer wieder hinterfragt werden muss, weil eine einseitige Festschreibung nur destruktive Auswirkungen haben kann, und zwar in dem Sinne, dass dadurch die Komplexität der Geschichte – die nicht lösbaren Antagonismen – vereinfacht werden.

Friedrich Nietzsches Plädoyer für eine Historie, die dem Leben dient, erscheint mir für eine Analyse des kinematischen Rückgriffs auf die 50er Jahre nun deshalb so nützlich, weil sie jene Denkfigur ins Spiel bringt, welche die Zukunft nicht als etwas Feststehendes voraussetzt und deshalb auf dem metaphorischen Status von Historie beharrt, damit die historische Verankerung des einzelnen Subjekts nicht als Behinderung, sondern als Bemächtigung eingesetzt werden kann. Gerade für ein historisierendes Erzählkino ist dieser rhetorische Gestus brisant, denn er erinnert uns daran, dass es bei einem Nutzen der Historie – und zwar im Sinne der Erstellung von sinnstiftenden Erzählungen über die Vergangenheit – nicht darum gehen kann, Fakten anzusammeln, sondern Metaphern zu generieren; dass es um ein Beharren auf dem Partikulären, dem Individuellen geht, was nur dadurch möglich ist, dass einzelne Figuren oder Ereignisse ausgewählt werden; dass die Beschränktheit der Erklärungsperspektive nicht nur angenommen, sondern zur Notwendigkeit erklärt wird. Denn diese Selbstreflexivität, die gerade im Erzählkino explizit praktiziert wird, ist Voraussetzung dafür, dass eine zukunftsträchtige Historie qua topisch gebildeter Geschichte in Umlauf gesetzt werden kann, die weder paralysierend wirkt, weil sie die Schicksalshaftigkeit einer individuellen Handlungsfähigkeit gegenüber privilegiert, noch dadurch ethnisch oder geschlechtsbedingte Ressentiments hegt, dass sie eine eindeutige Festschreibung von Opfer- und Täterpositionen fördert, sondern eine plastische, bildhafte Vorstellung von Geschichte privilegiert. Auf dem metaphorischen Status von Historie zu beharren bedeutet jedoch weniger, dieser eine Realität abzusprechen, als den Blick auf den Nutzen der in der Vergangenheit generierten Denkfiguren und Sinnbilder für die Gegenwart zu verlagern: dem Generieren jener im Interesse der Gegenwart umgestalteten Geschichten, die nicht paralysierend wirken, weil sie dem Individuum eine Verhandelbarkeit jener Historie zubilligen, die es auch unumgänglich prägt. Nietzsches Warnung davor, die Vergangenheit nicht zum Totengräber des Gegenwärtigen werden zu lassen, erlaubt dem Erzählkino nämlich, auf einer Referentialität historischer Ereignisse zu bestehen. Doch weil Kino sich bewusst als Illusionsspiel versteht, als der gesellschaftlich verankerte Apparat, über den kulturelle Wahrheiten tradiert, aber auch gerichtet werden, lässt sich dort auch der unliebsame Widerspruch lustvoll ertragen: dass zwar die Realität keine Metapher ist, diese aber nur im Heer mobiler Denkbilder, als Ver- oder Entstellung, zur bedeutsamen psychischen Realität werden kann.[13]

Die von Friedrich Nietzsche vorgenommene Unterscheidung zwischen einer monumentalischen, einer archivierenden und einer kritischen Historie bestimmt die Gliederung meiner Analyse exemplarisch ausgewählter Filme. Dabei beginne ich mit Curtis Hansons L.A. CONFIDENTIAL (1997), da dieser sich auf eine Gattung bezieht, die in den 50er Jahren ihren Höhepunkt fand: den Film noir.[14] Wie Michail Bakhtin herausgearbeitet hat, ist gerade ein »genre memory« befähigt, die Vergangenheit aufzurufen und gleichzeitig auf die Bedürfnisse der Gegenwart zu antworten. Denn Kunst-Genres fungieren als eines der wichtigsten Gefäße, durch die eine gesellschaftliche Erfahrung von einer Generation zur nächsten transportiert werden kann: Sie verkörpern »organs of memory that embody the worldview of the period from which they originated while carrying with them the layered record of their changing use«.[15] In L.A. CONFIDENTIAL wird scheinbar eine monumentalische Historie inszeniert, die ganz im Sinne Nietzsches Beschreibung dieser Beziehung zur Vergangenheit das Höchste eines längst vergangenen Momentes noch lebendig, hell und groß erscheinen lässt. L.A. CONFIDENTIAL setzt mit einer Titelsequenz ein, in der Los Angeles wie ein Paradies auf Erden gepriesen wird – mit sonniger Landschaft, einem Arbeitsplatz für jeden, der uneingeschränkten Möglichkeit, ein Einfamilienhaus zu erwerben, in dem die »happy all-american family« ihre angemessene Behausung finden kann, sowie der Chance, ein Star zu werden – oder zumindest einen zu sehen. Die Stimme aus dem Off relativiert zwar sofort das mit dieser Stadt verbundene Ideal, indem sie darauf hinweist, wie sehr dies ein massenmedial verbreitetes Bild darstellt: »That's what they tell you anyway, because they're selling an image, they're selling

**13** | Nietzsche, Friedrich: »Unzeitgemässe Betrachtungen. Zweites Stück: Vom Nutzen und Nachtheil der Historie für das Leben«, in: Giorgio Colli und Mazzino Montinari (Hg.), Die Geburt der Tragödie; Unzeitgemässe Betrachtungen I-IV; Nachgelassene Schriften, 1870-1873 (= Sämtliche Werke. Kritische Studienausgabe, Band 1), München: DTV 1980, S. 245-334.

**14** | Eine ähnliche Analyse könnte auch mit Filmen unternommen werden, die sich auf andere in den 50er Jahren wirkungsstarken Gattungen beziehen, so etwa Stephen Frears' HI-LO COUNTRY (1998). Hier wird sowohl das Western-Genre wie auch dasjenige des Melos aufgegriffen, um den verstorbenen Protagonist als Held zu feiern. Gleichzeitig wird er von seinem sich an ihn erinnernden Freund als eine Art Mensch stilisiert, deren Größe es heute nicht mehr gibt, um somit sowohl einem Männlichkeitstyp wie der Epoche, aus der er stammt, nachträglich ein Denkmal zu setzen.

**15** | Zitiert in R. Burgoyne, Film Nation, S. 8. Siehe auch Morson, Gary Saul, und Emerson, Caryl: Michail Bakhtin. The Creation of a Prosaics, Stanford: Stanford University Press 1990.

it through movies, radio, television.« Dennoch wird mit einer Beschreibung des »trouble in paradise« – der organisierten Kriminalität sowie der Polizeibrutalität, deren Einsatz für den scheinbar glücklichen Zustand dieser Stadt sorgt – nur eine zweite Komponente des Monumentalistischen hinzugefügt. Auf die Titelsequenz folgt nämlich nahtlos die Einführung der drei Helden, anhand derer eine Entlastungsgeschichte entfaltet wird, die uns den Mangel des Heldenhaften in unserer Alltagswelt abdichten lässt: Detective Wendell »Bud« White (Russell Crowe), der seine Muskeln dafür einsetzt, um Frauen vor der Gewalt von Männern zu beschützen (aber auch seinem Vorgesetzten als Schläger dient, um aus Verdächtigten die benötigten Geständnisse herauszuprügeln); Detective Sergeant Jack Vincennes (Kevin Spacey), der zynisch genug ist, als Polizist auch im Fernsehen aufzutreten und der die Skandalpresse bei ihren Recherchen unterstützt; und Detective Lieutenant Edmund J. Exley (Guy Pearce), der in die Fußstapfen seines berühmten Vaters tritt, um wie dieser die Stadt vor Korruption, Kriminalität und Gewalt zu reinigen. Früher, so das Argument der auf diese Einführung folgenden Filmhandlung, gab es stolze, starke Helden, und diese bilden als Mitglied einer Gemeinschaft – des LAPD – die Kontinuität des Großen aller Zeiten. Setzen doch die drei Detectives ihr Leben für eine Vorstellung von Ehre ein, die mit dem Motto »Let's do the right thing« alle Streitigkeiten unter ihnen für den Moment des Kampfes aufzulösen verspricht.

Doch die monumentalistische Geste, die Curtis Hanson in L.A. CONFIDENTIAL durchspielt, ist von Anfang an auch als kritische Aneignung der Historie zu verstehen, welche die Vergangenheit im Sinne Friedrich Nietzsches richtet und vernichtet, ohne aus den Augen zu verlieren, dass wir uns von dem Erbe der Geschichte so wenig lösen können, wie wir unserem ästhetischen Verhältnis zur Welt eine Referentialität nie gänzlich absprechen können. Curtis Hanson verfilmt James Ellroys Roman nicht nur vor dem Hintergrund der Kritik der 90er Jahre an der rassistischen Gewalt des LAPD und entlarvt somit die 50er Jahre als Ursprungsszene dieser Korruption. Er verwickelt seine Helden auch in eine doppelte Intrige, in welcher der Streit der Geschlechter als Konflikt der Generationen abgewickelt wird. Wie in jedem Film noir gibt es auch in dieser Geschichte eine Femme fatale – das Veronica-Lake-Lookalike Lynn Bracken, die für die Kräfte der Korruption arbeitet, indem sie Männer in ihr Haus lotst, um von ihnen kompromittierende Photos machen zu lassen. Doch in ihrer Liebe zu Bud White entspricht die von Kim Basinger gespielte Verführerin eher dem Frauenideal der 50er Jahre als dem Bild einer wirklich dämonischen Frau wie Barbara Stanwyck in Billy Wilders klassischem Film noir FRAU OHNE GEWISSEN (DOUBLE INDEMNITY; 1944), die vom Helden hingerichtet wird – aber erst, nachdem sie ihn ihrerseits tödlich verwundet hat. Hanson schreibt nämlich den Film-noir-Plot derart um, dass seine Helden in ihrem Kampf gegen die Korruption siegen – und zwar, weil es ihm eigentlich um eine zweite monumentalische Geste geht. Der Kampf der Helden wird explizit – ganz im Sinne des klassischen Ödipus-Narrativs – als Kampf gegen die gewaltsame Macht der Väter durchgespielt. Diese Auflehnung wird an der klandestinen Hinrichtung des korrupten Polizeichefs Dudley Smith festgemacht, der bereit gewesen war, seine sogenannten Söhne zu opfern, um seine obszöne Vorstellung vom Durchsetzen des Gesetzes zu erhalten – inklusive all jener Taktiken, die dem LAPD im Falle O. J. Simpsons vorgeworfen wurden.

Der kritische Gestus von L.A. Confidential ist also nicht auf der Ebene der Filmhandlung festzumachen, da diese ganz im Sinne Friedrich Nietzsches durchaus auch die Kosten aufzeigt, die mit der bestechenden Wirkungskraft der Verherrlichung einhergehen: dass nämlich zu Gunsten einzelner geschmückter Fakten große Teile übersehen oder vergessen werden und alle scharfen Ecken und Linien zugunsten der Übereinstimmung zerbrochen werden müssen. Die Überzeugung, dass es ein eindeutig und universal gültiges ethisches Handeln gibt, von dem die drei Detectives das Recht ableiten, ihren Vorgesetzten während einer nächtlichen Schießerei hinzurichten, wird in diesem Narrativ über die Geburt des neuen LAPD nach dem Zweiten Weltkrieg nicht hinterfragt. Es entsteht stattdessen eine einfache Opposition zwischen gerechtem und obszönem Gesetz, die als Kampf der Söhne gegen die Väter konfiguriert wird. Ironisch gebrochen wird diese Verherrlichung der heldenhaften Söhne nur dadurch, dass der stark verwundete Bud White am Ende des Films mit Lynn am Steuer (deren kurze blonde Locken auf ihren moralischen Wandel zur konventionellen amerikanischen Hausfrau verweisen) L.A. verlässt, um sein Familienglück in Arizona zu suchen – sein ödipaler Kampf also auch eine Kastration zur Folge hat. Ed Exley erhält ebenfalls seine ruhmhafte Beförderung nur, indem er gleichzeitig der Polizei erlaubt, den von ihm ermordeten Dudley Smith nachträglich zum Helden zu deklarieren und somit die Korruption, auf welcher der Umzug des LAPD in sein neues Gebäude gegründet ist, von der Sicht der Öffentlichkeit zu verdecken.[16] Dass er sich dessen bewusst ist, wie ihn seine Vorgesetzten ausnutzen, dies jedoch erlaubt, weil es seine eigenen Interessen fördert, zeigt, dass wie auch für ihn der ödipale Kampf nicht ohne kastrierende Verwundungen gewonnen werden kann.

Doch als metatextuelle Aussage über das Verhältnis von Geschichte und ihrer nachträglichen Refiguration kann der Doppelgestus, anhand dessen der

**16** | Darin folgt das Drehbuch durchaus dem Narrativ über die Notwendigkeit der Opferung für die Gründung einer symbolischen Gemeinschaft, wie dies beispielsweise von Sigmund Freud in seiner Studie »Der Mann Moses und die Monotheistische Religion« (in: Angela Richards [Hg.], Werke aus den Jahren 1932-1939 [= Gesammelte Werke, Band 16], Frankfurt a.M.: S. Fischer 1950) ausformuliert und dies von Nicolas Abraham und Maria Torok in ihren Ausführungen zum transgenerationalen Vererben verschlüsselter Traumata aufgreifen, vgl. L'écorce et le noyau, Paris: Flammarion 1987.

obszöne Vater getötet und gleichzeitig zum Helden erhoben wird, durchaus mit Friedrich Nietzsches Vorschlag zusammengebracht werden, »dass man eben so gut zur rechten Zeit zu vergessen weiß, als man sich zur rechten Zeit erinnert, davon dass man mit kräftigem Instincte herausfühlt, wann es nöthig ist, historisch, wann unhistorisch zu empfinden.«[17] Das Vergangene, so Nietzsche, muss stückweise vergessen werden, wenn es nicht zum »Todtengräber des Gegenwärtigen«[18] werden soll, damit sich daraus eine zukunftsträchtige Vorstellung qua symbolischer Fiktion von wahrer Welt ergibt. Gerade diese Notwendigkeit des Vergessens erklärt vielleicht aber auch, warum 50 Jahre später das Verdrängte erneut aufflackert und eine Hinterfragung dominanter Geschichtserzählungen fordert. In diesem Sinne verstehen James Ellroy und Curtis Hanson ihren Blick auf den Neubeginn des LAPD in den 50er Jahren nicht nur als therapeutische Antwort auf die Missstände der Gegenwart. Sie postulieren auch, dass es aus einer Dialektik von Vergessen und Heimsuchung des Vergessenen keinen Ausweg gibt. Dabei sind zwei Prämissen wichtig, die das von mir vorgeschlagene Crossmapping Nietzsches unzeitgemäßer Betrachtungen auf das zeitgenössische Hollywood-Kino stützen: einerseits die Voraussetzung einer grundsätzlichen Antinomie zwischen individuellen Wahrnehmungen und Beschreibungen von Welt oder Realität, die zu einer Inkommensurabilität diverser ›Historien‹ führt. Diese Antinomien perpetuieren sich in jedem Fall und können nur durch Auslassung oder Tilgung bereinigt werden. Andererseits der Umstand, dass Geschichten, die sich explizit als symbolische Fiktionen deklarieren, eine Antwort auf diese Antinomien darstellen – genauer auf den Umstand, dass man keine Forderung auf einen gemeinsamen Nenner, eine Nullsumme stellen kann, wenn es sich um divergierende Wiedergaben eines historischen Ereignisses handelt.

## 11.3 Die zeitlose Idylle

Die brisante Denkfigur, die sich aus Friedrich Nietzsches Narrativisierung von Historie ergibt, lässt sich für die zweite Art des kinematischen Historismus folgendermaßen zusammenfassen: Eine dem Leben dienliche Historie verweist nicht nur auf ihre eigene plastische Gestaltung. Sie erlaubt gerade auch in der radikalen Fokussierung auf das Erzählen einer individuellen Geschichte einen – wenngleich auch entstellten oder *ver*stellten – Ausdruck jener nicht überwindbaren Unvereinbarkeiten, die innerhalb eines wissenschaftlichen Diskurses gerade als Antinomien stehenbleiben müssen. Wie ich bereits in der Einleitung ausgeführt habe, hat in der amerikanischen Kultur die Frage gesell-

**17** | F. Nietzsche, »Unzeitgemässe Betrachtungen«, S. 252.

**18** | Ebd., S. 251.

schaftlicher Antinomien bevorzugt die Gestalt von »race trouble« und »gender trouble« angenommen. An diese Personalisierung von Widerstreit war einerseits in den klassischen Pioniernarrativen die Frage des Fortschritts geknüpft. Denn die Eroberung des amerikanischen Kontinents wurde bevorzugt als gewaltsame Kolonialisierung der ethnisch anderen und als Domestizierung von Frauen durchgespielt.[19] Andererseits wurde auch der Wunsch, einen Status quo zu erhalten, der als Höhepunkt der humanistischen Zivilisation verstanden werden sollte, über den Ausschluss dieser doppelt kodierten Alterität verhandelt – vornehmlich wenn die Angst vor Veränderung von der bedrohenden Forderung nach Gleichberechtigung weiblicher sowie ethnisch nicht-weißer Amerikaner ausging. Der exemplarisch gewählte Film PLEASANTVILLE – ZU SCHÖN, UM WAHR ZU SEIN (PLEASANTVILLE; 1998) von Gary Ross bildet – um bei der Terminologie Nietzsches zu bleiben – eine kritische Umschrift des archivarischen Historismus, der im Gewohnten und Altverehrten beharren will. Denn einerseits wird auch in diesem Beispiel ein »genre memory« ins Spiel gebraucht – nämlich das kulturelle Gedächtnis des amerikanischen Kinopublikums an Filme wie IST DAS LEBEN NICHT SCHÖN? (IT'S A WONDERFUL LIFE; 1946) oder DER ZAUBERER VON OZ (THE WIZARD OF OZ; 1939), die regelmäßig zu Weihnachten und Ostern im amerikanischen Fernsehen laufen und die ideologische Botschaft vertreten, man solle keine Veränderung in seinem Leben wünschen, da alles ersehnte Glück im eigenen Hinterhof zu finden ist. Dabei lebt der Reiz der in diesen Filmen verherrlichten heilen Welt, in der alle Antinomien zwischen den Geschlechtern, den Rassen und den Klassen in der harmonischen Gemeinsamkeit einer Zugehörigkeit an einen Ort (eine »home town«) aufgelöst werden, von dem Wissen der Zuschauer, dass hier eine rein fiktive Welt weniger erinnert als nachträglich erfunden worden ist. Mit anderen Worten: Das zeitgenössische Publikum nimmt in diesen Filmen das Aufflackern der Vergangenheit zwar wahr, aber nicht als eine mimetische Wiedergabe der 30er Jahre, sondern als Referenz auf die Blütezeit des Hollywood-Studios. Andererseits inszeniert Gary Ross in PLEASANTVILLE auch ein Gedankenspiel, das kritisch und gleichzeitig nostalgisch mit einem antiquarischen bzw. konservierenden menschlichen Verlangen spielt; genauer dem Wunsch der Bürger einer Stadt, an einer Lebenswelt festzuhalten, die sich erfolgreich vor kultureller Veränderung – und das heißt auch vor der Unsicherheit von Kontingenz – zur Wehr setzt.

Wiederum wie eine metatextuelle Auseinandersetzung mit Friedrich Nietzsches Plädoyer, die Vergangenheit zum Nutzen der Gegenwart umzuschreiben, lässt Gary Ross seine beiden Protagonisten – die Teenager David

**19** | Siehe Fiedler, Leslie: Love and Death in the American Novel, New York: Criterion 1960, sowie Slotkin, Richard: Regeneration through Violence. The Mythology of the American Frontier 1600-1860, Middletown: Wesleyan University Press 1973.

(Tobey Maguire) und Jennifer Wagner (Reese Witherspoon) – durch einen magischen Zufall in eine Fernsehserie der 50er Jahre schlüpfen, die gerade ein Wochenende lang als »rerun marathon« ausgestrahlt wird. Dort agieren sie als Bud und Mary Sue Parker und führen an jenem Ort, an dem das Neue und Werdende abgelehnt und angefeindet wird, weil ein bestehendes Leben um jeden Preis bewahrt werden soll, das Begehren nach Veränderung ein. Während der Junge die sich nach einer anderen Welt sehnenden Bürgern von Pleasantville dazu ermutigt, Eigenständigkeit und Kreativität zu entwickeln, weckt seine Schwester – die als Teenager der 90er Jahre eine schamlos offene Sexualität lebt – ihr sinnliches Begehren. So verkörpern beide einen dem Konservierungsdrang entgegengesetzten Glauben an den unumgänglichen Fortschritt, was in diesem nachträglich auf die 50er Jahre geworfen Blick unweigerlich die Geburt der »civil rights«- und der »women's rights«-Bewegungen bedeutet. Dabei entlarven sie ganz im Sinne von Nietzsches Darstellung eines archivarischen Historismus jenen vornehmlich von den Stadtvätern vertretenen Wunsch, ein bestehendes Leben um jeden Preis bewahren zu wollen, als eine sozio-kulturelle Kraft, die den Entschluss zum Neuen verhindert und jegliche eigenständigen Handlungen lähmt. Erst die Ermutigung durch Bud, sich seiner Liebe für die Malerei hinzugeben, befreit den Soda-Shop Besitzer aus seiner trägen Melancholie und bringt ihn dazu, die Veränderungen, die sich in Pleasantville plötzlich abzeichnen, als große, mit bunten Farben gestaltete Wandmalerei festzuhalten. Erst die Ermutigung Mary Sues bringt die anderen Teenager sowie ihre Fernseh-Mutter dazu, ihre Sexualität auszukosten – was zur Folge hat, dass sie keine Schwarzweiß-Figuren mehr sind, sondern Farbe annehmen. Dieses Spiel mit der Färbung kann sowohl als das strukturelle Einführen von Differenz in eine durch klare Schwarz-Weiß-Argumentation geprägte Welt als auch als Anspielung auf die Frage der Integration von »African Americans« gelesen werden, die in den Desegregationsgesetzen der 50er Jahre oft nur mit der Eskalation von Gewalt durchgesetzt werden konnte.[20]

Dennoch inszeniert Gary Ross mit dieser märchenhaften Reise eine doppeldeutige Botschaft, die seine Protagonisten in einer Welt der Vergangenheit – bzw. der kulturell tradierten Bilder dieser Welt, nämlich der Ikonographie der Fernsehserien – eingreifen lässt, um eine Veränderung im eigenen, gegenwärtigen Leben möglich zu machen. Einerseits vertreten seine beiden Teenager eindeutig die amerikanische Ideologie, die sich für Fortschritt, einen Entschluss zum Neuen und ein autonomes Handeln einsetzt, auch wenn die Kosten dafür der Verlust von Sicherheit und die Einführung nicht kalkulierbarer Kontingenz bedeutet. Andererseits erhalten diese beiden Figuren ihren Sta-

**20** | Siehe D. Halberstam, The Fifties, S. 667-698 für eine Darstellung des Aufstandes in Little Rock, als die Entscheidung des Supreme Court im Fall Brown vs. Board of Education eine Integration von schwarzen Schülern forderte.

tus als Helden nur in der von einem archivierenden Geist beherrschten Welt von Pleasantville. Nur hier hat Bud – der in seiner 90er Realität als »nerd« gezeichnet wird, den die Mädchen nicht attraktiv finden – die Fähigkeit, Menschen positiv zu beeinflussen. Nur hier hat er ein allmächtiges Wissen, was ihn auch als jungen Mann begehrenswert erscheinen lässt. Und nur in der Gestalt der Mary Sue entdeckt das zynische 90er Jahre Mädchen, für die nur Dates eine Rolle spielten, dass es ganz andere Bereiche des Wissens gibt, die sie erkunden möchte – vornehmlich Literatur. Im Gegensatz zu ihrem Bruder entschließt sie sich auch, nachdem Farbe in diese Fernsehwelt eingedrungen und die harte räumliche Begrenzung von Pleasantville aufgelöst worden ist, doch lieber in der Bildwelt der Vergangenheit zu bleiben. Denn nur in dieser künstlich belebten, fiktiven Welt der Retro-50er-Jahre hat sie eine Chance, aufs College zu gehen. Den nostalgischen Hang Gary Ross' unterstreichend, sehen wir Mary Sue am Ende des Films auf einer Steintreppe vor einem College-Gebäude sitzend, einem attraktiven Kommilitonen aus einem Buch vorlesend. Mit anderen Worten: PLEASANTVILLE entlarvt zwar einerseits den lähmenden Aspekt eines archivierenden Historismus, zeigt aber andererseits auch, dass gerade in dieser Welt eine Veränderung noch möglich und eine Feier der Kontingenz noch sinnstiftend sein kann, während sie in der Welt der 90er nur Teil einer allgemeinen Beliebigkeit darstellt. Dabei verweist Gary Ross auf einen weiteren Grund, warum ein neuer Blick auf die 50er Jahre das Hollywood-Kino der 90er Jahre durchzieht: die Erkenntnis nämlich, dass gerade diese nachträglich als extrem kontrollierte, begrenzte und ausgrenzende Welt begriffene Epoche auch die Urszene für den Widerstand, die Emanzipations- und Aufklärungsbestrebungen der darauf folgenden Jahrzehnte war. Oder anders formuliert: Kulturelle Revolution erweist sich als Spiegelverkehrung eines archivarischen Historismus, in einer dialektischen Schlaufe, in der sich beide gegenseitig bedingen.[21]

Als unheimliches Aufflackern der Vergangenheit erscheint PLEASANTVILLE aber auch, wenn wir diesen Film neben der im gleichen Jahr von Peter Weir inszenierten DIE TRUMAN SHOW (1998) setzen. Denn hier wirkt die Fernseh-

**21** | Der in der Welt der Teenager verhandelte Wunsch nach kultureller Veränderung lässt sich auch in Filmen wie Barry Levinsons LIBERTY HEIGHTS – ROCK'N'ROLL & KRUMME GESCHÄFTE (LIBERTY HEIGHTS; 1999) erkennen, mit dem er auf seine frühere Schilderung der 50er-Jahre-Teenagerkultur vornehmlich im jüdischen Milieu Baltimores in DINER (1982) zurückgreift. Es lässt sich aber auch an einer unheimlichen Marketing-Strategie von Paramount ablesen, die dazu führte, dass im Jahre 1998 ein Rerun des Films GREASE in amerikanischen und europäischen Kinos durchgeführt wurde, um eine doppelte Gedenkfeier durchzuspielen: das zwanzigjährige Jubiläum des Musicals – aber gleichzeitig auch der Zeit, der bereits 1978 im Sinne eines archivarischen Historismus gehuldigt wurde, nämlich dem Umbruch der sauberen, heilen 50er Jahre in die Jugendrevolten

Welt, in welcher der Protagonist Truman Burbank (Jim Carrey) seit seiner Geburt lebt, wie eine Nachahmung einer Suburbia der 50er Jahre. Wenn sich die Kids der 90er Jahre bei Gary Ross in eine Fernsehsendung einschleusen lassen, um dort das Glück der Kontingenz zu erfahren, die ihnen in ihrer zeitgenössischen Realität abhandengekommen ist, erscheint bei Weir die ergreifende menschliche Wirklichkeit, die von Millionen von Zuschauern genossene Welt des Reality-TV. Das gänzlich von außen kontrollierte Leben Trumans, das sie rund um die Uhr auf ihrem Bildschirm betrachten können, stiftet Sinn in ihrem Alltag, weil es von einer heilen Welt erzählt, in der jeder einen klar definierten Platz hat und keine Störungen auftreten können. Für den Protagonisten dieser Sendung hingegen wirkt diese die 50er-Jahre-Fernsehsendungen nachahmende Welt jedoch wie ein erstickendes Gefängnis, das ihn in seinem Handeln lähmt. Auch er wird in dem Augenblick zum Held, in dem er sich für das Abenteuer der Kontingenz zuungunsten seiner eigenen Sicherheit entscheidet. Man könnte erneut von einem kritischen Blick auf unsere Faszination für einen archivarischen Historismus sprechen, denn der Augenblick, in dem Truman unerschüttert in den Sturm hineinfährt, um sein Ziel des Auf- und Ausbruchs zu erreichen, entpuppt sich als großes Fernsehereignis. Sein Schöpfer, der Produzent und Regisseur der Sendung, hat weiterhin alle Fäden in der Hand. Doch gerade deshalb stellt der archivarische Historismus in DIE TRUMAN SHOW auch eine Antwort auf das kulturelle Unbehagen der 90er Jahre dar. In einer Welt, in der man – wie Alice Jardine vermutet – den Eindruck gewonnen hat, niemand hätte die Fernbedienung mehr in der Hand, erscheint ein Phantasieszenario, in dem ein klar erkennbarer Schöpfer die Hauptfigur von außen kontrolliert, sie stets bewacht und in ihr Leben eingreift, diese Figur jedoch dennoch nicht vom eigenständigen Handeln abhalten kann, eine beruhigende Entlastungsgeschichte dar.

## 11.4 Der antagonistische Kern im Herzen der Historie

Auf noch ein anderes Feld, das für eine kinematische Aneignung der 50er Jahre fruchtbar gemacht wurde, soll abschließend hingewiesen werden: der Science-Fiction-Film. Gerade hier handelt es sich um einen betont kritischen Historismus, der die Vergangenheit rückblickend richtet und vernichtet und gleichzeitig jene damals verdrängten kulturellen Energien aufflackern lässt. Mit seiner 1994 produzierten Hommage ED WOOD warf Tim Burton, der durch

---

der 60er, begreift doch die brave Sandy am Ende, dass sie ihre weiten Röcke, ihre Twin-Sets, ihre weißen Söckchen und ihre flachen Schuhe abstreifen und durch enganliegende Lederbluse, Lederhose und rote Stöckelsandalen ersetzen muss, wenn sie sich dem Zeitgeist entsprechend gestalten will.

Filme wie BATMAN (1989) und BATMANS RÜCKKEHR (BATMAN RETURNS; 1992) als brillanter Umsetzer von Comics berühmt wurde, einen neuen Blick auf jenen Science-Fiction-Filmemacher der 50er Jahre, der als schlechtester Regisseur in die Annalen der Filmgeschichte eingegangen ist. Dabei bediente er nicht nur die »genre memory« der Kinogänger der 90er Jahre und bewirkte die Neuauflage jener vergessenen Filmszenarien, die wie ein verborgener Kern die heutige Produktion dieser Gattung heimsucht. Er erinnerte auch implizit daran, dass diese meist an die aufkommende Teenager-Kultur geknüpfte Filmgattung tatsächlich auch der Ursprungsort des Neuen Hollywood darstellte. Denn die 50er Jahre waren sowohl die Blütezeit der Hammer-Studios in England als auch die Epoche, in der Roger Corman zusammen mit Jack Nicholson, Francis Ford Coppola, Martin Scorsese und John Milius in den von Samuel Z. Arkoff geleiteten American International Pictures als Independents ihre ersten Filme herstellen konnten und dort Strategien der Filmproduktion entwickelten, die der Hollywood-Filmindustrie nach dem Zusammenbruch der großen Studios neues Leben einhauchten.[22] In diesem Sinne lässt sich Ed Wood als metatextuelle Reflexion eines kritischen Historismus lesen. Der Film erzählt nämlich von der Freundschaft zwischen dem jungen Regisseur und dem alternden Bela Lugosi, der als Dracula-Darsteller in den 30er Jahren zu Weltruhm gelang, in der Nachkriegszeit jedoch gänzlich in Vergessenheit geriet. Thematisch findet eine mehrfache Wiederbelebung statt. Der 90er-Jahre-Regisseur Tim Burton belebt sein 50er-Jahre-Vorbild Ed Wood in einer Geschichte, in der dieser einem für tot gehaltenen Schauspieler der 30er Jahre zu neuem Leben verhilft – und er tut dies mithilfe von nachgestellten Drehaufnahmen zu Filmszenarien, die inhaltlich immer wieder um die Wiederbelebung von Toten kreisen.

An die für das Horror-Genre klassischen Thematik einer Vergangenheit, die sich zwar zu Grabe tragen lässt, aber dennoch die Nachwelt weiterhin heimsucht, knüpft Tim Burton jedoch auch eine weniger gefällige Fragestellung als die der Generationsabfolge, nämlich die der heterosexualistischen Normierung. Ed Wood entpuppt sich als Transvestit, sodass seine Faszination für das Science-Fiction-Genre auch als Sinnbild dafür einsteht, dass seine sexuellen Präferenzen in der Welt der 50er Jahre als monströs deklariert wurden. Gerade diesen neuralgischen Punkt greift auch Bill Condon in seiner Hommage an einen anderen Science-Fiction-Regisseur auf. In GODS AND MONSTERS (1998) entpuppt sich James Whale, der Schöpfer der Frankenstein-Filme, auf zweifache Weise von einer Vergangenheit heimgesucht, an der er, weil er sie nicht vergessen kann, stirbt: durch seine traumatischen Erinnerungen an die Schlachtfelder des Ersten Weltkrieges und seine Ausgrenzung aus der Gesell-

**22** | Siehe Jancovich, Mark: Rational Fears. American Horror in the 1950s, Manchester: Manchester University Press 1996, sowie Rigby, Jonathan: English Gothic. A Century of Horror Cinema, London: Reynolds & Hearn 2000.

schaft Hollywoods aufgrund seiner offen ausgelebten Homosexualität. Sein Frankenstein-Monster bildet somit das Sinnbild für eine doppelte Gefahr, nämlich die einer nicht als normativ sanktionierten Sexualität sowie die eines Traumatisierten, der an zu viel Historie leidet. Zwar durfte er sich in seiner Hollywood-Villa abseits des öffentlichen Blickes seiner erotischen Neigung hingeben, doch für seine monströse Umsetzung der Horror-Bilder des Krieges bekam er in den Studios der 50er Jahre keine Aufträge mehr – vielleicht weil innerhalb der Ideologie von Eisenhowers Nachkriegswelt-Amerika diese nur als Bilder einer Bedrohung von außen in das gängige Bildrepertoire einfließen sollten.

Auch Bill Condon bedient sich somit jenes doppelten rhetorischen Gestus, der bereits für die anderen besprochenen Filme bezeichnend war. Friedrich Nietzsche folgend, inszeniert er einerseits die tödlichen Folgen eines Übermaßes von Historie und die heilende Kraft des Vergessens. Andererseits lebt auch seine Hommage von einem an einer Einzelfigur verhandelten »genre memory«. Der junge Gärtner, der bei dem kranken Regisseur die tödliche Kraft der Reminiszenzen auf die Spitze treibt und damit ungewollt Whales Selbstmord im Swimmingpool auslöst, wird von dessen Historie auch in seinem eigenen Phantasieleben infiziert: sowohl von dessen traumatischen Geschichten über die Schlachten des Ersten Weltkrieges als auch von den Filmbildern seiner Horrorfilme, die der jüngere Mann zum ersten Mal auf seinem Fernsehbildschirm als Reruns sieht. Am Ende des Films sehen wir ihn, wie er seinem eigenen Sohn diese Erbschaft übermittelt, abschließend aber die heile Wohnstube der »all-american family« verlässt, um auf den nächtlichen Straßen der 50er-Suburbia die Gesten und Schritte des Frankenstein-Monsters lustvoll nachzuahmen. Damit erinnert uns Bill Condon daran, dass es bei einer Historie, die dem Leben nützlich sein soll, tatsächlich darum geht, zur rechten Zeit sowohl zu vergessen als auch zu erinnern. Denn die Historie sucht uns unwillkürlich heim – nicht als faktisches Ereignis, sondern gerade als Bildwelt.

# 12. Recycling von Gewalt und Gesetzlosigkeit im New Hollywood

»Innerhalb des strukturierten Mythenmarktes kann die Kontinuität und Beharrlichkeit bestimmter Genres als Schlüssel dienen, um tiefe und hartnäckig anhaltende Anliegen einer bestimmten Kultur zu identifizieren. Gleichzeitig signalisieren größere Brüche in der Entwicklung wichtiger Genres eine bedeutende Krise kultureller Werte und Organisation.«
Richard Slotkin[1]

## 12.1 Titelsequenzen

Terrence Malicks In der Glut des Südens (Days of Heaven; 1978) setzt mit einer sepiabraunen Photographie ein. Langsam fährt die Kamera von oben herab auf die Aufnahme einer belebten Straße in Chicago am Anfang des 20. Jahrhunderts. Es folgen Bilder, welche die Menschen, die diese Straße bewohnen, ins Blickfeld rücken: Ein Straßenjunge mit einer Zigarette im Mund, die er sich anzündet, während er uns verstohlen anblickt; das Gesicht eines sichtlich verarmten Kindes, das mit einer Aufnahme von Arbeiterkindern, die im Hof unter Wäscheleinen spielen, überblendet wird. Ruhig wandert die Kamera diese Photographien entlang, fährt auf eine lächelnde Braut zu, zieht sich dann wieder zurück vom Anblick einer Gruppe Politiker, die mit erhobenen Zylindern ihr Publikum grüßen. Als Gegenpol zur urbanen Arbeitswelt sehen wir Männer, die mit einem Boot einen Fluss entlang paddeln, eine Frau, die sich auf einer Klippe am See ausruht, ein Junge, der ausgelassen über einen Felsspalt springt. Dann hält die Kamera am Bild einer jungen Frau, die auf einer Straße sitzt, inne. Wir erkennen das Gesicht der Schauspielerin Linda Manz, die aus dem Off alle Ereignisse kommentieren wird. Sie schaut uns forsch an und signalisiert somit, dass wir die folgende Geschichte als ihren Augenzeu-

1 | Slotkin, Richard: Gunfighter Nation. The Myth of the Frontier in Twentieth-Century America. Norman: University of Oklahoma Press 1992, S. 8.

genbericht zu verstehen haben. Allerdings entspringt diese Schauspielerin nicht nur einer vergangenen Bilderwelt, sondern führt uns auch in diese ein. Über sie wird die Welt der Einwanderer, die dem amerikanischen Traum folgten, wiederbelebt: als die fiktionale Geschichte Lindas, die sowohl dem materiellen Glück als auch dem tragischen Scheitern ihrer beiden Freunde Bill und Abby beiwohnt. Tatsächlich werden mit dem Schnitt, mit dem Malicks Titelsequenz abbricht, die sepiabraunen Photographien zu bewegten Bildern. Doch der nahtlose Übergang von diesen alten Aufnahmen zu einer Filmgeschichte signalisiert noch etwas anderes: Die kinematische Bildwelt, die nun einsetzt, versteht sich als Recycling jener visuellen Wiedergabe des Arbeiterlebens am Anfang des 20. Jahrhunderts, die uns aus der Dokumentarphotographie bekannt ist. In der Glut des Südens (Days of Heaven) nähert sich somit dieser vergangenen Zeit durch Reproduktionen, die bereits existieren. Malick setzt diese vertrauten Bilder – die Posen, Gesten und Haltungen der Arbeiter – in eine Filmgeschichte um, die zudem auch inhaltlich ein Recycling vornimmt, erzählt er doch eine tradierte Geschichte des American Dream, in der ein Liebespaar aus Geldsucht einen reichen Mann betrügt und damit Tod und Verderben auf sich zieht.

Auch die Titelsequenz von Arthur Penns Bonnie und Clyde (Bonnie and Clyde; 1967) setzt mit einem Rückgriff auf Photographien einer vergangenen Zeit ein, nun aber nicht als ruhige Fahrt über diese Bilder, sondern als Slideshow, in der jeder Bildwechsel vom Klicken des Projektors begleitet ist. Unsere Aufmerksamkeit wird somit explizit darauf gelenkt, dass wir zur Einführung in die mythische Geschichte jenes Liebespaares, das während der Great Depression Banken im Südwesten ausraubte, den familiären Hintergrund der beiden als Schnappschüsse zu sehen bekommen. Arthur Penn deklariert die gesamte Filmgeschichte gleichzeitig als Momentaufnahme ohne psychologische Tiefe, als das Konglomerat verschiedener Posen seiner beiden Helden und ihrer Freunde, die zusammengesetzt eine Legende bilden. Im Sekundentakt sehen wir zuerst das Photo einer »sharecropper«-Mutter, die ihr Baby im Arm hält, dann ein Kind, das inmitten seiner ganzen Familie auf dem Knie seines Vaters sitzt, dann eine Gruppe Kinder, die auf der Veranda vor einem Farmhaus spielen und schließlich einen jungen Mann, der uns verschmitzt ansieht. Ihm wird als nächstes Slide ein Name zugeordnet: Warren Beatty, welcher dem legendären Clyde seinen Starkörper verleiht. Die weißen Buchstaben seines Namens werden rot; dann setzt eine neue Bildsequenz ein. Wieder eine Mutter, die ihre Babytochter im Arm hält, dann Photos des Mädchens mit seinen Freundinnen – auf einem Auto spielend, auf einem Pferd sitzend – und schließlich eine junge Frau im Overall, die vor einer Scheune steht. Wieder folgt eine Slide, auf welcher der Name der Schauspielerin steht, die diese junge Frau verkörpert, und wieder wird die weiße Schrift rot, um sowohl die Transsubstantiation zu signalisieren, die das Kino unternimmt, als auch das blutige Gemetzel vorwegzunehmen, mit dem ihre kurze Geschichte des Ruhmes enden wird. Weitere Familienbilder folgen, um die Schauspieler vorzustellen, welche die anderen Mitglieder der Räuberbande darstellen – Michael J. Pollard, Gene Hackman und Estelle Parsons – und nochmals zwei Slides mit Photos von einem Jungen und einem Mädchen, die uns zwar direkt ansehen, deren Gesichter wir aber dennoch nicht erkennen können, weil sie teilweise von den Schatten ihrer Mützen verdeckt sind. Alle Slides sind Schnappschüsse, flüchtige Bildeindrücke, die – weil sie kaum eine Sekunde auf der Leinwand aufflackern – nur als unruhige Spuren in unserem Gedächtnis verweilen. Darauf folgt als nächste Slide der Titel des Films BONNIE UND CLYDE, durch den sichtbar wird, dass eine doppelte Transformation stattgefunden hat. Zwei Gesichter, wie sie im mittleren Westen der Depressionssära zuhauf zu finden wären, werden als Hauptfiguren einer Gangsterlegende isoliert und gleichzeitig an die Starkörper zweier Hollywood-Schauspieler gekoppelt. Nachdem wir nämlich weitere Photos zu sehen bekommen, die alle aus dem Familienalbum der Parkers stammen könnten – Menschen beim Essen, mit Tieren spielend, bei Schießübungen –, wird eines hervorgehoben, auf dem wir deutlich Faye Dunaway erkennen. Die Kamera verweilt mehrere Sekunden, um uns einige biographische Informationen zu Bonnie Parker zu geben, bevor sie zu einer Photographie von Warren Beatty übergeht, der ebenfalls auf der rechten Bildseite biographische Informationen zu Clyde Barrow hinzugefügt worden sind. Somit macht der Regisseur Arthur Penn deutlich, dass seine Wiedergabe dieses historischen Ereignisses sich auf einer Ebene visueller Reproduktionen abspielt, die keine Tiefendimension haben: eine Verschränkung von Starkörper, Legende und Photos aus einem Familienalbum.

Mit seiner Titelsequenz zu HEXENKESSEL (MEAN STREETS; 1973) führt Martin Scorsese eine weitere Art des Recycling als kinematographisches Verfahren vor. Zuerst hören wir seine eigene Stimme aus dem Off die Tagline des Films rezitieren: »You don't make up for your sins in church, you do it in the streets or in your home ...« Gleichzeitig sehen wir seinen Protagonisten Charlie (Harvey Keitel), der aus einem Albtraum erwacht, zum Spiegel geht und sich dort kurz betrachtet, bevor er sich wieder ins Bett legt. Dann setzt mit dem Song »Be My Baby« jener 60er-Jahre-Jukebox-Soundtrack ein, der im Verlauf des Films immer wieder dazu dient, die emotionale Befindlichkeit diverser Figuren zu charakterisieren. Gleichzeitig fährt die Kamera um einen 8-mm-Projektor herum, bis wir dessen weißen Lichtstrahl sehen, bevor sie dann auf eine weiße Leinwand schneidet, auf der ein »home movie« mit Charlie als Hauptfigur abläuft: die nächtlichen Lichter Manhattans, Harvey Keitel, wie er verlegen in die Kamera grinst, die Ecke einer bestimmten Straße in Little Italy. Für einen Augenblick hält Scorsese seinen »home movie« an, um den Titel seines (Kino-) Films über dieses Standbild zu blenden. Dann läuft die Kamera weiter und zeigt uns Charlie in verschiedenen Posen mit seinen Freunden – auf der Straße, vor einem Auto, vor einem Schaufenster mit Neonzeichen, bei der Taufe eines Verwandten, vor der Kirche mit seinem Priester – an all jenen Orten also, die im »voice-over« angesprochen wurden. Das Leben dieser zweiten Generation von Italo-Amerikanern wird so aber auch als Pose eingeführt, als Selbstinszenierung für eine imaginäre Kamera, die sich die Straßen von Little Italy zur Bühne nimmt. Alles, was folgt, entspricht einem Film, der in Charlies Kopf ablaufen könnte. Das bedeutet auch, dass Scorsese uns seinen Helden als einen jungen Mann einführt, der mit ironischer Distanz auf sich und seine Umwelt blickt, weil er sich als Star in seinem »home-movie« sieht und seine Welt immer schon im Bezug auf die Kinobilder wahrnimmt, die er im Kopf hat.

## 12.2 ›Pop Stance‹

Alle drei Titelsequenzen stellen somit nicht nur diejenigen vor, die an der Produktion des jeweiligen Films mitgewirkt haben, sondern führen gleichzeitig eine ganz bestimmte Haltung gegenüber der Bildwelt ein, die wir zu erwarten haben. Mal dient der Rückbezug auf historische Photographien der Rarifizierung einer vergangenen Welt, an die Terrence Malick erinnern möchte, mal erhalten die Stars, die zwei legendäre Outlaws verkörpern, ihre Autorität, indem sie von Arthur Penn in Bezug zur Bildwelt des Schnappschusses gesetzt werden, mal wird das Selbstverständnis eines unbedeutenden Mafiosos auf Posen reduziert, die er für Martin Scorsese und dessen handgehaltene »home movie«-Kamera zur Schau stellt. Dadurch, dass die erzählte Welt, die jeder dieser drei Filme präsentiert, immer schon durch visuelle Reproduktionen gefiltert ist – die Dokumentarphotographie, das Familienalbum, der »home movie« – geht aber immer auch ein thematisches Recycling einher. Schließlich greifen alle drei Filme auch auf das Genre des Gangsterfilms zurück, um an den Randständigen Amerikas – den Einwanderern am Anfang des 20. Jahrhunderts, den Kindern der »sharecroppers« während der Depression und der zweiten Generation Italoamerikaner – eine mythische Geschichte zu entwickeln, die, wie Martin Scorsese in seiner A Personal Journey through American Movies (1998) erklärt, besonders anschaulich Amerikas Faszination mit Gewalt und Gesetzlosigkeit ergründet.

Nimmt man nun diese drei ausgewählten Titelsequenzen als paradigmatisch für jene medial selbst-reflexive Haltung, die viele Filme der 70er Jahre kennzeichnet, ließe sich folgende Diskrepanz festmachen: Die Filmsprache des New Hollywood stellt zwar einen Neuanfang dar, setzt sich aber gleichzeitig explizit in Bezug auf jene Bild- und Genretradition, die mit dem Zusammenbruch des Studiosystems brüchig geworden ist, und passt diese einer neuen, nicht zuletzt auch von der französischen »nouvelle vague« inspirierten Filmsprache sowie einer anderen gesellschaftlichen Situation an.[2] Fredric Jameson stellt deshalb für das Kino der 70er Jahre einen Hang zur Rekombination verschiedener Stereotypen der Vergangenheit fest. Diese Tendenz leitet er davon ab, dass – im Gegensatz zum starken Generationsbewusstsein der 60er Jahre – das Spezifische der 70er Jahre gerade im Mangel irgendeiner besonderen Identität bestand, vor allem gemessen an der Einzigartigkeit der vorhergehenden Periode. Die eigentümliche Ziellosigkeit der 70er Jahre, die laut Jameson nicht zu einer neuen, historisch fundierten Identität, sondern zur postmodernen Feier des Pastiches und der Betonung von Oberflächen des ästhetischen Ausdrucks führte, wird gerne auf die soziale und politische Ernüchterung am Ende der 60er Jahre zurückgeführt; als kollektive Nachwehen der Ermordungen von John F. und Bobby Kennedy sowie Martin Luther King und des Vietnam-Krieges, Watergate und der Abdankung Richard Nixons.[3] Im Folgenden möchte ich aber unseren Blick auf den Hang des 70er-Jahre-Kinos zur Rekombination von identitätsstiftenden Elementen klassischer Filmgenres verlagern. Die Verschränkung eines sozialkritischen »cinema verité« mit einer Betonung der Oberfläche des Filmbildes soll zwar durchaus als Nachdrängen verstanden werden – jedoch nicht so sehr des Generationsbewusstseins der 60er Jahre, sondern der vorherrschenden Kunstform dieser Dekade: der Pop Art.

Dabei geht es mir gerade nicht darum, explizite Bezüge zwischen einzelnen Filmen der 70er Jahre und der Kunst Andy Warhols oder Roy Lichtensteins zu postulieren. Meine These lautet stattdessen, dass es sich lohnt, im New Hollywood ein Weiterführen dessen aufzuspüren, was Nancy Marmer ›Pop Stance‹ oder ›Pop Temper‹ nennt.[4] Damit ist eine ästhetische Haltung gemeint, die Zeichen, Gegenstände und Bilder aus dem Bereich der populären Alltagskultur – der Werbung, des Unterhaltungskinos und der Trashliteratur – wiederverwertet, und zwar indem sowohl auf der Bildebene als auch auf derjenigen der erzählten Geschichte Einzelteile isoliert, vergrößert und mit anderen Fragmenten rekombiniert werden. Ging es in der Pop Art um ein ironisches Aufgreifen kommerzieller Zeichensprachen, geht es – so meine

**2** | Für eine ausführliche Darstellung der europäischen und experimentellen Elemente im New Hollywood siehe Jonathan Rosenbaums Aufsatz »›New Hollywood‹ und der Schmelztiegel der sechziger Jahre« in dem von Alexander Horwath herausgegebenen Essayband The Last Great American Picture Show. New Hollywood 1967-1976, Wien: Wespennest 1995, S. 102-126, sowie Ray, Robert: A Certain Tendency of the Hollywood Cinema, 1930-1989, Princeton: Princeton University Press 1985, S. 269-95.

**3** | Jameson, Fredric: Postmodernism or, The Cultural Logic of Late Capitalism, Durham: Duke University Press 1999, S. 296.

**4** | Marmer, Nancy: »Pop Art in California«, in: Lucy R. Lippard. Pop Art, London: Thames & Hudson 1966, S. 148.

These – auch beim Nachdrängen von Pop im Kino der 70er Jahre darum, das eigene Medium als populäre Ausdrucksform sowohl zu zelebrieren als auch kritisch zu beleuchten. Von einem Pop Stance zu sprechen bedeutet somit, das eigene Medium als eines der Reproduktion (des Recyclings) bereits existierender Zeichen hervorzuheben. Denn ›Pop Stance‹ dient vornehmlich dazu, sowohl gegenüber der Alltagswelt als auch gegenüber den Pathosgesten der großen Gefühle, wie sie im klassischen Genrekino gefeiert werden, eine ironische Distanz einzunehmen. Einerseits soll somit sichtbar gemacht werden, dass unsere Alltagsrealität nie unmittelbar ist, sondern immer schon vom Filter kommerzieller Reproduktionen geprägt wird; andererseits aber auch, dass die Träume und Ängste, an denen wir uns orientieren, unweigerlich von den Erzählmustern, Gefühlen und Gesten geprägt sind, die wir im Kino erlernt haben. Der Hang zum Pastiche und zur Oberfläche, den Jameson im Kino der 70er Jahre festzustellen meint, kann somit durchaus auch im Sinne einer ›Pop Stance‹ verstanden werden, deren Anliegen es ist, sichtbar zu machen, dass jegliche Lebensentwürfe im ausgehenden 20. Jahrhundert nur als gelebte Rekombination verschiedener Stereotypen möglich sind.

Von Filmen des New Hollywood in Verbindung mit einer ›Pop Stance‹ zu sprechen, erscheint deshalb fruchtbar, weil sich hier oft das Verlangen nach einer Rückkehr zu den vom Genrekino unterstützten Mythen mit einer Ernüchterung darüber verschränkt, dass diese nur noch als Oberflächen ohne Tiefe inszeniert werden können. Auch wenn es dem Kino der 70er Jahre laut Jameson an starkem Generationsbewusstsein mangelt, fehlt es nicht an selbstreferenziellem Bewusstsein, was die Filmsprache sowie die erzählten Geschichten anbelangt, die diese Filme neu kombiniert wieder in Umlauf bringen. Generationenbewusstsein zeichnet sich im New Hollywood somit durchaus ab, jedoch als ironische Nostalgie. Für diese erste Generation von Filmemachern, die mit Kino aufgewachsen waren, die teilweise Filmschulen absolviert hatten, und die sich deshalb sowohl mit Filmgeschichte als auch Filmformen beschäftigt hatten, bedeutet eine Auseinandersetzung mit den ›Vätern‹, deren Filmwelten neu zu beleben. Wie David A. Cook feststellt, bezeugen die 1970er Jahre zum ersten Mal seit der klassischen Studio-Ära eine reguläre Herstellung von Genrefilmen, wobei dies mal als Experimentieren innerhalb klassischer Genres, mal als Revision, Korrektur oder Dekonstruktion dieser Genres ausfiel.[5] In jedem Fall aber stellt für diese Regisseure und Drehbuchautoren das Genrekino, das mit dem Zusammenbruch des Studiosystems aufgelöst worden war, den Ausgangspunkt – als verlorener Ursprung – des eigenen Schaffens dar. Nostalgisch erinnert wird, was in der Welt der 70er Jahre unmöglich geworden war, nämlich ein Kino, das für den Zuschauer eine bekannte Land-

---

**5** | Cook, David A.: Lost Illusions. American Cinema in the Shadow of Watergate and Vietnam 1970-1979, Berkeley: University of California Press 2000, S. 195.

schaft mit vertrauten Gesichtern ausmachte und eine Mythologie in Umlauf setzte, die aus einer begrenzten Anzahl von Geschichten bestand. Laut Michael Wood stellte das klassische Hollywood-Kino eine in sich stimmige Welt dar, an der das Publikum stellvertretend teilnehmen wollte, weil diese fiktionale Welt kulturelle Wünsche, Ängste und Anliegen aufzugreifen wusste, die das Leben des Alltags durchdrangen. Dabei belieferten Genre-Filme nicht nur Mythen, die außerhalb der Kinowelt existierten, sondern nährten selber auch die Filmkarriere dieser Mythen.[6] Genau diese Vorstellung von Kino greift New Hollywood als Denkfigur und Gefühlsmaschine für eine Massenkultur als kulturelles Erbe – als Vermächtnis der Hollywood-Väter – auf, jedoch im Sinne der bereits angesprochenen ›Pop Stance‹ mit ironischer Distanz. Denn das Recycling des klassischen Hollywood Kinos läuft in den 70er Jahren in seinen spannendsten Ausprägungen auf eine eklektische Hybridisierung hinaus. Wie Cook feststellt, geht mit einer Rekombination von verschiedenen Stereotypen gerne die Verschränkung von Ernstem mit Komischem, vor allem aber eine Zersplitterung und Entortung von Genres einher. Erinnert man sich an Andy Warhols Entleerung amerikanischer Ikonographie, lässt sich demzufolge noch in einem weiteren Sinne das Nachdrängen von Pop Art im New Hollywood feststellen: Die Montage von Versatzstücken aus dem klassischen Genrekino dient auch thematisch einer Revision oder Dekonstruktion, nämlich des American Dream, der im Hollywood-Kino seinen Hauptvertreiber gefunden hatte.[7]

## 12.3 Stereotypen des Lebens

Ein Nachdrängen von Pop Art lässt sich in George Lucas' American Graffiti (1973) sowohl für die Figuren als auch für die Schauplätze erkennen, in denen diese sich eine Nacht lang bewegen. Im Verlauf des Films entwickelt Lucas eine Reihe von stereotypen Teenagern, die weniger an eine reale Jugendkultur der frühen 60er Jahre als an die Werbebilder und Musikfilme dieser Zeit erinnern. Der Musterschüler Curt (Richard Dreyfuss), der ein Stipendium gewonnen hat, soll am nächsten Morgen mit seinem aufrichtigen Freund Steve (Ronny Howard) an die Ostküste fliegen, um dort ans College zu gehen, obgleich sich beide plötzlich unsicher geworden sind, ob sie wirklich ihre kalifornische Heimatstadt verlassen wollen. Ihnen zur Seite stehen der prototypische brillentragende Verlierer, Terry »the Toad« (Charles Martin Smith) und der coole Automechaniker John (Paul Le Mat) sowie eine geheimnisvolle Blondine

**6** | Siehe Wood, Michael: America in the Movies, New York: Columbia University Press 1975.

**7** | Siehe Cullen, Jim: The American Dream. A Short History of an Idea That Shaped a Nation, Oxford: Oxford University Press 2003.

(Suzanne Somers), die Curt erfolglos die ganze Nacht hindurch suchen wird; seine Schwester Laurie, Klassensprecherin an der High School (Cindy Williams), der es gelingen wird, Steve davon abzuhalten, sie zu verlassen; die platinblonde Draufgängerin Debbie (Candy Clark), die Terry zu kleinen Delikten wie zum illegalen Erwerb von Alkohol verführt, und schließlich die Göre Carol (Mackenzie Phillips), die darauf besteht, John bei seinem Cruisen entlang der Main Street zu begleiten. Weil alle ununterbrochen die gleiche Radiosendung hören, halten die Stimme des DJ Wolfman Jack und die Rock'n'Roll-Songs, die er die Nacht hindurch spielt, die einzelnen Episoden des Films zusammen. Diese Popmusik wird ebenso als Zitat eingesetzt wie die stereotypen Handlungen – das Treffen im Drive-In, das verstohlene Küssen im Auto, die harmlosen Schlägereien mit einer Außenseiter-Bande, das Rennen am Ende der Nacht, in dem das Auto von Johns Rivale (Harrison Ford) explodiert, ohne dass jemand verletzt wird.

Die affektive Wirkungskraft von AMERICAN GRAFFITI liegt auf der Oberfläche – im Wiedererkennen der Lieder, der Kostüme und der Gesten einer vergangenen Teenager-Kultur. »Where we you in 62?«, lautet bezeichnenderweise die Tagline des Films. Wie Peter Lev festhält, ist dieses Datum bezeichnend, stellt es doch das letzte mögliche Jahr einer vermeintlichen Teenager-Unschuld dar; vor dem Kennedy-Attentat, dem Beginn des Vietnam-Krieges und den sozialen Unruhen der 60er Jahre.[8] Doch insofern George Lucas die Freuden und Rituale einer nostalgisch beschworenen Teenager-Kultur zeigt, betont seine Mise en Scène vor allem die Zeichenhaftigkeit dieser flüchtigen Welt. Wie der Titel besagt, geht es ihm bei dieser Erinnerung an eine verschollene Epoche gerade darum, diese *als* Vergangenheitsspur zu inszenieren, *als* bloße Inschrift auf der Kinoleinwand, die ohne Anspruch auf Tiefe nur bezeugen soll, *dass* diese Figuren einmal da gewesen sind. In diesem Sinne wirken nicht nur die Gesten und Emotionen der Mitwirkenden wie szenische Ausschmückungen der Pathosformeln, die von den damaligen Jugendzeitschriften der Zeit propagiert wurden: »Ich habe die Frau meines Lebens gesehen, aber sie ist verschwunden!« »Er hat ein großes Auto, also muss er toll sein!« »Er hat mich verlassen, also ist mir alles egal!« Auch alle Schauplätze – Mels Drive-In, die nächtliche Hauptstraße, die Tankstelle, die Parkplätze, der Getränkemarkt – sind von jeglichen sozial-realistischen Anzeichen gesäubert und auf den Status der künstlichen Zeichenwelt eines Billboards erhoben: von funkelnden Werbezeichen umrandet und stilvoll in farbiges Neon-Licht getaucht. Die Unschuld dieser Zeit wird aber als Nostalgie auch entlarvt. Unbekümmert sind diese Bilder nur deshalb, weil George Lucas sie explizit als idealisierte Erinnerungsspuren inszeniert, deren Referenzpunkt nicht eine gelebte Welt, sondern die

**8** | Lev, Peter: American Films of the 70s. Conflicting Visions, Austin: University of Texas Press 2000, S. 91.

immer schon von Pop Art gefilterte Zeichensprache der kommerziellen Kunst der späten 50er Jahre ist; eine Welt, die es nie gegeben hat außer – wie das klassische Teenager-Musical – im kollektiven Genießen und dann im kollektiven Gedächtnis seines Publikums. Bis zum Schluss bleibt Lucas jedoch nicht nur der Bildsprache des Pop treu, sondern auch einer Geste der Entlarvung, die auf jene Desaster verweist, die in dieser rein künstlichen Bildwelt keinen Platz haben. Nachdem Curt von seiner Familie und seinen Freunden Abschied genommen hat, steigt er in ein weißes Flugzeug der Magic Carpet Airlines, deren Namen uns an den ur-amerikanischen Mythos erinnert, der das Reisen an fremde Orte als zauberhafte Fluchtfantasie kodiert. Doch während das Flugzeug den klaren blauen Himmel Richtung Osten durchquert, sehen wir gleichzeitig die Schwarzweiß-Photographien unserer vier Helden und erfahren in knappen Sätzen, was aus ihnen – nachdem sie aus dem American Dream erwacht sind – geworden ist. Steve lebt als Versicherungsagent in Modesta, Kalifornien; Terry ist beim Einsatz in Vietnam verschwunden; John wurde von einem betrunkenen Lastwagenfahrer getötet; und Curt lebt als Schriftsteller in Kanada (implizit das Resultat seiner Flucht vor der Wehrpflicht). Die Künstlichkeit jener vom Film erschaffenen flüchtigen Welt, in der es immer '62 bleiben wird, und ein ernüchternder Verweis auf die tödlichen oder einfach nur traurigen Konsequenzen, die sich jenseits der Leinwand abspielen, halten sich die Waage.

Zwar bietet Martin Scorseses HEXENKESSEL (MEAN STREETS; 1973) einen krassen Gegensatz zum nostalgischen Recycling der Teenager-Ikonographie der 50er Jahre, doch auch er entwickelt stereotype Figuren – den schuldbesessenen Mafioso Charlie (Harvey Keitel), seinen durchgeknallten Freund Johnny Boy (Robert De Niro), den unbeholfenen Barbesitzer Tony (David Proval) und den gewaltlustigen Schmuggler Michael (Richard Romanus). Die von Scorsese ausgewählten Schauplätze – die Straßen, Bars und Wohnungen in Little Italy – werden zwar mit äußerst realistischem Detail wiedergegeben, doch auch seine Figuren drücken sich hauptsächlich durch Gesten aus, deren Aussagekraft auf der Oberfläche liegt. In einer der ersten Szenen des Films taucht beispielsweise Johnny Boy mit zwei Frauen, die er gerade in Greenwich Village getroffen hat, in der Bar seines Freundes auf. Scorsese stellt seinen Auftritt als prahlerische Selbstinszenierung dar und entlarvt ihn gleichzeitig als leere Pose. Während auf dem Soundtrack »Jumping Jack Flash« zu hören ist, stolziert De Niro in Slow Motion in den Raum hinein, sich der Blicke bewusst, die auf ihn gerichtet sind. Er will Tony, der hinter der Theke steht und Charlie, der an der Bar sitzt, lustvoll seine Errungenschaften vorführen, um somit seine Unfähigkeit, Geld zu verdienen, wettzumachen. Sein Gefühl männlicher Potenz wird sowohl durch das Lied, das seinen Auftritt begleitet, wie auch durch seine Gebärden untermalt, hatte er doch beim Eintreten in die Bar, vom Gelächter der beiden Frauen begleitet, zuerst seinen Hosenschlitz geöffnet, um ihn dann wieder schmunzelnd zu schließen. Dadurch zeigt Scorsese auch auf, wie sehr dieser zur Schau gestellten Männlichkeit jegliche Substanz fehlt. Sie ist reines Recycling angeeigneter Gesten des italoamerikanischen Machismo; das Bekleiden einer Pose, die nur für die Dauer eines Liedes anhält und ebenso flüchtig ist wie die von diesem Lied aufgerufenen Emotionen. Scorseses ›Pop Stance‹ zeichnet sich durchaus darin ab, dass er die Jukebox-Musik der 60er Jahre wiederholt einsetzt, um seinen Figuren anstelle einer psychologischen Tiefe eine affektive Emotionalität zu verleihen; durch das Zitieren jener Musik, die seinen Figuren dadurch eine Identität verspricht, als sie sich an ihr orientieren und sie miteinander teilen. Gleichzeitig verdeutlicht das Popmusik-Recycling aber auch das Fehlen jeglicher Motivation hinter den Gesten, als wären diese jungen Männer nicht von irgendeinem Sinn geleitet, sondern nur von dem Lebensgefühl, das sie von den vertrauten Jukebox-Songs kennen. Jene Ziellosigkeit, die nach Fredric Jameson typisch für die 70er Jahre ist, wird in HEXENKESSEL (MEAN STREETS) zum Lebensprinzip erhoben, gestalten die vier Freunde ihr Leben doch emphatisch als Stereotyp. Einmal besuchen sie den Besitzer eines Billard-Salons, der Charlie Geld schuldet. Ein Wortgefecht bricht aus, das schnell in einer Schlägerei mündet, während auf dem Soundtrack »Please Mr. Postman« zu hören ist. Fröhlich raufen sich die jungen Männer auf den Billardtischen, bis schließlich die Polizei kommt und der Besitzer den Beamten erklärt, es sei von Anfang an keine gefährliche Situation gewesen, sondern nur ein harmloser Spaß unter Freunden. Tatsächlich geht es den ganzen Film hindurch um eine reine Gestik. Weil sie aus dem Kino gelernt haben, dass Gangster, die sich verbal beleidigt haben, sich auch schlagen, müssen sie dieses Handlungsmuster nachahmen, ohne dass daran irgendeine Begründung oder irgendein Sinn haften würde – außer die affektive Bedeutung der Pose des »tough guy«.

So erfährt in Martin Scorseses HEXENKESSEL (MEAN STREETS) neben der Popmusik natürlich auch das Genre des Gangsterfilms ein Recycling, um die Entleerung dieser Helden und ihrer Geschichte zu verdeutlichen. Die Eskalation an Gewalt, die im Verlauf des Films vorangetrieben wird, ist weder psychologisch begründet, noch dient sie einer moralischen Botschaft. Die Emotionen der Figuren spielen sich ausschließlich an der zeichenhaften Bildoberfläche ab, die auf keine hinter oder außerhalb des Bildes liegende Tiefe verweist. Es geht nicht um ideologische Werte, die vom Filmbild vertreten werden, sondern darum, die Rast- und Ratlosigkeit dieser jungen Italo-Amerikaner durch eine Auflösung jeglicher Erzähllogik zum Ausdruck zu bringen. Sie können keine Helden mehr sein, sondern nur noch deren Posen nachstellen. Es gibt für sie kein psychologisch stimmiges Narrativ mehr, an dem sie ihr Handeln orientieren können, sondern nur noch die sinnentleerte Konsequenz jenes Gangsterfilm-Genres, dem sie – als wäre das Erzählmuster dieser Gattung zum Selbstläufer geworden – folgen müssen. Johnny Boy kann ebenso wenig die Pose des Außenseiters ablegen, der sich keinen Gesetzen beugen will, wie Michael im Sinne des Film noir nur auf eine Geste der Rache zurückgreifen kann. Weil Johnny Boy sich nicht bloß weigert, ihm das geschuldete Geld zu zahlen, sondern sich auch öffentlich über die Geldgier seines Freundes lustig macht, befinden sich am Ende alle in einer ausweglosen Logik der Gewalt eingesperrt, die das Duell der beiden Gegner im Western mit der Flucht der Gesetzlosen im Film noir verschränkt. Um seinen Freund zu beschützen, versucht Charlie mit Johnny Boy aus der Stadt zu fliehen, wird aber von Michael eingeholt, der kaltblütig aus seinem fahrenden Auto auf seine Freunde schießen lässt. Dieser blutige Ausgang ist jedoch nicht nur deshalb erschütternd, weil er völlig unnötig ist, sondern weil Scorsese ihn als reine Geste entlarvt, die nur als Erfüllung einer Genrekonvention Sinn ergibt. In seine Abschlusssequenz blendet er nämlich – nachdem der in den Hals geschossene Johnny begonnen hat, die Straße entlang zu torkeln – für einige Sekunden das Ende eines klassischen Film noir ein, in dem der Gangster die Türe seines Autos öffnet, und seine angeschossene Geliebte ihm entgegenfällt. Dann kehrt Scorsese zurück zum New York der frühen 70er Jahre, zur Ambulanz, die eingetroffen ist, um die Verletzten zu bergen, und zu den Nebenfiguren, die in dieser Nacht von der amerikanischen Faszination für Gewalt verschont geblieben sind.

## 12.4 Genre-Rekombinationen

Zusammen mit dem Hang, verschiedene stereotype Gesten zu kombinieren und diese durch Popmusik-Zitate zu untermalen, um eine fröhliche oder traurige Entleerung von Filmgestalten und deren Geschichten darzubieten, gibt es im New Hollywood jedoch auch ein Recycling von Genre, das einer Refiguration und somit einer neuen Sinnstiftung dient. Dabei ist wichtig, festzuhalten, dass das klassische Genrekino den Mythos Amerika – dem Versprechen von Freiheit und Glück – immer wieder neu ausgekleidet hat, um vornehmlich die Opfer dieses Traums aufzudecken: die vom Zivilisationsdrang des Westerns Ausgeschlossenen, die am Ende einer Gangstertragödie Hingerichteten, die im Kerker der Familienwerte des Melo lebendig Begrabenen. Gleichzeitig folgt das klassische Genrekino jener Tendenz, die Roland Barthes für den Mythos im Allgemeinen festgestellt hat: Es schafft die Komplexität der menschlichen Handlungen ab und verleiht ihnen sowie der Welt, in der sie sich abspielen, die Einfachheit von Essenzen. Formal unterstützt wurde dieser Hang zur Reduktion von Komplexität durch die Konvention des »continuity editing«, deren Ziel es ist, die Aufmerksamkeit auf die Geschichte und nicht das Medium zu richten, um den Eindruck zu erwecken, die Welt vor der Kamera entfalte sich natürlich und mühelos, wenngleich sie auch – ganz im Sinne des Mythos bei Barthes – mit großem Aufwand fabriziert worden ist. Gleichzeitig diente diese Konvention auch dazu, eine Filmwelt herzustellen, die geordnet und verständlich war – obgleich in ihr oft das Scheitern des amerikanischen Traums thematisiert wurde. Brüche in der Konvention des »continuity editing«, wie sie beispielsweise Scorsese in TAXI DRIVER (1976) oder Penn in BONNIE UND CLYDE bewusst der Filmsprache der »nouvelle vague« entliehen haben – die Achsensprünge, die »jump cuts«, den Blick der Kamera von der Decke eines Raumes – bewirken eine Desorientierung des Blickes, die der Ziellosigkeit ihrer Protagonisten entspricht: Travis Bickle, der psychisch entortet nachts Taxi fährt, auf der Suche nach einer Handlung, die seinem Leben einen Sinn verleihen würde; Bonnie Parker, die ziellos mit ihrem Geliebten durch die Lande zieht und Banken ausraubt, ohne dass sie an dem erbeuteten Geld Interesse hätte. Ganz im Sinne der Pop Art dienen diese Brüche einem bewussten Versuch, die Konstruktion der Geordnetheit des Genrekinos – und somit auch die von ihm transportierten Illusionen von Freiheit und Glück – sichtbar zu machen.

Gleichzeitig muss aber auch festgehalten werden, dass Genrekino per Definition zwar Abweichungen und innovative Erneuerungen der Hollywood-Schemata erlaubt, der Spielraum an möglichen Veränderungen aber beschränkt bleiben muss. Denn sowohl die Lust am als auch die Ausstrahlungskraft von Genrekino besteht gerade darin, dass gewisse Erwartungen erfüllt werden müssen, weil das Publikum das Genre wiedererkennen soll. Auch wenn die klassischen Filmgenres nur mithilfe einer der Gegenwart angepassten Umschrift ihre Wirkungskraft nicht verlieren, beruht diese Geste der Wiederbelebung darauf, dass vertraute Elemente verändert, neu kombiniert und anders kodiert werden, gleichzeitig aber eine erkennbare Konvention beibehalten wird. In diesem Sinne sucht die Refiguration des Genrekinos in den 70er Jahren zwar die Konventionen der Filmsprache sowie die an diese geknüpften mythischen Erzählungen aufzubrechen, nie aber das vorgegebene Gerüst gänzlich zu zerstören. Denn schließlich besteht die Funktion von Genre in der Ritualisierung kollektiver Konflikte darin, dass auf der Ebene der Imagination eine Versöhnung angeboten wird, die in der real gelebten Welt unmöglich wäre. Genrekino entpuppt sich somit als Massenprodukt, das einer bestimmten Kultur erlaubt, mithilfe der Herstellung von mythischen Geschichten gesellschaftliche und kulturelle Anliegen durchzuarbeiten, wobei dieser Prozess immer doppeldeutig bleibt. Denn insofern man die Lust, die Genrekino bietet, darin festmacht, dass in dieser Welt fiktionale Lösungen für widersprüchliche und somit nicht unlösbare gesellschaftliche Anliegen entworfen werden können, so bleibt diese Konfrontation mit kulturellen Antagonismen, die sich auf der Kinoleinwand abspielt, immer eine vermeintliche. Laut Geoffrey King erhält der Zuschauer nämlich den Luxus, sich scheinbar einem kulturellen Problem zu stellen. Weil diese Konfrontation aber schlussendlich im Gewand der Unterhaltung präsentiert wird, bleibt dem Zuschauer immer die Möglichkeit, den Konsequenzen dieser Erkenntnis auch wieder auszuweichen.[9]

Doch das Beibehalten gewisser Konventionsgebote hängt auch mit dem zusammen, was Robert Burgoyne die »Genre-Erinnerung« des Westerns, des Gangsterfilms und des Melos nennt. Die Wirkung dieser tradierten Filmsprache und Erzählmuster auf das Erstellen von neuen Formen gesellschaftlicher Kohärenz ergibt sich nämlich größtenteils daraus, dass Kinogenres die Funktion aufrufen, die sie in der Vergangenheit hatten, um so auf die Gegenwart – auf neue Weise – reagieren zu können. Deshalb fungierte das Genrekino in der amerikanischen Kultur immer als eines der Hauptvehikel, um eine gesellschaftliche Erfahrung nicht nur zu prägen, sondern diese auch von einer Generation zur nächsten zu transportieren. Als Kristallisationspunkt gesellschaftlicher und kultureller Kommemoration können Genrefilme laut Burgoyne durchaus als »Organe der Erinnerungen« verstanden werden, die zwar die Weltsicht der Zeit verkörpern, der sie entstammen, gleichzeitig aber auch eine zweite Schicht mit sich tragen, auf der die Veränderungen der Anwendung aufgezeichnet ist, die sie im Laufe der Zeit erfahren haben.[10] Genrekino ist somit nie statisch, sondern eine immer wandelbare Form; es überarbeitet, erweitert und transformiert jene kulturellen Werte, die es bestimmen und die es transportiert. Doch es hält auch zusammen, was sich in Zeiten kultureller Krisen aufzulösen droht. Eine Entleerung jener nationaler Mythen, die im klassischen Genrekino implizit mitenthalten waren, mag demzufolge eines der Hauptanliegen der revisionistischen Regisseure des New Hollywood sein, wenn sie klassische Filmgenres durch Parodie oder Hybridisierungen refigurieren. Dennoch bleiben diese Filme einer Logik des Recycling verhaftet, die dem Genrekino – egal wie radikal seine Umgestaltung auch ausfallen mag – seine konventionelle Funktion nicht abstreitet, Vehikel für kollektive Erinnerung und ihre kulturelle Verarbeitung zu sein. Eignen sich die Helden von Regisseuren wie Terrence Malick, Martin Scorsese, Arthur Penn oder George Lucas die Posen ihrer Vorgänger im Genrekino an, um eine – wenn auch brüchige oder gänzlich zeichenhafte – Identität für sich zu entwerfen, bedeutet das Abarbeiten an den Konventionen des Genres auch für die Filmemacher und Drehbuchautoren eine spielerische Erprobung möglicher Identitäten: als Hersteller nationaler Mythen, welche die Vergangenheit anerkennen wollen, um sie für ihre veränderte Gegenwart nutzbar zu machen. Genrekino dient ihnen als Gefäß, das als solches erkannt sowie als Konstruktion entlarvt wird und dennoch absolut notwendig und wertvoll bleibt.

**9** | King, Geoffrey: New Hollywood Cinema. An Introduction, New York: Columbia University Press 2002, S. 129.

**10** | Burgoyne, Robert: Film Nation. Hollyood Looks at U.S. History, Minneapolis: University of Minnesota Press 1997, S. 8.

## 12.5 Noir meets Western

Wie Alexander Horwath feststellt, werden im New Hollywood »sämtliche Genres, vor allem aber der Western und der Film noir bzw. Polizei-/Gangsterfilm einer scharfen Neuorientierung unterzogen, die die Erfahrung einer nationalen, weite Lebensbereiche erfassenden Krise reflektierte«.[11] Gerade das Noir-Genre erwies sich natürlich nicht zuletzt deshalb so anregend für eine Refiguration, als es einer Kriegs- und Nachkriegsepoche entsprang, die ähnlich wie die frühen 70er Jahre mit Fragen der politischen Korruption und des Zerfalls moralischer Werte beschäftig war. So wird über das Aufgreifen des Noir-Genres an die paranoide Weltanschauung sowie das Gefühl unendlicher Ohnmacht gegenüber einer unausweichliche Fatalität erinnert, die von diesem Genre am Ende des Zweiten Weltkrieges ausgiebig inszeniert worden war: an die dunkle, verwirrende, faszinierende und gleichzeitig bedrohliche Welt der Intrige, des Betrugs und der Dekadenz, aus der es kein Entrinnen gibt. Chinatown (1974) beispielsweise basiert auf historischen Ereignissen, die sich in Los Angeles kurz vor dem Zweiten Weltkrieg abspielten, und dient Roman Polanski dazu, für die Verschränkung von Macht und Korruption, die diese Stadt auszeichnet, eine Gründungsgeschichte zu erstellen. Sein Privatdetektiv J.J. Gittes (Jack Nicholson) entdeckt eine Intrige, die um die Manipulation der Wasserversorgung von Los Angeles kreist. Noah Cross (John Huston), ehemaliger Partner des Chefingenieurs des Water Departments, Hollis I. Mulwray (Darrell Zwerling), hat letzteren ermorden lassen, weil er sich gegen Cross' Machenschaften stellte. Cross hatte den Plan ausgeheckt, die Wasserzufuhr des San Fernando Valley zu stoppen, um das ausgedörrte Land billig aufzukaufen. Danach wollte er es künstlich bewässern lassen, um es wieder mit hohem Profit zu verkaufen. Bezeichnend an der Aufdeckung dieses Skandals, der einer Entgleitung des American Dream gleichkommt, ist, dass sie an eine zweite Untersuchung gebunden ist, die um die geheimnisvolle Evelyn Mulwray (Faye Dunaway) kreist, Gattin des ermordeten Ingenieurs und Tochter des gefährlichen und politisch mächtigen Entrepreneurs. »Cherchez la femme« heißt ganz im Sinne des klassischen Film noir die Devise, der Gittes folgt, um eine zweite Szene der Korruption aufzudecken: Noah Cross' Inzest mit seiner Tochter, deren Frucht jene junge Frau ist, um die vor ihrem obszönen Vater zu schützen Evelyn bereit ist, alles aufs Spiel zu setzen. Sie stirbt – wie so viele klassische Femmes fatales – auf der Flucht vor der Polizei. Doch weil ihr Tod als Wiederholung eines früheren Polizeieinsatzes in Chinatown inszeniert wird, in dem ebenfalls eine unschuldige Frau ums Leben kam, fun-

**11** | Horwath, Alexander: »A Walking Contradiction (Partly Truth and Partly Fiction). Das unreine Kino. New Hollywood 1967-76«, in: ders., The Last Great American Picture Show, S. 31.

giert er nicht nur als Chiffre für die unlösbare Verwobenheit von politischer Macht und krimineller Gewalt. Die Sympathie, die der Film unzweideutig auf die enigmatische Verführerin und Rächerin richtet, weil sie vornehmlich das Opfer männlicher Machtkämpfe und Geldsucht ist, bedeutet auch eine Transformation der Gattungsvorlage. Im Gegensatz zur klassischen Femme fatale birgt Evelyn Mulwray nur insofern eine Gefahr für den Mann, als sie den Privatdetektiv ins Herzen jener korrupten Welt führt, von der sie sich eigentlich absetzen will. Fatal ist sie also nur in dem Sinne, dass sie als Symptom einer Kultur der Komplizität zwischen Politik und Kriminalität fungiert, ohne davon selber zu profitieren, aber auch ohne dass ihr Opfer zur Reinigung dieser Gesellschaft führen würde. Die Tochter, die ohne ihre Mutter den Polizeieinsatz überlebt, landet bei ihrem obszönen Großvater. Gleichzeitig muss Gittes einsehen, dass er den Ausgang der Dinge nicht im Griff hat. Hatte er anfänglich die Situation gänzlich falsch eingeschätzt, ist er, nachdem er die schreckliche Wahrheit erkannt hat, ohnmächtig, etwas gegen Cross zu unternehmen. Sein Mitarbeiter führt ihn vom schrecklichen Todesschauplatz weg mit der Erklärung, die ebenso erschütternd wie ernüchternd ist: »Forget it, Jake; it's Chinatown.«[12]

Andere Neo-Noirs wie Arthur Penns Die heisse Spur (Night Moves; 1975) heben die Fehlbarkeit und Verletzlichkeit des Privatdetektivs noch stärker hervor. Auch Harry Moseby (Gene Hackman), der schon lange keine großen Fälle mehr aufgeklärt hat, erhält den Auftrag, eine junge Frau, die verschwunden zu sein scheint, zurück nach Hause zu bringen. Die Suche nach Delly Grastner (Melanie Griffith) führt ihn nach Florida zu deren Stiefvater Tom Iverson (John Crawford), wobei Moseby zunehmend begreifen muss, dass er in einer Welt verloren ist, die er nicht versteht, und die er auch nicht beherrschen kann. Anfänglich weisen seine Mitmenschen ihn nur spöttisch darauf hin, dass er sich wie ein Mann verhält, der von seinem Rollenvorbild – dem hartgesottenen Detektiv aus Dashiell Hammetts Romanen – fremdgesteuert ist und somit nur noch mechanisch Spuren folgt, weil es von ihm erwartet wird. Doch je näher er den eigentlichen Handlangern der Intrige kommt, desto schmerzhafter muss er am eigenen Leib erfahren, dass er zwar die Morde, die um ihn herum geschehen, erklären, dennoch keine befriedigende Auflösung für sie finden kann. Um ein Schmuggelgeschäft mit südamerikanischen Antiquitäten durchzuführen, ist Iverson bereit, sowohl seine Stieftochter Delly als auch sei-

**12** | Roman Polanski selber hat erklärt, er hätte einen Film über Korruption in den späten dreißiger Jahren drehen wollen, wie sie durch das Kameraauge der 70er Jahre betrachtet aussehe. Davon ausgehend schlägt Peter Lev vor, den Sieg des korrupten Geschäftsmanns als Chiffre für die Versuche zu deuten, den Watergate-Einbruch zu vertuschen, aber auch für andere Skandale, welche die obszöne Macht von Konzernen wie OPEC aufzudecken suchten; s.O. S. xxi.

ne Geliebte Paula (Jennifer Warren) zu opfern. Harry Moseby gelingt es zwar, den obszönen Vater sowie seinen Komplizen zu Fall zu bringen, jedoch nicht, die beiden Frauen vor dem Tod zu retten. Man ist an den ebenfalls ohnmächtigen Scottie Ferguson (James Stewart) in Alfred Hitchcocks VERTIGO – AUS DEM REICH DER TOTEN (VERTIGO; 1958) erinnert, der gleich zweimal hilflos zusehen muss, wie eine Frau von einem Kirchturm in den Tod fällt. Denn auch Harry muss den Tod der beiden Frauen mitansehen: In Dellys Fall betrachtet er nachträglich die Filmaufnahmen, die von ihrem Unfall gemacht wurden, in Paulas Fall ist er Zeuge des Bootsunglücks, das er selbst mitverschuldet hat. Wie bei seinem traurigen Vorgänger aus Hitchcocks Film wird Mosebys Fehlbarkeit noch dadurch unterstrichen, dass er sich von einem alten Freund hat verführen lassen, der – um seine eigenen Geschäfte mit Tom Iverson zu verdecken – ihn überhaupt auf die Fährte der verschwunden Delly gesetzt hatte. Die Refiguration des Noir-Genres erlaubt Penn jedoch nicht nur, darauf hinzuweisen, dass traditionelle Heldenfiguren wie der klassische hartgesottene Detektiv im Amerika der frühen 70er Jahre ausgedient haben. Diese Rolle des klassischen Privatdetektivs, die nur noch die eigene Fehlbarkeit und somit die Entleerung ihrer Funktion erkennen lässt, wird auch als Chiffre für eine grundsätzliche Krise amerikanischer Männlichkeit am Ende des Vietnam-Krieges eingesetzt.

Auch Robert Altmans DER TOD KENNT KEINE WIEDERKEHR (THE LONG GOODBYE; 1973) spielt nostalgisch darauf an, dass die Figur des »hardboiled detective« überholt ist. Von der Vorlage Raymond Chandlers weicht Altman jedoch auch dadurch ab, als dass sein Philip Marlowe (Elliott Gould) auf die eigene Versehrtheit mit einer selbst-ironischen Gedankenverlorenheit reagiert. Unentwegt spricht er mit sich selbst, kommentiert sowohl seine Verwirrung über die tragischen Ereignisse, die plötzlich über ihn hereinbrechen, als auch seine Unfähigkeit, ein wirklich harter Kerl zu sein. Nur zu deutlich nimmt er sich selber als Abklatsch einer mythischen Figur wahr, die nicht einmal fähig ist, auf seine Katze aufpassen. Auch in DER TOD KENNT KEINE WIEDERKEHR (THE LONG GOODBYE) geht es um den Betrug durch einen Freund. Doch gerade in der Art, wie Altman seine Parodie des klassischen Film noir enden lässt, wird seine bedeutendste Abweichung nicht nur vom Roman, sondern vom Genre überhaupt deutlich. Während Chandler die nostalgische Trauer Marlowes um seine Freund Terry Lennox (Jim Bouton), der ihn eines Nachts gebeten hatte, ihn nach Tijuana zu fahren, um dann in Mexiko vermeintlich Selbstmord zu begehen, in den Vordergrund seiner Erzählung rückt, betont Altman den morschen Kern dieser Männerfreundschaft. Nachdem Marlowe sich ritterlich weigert, der Polizei zu helfen, die Terry am Mord an seiner Frau verdächtigt, wird er von der verführerischen Eileen Wade (Nina Van Pallandt) engagiert, ihren alkoholsüchtigen Gatten Roger (Sterling Hayden) zu finden, und anschließend gebeten, sich um ihn zu kümmern. Bald begreift Marlowe, dass diese Femme fatale nicht nur weiterhin ein Verhältnis mit seinem vermeintlich toten Freund hat, sondern dass beide seine Loyalität ausgenutzt haben, um Terrys fingierten Selbstmord sowie den ihres Gatten glaubwürdig zu machen. Somit ist Altmans Welt noch wesentlich hoffnungsloser als diejenige Chandlers, da hier nicht mal auf die Männerfreundschaft Verlass ist. Aber die Erkenntnis des Betrugs führt auch dazu, dass Altmans Marlowe endlich handeln kann – und zwar, indem er seine verbrauchte Rolle des selbst-ironischen Privatdetektivs mit einer anderen kombiniert: der des kaltblütigen Rächers. Er mag zwar verwirrt sein, aber im Gegensatz zu Roman Polanskis J.J. Gittes und Penns Moseby kann Altmans Philip Marlowe im entscheidenden Augenblick seine Vorstellung von Gerechtigkeit gegen den gesetzlosen Freund durchsetzen. Wütend darüber, dass Terry ihn ausgenutzt hat, weil er ihn für dumm und machtlos hielt, kehrt Marlowe nach Mexiko zurück und erschießt seinen alten Freund mit einer Kugel direkt in die Stirn. Altman inszeniert dies als ethischen Akt – sowohl weil Marlowe einen Mörder hinrichtet, den das Gesetz nicht mehr belangen kann, aber auch weil er, indem er den Tod des anderen auf sich nimmt, aus dem Schatten eines anachronistischen Ehrenkodex heraustritt, seine klischierte Persona von sich streift und so zum Subjekt seiner eigenen Geschichte wird. Dass dies nur möglich ist, indem er selbst das Gesetz bricht, unterstützt natürlich den hoffnungslosen Tonfall dieser bitteren Parodie. Während der Abspann läuft, hören wir das Lied »Hurray for Hollywood«. Die Faszination für Gewalt und Gesetzlosigkeit bleibt auch dann intakt, wenn die Figuren, die diese Geschichte tragen, als Klischées enttarnt worden sind – oder gerade dann erst recht.

Schließlich gibt es im New Hollywood auch Filme wie Robert Bentons DIE KATZE KENNT DEN MÖRDER (THE LATE SHOW; 1977), in dem der alternde Privatdetektiv Ira Wells (Art Carney) explizit als Chiffre für das altgewordene Genre des Film noir eingesetzt wird. An der Beerdigung eines alten Freundes, der eines Nachts angeschossen bei ihm auftaucht, trifft Wells die zerstreute Margo (Lily Tomlin), für die der verstorbene Harry Reagan gearbeitet hatte, und wird in eine komplizierte Intrige hineingezogen, die mit den vertrauten Versatzstücken des Genres arbeitet: Ehebruch, Diebstahl, Betrug und Mord. Als hätte der Privatdetektiv seine Zeit überlebt, steht alles unter dem Zeichen einer nostalgischen Nachträglichkeit, aber auch eines spöttischen Vorwurfs des Verspätetseins. Wells hält wie Philip Marlowe in DER TOD KENNT KEINE WIEDERKEHR (THE LONG GOODBYE) an einem anachronistischen Ehrenkodex fest, will er doch einzig seinen Freund rächen, weil es solche Jungs aus der vergangenen Blütezeit des Detektivdaseins kaum noch gibt. Wie er auch an den Denkfiguren und dem Idiom der Noir-Welt festhält, Margo unentwegt »Doll« nennt und sie als eine Wiederholung jener »Dames« aus den 40er Jahren einschätzt, die schon damals Männern wie ihm das Leben schwer gemacht haben. Um seine Versehrtheit zu verspotten, wird ihm zudem wiederholt von seinen Widersachern vorgeworfen, er würde nur »Räuber und Gendarm« spielen wollen und komme eigentlich zu spät – etwa 40 Jahre. Doch Bentons Hommage an das Noir-Genre zeigt sich gerade darin, dass diejenigen, die in dem alternden Detektiv nur ein ohnmächtiges Überbleibsel einer vergangenen Zeit sehen wollen, einer Fehleinschätzung aufsitzen, für die sie zum Teil mit dem Leben bezahlen müssen. In der Schlüsselszene zeigt sich nämlich, dass Wells nicht nur listig seine Gebrechlichkeit eingesetzt hat, um seine Gegner zu täuschen, sondern auch weiterhin treffsicher schießen kann. Das alte Wertesystem des Film noir, in dem das Gesetz wichtiger ist als alles illegale Geld, auch wenn es nur mit Selbstjustiz durchgesetzt werden kann, siegt. An dem Triumph des alten Detektivs lässt sich aber auch Bentons Glauben an die Wirkungskraft des von ihm umgeschriebenen Genres ablesen. Wie Wells seine Gegner, trifft der Film noir im richtigen Moment noch immer zielsicher die Wünsche und Ängste der amerikanischen Kultur. Besonders an der Figur Margots zeigt sich, dass die Faszination, Gangster zu jagen und Intrigen aufzudecken, weiterhin ansteckend sein kann. Von ihrem Einsatz als Gehilfin von Wells berauscht, schlägt sie dem alten Mann vor, sie sollten ein Team werden. Das lehnt er zuerst entschieden ab. Am Ende des Films sitzen sie auf einer Bank an einer Bushaltestelle, hinter der – als wärs ein Hauch Pop – ein Billboard hängt, das mit einem Abbild von Boris Karloffs Frankenstein für das städtische Wachsmuseum wirbt. Eigentlich will nur sie einsteigen. Dann fährt der Bus weg, und wir sehen nur noch die leere Bank und das Billboard: Bentons letzte Huldigung an die Kraft alter Pathosformeln in neuem Gewand.

Genre-Erinnerung an den Gangsterfilm taucht aber auch in Filmen auf, welche die Flucht vor dem Gesetz mit einer Reise durch die Landschaft des Südwestens Amerikas verschränken, um die tödlichen Konsequenzen des amerikanischen Traums vom Recht auf Freiheit durch die Rekombination zweier Genres auszuloten. Denn sowohl der Western als auch der Film noir feiern zwar das Beharren des Protagonisten auf ihrem uneingeschränkten Individualismus, entlarven aber gleichzeitig diese Selbstsucht als eine die Gemeinschaft gefährdende, narzisstische Hartnäckigkeit. Die unnachgiebige Einsamkeit derjenigen, die das Gesetz überschreiten, weil sie sich diesem nicht beugen wollen, stellte in den mythischen Filmgeschichten Amerikas immer einen Widerspruch zu einem Anspruch auf ein sicheres Heim und eine glückliche Familie dar. Sowohl der Westernheld, der gegen alle Gefahren der »frontier« kämpft, als auch der Gangster, der ein Vermögen erbeutet, tun dies, um jeweils eine Vorstellung von Häuslichkeit zu verteidigen oder zu erträumen, die sie selber nie genießen werden. Diese Außenseiter, die nur dem Gesetz des eigenen Begehrens folgen, koste es, was es wolle, stellten immer schon – als hartnäckigste Ausprägung des amerikanischen Individualismus – gleichzeitig auch jene Sündenböcke dar, die geopfert werden müssen, damit die Unterdrückung von Todestrieben das Fortfahren der Zivilisation garantiert. Nimmt man Bonnie und Clyde als prototypisches Beispiel für eine Umschrift dieser mythischen Erzählung, wird jedoch auch deutlich, wie nützlich rebellische Individuen sind, die sich gegen die Ungerechtigkeit von Institutionen wehren (in diesem Fall gegen die Banken), um von der Öffentlichkeit zu Volkshelden stilisiert zu werden. Sie genießen an unserer Stelle jene uneingeschränkte Freiheit, die ein Leben im Alltag uns verbietet, und erhalten dank der Medien, die sie zu Celebrities machen, noch zu Lebzeiten einen legendären Status. Natürlich passt Arthur Penn diese Legende dem zeitgenössischen Geschmack dadurch an, dass er schonungslos die gewaltsamen Folgen darstellt, die der Gesetzesbruch seiner sympathischen Bankräuber mit sich bringt. Seine zeitgenössische Umschrift des Westerns ist gleichzeitig auch darin zu erkennen, dass in der Szene, in der die Barrow-Gang nachts im Motel überfallen, oder das Gangsterpaar später auf offener Straße hingerichtet wird, die Polizei an die Stelle gerückt ist, die im klassischen Western den Indianern zugewiesen wurde: Aus dem Hinterhalt und in der Überzahl greifen sie die Outlaws an und bleiben dabei – mit der Ausnahme des Texas Rangers Frank Hammer (Denver Pyle), der sich aus persönlichen Gründen rächen will, gänzlich anonym.

Das Aufgreifen des klassischen Außenseiter-Paars muss aber nicht nur dazu dienen, den gesellschaftsfeindlichen Individualismus hervorzuheben, der dem amerikanischen Traum nach unbegrenzter Freiheit innewohnt. Es kann auch, wie in Steven Spielbergs SUGARLAND EXPRESS (1974), der ebenfalls auf einer wahren Geschichte basiert, dazu führen, das hartnäckige Insistieren einer jungen Gesetzesbrecherin in den Dienst der Familie zu stellen. Nur weil sie ihren kleinen Sohn von seinen Adoptiveltern zurückhaben will, überredet Lou Jean Poplin (Goldie Hawn) ihren Gatten Clovis (William Atherton), aus dem Gefängnis auszubrechen, und entführt bald darauf den Texas Ranger Maxwell Slide (Michael Sacks). Die Situationskomik der Reise dieser drei Gestalten quer durch die texanische Landschaft dient dazu, Lou Jeans gnadenlosen Egoismus zur Tugend zu erheben. Erbost über die Berichterstattung im Radio besteht sie darauf, ihre eigene Version der Geschichte öffentlich in Umlauf zu setzen. Sofort wird sie zur Volksheldin und ihr Auto – samt der Polizeikolonne, die ihr folgt – zum karnevalesken Unterhaltungsereignis. Auf dem Weg nach Sugerland halten Passanten Lou Jean und ihrem Gefährten Plakate entgegen, die sie ermutigen, auf ihrem Recht als Mutter zu beharren, und reichen ihnen Geschenke durch das geöffnete Autofenster. Führt in BONNIE UND CLYDE der fast kindliche Glaube an die eigene Unversehrtheit die beiden Outlaws schließlich in den tödlichen Kugelhagel auf offener Straße, erweist sich diese ur-amerikanische Naivität als Lou Jeans Stärke. Maxwell hat schnell erkannt, dass sein Vorgesetzter den beiden Outlaws eine Falle gestellt, und Scharfschützen in das Haus der Adoptiveltern geschickt hat. Doch auf seine Warnung will Lou Jean nicht hören, und so trifft jene Erzählkonvention des Western ein, die für den Fortpflanzungstrieb der Gesellschaft ein Todesopfer fordert. Lou Jean zwingt Clovis, aus dem Auto auszusteigen und in das Haus zu gehen, um ihren Sohn abzuholen, und muss deshalb zusehen, wie er kaltblütig erschossen wird. Spielberg macht an dieser Szene sowohl den morschen Kern eines Western-Gesetzes deutlich, das Abmachungen bricht und hinterhältig tötet, wie auch den gewaltsamen Kern von Lou Jeans mütterlichem Begehren. Seine Rekombination von Noir und Western läuft aber auch darauf hinaus, dass gerade diese gesetzwidrige Gewalt das Überleben der Familie sicherstellt. Nachdem sie das Gefängnis auf Bewährung verlassen darf, gelingt es Lou Jean, das Gericht davon zu überzeugen, ihr ihren Sohn zurückzugeben.

Eine der wirkungsvollsten Rekombinationen verschiedener Genres bleibt jedoch unumstritten Martin Scorseses Noir-Western TAXI DRIVER. Explizit vom Drehbuchautor Paul Schrader als Umschrift von John Fords DER SCHWARZE FALKE (THE SEARCHERS; 1956) konzipiert, sehen wir den klassischen Einzelkämpfer Travis Bickle (Robert De Niro), der eine blutige Schlacht auf sich nimmt, um die junge Iris (Jodie Foster) vor ihrem Zuhälter und ihrem Leben als Prostituierte zu retten. Die blutige Schlacht findet in der Großstadt-Version des Indianerlagers statt, einem schäbigen Mietshaus im Slum. Sein Widersacher Matthew »Sport« (Harvey Keitel) hat sich die langen Haare und das Stirnband des stereotypen Indianers angelegt. Wie Fords Debbie Edwards (Nathalie Wood) soll Iris zu ihrer Familie zurückkehren, also in jenes vermeintlich traute Heim, dem Travis den Rücken zugewandt hat. Mit der Begründung, er würde für den Geheimdienst arbeiten, hat er nämlich seinen Eltern verboten, jeglichen Kontakt mit ihm aufzunehmen, schickt ihnen aber jährlich Geburtstagskarten. Wie Ethan Edwards (John Wayne) ist auch Travis ein Kriegsveteran, nirgends zu Hause, unfähig sich dem normalen Alltagsleben anzupassen, und wie sein Vorbild wandert er deshalb herum, nun nicht mehr in der grandiosen Landschaft des Monument Valley, sondern nachts in seinem Taxi auf den Straßen New Yorks, die bei Scorsese jedoch eine ähnlich mythische Erscheinung gewinnen – mal schwül, mal nebelig, mal nass, mal verführerisch funkelnd. Travis ist einer der wenigen Fahrer, der bereit ist, überall hinzufahren, weil die ganze Stadt für ihn eine Kampfzone ist. Wie Ethan ist er zudem nicht nur Rassist, sondern versteht sich auch als auserwählt, kulturelle Werte vor dem Verfall zu retten. Der Kernsatz, den Scorsese ihn mehrfach wiederholen lässt, lautet: »Someday a real rain will come and wash all the scum off the streets.« Und wie der besessene »lone ranger« des Western kämpft er als »lone crazed gunman« für die Zivilisation, in dem er den Tod der anderen auf sich nimmt und diesen Gewaltakt als Reinigung versteht. Dabei macht Scorsese auch deutlich, dass die Möglichkeit der Freiheit, welche die »frontier« dem »lone ranger« noch bieten konnte, verschwunden ist. Was gesäubert werden soll, ist das, was aus dem Zivilisationsdrang des Western geworden ist.

Nicht zuletzt wegen der Musik von Bernard Herrmann, dem der Film gewidmet ist, erinnert TAXI DRIVER aber auch an Alfred Hitchcocks VERTIGO. Zwar plagt Travis nicht Höhenangst, sondern Schlaflosigkeit, aber auch er ist von dem Begehren nach einer blonden Frau besessen, die er anfangs nur als Bild wahrnimmt. Fährt Scottie Ferguson (James Stewart) tagsüber ziellos durch die Straßen San Franciscos, um Madeleine Elster (Kim Novak) nachzuspionieren, kreist Travis Bickle ständig um die gläserne Front des Büros, in dem Betsy (Cybill Sheperd) als Managerin der Wahlkampagne für einen Senatoren arbeitet. Wie VERTIGO beginnt auch TAXI DRIVER mit der Nahaufnahme eines Auges, um von Anfang an den voyeuristischen Blick in den Vordergrund zu rücken, der die paranoide Welt der Ohnmacht und der Sehnsucht nach bedeutungsvollen Taten reguliert, die sich im Laufe der Geschichte entfalten wird. Die Pointe der Rekombination von Western und Noir läuft bei Martin Scorsese darauf hinaus, dass Travis wie Scottie sadistische Züge entwickelt, um sich an der Frau stellvertretend zu rächen, die seine Wahnvorstellungen zu korrigieren sucht. Als Antwort darauf, dass Betsy sich von seiner pornographischen Fantasie nicht vereinnahmen lässt, will er den Mann hinrichten, dessen politischen Traum sie – indem sie für ihn arbeitet – auch sichtlich teilt. Weil dieses Projekt aber scheitert, gleitet er einfach in ein anderes Genre und richtet seine Gewalt nun gegen einen anderen Widersacher: nicht den Vater, sondern den stereotypen anderen, den als Indianer kostümierten Zuhälter.

Doch diese Rekombination von Genres führt auch zu jenem beunruhigend offenen Ende, das einige Kritiker für inkohärent halten, weil Travis Bickle keine Erlösung durch den Tod erfährt, sondern das Massaker überlebt und von der Presse sogar zum Helden erhoben wird. In der Abschlussszene steigt Betsy zufällig in sein Taxi ein und er fährt sie nach Hause, lehnt aber das Geld ab, das sie ihm reicht. Stattdessen fährt er weiter und wir bleiben bei einer Nahaufnahme seiner Augen und der nächtlichen Szenerie, die er sieht. Nichts ist entschieden. Im Gegensatz zu DER SCHWARZE FALKE (THE SEARCHERS), könnte man nun sagen, fällt die Türe am Ende nicht zu. Martin Scorsese lehnt die einfache (Auf-)Lösung des Westerns ab, die Travis allein in seine urbane Prärie zurückkehren ließe. Sein urbaner Cowboy bleibt bei uns, was auch bedeutet, dass wir mit ihm in seinem Taxi verweilen, bei seinen Eindrücken der nächtlichen Großstadt. Überlagert man dieses Gefühl der Schwebe am Ende von TAXI DRIVER dann auch noch mit dem Abschlussbild von VERTIGO, wird der Optimismus deutlich, der Scorseses Genre-Erinnerung zu Grunde liegt. Travis hat die Frau, von der er besessen war, wiedergefunden, aber sie muss nicht wie Judy Barton in den Tod springen. Sie kann einfach aus seinem Taxi aussteigen. Wie Scottie Ferguson hält er zwar im Rückspiegel an ihrem Bild fest – aber nicht ohnmächtig, sondern ironisch. Dieser Blick ist, wie der seines Noir-Vorbildes Scottie, nicht eindeutig festzulegen. Es könnte sein, dass er nun tatsächlich aus seinen Obsessionen aufgewacht ist.

# 13. Hollywoods Kriegsbilder

## Historisches Wissen anderer Art

Über Filmbilder zu sprechen, *in* denen und *vermittels* derer auf der Kinoleinwand eine Rekonzeptualisierung von Krieg vorgeführt wird, betrifft weniger die Frage, ob ein bestimmter Film ein konkretes historisches Ereignis akkurat wiedergibt, und auch nicht die direkten Bezüge zwischen Kriegsführung und dessen Mediatisierung.[1] Vielmehr gilt es zu behaupten, dass jedem kinematischen »re-enactment« traumatischer Geschichte folgende Aporie innewohnt: Das Reale des Krieges, in der Darstellung partikularer Schlachten pointiert verdichtet, lässt sich immer nur nachträglich erfassen und übermitteln. Zwar mag die Dramaturgie eines Films mit Erwartungen an ein bevorstehendes Gefecht operieren oder die Erinnerung an ein konkretes Kriegsgeschehen evozieren; dennoch bietet das Hollywood Kino historisches Wissen als Re-Imagination, die sich einer entscheidenden Verschiebung bedient. Das traumatische Ereignis des Krieges wird in ästhetische Formalisierungen übertragen, die dem Vergangenen im Kinosaal (oder im privaten Interieur) eine neue Präsenz verleihen. Die imaginäre Rekonzeptualisierung birgt den affektiven Gehalt des Kriegsgeschehens; zugleich transportiert sie diesen an andere Orte und weckt dort dessen geborgene Intensität zu neuem Leben. Auf dem Spiel steht eine Authentizität zweiten Grades, deren Kraft in der Formalisierung liegt und die von dieser ihre affektive Wirkung bezieht.

Entscheidend für eine kritische Erörterung der imaginären Rekonzeptualisierung von Krieg auf der Leinwand ist deshalb jener Aspekt des kulturellen Gedächtnisses, der nicht nur danach fragt, *wie* eine Kommemoration der Vergangenheit aussehen könnte (oder auszusehen hat), sondern den Fokus darauf legt, *dass* wir uns mit der Vergangenheit auseinandersetzen müssen, weil diese uns weder intellektuell noch emotional loslassen will. Es erweist sich deshalb als fruchtbar, von kultureller Erinnerung als einer Art Vermächtnis, als Hin-

---

**1** | Siehe Virilio, Paul: Krieg und Kino. Logistik der Wahrnehmung, München: Hanser 1986, sowie Holert, Tom und Terkessidis, Mark: Entsichert. Krieg als Massenkultur im 21. Jahrhundert, Köln: Kiepenheuer und Witsch 2002.

terlassenschaft zu sprechen: von einem Erbe im Sinne einer Schuld, die wir bezüglich der Vergangenheit begleichen müssen, von einem Besitztum, über das wir verfügen, weil es über uns verfügt. Dient die Rekonzeptualisierung von Krieg auf der Leinwand dazu, Aspekte einer traumatischen Geschichte in Besitz zu nehmen, um ihr affektives Nachleben zu fassen und zu begreifen, führt sie gleichzeitig dazu, dass wir – und diese Wende ins Passive ist entscheidend – von den Spuren, die das Vergangene hinterlassen hat, in Besitz genommen werden. Wenn uns die Übertragung von historischen Ereignissen auf die Kinoleinwand eine kulturelle Beheimatung in einem vererbten Wissen bietet, so werden wir über diese Vermittlung von der vergangenen Geschichte auch heimgesucht.

Indem Krieg als historische Re-Imagination auf der Leinwand nachträglich lesbar wird, nimmt sowohl der Film als auch die kritische Lektüre, der wir diesen unterziehen, von einer Vergangenheit Besitz, die ein geteiltes Erbgut ausmacht. Beide machen den Anspruch geltend, dass das Nach- und Überleben der Vergangenheit in der Gegenwart uns angeht, uns entspricht. Von der imaginären Rekonzeptualisierung eines Kriegsgeschehens auf der Kinoleinwand zu behaupten, diese stelle zugleich eine Heimsuchung durch den Geist der Vergangenheit dar, bedeutet aber auch, die Aufmerksamkeit darauf zu richten, wie sehr wir weiterhin unter dem Einfluss eines aus der Vergangenheit an uns übertragenen Wissens stehen, sowie auf die Emotionen, die dieses auslöst. Lässt sich somit unser kulturelles Gedächtnisarchiv als Artikulationsstätte von Heimsuchungen verstehen, gilt es diese daraufhin zu untersuchen, wie traumatische Ereignisse der Geschichte nachwirken, wie sie affektiv auf die Gegenwart einwirken. Die ästhetische Refiguration, mit welcher der Anspruch der Geschichte und zugleich unser Anspruch an sie zum Ausdruck kommt, entpuppt sich zugleich als Geste der Annäherung an deren nie direkt vermittelbaren traumatischen Kern.

Auf diese Aporie Bezug nehmend, erklärt Fredric Jameson am Ende seiner Einleitung zu *The Political Unconscious*: »History is what hurts, it is what refuses desire and sets inexorable limits to individual as well as collective praxis [...] but this History can be apprehended only through its effects, and never directly as some reified force.« Er fügt dieser Behauptung hinzu: »This is indeed the ultimate sense in which History as ground and untranscendable horizon needs no particular theoretical justification: we may be sure that its alienating necessities will not forget us, however much we might prefer to ignore them.«[2] Für eine Untersuchung der historischen Rekonzeptualisierung von Krieg durch Hollywood ist entscheidend, wie Filme diese traumatische Geschichte *als* Wirkung und *in* den Wirkungen (»effects«), die diese gehabt hat, verständlich

**2** | Jameson, Fredric: The Political Unconscious. Narrative as a Socially Symbolic Act. London: Methuen 1981, S. 102.

machen; als Auswirkungen, die nachträglich rekonstruiert und auf ein vorangegangenes Ereignis zurück gelesen werden können. Diese folgenreichen Wirkungen sprechen zu jener Veränderung, die als Resultat einer vorhergehenden Handlung begriffen wird – betreffen also die Konsequenzen, die von einem zukünftigen Blick aus betrachtet die Geschichte gehabt haben wird. Mit dem Begriff »effects« kommt aber auch ein als ästhetisch erzeugter Effekt verstandener, affektiver Eindruck ins Spiel: jene emotionale und intellektuelle Wirkung, die im Kino durch Licht, Ton, Mise en Scène und »postproduction« erzielt werden kann. Beim Nachwirken des Krieges in Form einer historischen Re-Imagination auf der Leinwand, die überhaupt erst eine Erfassung jenes Realen der Geschichte, das sich als Grund und unüberschreitbarer Horizont jeglichem Zugriff entzieht, haben wir es mit einem impliziten Wissen, einem Präsenzeffekt zu tun.

Folgt man Frederic Jamesons Behauptung, dass wir immer nur die wirksamen Spuren der Geschichten begreifen können, bedeutet dies, unsere kritische Aufmerksamkeit darauf zu richten, *wie* (und *dass*) nachträgliche Rekonzeptualisierungen über die Heimsuchung der Vergangenheit einen Dialog mit dieser herstellen, *in* und *für* die Gegenwart. Oft wird die Denkfigur des »unfinished business« aufgerufen, um das unheimliche Nachleben neuralgischer Anliegen der Geschichte zu umschreiben, die im Gegenwärtigen einer Aushandlung bedürfen. Für die imaginäre Annäherung an eine traumatische Geschichte des Krieges, die Hollywood seit seinen Anfängen betreibt, lässt sich dies pointierter formulieren. Aus der Position der Gegenwart erkennen wir, dass die Vergangenheit ihre Auswirkung gehabt hat, dass sie nachlebt. Zu fragen gilt es, welche wirksamen Konsequenzen sich daraus ergeben, auf welche ästhetischen Effekte gesetzt wird. Kino lässt sich als Denkraum verstehen, in dem dieses Adjustieren visuell, konzeptionell und affektiv vorgeführt, durchgespielt und in Umlauf gesetzt wird. Immer wieder setzten Filmgeschichten neu an, stellen die Schärfe neu ein und finden neue Einrahmungen, um sich jener Geschichte anzunähern, die sich einem direkten Erfassen entzieht.

Auf den Punkt gebracht lautet die Wette dieses Essays: Darstellungen des Krieges holen uns stets ein, obgleich sie nie im Gegenwärtigen aufgehen. Ihr affektiver Gehalt gehört zu unserem kulturellen Besitz und spricht das Nachwirken von Geschichte an, ohne in der Vergangenheit oder der Gegenwart fixiert zu sein. Vielmehr ergibt sich ein Gespräch mit der Vergangenheit für die Gegenwart und aus ihr heraus. Was die filmischen Wiedergaben von Schlachten im Konkreten betrifft, lässt sich zudem festhalten, dass wir diese entweder antizipieren oder nachträglich kommentieren und beurteilen, während die eigentliche Erfahrung des schrecklichen Gemetzels jenem Bereich des Realen angehört, der uns affiziert, auch wenn er sich direkt nicht erfassen lässt.

## 13.1 Phantomsoldaten

Zwei Szenen aus Lewis Milestones Im Westen nichts Neues (All Quiet on the Western Front; 1930) bieten eine filmsprachliche Reflexion zur Frage nach den Auswirkungen und Effekten, über die ein implizites Wissen der erschütternden Verluste des Krieges vermittelt werden kann. In diesem ersten Tonfilm zum Großen Krieg (entstanden, als sich in Europa wieder ein militaristischer Furor zu bilden begonnen hatte), wird zweimal eine Bildform eingesetzt, welche die Ambivalenz der Gefühle einfängt, mit der junge Männer in die Schlacht ziehen, und zugleich deren Einsatz als kinematische Heimsuchung inszeniert. In der Szene, in der Paul Bäumer (Lew Ayres) und seine Kameraden zum ersten Mal in das notorische Niemandsland eindringen, um nachts Stacheldrahtzäune zu errichten (an denen in einer späteren Szene einige ihren furchtbaren Tod finden werden), arbeitet Milestone mit einer klassischen Schuss/Gegenschuss-Schnittfolge. Die jungen Männer laufen einem ungewissen Gefecht entgegen, doch während sie sich langsam nach vorne bewegen, blicken sie jeweils über ihre rechte Schulter zurück zum Lastwagen, der sie an dieser Stelle abgesetzt hat und sie dort auch wieder abholen und ins Lager zurückbringen wird, sofern sie ihren Einsatz überleben. Die Blicke, mit denen die Soldaten den wegfahrenden Lastwagen betrachten, sind mehrdeutig. Sie bezeugen eine Ungewissheit darüber, was sie beim Eindringen in das dunkle Schlachtfeld erwartet, welche Folgen ihr nächtlicher Einsatz haben wird, vielleicht sogar ein verstohlenes Verlangen, mit dem Fahrer ins sichere Lager zurückzukehren anstatt weiter ins gefährliche Niemandsland vorzupreschen. Auch das Gefühl, im Stich gelassen und einer im Dunklen liegenden Gefahr ausgesetzt worden zu sein, lässt sich in diese Blicke hineinlesen. Entscheidend aber ist der Umstand, dass ihre Blicke auf der diegetischen Ebene der Filmerzählung unzweideutig festgelegt sind. Unmissverständlich blicken sie auf den fahrenden Lastwagen, der sie mit dem befehlshabenden Unteroffizier alleine gelassen hat.

*Abbildung 9: In der Überblendung kehren die Toten zurück*

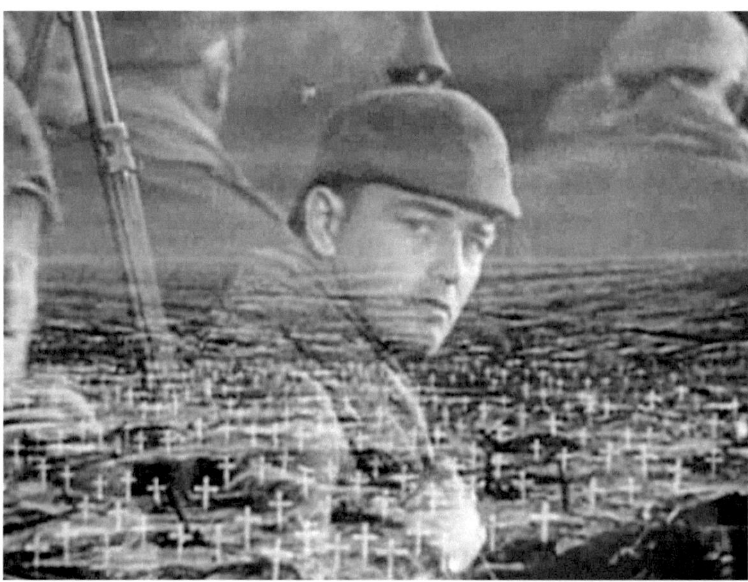

Lewis Milestone: Im Westen nichts Neues (All Quiet on the Western Front; 1944)

In der Abschluss-Sequenz seines Films kehrt Lewis Milestone zu dieser Bildform zurück, nur ist der Blick seiner Soldaten von der diegetischen Ebene losgelöst auf einen Punkt außerhalb der Filmgeschichte, jenseits der Leinwand gerichtet. Zuerst fängt die Kamera eine Nahaufnahme von Pauls Hand ein, die leblos zu Boden sinkt. Bei dem Versuch, einen Schmetterling einzufangen, der vor dem Sandsack flattert, hinter dem Paul sich verschanzt hat, wird er von einem französischen Scharfschützen tödlich getroffen. Dann setzt der Ton aus und der Schnitt geht nahtlos zu einer Wiederholung der Pathosformel der in den Krieg ziehenden Soldaten über. Nochmals sehen wir Paul und seine Kameraden in derselben Einstellung wie am Anfang des Films; nochmals blicken sie beim Vorwärtsmarschieren über ihre Schultern. Diesmal jedoch ergreift uns die Szene, weil auf der Leinwand der Tod rückgängig gemacht zu sein scheint. Die Toten der Schützengräben des Ersten Weltkrieges sind wiederauferstanden und laufen nochmals ins Niemandsland. Die Montage fügt mit der Wiederholung jedoch eine bezeichnende Differenz hinzu. Die Körper der jungen Männer erscheinen als Überblende, verlaufen über die Kreuze eines gigantischen Kriegsfriedhofs in Nordfrankreich. Milestones Phantomsoldaten laufen über ihre eigenen Gräber, sind mit diesen visuell verschränkt. Die Zukunft, in die sie hineinlaufen, ist vom impliziten Wissen ihres sicheren Todes überschattet. Die auf dem Roman von Erich Maria Remarque basierende Filmgeschichte und das Reale der Schützengräber des Ersten Weltkrieges treffen sich am Fluchtpunkt dieses abschließenden Bildes. Unser nachträgliches Wissen ob der schrecklichen Kosten dieses Krieges verleiht dem Film seine Autorität.

Die jungen Männer auf der Leinwand sind Wiedergänger – Schauspieler, die untote Soldaten spielen, die nicht in ihren Gräbern bleiben wollen. Der Charme ihrer Wiederbelebung ist im besten Fall trostlos, läuft doch die letzte Bildsequenz in die Farbe Schwarz aus, während die Truppen weiterhin über ihre eigenen Gräber marschieren. Auf der Leinwand sind sie zu neuem Leben erweckt worden, um ewig in den Krieg zu ziehen. Zugleich haben sie für die Überlebenden eine Botschaft. Während Paul und seine Kameraden an der Kamera vorbeiziehen, blicken sie jeweils über ihre rechte Schulter und fixieren uns mit ihrem Blick. Entscheidend ist die visuelle Doppelung, mit der die Montage der zweiten Bildkomposition spielt. Zusammen mit der Überblendung der Phantomsoldaten auf deren Gräber ist dieser Wiederholung eine weitere Differenz eingeschrieben, welche die Bedeutung des Blickes der in den Kampf ziehenden Männer wendet. Es fehlt der Gegenschuss, der mit dem Anblick des wegfahrenden Lastwagens deren Blick an die diegetische Ebene des Films heften würde. Wir sehen ausschließlich den Blick der Toten, und es entsteht der Eindruck, dass sie uns mit ihrem Blick treffen. Wir werden von ihnen angesprochen; der über die Schulter geworfene Blick betrifft uns direkt. Den Anfang des Films hat Lewis Milestone mit einer Titelkarte versehen, die verkündet: »This story is neither an accusation nor a confession, and least of all an adventure, for death is not an adventure to those who stand face to face with it.« Am Ende des Films mag es zwar weiterhin der Fall sein, dass Paul und seine Kameraden keine Anklage gegen uns erheben, keine Beschuldigungen machen. Dennoch ist ihr Nachleben auf der Leinwand als von der Front zurückgekehrte Phantome ein Appell an uns. Wenn nichts anderes, sollen wir ihnen unsere Aufmerksamkeit schenken, indem wir unseren Blick auf sie werfen.

Diese Wiederholung der Bildform der in den Krieg ziehenden Männer lässt eine Referentialität jenseits des Filmbildes mit der Oberfläche des projizierten Filmbildes zusammenfließen. Weil wir sehen, wie diese jungen Männer ewig in den Krieg ziehen, fällt die Erwartung an den leiblichen Tod und eine mediale Wiederauferstehung zusammen. Eingefangen in ein und demselben Bildrahmen haben wir das Vorher und das Danach der Schlacht. Das Reale des eigentlichen Gemetzels wird zwar in mehreren Szenen zwischen diesen beiden Sequenzen auf kinematisch brillante Weise zur Schau gestellt. Das Abschlussbild hingegen arbeitet mit einem anderen Anspruch: Ein implizites Wissen vom Horror und Furor konkreter Schlachten fungiert als Fluchtpunkt einer kinematischen Re-Imagination der Geschichte, die ihre Wirkungsmacht den affektiven Spuren entnimmt, die sie aufzurufen sucht. Die Montage der Wiederholung suspendiert die Soldaten zwischen Leben und Tod, friert sie auf dieser Schwelle ein, setzt sie ewig diesem Widerstreit aus. Die jungen Männer sind weder gänzlich verschwunden noch gänzlich zurückgekehrt; sie sind nur als markierte Abwesenheit anwesend. Doch mit dem über die rechte Schulter geworfenen Blick rückwärts nehmen sie uns in Besitz, rufen sie uns im Sinne einer geteilten kulturellen Erbschaft dazu auf, eine Erfahrung des Krieges mit ihnen zu teilen: nachträglich und stellvertretend. Lewis Milestones Abschlussbild enthält keine Erlösung aus der Geschichte, sondern verweilt bei einem Antrag an uns, einem Appell an unsere Aufmerksamkeit und unsere Teilnahme.

## 13.2 Zwischen Heroismus und Albtraum

Bevor ich die Frage der Heimsuchung und des an diese geknüpften Appells, den Im Westen nichts Neues (All Quiet on the Western Front) konzeptionell installiert, genauer erläutere, möchte ich einen kurzen Überblick zu Hollywoods Auseinandersetzung mit dem Ersten Weltkrieg geben. Die Filme spiegeln grundsätzlich, wie Peter C. Rollins festhält, sowohl den Gesinnungswandel der amerikanischen Politik gegenüber diesem Kriegsengagement als auch die Art, wie dieses nachträglich kulturell verarbeitet werden sollte. Dabei ist festzuhalten, dass im Vergleich zum Zweiten Weltkrieg sich bislang wesentlich weniger Produktionen dem Großen Krieg gewidmet haben.[3] Als der Erste Weltkrieg in Europa einsetzte, waren die USA zuerst neutral. Erst nachdem Woodrow Wilson 1917 die amerikanische Bevölkerung davon überzeugte, dass der Eintritt in einen Krieg, der keine breite Unterstützung hatte, notwendig sei, begann die Filmindustrie heroische Geschichten des Krieges in Umlauf zu setzen. Stars wie Charlie Chaplin, Douglas Fairbanks Sr., Lillian Gish und Marie Dresseler durchreisten das Land, um ihre Berühmtheit dafür einzusetzen, den Verkauf von Kriegsanleihen anzukurbeln. Bis 1917 war in Hollywood jedoch eher eine Anti-Kriegsstimmung zu verspüren. Civilization (1916), bei dem Thomas Ince Regie geführt hat, enthält sogar eine pathosträchtige Szene, in der ein U-Boot-Kapitän es vorzieht, sein eigenes Schiff zu versenken, um den Torpedoangriff auf einen Ozeandampfer zu verhindern, weil dieser Zivilisten an Bord hat. D.W. Griffith setzt seinerseits in seinen epischen Melodramen Die Geburt einer Nation (The Birth of a Nation; 1915) und Intoleranz (Intolerance; 1916) die Figur Jesus Christus ein, um an einen globalen Frieden zu appellieren. Als es Hollywood jedoch darum ging, die Mobilmachung des

3 | Siehe den von Peter Rollins und John O'Connor herausgegebenen Band: Hollywood's World War I: The Motion Picture Images, Bowling Green: Bowling Green University Press 1997, sowie den Eintrag von Peter C. Rollins zu »World War I« in dem von ihm herausgegebenen Nachschlagewerk: The Columbia Companion to American History on Film. How the Movies have Portrayed the American Past, New York: Columbia University Press 2003, S. 109-115.

Präsidenten zu unterstützen, zog die Filmindustrie diese historischen Epen schnell aus dem Verkehr.

Zwar kam bereits 1916 der Dokumentarfilm DIE SCHLACHT AN DER SOMME (BATTLE OF THE SOMME) heraus, der die Teilnahme der britischen Armee an dieser Schlacht festhielt, dabei aber einige Szenen nachträglich nachstellen musste. Die entscheidende historische Reimagination des Ersten Weltkrieges auf der Kinoleinwand findet hingegen erst statt, nachdem der militärische Konflikt vorbei ist.[4] Die Filme, die nachträglich die erschütternden Verluste in den Schützengräben Frankreichs verarbeitet haben, lassen sich in zwei Lager unterteilen. Einerseits Filmgeschichten, die diesen Krieg für die Nachwelt als einen heroischen Kampf zu erinnern suchen, andererseits Narrative, die den katastrophalen Ausgang jenes militärischen Einsatzes beklagen, der anfänglich als ein hehres politisches Anliegen an die amerikanische Bevölkerung verkauft wurde. In das erste Lager gehört King Vidors DIE GROSSE PARADE (THE BIG PARADE; 1925), der erste finanziell erfolgreiche Film über den Ersten Weltkrieg. Als Vorläufer des klassischen »combat film« zeigt er eine Truppe an Infanteristen, die für die Sache ihrer Nation tapfer zu kämpfen bereit sind.

Der Titel spielt dabei nicht auf das Spektakel einer Militärparade an, sondern auf jenen Triumphmarsch der amerikanischen Truppen nach einer im Argonner Wald erfolgreich gefochtenen Schlacht im Herbst 1918. Um die Stimmung des Krieges einzufangen – man könnte aber auch sagen, um diesem eine spektrale Rückkehr auf der Leinwand zu verleihen –, hatte King Vidor seine Schauspieler zudem angehalten, sich im Rhythmus des am Drehort aufgeführten Trommelspiels zu bewegen. Das zu der Kadenz der Marschmusik inszenierte Laufen, Schießen und Verwundet-zu-Boden-Fallen konnte dadurch eine rhythmische Bildkraft entfalten. Zugleich stellt DIE GROSSE PARADE (THE BIG PARADE) auch deshalb ein Vorbild für die bekannteren Kriegsfilme des Zweiten Weltkrieges dar, da Vidor beim Konzipieren des Films eng mit Kriegsveteranen zusammenarbeitete. Einige ehemalige »doughboys« der Meuse-Argonne-Kampagne durften somit ihre Kriegserfahrungen vor der Kamera im Sinne eines historisch reimaginierten Reenactments ein zweites Mal vorführen. Sie durften ihrem Kriegs-Ich eine phantomatische Wiederkehr auf der Leinwand verleihen. Somit beginnt mit diesem frühen Kriegsfilm auch jenes für dieses Filmgenre kennzeichnende Wechselspiel zwischen ästhetischer Refiguration und dem Anspruch auf Wirklichkeitstreue, das sich einer Logik

**4** | Siehe Burgoyne, Robert: Film Nation. Hollywood Looks at U.S. History, Minneapolis: University of Minneapolis Press 2010, dem ich den Begriff der historischen Re-Imagination sowie den kritischen Begriff des »double voicing« von Kriegsfilmen entnehme. Entscheidend bei einer Analyse der spektralen Kraft von filmischen Kriegsdarstellungen ist – so Burgoynes These – der Umstand, dass ein vergangenes historisches Ereignis in Bezug auf die Belange der Gegenwart erinnert und umgedeutet wird.

der Heimsuchung bedient, um implizites Wissen, das um eine vergangene Schlacht kreist, in der Gegenwart wieder zu neuem Leben zu erwecken.[5]

Mit seinem Film RIVALEN (WHAT PRICE GLORY; 1926) war Raoul Walsh ebenfalls an einer Kommemoration der Verdienste der amerikanischen Truppen gelegen. Dabei fügt er den Schlachten (die sich auf die Aisne-Marne-Defensive vom Sommer 1918 beziehen) dadurch eine zweite Geschichtshandlung hinzu, als seine Helden zugleich in dem französischen Dorf, in das sie wiederholt von der Front zurückkehren, eine partikulare Liebesoffensive durchführen. Die historische Reimagination des Kämpfens wird von Walsh zu einer Zelebration von Männlichkeit im U.S. Marine Corps umgedeutet. Die Gräuel der Verluste werden durch die fröhliche Rivalität zwischen den Männern im Sinne einer Freud'schen Schutzdichtung ausgeblendet, sind diese doch nur zu bereit, den Geschlechterkampf im französischen Dorf für ihre Schützengräben wieder zu verlassen.

William Wellmans FLÜGEL AUS STAHL (WINGS; 1927) kann ebenfalls als Vorläufer des klassischen »combat films« gesehen werden, da dieser Film die Entwicklung zweier Luftwaffenpiloten von ihren ersten Tagen im Training bis zur entscheidenden Luftschlacht verfolgt. Wellman, der selbst im Ersten Weltkrieg Pilot war, konnte auf die Unterstützung des War Department zurückgreifen, das für die Dreharbeiten tausende von Truppen freistellte. In diesem Film werden jedoch nicht nur die Heldentaten der Luftwaffe erinnert. Es geht auch darum, das menschliche Drama, durch welches das Kriegsgeschehen der Nachwelt psychologisierend vermittelt werden soll, mit dokumentarisch konzipierten Hinweisen auf die Technologie der Luftwaffe zu ergänzen. Vor allem in den Szenen, welche die Duelle im Luftraum nachstellen, tritt das neue Medium des Kinos selber in den Vordergrund. Dramatische Spannung verbindet sich mit technischem Geschick, um eine affektiv wirkungsvolle Geschichte zu erzählen, die eine Authentizität des militärischen Potentials des Luftkrieges hervorhebt, um den realen Gräuel auch dieser Kampfart auszublenden.

Im anderen Lager, das nicht auf eine versöhnliche Erinnerung bedacht ist, sondern den Krieg als Albtraum darzustellen sucht, findet sich als erster bedeutender Spielfilm die bereits erwähnte Verfilmung von Erich Maria Remarques *Im Westen nichts Neues*.[6] Im Zentrum der Filmerzählung stehen weder eine Zelebration von Heldenmut und Tatendrang noch ein fröhliches

---

**5** | Siehe das Kapitel zur Kriegsberichterstattung in Bronfen, Elisabeth: Hollywoods Kriege. Geschichte einer Heimsuchung, Frankfurt a.M.: S. Fischer 2013, in dem ich den Einsatz von Veteranen in William Wellmans SCHLACHTGEWITTER AM MONTE CASSINO zusammen mit dessen Rückgriff auf John Hustons DIE SCHLACHT UM SAN PIETRO (der ebenfalls Dokumentarmaterial mit Nachstellung verschränkt) diskutiere.

**6** | Jean Renoirs Film erscheint 1937 und hält das Gesinnungsbündnis feindlicher Offiziere der Mechanisierung des Kriegsgeschehens entgegen. Die Schrecken dieser neuen

Ausloten der visuellen Bewegung, welche die filmische Inszenierung einer Schlacht auf die Leinwand bringen kann. Stattdessen lenkt der Film wie die Romanvorlage unsere Aufmerksamkeit auf die radikale Desillusionierung des Protagonisten Paul Bäumer. Begeistert zieht er mit seinen Schulkameraden in den Krieg, um dort ein sinnloses Massensterben zu erleben. Danach fühlt er sich jedoch auch in der Heimat, die von diesen Schrecken nichts wissen will, nicht mehr wohl, und kehrt – wenn auch aus anderen Gründen als die Helden bei Raoul Walsh – gerne an die Front zurück. Lang bevor er am Ende des Films von einem französischen Scharfschützen erschossen wird, ist Paul bereits ein lebender Toter. Dennoch etabliert Lewis Milestones fulminante Verfilmung auch jenen Widerspruch, der besagt, dass jede Kriegsdarstellung unweigerlich eine Zelebration des Mediums Kino beinhalten, selbst wenn sie einer pazifistischen Botschaft dient.

In der ersten großen Schlacht, in der Paul und seine Kumpanen kämpfen, setzt die Kameraarbeit auf eine kontinuierliche Verflechtung von Kamerafahrten mit einer Schuss/Gegenschuss-Schnittfolge, um sowohl die körperliche als auch die emotionale Bewegung dieser Schlacht zu choreographieren. Anstatt auf den Blick des befehlshabenden Offiziers als visuellen Ausgangspunkt zurückzugreifen, bezieht sich Regisseur Lewis Milestone auf die von King Vidor eingeführte Fokussierung auf den typischen Schützengrabenkrieg aus der Perspektive der Infanteristen selber. Die Wiedergabe der Schlacht beginnt mit einem Schwenk, der von oben an einem dieser Gräben auf- und abfährt, um die Soldaten einzufangen, die aufmerksam auf jenen Horizont blicken, wo sie die Ankunft des Feinds erwarten. Der visuelle Fluss wird von Einstellungen dessen unterbrochen, was sie beim Warten vor den Augen haben: die Bomben, die als Vorbereitung auf den Angriff im Niemandslands zwischen den beiden Fronten niedergehen. Dann, nachdem die eigentliche Schlacht begonnen hat, bieten die Kamerafahrten, die über den Schützengraben gleiten, zuerst Einstellungen der belagerten Soldaten, die Handgranaten auf ihre Angreifer werfen. Nachdem den Franzosen tatsächlich der Durchbruch gelungen ist, gebraucht Milestone erneut eine Kamerafahrt, die von oben den Nahkampf der Soldaten verfolgt, der in dem engen Raum dieses einen Schützengrabens ausgebrochen ist.

In dem erschütterndsten Abschnitt dieser Schlachtenwiedergabe fährt die Kamera an einem Stacheldraht entlang, während im Gegenschuss das Maschinengewehr zu sehen ist, das von seinem Schlupfloch aus jene Soldaten niedermäht, die über diesen Zaun zu klettern versuchen. Somit wird die Kamera

---

Kriegstechnologie – dem Maschinengewehr, dem Giftgas, dem Flugangriff und den Stacheldrahtzäunen im Niemandsland – bilden auch den Fokus späterer Filme wie Edward Zwicks LEGENDEN DER LEIDENSCHAFT (LEGENDS OF THE FALL; 1994) und Bill Condons GODS AND MONSTERS (1998).

jenem Gewehr gleichgesetzt, das zu den Waffen gehört, die in diesem Krieg erstmals eingesetzt wurden und nachträglich (zusammen mit dem Panzer, dem Giftgas, dem Flugzeug, dem U-Boot und dem Stacheldraht) im kulturellen Gedächtnis zum Signifikanten der schrecklichen Mechanisierung dieser neuen Art der Kriegsführung wurde. Zugleich sind die Schüsse der Kamera und die Schüsse des Maschinengewehrs gegenseitig perfekt angeglichen, um jenes beunruhigende und zugleich faszinierende Gleichnis zwischen reiner Schlacht und reinem Kino offenzulegen.

Lewis Milestone übernimmt die von Griffith mit DIE GEBURT EINER NATION (THE BIRTH OF A NATION) eingeführte Abwechslung zwischen der Distanz eines Panoramablickes auf die Schlacht und Nahaufnahmen, die den Kampf auf persönlichere, wenn auch bruchstückhafte Weise im Detail wiedergeben. Zugleich greift er auf King Vidors Individualisierung in DIE GROSSE PARADE (THE BIG PARADE) zurück und verwendet Nahaufnahmen nicht nur von seinem Hauptdarsteller, sondern verteilt diese demokratisch unter den verschiedenen Schauspielern. Im Vordergrund steht für ihn nicht der Rang der Soldaten sondern der Umstand, dass sie auf dem Schlachtfeld sowohl die physische Anstrengung als auch die erhöhte Angst miteinander teilen, die diesen Ausnahmezustand begleiten. Nachdem Paul und seine Kameraden am Ende des Gemetzels gänzlich erschöpft wieder zu ihrem eigenen Schützengraben zurückgekehrt sind, zeigt Milestone uns einen Mann, der den mit Blut bespritzten oberen Teil einer Baguette mit seinem Dolch abschneidet und dann den restlichen Brotlaib verzehrt, während ein anderer aus einer am Hals abgebrochenen Weinflasche trinkt. Diese Bilder des Gewöhnlichen im Außergewöhnlichen bilden den dramaturgischen Abschluss von Milestones Reimagination einer typischen Schlacht.

Zugleich entscheidend für die ernüchternde Haltung, die IM WESTEN NICHTS NEUES (ALL QUIET ON THE WESTERN FRONT) in die Kommemoration des ersten Weltkrieges einführt, ist der Umstand, dass der Raum der Schlacht allumfassend wirkt, weil es keine visuellen Orientierungspunkte gibt. Die von oben aufgenommenen Kamerafahrten, die aufzeigen, wie die Soldaten ins Niemandsland eindringen, sind geographisch nicht demarkiert. Um die Desorientierung zu unterstreichen, welche die Soldaten selber auf diesem Schlachtfeld erlebt haben, verleihen diese Panoramaansichten der Erzählsequenz stattdessen den Eindruck eines gänzlich unbegrenzten Blickfeldes, dem jede Einrahmung fehlt, die unseren Blick lenken könnte. Während die anonymen Truppen angreifen, nehmen wir diese aus unserer Vogelperspektive nur als Körpermasse wahr, die sich visuell fast gänzlich mit der Schlammlandschaft vermengt, in der sie kämpfen. Nachdem sie vom Feuer des Feindes getroffen zu Boden fallen, werden sie dann leiblich Teil des Schlachtfeldes. Lewis Milestones energische Kritik am unmenschlichen Wahnsinn der militärischen Führung im Ersten Weltkrieg nutzt emphatisch das filmische Mittel der Montage. Diese erlaubt ihm, einerseits die individuellen Soldaten visuell in den Vordergrund zu rücken, andererseits aber auch den Verlauf der Schlacht auf eine reine Todesmaschine zu reduzieren, welche die Körper auf dem Schlachtfeld nach vorne und wieder zurück drängt, bis diese entweder von Gegner getötet wurden oder an ihren Ausgangspunkt zurückgekehrt sind.

Im Gegensatz zu seinen Vorgängern verweigert Lewis Milestone jede Sentimentalität. Seine nüchterne Mise en Scène der Schlacht ist so erschütternd, weil diese lakonischen Bilder sich nicht in eine sinnstiftende Erzählung von den tragischen, aber notwendigen Kosten patriotischen Heldenmutes einbeziehen lassen. Stattdessen bestehen sie auf dem Gewöhnlichen der modernen technologischen Kriegsführung. Die beunruhigende Gleichsetzung von Kamerabewegung und der Bewegung der Schlacht weist ihrerseits darauf hin, dass das Unterhaltungskino sich dem Sog der grauenerregenden Bilder dieses Krieges weder entziehen kann noch will. Es bleibt also, wie Peter C. Rollins festhält, weiterhin zu fragen: »Was World War I a heroic crusade, or was it a traumatic nightmare? We are beginning to discern that it was both – and more. We have yet to fully track the impact of the Great War on basic beliefs and myths of our postmodernist world.«[7]

## 13.3 Kino als Denkraum und die Pathosformen des Krieges

Die Begriffe »Besitz«, »affektive Wirkung« und »Heimsuchung« als kritische Metaphern einzusetzen, um die Re-Imagination des Krieges auf der Leinwand zu beleuchten, ergibt sich daher, dass jede filmische Wiedergabe historischer Ereignisse von einem »double voicing« lebt, das die aufgerufenen Ereignisse zeitgenössischen Anliegen anpasst. Wie Robert Burgoyne festhält, operieren diese Filme mit »genre memory«, indem die historische Rekonzeptualisierung Erinnerungen an vergangene Ereignisse in die Gegenwart transportiert.[8] Es entfaltet sich ein Prozess des Durcharbeitens, der ideologisch, psychologisch und ästhetisch fungiert. Als kultureller Denkraum verstanden bringt die Kinoleinwand nicht nur ein historisches Ereignis in die Jetztzeit zurück, sondern bezeugt auch, dass die Gegenwart für die Vergangenheit spricht, weil diese sie weiterhin in Anspruch nimmt. Bei jeder neuen kinematischen Refiguration eines bestimmten Kriegsereignisses rufen die Schichten der Geschichte, die dieser eingeschrieben sind, sowohl eine Erinnerung an die Vergangenheit als auch an die vorgängigen ästhetischen Formalisierungen dieser auf. So lässt sich Aby Warburgs Arbeit mit auf Assoziationslinien und Korrespondenzen

**7** | P.C. Rollins: Hollywood's World War I, S. 114.

**8** | R. Burgoyne: Film Nation.

hinweisenden Pathosformeln auf den Bildtafeln seines Mnemosyne-Atlas für die Bildsprache des Films fruchtbar machen, wenn zugleich die Differenz zwischen bewegtem Bild und Gemälde (bzw. Photographie) mitbedacht werden muss.

Die Analogie besteht in Warburgs Hinweis auf die doppelte (und doppeldeutige) Bewegung, die mit einer ästhetischen Formalisierung von emotionalen Intensitäten einhergeht. Die Überschrift zu dem Blatt vom 9. Mai 1928 lautet: »Unter dem dunkel surrenden Flügelschlage des Vogel Greif erträumen wir – zwischen Ergreifung und Ergriffenheit – den Begriff vom Bewusstsein.«[9] Bezeichnend an dem Projekt, das Warburg eine Geistergeschichte für ganz Erwachsene nannte, ist der Umstand, dass er die Tafeln, auf denen er das kulturelle Nachleben von Pathosformeln der Antike in der frühen Neuzeit bis in die Moderne nachzeichnet, immer wieder neu arrangiert und somit die offene Kartographie einer kulturellen Heimsuchung darbietet. Hollywoods Refiguration von Krieg – so die Wette meines eigenen Projekts – folgt ebendiesem Prinzip. Für meinen idiosynkratischen Einsatz von Warburgs Verfahren ist zugleich ausschlaggebend, dass sein Konzept der Pathosformel jede Kunsterfahrung als eine produktive Spannung zwischen Ergriffensein und Begreifen versteht, wobei sich dieses Oszillieren auf sowohl das refigurierte Ereignis als auch die ästhetische Formalisierung bezieht. Auf der Ebene der Aneignung, des Zitierens, des Recyclings stellt jedes Kunstwerk, dessen Intensität den Zuschauer ergreift, die ästhetische Formalisierung einer vorgängigen Intensität dar, deren überwältigende Wirkung bereits als Bildformel eingefangen und eingedämmt worden ist. Die vorgängige Intensität wirkt in der Refigurierung der früheren Formalisierung nach, ergibt sich aufgrund dessen Wiederbelebung.

Für die Verarbeitung traumatischer Geschichte auf der Leinwand ist die Vorstellung eines kinematischen Recyclings vorgängiger Bildformeln des Krieges deshalb fruchtbar, weil sich mit diesem Begriff die intellektuellen wie emotionalen Auswirkungen und Effekte dieser Inszenierungen beschreiben lassen. Warburgs Verfahren auf Hollywood-Filme zu übertragen erlaubt eine Beschreibung davon, wie eine nicht greifbare Intensität des Krieges begreifbar gemacht werden kann, indem kinematische Bildformeln einerseits eine Balance zwischen dem Verstehen von erschütternden Emotionen dank des Einsatzes der Einbildungskraft herstellen und andererseits eine konzeptionelle Deutung anbieten. Gelingt es Filmen, über den Furor und Terror des Krieges diese überwältigende Intensität durch eine ästhetische Formalisierung zu erfassen, so bedienen sie sich jener doppeldeutigen Rhetorik, die im englischen Begriff

---

**9** | Zitiert in Bauerle, Dorothee: Gespenstergeschichten für ganz Erwachsene, Münster: Lit 1988, S. 13. Siehe auch Warburg, Aby: Der Bilderatlas Mnemosyne, hg. v. Martin Warnke, Berlin: Akademie 2000.

»to contain« enthalten ist. Die Formalisierung beinhaltet und umfasst eine Intensität, die zugleich strategisch eingeschränkt werden muss, weil sie nur durch diese Eindämmung ertragen (und begreifbar gemacht) werden kann. Bei einer kinematischen Re-Konzeptualisierung von Krieg handelt es sich um ein Enthalten und Erhalten, welches in der Refigurierung ein bedrohliches Wissen abschwächt und es zugleich implizit mitschwingen lässt.

Für den Versuch, Aby Warburgs Mnemosyne-Projekt für eine Erörterung für Hollywoods historische Re-Imagination fruchtbar zu machen, ist dessen Interpretation von Georges Didi-Huberman ausschlaggebend. Eine Karte emotionaler Intensitäten zu entwerfen, die sich aus dem Recycling einzelner Bildformeln ergibt, beinhaltet »a knowledge in extensions, in associative relationships, in ever renewed montages, and no longer knowledge in straight lines, in a confined corpus, in stabilized typologies«.[10] Zu behaupten, dass mit jeder nachträglichen Wiederbelebung einer Bildformel jene emotionale Intensität erneut zum Ausdruck kommt, die anfänglich von vorherigen Formalisierungen eingefangen worden war, setzt das Fortleben eines kollektiven Erinnerungsspeichers voraus, auf den immer wieder zurückgegriffen werden kann. Die Bildformeln, die stets auftauchen, bezeugen unsere Heimsuchung durch die Vergangenheit. Dabei wird deren kulturelles Nachleben am Besten durch das Nachzeichnen unerwarteter Korrespondenzen deutlich, gilt es doch laut Didi-Huberman, ein transversales Wissen der unerschöpflichen Komplexität von Geschichte zu erläutern, der wir uns zuwenden, weil sie uns dazu aufruft, weil sie an uns appelliert. Eine hermeneutische Geste der Montage erweist sich als besonders passend, um einen Bildatlas zu entwerfen, der von dem theoretischen Anliegen getragen wird, die Arbeit des kulturellen Gedächtnisses derart zu denken, dass keine Fixierung von Erinnerungsbildern der Vergangenheit entsteht, kein definitives Narrativ, sondern eine offene, stets neu konfigurierbare Zusammensetzung von Analogien, Verbindungslinien und Korrespondenzen.

Demzufolge lassen sich die wirkungsmächtigen Spuren des Krieges in unserem kulturellen Bildrepertoire mit einer Kartographie jener Darstellungen erörtern, die deren Intensität im Rückgriff auf vorgängige Formalisierungen erinnern und somit erneuern. Für Filmbilder steht im Gegensatz zu den Gemälden und Photographien, auf denen Warburgs Mnemosyne-Atlas beruht, jene Verflechtung auf dem Spiel, auf welche die bewegten Bilder Hollywoods bauen: die Kamerabewegung, die Bewegung der Figuren durch den abgebildeten Raum und die affektive Mobilisierung des Zuschauers, die der Schnitt und

**10** | Didi-Huberman, Georges: »Foreword«, in: Michaud, Philippe-Alain (Hg.), Aby Warburg and the Image in Motion, New York: Zone 2004, S. 10. Siehe auch Didi-Hubermans Ausstellungskatalog: Atlas. How to Carry the World on One's Back?, Karlsruhe: Museum für Neue Kunst 2011.

die Mise en Scène aufrufen und transportieren. Dabei geht es weniger um das Nachleben einzelner leidenschaftlicher Posen als um das Recycling von Handlungsfunktionen, Figurenkonstellationen und Themen sowie von Starkörpern, welche die Intensität des Krieges – als physische, psychische und ideologische Mobilisierung – verkörpern. Hollywood als einen Denkraum zu verstehen, in dem diese kulturellen Energien enthalten, transformiert und immer wieder neu in Umlauf gesetzt werden, heißt hervorzuheben, dass es sich um Strategien der Übertragung handelt. Das Aufgreifen vorgängiger Bildformeln verhandelt ein implizites Wissen: Hartnäckige Affekte werden in effektive Zeichen übersetzt, sodass ihre Intensität auf verhaltene Weise erhalten bleibt.

Das Re-Enactment einer Schlacht auf der Leinwand – wie ich im Folgenden anhand einiger Details aus der Anfangssequenz von Steven Spielbergs Der Soldat James Ryan (Saving Private Ryan; 1998) zeigen möchte – stellt eine Wiederholung zur Schau, die historische Realität als fiktionalisierende Narration vergangener Ereignisse hervorbringt, indem sie auf eine imaginative Fähigkeit setzt, die Vergangenheit als Phantombilder auf der Leinwand aufrufen zu können. Diese Re-Imagination findet vornehmlich auf der Ebene jener Affekte statt, die überhaupt erst durch eine selbst-reflexive kinematische Formalisierung erzeugt werden. Ist unser Zugang zum Krieg somit durch unsere Fähigkeit zur historischen Re-Konzeptualisierung gegeben, so steht nicht der Umstand auf dem Spiel, dass wir das Reale der Geschichte nur flüchtig begreifen können. Ebenso entscheidend ist das implizite Wissen, das diese bewegten und bewegenden Bilder affektiv übermitteln. Entscheidend ist somit weniger, was sich *nicht* fassen lässt, weil es sich unserem Blick und unserem Verständnis entzieht, sondern das, was sich – von dieser Unergründbarkeit ausgehend – über den Zustand einer intellektuellen Ergriffenheit durchaus begreifen lässt.

Mit seinem Re-Enactment der Geschehnisse auf dem Omaha Beach am D-Day operiert Steven Spielberg mit einem Recycling vorgängiger Bildformeln, um die überwältigende Intensität der Kriegserfahrung auf der Leinwand einzufangen. Implizit antwortet er mit seinem aufwendigen Spektakel auf die Erfahrung jener Regisseure, die an der Schlacht teilgenommen haben und deshalb auf einer unüberwindbaren Diskrepanz zwischen historischem Ereignis und jeglicher nachträglicher Darstellbarkeit insistieren. Wie John Ford, dessen Filmteam zusammen mit den Truppen auf Omaha Beach landete, in einem Interview mit Pete Martin hervorhebt: »Not that I or any other man who was there can give a panoramic wide-angle view of the first wave of Americans who hit the beach that morning [...] my staff and I had the job of ›seeing‹ the whole invasion for the world, but all any one of us saw was his own little area.«[11] Zu einem gegebenen Zeitpunkt konnte er nie mehr als ein Dutzend Männer sehen,

**11** | Zitiert in Martin, Pete: »We Shot D-Day on Omaha Beach (An Interview with John Ford)«, in: *The Film Journal* 12 (2005).

weil sein Auge nicht mehr aufnehmen konnte. Erst als die Schlacht vorbei war, konnte er zusammen mit den Überlebenden auf die Toten zurückblicken, die hinter ihnen lagen. Steven Spielbergs imaginäre Re-Konzeptualisierung bezieht sich auf die wenigen dokumentarischen Bilder der Wochenschauen, die es von dieser Schlacht gibt, aber auch auf Dokumentarfilme von Schlachten, die zeitgleich im pazifischen Kriegsschauplatz entstanden sind. Indem Spielberg auf diese vorgängigen Formalisierungen zurückgreift, wird nicht nur eine direkt nicht erfassbare Erfahrung von Krieg aufgerufen, sondern auch die affektive Energie der vorgängigen Visualisierungen reaktiviert. Entscheidend ist somit nicht zu behaupten, dass kinematische Darstellungen historische Ereignisse verstellen, noch dass sie deren reale politische Konsequenzen ausblenden. Stattdessen gilt es, einen Authentizitätseffekt für jene kinematischen Re-Konzeptualisierungen dessen festzumachen, was sich einer direkten Wiedergabe entzieht, was nur implizit zum Ausdruck gebracht werden kann.

Die Omaha-Beach-Sequenz in Der Soldat James Ryan (Saving Private Ryan) versteht sich als imaginatives Durcharbeiten von Geschichte. Steven Spielberg belebt vorgängige Bildformeln und setzt dieses militärische Ereignis somit selbst-reflexiv in Bezug zu den sich bereits in Umlauf befindenden Wiedergaben des D-Day. Seine Kommemoration der Opfer dieser Schlacht ist zugleich als Hommage an die Filmemacher konzipiert, deren Bildformeln ihm zu seiner eigenen Refigurierung verholfen haben. Zugleich stellt seine Version eine den späten 90er Jahren angepasste Revision dar. Das kulturelle Nachleben dieser prägnanten Bildformeln des Krieges antwortet einerseits auf die kulturellen Belange der Gegenwart und reflektiert andererseits die technischen Möglichkeiten und den Stil eines sich stets wandelnden Mediums mit. Die Frage des Blickes rückt deshalb sowohl in der Rahmengeschichte als auch in der imaginativen Re-Konzeptualisierung des D-Day in den Vordergrund. Der Film beginnt bezeichnenderweise nicht mit der Schlacht auf Omaha Beach, sondern in der Gegenwart, auf dem Militärfriedhof der alliierten Streitkräfte in der Normandie. Der Veteran James Ryan (hier Harrison Young) besucht das Grab jenes Offiziers, dem er sein Überleben verdankt. Sein ältester Sohn macht Filmaufnahmen, während Ryan das Grab seines Vorgesetzten sucht. Nachdem er das Grab von Cap. Miller (Tom Hanks) ausfindig gemacht hat und ergriffen vor diesem kniend in Gedanken in die Vergangenheit zurückversetzt wird, fährt die Kamera in eine extreme Nahaufnahme seiner Augen, zu der wir am Ende des Films nochmals zurückkehren. Die Schlacht auf Omaha Beach wird ihrerseits eingerahmt durch eine extreme Nahaufnahme der Augen des Mannes, der in diesem Grab liegt. Sein Blick strukturiert unsere Erfahrung jenes schrecklichen Gemetzels, an dessen Ende er sich auf einem Hügel kurz ausruhend auf den Strand zurückblickt und auf den Kommentar seines Kameraden antwortet: »Yes, it's quite a view«.

Der doppelte »eye-line match« verläuft zwischen dem Blick des Überlebenden am Anfang und Ende des Films und dem von Capt. Miller am Anfang und Ende dieser partikulären Schlacht, an den der Veteran James Ryan sich erinnert. Die extreme Nahaufnahme der Augen des Stars Tom Hanks, welche die Verluste auf Omaha Beach auf einen erschütternden Blick (»quite a view«) engführen, werden von der Nahaufnahme der Augen des an seinem Grab knienden Mannes antizipiert und nehmen ihrerseits die Abschluss-Szene der Binnengeschichte auf einer Brücke in der Normandie vorweg. Kurz bevor er dort stirbt, erklärt Capt. Miller jenem jungen Mann, den er im Auftrag des Pentagon ausfindig gemacht hat, damit dieser nach Hause geschickt werden kann: »James, earn this!« Mit dem Ende von DER SOLDAT JAMES RYAN (SAVING PRIVATE RYAN) kehren wir zum Erzählrahmen zurück: Eine extreme Nahaufnahme der Augen des jungen Private Ryan (Matt Damon) geht nahtlos in eine Nahaufnahme der Augen des alten Veteranen über, der noch immer vor dem Grabstein kniend ergriffen an den Toten appelliert, er hätte versucht, ein gutes Leben zu führen. Der Heldentod eines Offiziers auf einer Brücke in der Normandie soll als apotropäische Geste verstanden werden und verleiht dem schrecklichen anonymen Gemetzel auf Omaha Beach das individuelle Gesicht des Stars Tom Hanks, sodass man sich mit diesem identifizieren kann. Zugleich wird mit den Worten des sterbenden Capt. Millers deutlich markiert, dass der Überlebende Veteran seither vom Wissen um den Tod dieses heroischen Mannes heimgesucht worden ist, und auch mit dieser Heimsuchung sollen wir Zuschauer uns identifizieren. Steven Spielbergs moralischer Imperativ besteht darin, uns zu mahnen, dass Männer wie der fiktive Capt. Miller auch für uns ihr Leben gegeben haben. Zusammen mit dem Veteranen, dessen Blick uns in die Filmhandlung einführt und somit stellvertretend für unseren fungiert, sollen auch wir unseren Blick auf jene Toten richten, deren Opfer wir unser Überleben verdanken.

Das von Steven Spielberg eingesetzte »double voicing« ist jedoch noch trickreicher, wenn wir bedenken, dass jene Omaha-Beach-Sequenz, die der überlebende Veteran James Ryan auf dem Militärfriedhof vor seinem inneren Auge aufruft, von Anfang an explizit als Erinnerung zweiter Hand gekennzeichnet ist. Die Schlacht, die auf der Leinwand entfaltet wird, ist nicht seine eigene Erinnerung, entspricht nicht seinen eigentlichen Erfahrungen. Es ist die Wiedergabe der Schlacht, wie Ryan sie sich vorstellt, dass sie vorgefallen sein könnte: basierend auf den Erzählungen derer, die sie tatsächlich überlebt haben, vor allem aber auf den Bild- und Filmdokumenten, die dieses Ereignis für die Nachwelt festgehalten haben. Verläuft die Schnittfolge der Eingangssequenz von den Augen des am Grabstein knienden Veteran zu denen des dort begrabenem Capt. Miller, wie er damals mit seinen Männern in die Schlacht zieht, so sind es die Augen des Verstorbenen, die den Kampf auf Omaha Beach festhalten und für uns begreifbar machen. Die Filmgeschichte kehrt erst zu den Augen jenes privilegierten Zeugen zurück, der uns anfangs auf dem Kriegsfriedhof ins Geschehen eingeführt hat, nachdem wir dem Tod des eigentlichen D-Day-Zeugen auf einer Brücke in der Normandie beigewohnt haben. Dieser Tod verleiht jener kinematischen Re-Imagination der Landung am Omaha Beach Autorität, die der ihn überlebende James Ryan *an* seiner Stelle und *in* seinem Namen erinnert und an uns weitergibt.

Der kühne Taschentrick Steven Spielbergs besteht darin, dass seine Dramaturgie die Erinnerung an diese Schlacht einem Überlebenden zuschreibt, der an ihr gar nicht teilgenommen hat. Damit signalisiert er – und dieser Punkt ist entscheidend – dass seine Inszenierung nicht als authentischer Zeugenbericht zu verstehen ist, sondern als Beispiel einer wirkungsmächtigen Fähigkeit zur historischen Re-Imagination. Zelebriert wird die Fähigkeit der Überlebenden im Geiste eine Erfahrung aufzurufen, die ihre ist, weil sie mit dem Blick eines Mannes empathisieren können, der tatsächlich dort gewesen ist. Wir haben es mit der Inszenierung eines impliziten Wissens zu tun, das über eine affektive Einbildungskraft verläuft. Der ausgedehnte »eye-line match cut«, der eine Verbindungslinie zwischen den extremen Nahaufnahmen der Augen seiner beiden Helden herstellt und somit die Rahmen- wie auch die Binnenerzählung auf die Frage eines vererbbaren Blickes engführt, attestiert die spektakuläre Fähigkeit der kinematischen Re-Imagination. Spielberg gibt offen zu, dass seine Filmbilder eine Annäherung an ein Ereignis darstellen, dessen Singularität direkt nicht vermittelbar ist. Er ergreift uns deshalb über den Umweg eines vielschichtigen Recyclings.

## 13.4 Ein explizites Zitat

Ein Beispiel dieses dichten Zitatenspiels mit den ihm vorangegangenen ästhetischen Formalisierungen von Schlachten auf der Hollywood-Leinwand findet sich am Ende der D-Day-Sequenz. Als visuelle Untermalung Capt. Millers Bemerkung, die schrecklichen Verluste ihres Sieges ergeben »quite a view«, setzt zusammen mit der elegischen Filmmusik eine Kamerabewegung ein, die uns zurück zum Strand führt. Der Schnitt lässt uns glauben, wir hätten es weiterhin mit seinem Blick zu tun, doch die Kamera fängt ein Tableau ein, dass Capt. Miller von seiner Stelle oben auf dem Hügel aus gar nicht sehen kann. Die unzähligen Toten, die auf dem blutdurchtränkten Strand inmitten von zerstörtem Kriegsmaterial liegen, fängt stattdessen eine Kamera ein, die zwischen der diegetischen und extradiegetischen Ebene der Filmgeschichte oszilliert. Dann löst sie einen einzelnen Soldaten aus der anonymen Masse heraus, der von Fischen umgeben auf seinem Bauch im Sand liegt. Sein Gesicht können wir nicht sehen, einzig der Name auf dem Rucksack gibt seine Identität preis: Ryan, S. Die Such- und Rettungsgeschichte, die auf die Omaha-

Beach-Sequenz folgt, nimmt jedoch nicht nur diesen gesichtslosen Gefallenen als Ausgangspunkt. Sie zitiert auch eine ähnlich pathosgeladene Szene aus dem berühmtesten Kriegsfilm der 40er Jahre, Alan Dwans Du warst unser Kamerad (Sands of Iwo Jima; 1949), wobei Steven Spielbergs Umschrift auf einer bezeichnenden Veränderung basiert.

Wie Capt. Miller stirbt auch der von John Wayne gespielte Sgt. John M. Stryker am Ende der Filmhandlung, nachdem er erfolgreich seinen Auftrag erfüllt hat. Seiner kleinen Kampftruppe ist es gelungen, den Berg Suribachi auf Iwo Jima zu erobern. Während er sich mit seinen Männern ausruht, erschießt ein japanischer Soldat ihn von hinten. Er fällt auf den Rücken, umgeben von seinen Männern, die zuerst erschüttert auf seine Leiche blicken. Dann bemerken sie, dass die amerikanische Flagge für die (reale) Kamera ein zweites Mal auf dem Berg Suribachi gehisst wird und ergriffen blicken sie zusammen mit der (Film-)Kamera auf diese Inszenierung ihres Sieges. Dann kehrt die Kamera nochmals zum toten Helden zurück, über dessen Leiche die Männer erneut vom Kriegsfuror ergriffen werden, und wir sehen, dass sich der Tote zwischen den beiden Bildern umgedreht hat. Nun liegt er mit dem Gesicht im Gebüsch, sodass wir nur noch die Buchstaben seines Namens, Stryker, M. auf seiner Jacke, dicht über der Schusswunde, zu sehen bekommen. Zitiert Steven Spielberg ebendiese Rückenansicht eines gefallenen Helden am Ende seiner D-Day-Sequenz, so spaltet er zugleich Alan Dwans ursprünglichen Einsatz dieser Bildformel auf. Die Soldatenleiche am Anfang der Rettungsaktion von Der Soldat James Ryan (Saving Private Ryan), dessen Gesicht wir nie sehen, und das Sterben des heroischen Kommandanten am Ende bilden im Film seines Vorgängers den poetisch verdichteten emotionalen Höhepunkt der Filmgeschichte. Die Auslöschung des Gesichts von Dwans Stars John Wayne bedient eine doppelte Artikulation. Ist er als individueller Held gestorben, gliedert der Tod ihn in die anonyme Masse der Kriegsverluste ein.

Indem Alan Dwan den Namen des Gefallenen in der Nahaufnahme einfängt, greift er auf eine weitere klassische Pathosformel der Kriegsmalerei zurück, die Steven Spielberg am Ende seiner Filmgeschichte ebenfalls einsetzt: das Versammeln einer treuen Kampftruppe um die Leiche ihres gefallenen Kommandanten. Zugleich stellt das von Spielberg auf zwei Szenen verteilte Zitat auch eine Hommage an eine für die Kriegsfilme der 40er Jahre typische Montage. In Studioaufnahmen wurde »stock footage« einfügt, um dem nachgestellten Re-Enactment einer partikularen Schlacht einen authentischen Ton zu verleihen. Die Rückprojektion der Szene auf dem Suribachi-Berg ist dem Dokumentarfilm To the Shores of Iwo Jima (1945) entnommen. Ein weiteres Zitat bildet der effektreiche Satz, mit dem der Marine, der nach dem Tod Strykers das Kommando dieser Kampfeinheit übernimmt, seine Mitkämpfer dazu aufruft, ins Kriegsgeschehen zurückzukehren. Den Tonfall John Waynes imitierend, ruft er ihnen zu: »Saddle up, let's get back in the war.« Spielberg greift eben dieses Kommando seinerseits am Höhepunkt seiner Omaha-Beach-Sequenz auf, ändert es jedoch um ein Wort ab. Capt. Miller ist es gelungen, mit seiner kleinen Kampftruppe den Hügel zu erklimmen, von dem aus sie das Maschinengewehrnest angreifen können, das den Bunker flankiert. Einer seiner Männer erklärt seinen Buddies: »Let's get in the war«, um sie zu jenem waghalsigen Einsatz anzufeuern, mit dem sie für die im Sand festgenagelten Infanteristen einen Ausgang vom Strand verschaffen werden.

*Abbildung 10: Virtualität im Periskop*

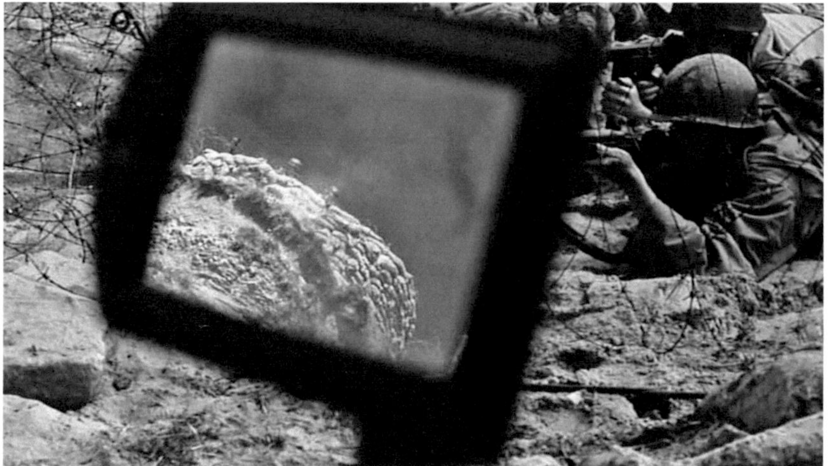

Steven Spielberg: DER SOLDAT JAMES RYAN (SAVING PRIVATE RYAN; 1998)

An diesem dramatischen Wendepunkt der Handlung rückt Steven Spielberg jene Aporie in den Vordergrund, von der eine kinematische Rekonzeptualisierung des Krieges eingeschrieben ist. Unser implizites Wissen vom Tod in der Schlacht verläuft über ein Filmbild, das jeglicher Referentialität entbunden ist. Um den genauen Standort der beiden Maschinengewehre zu lokalisieren, nimmt Capt. Miller seinen Taschenspiegel zur Hand, klebt diesen mit einem Stück Kaugummi an ein Messer und fängt auf dessen Oberfläche ein Bild seines Gegners ein. Das widergespiegelte Bild auf dem Periskop, den der Schauspieler Tom Hank statt einem realen Spiegel in der Hand hält, gibt vorwiegend die Theatralität der kinematisch re-imaginierten Schlacht preis. Auf der Oberfläche sehen wir zwei Szenen vereint, die als Bildkomposition (wie Lewis Milestones Phantomsoldaten) eine Möglichkeit des Unmöglichen visualisieren. Wir sehen Capt. Millers Truppen, die Waffen zum Einsatz bereit, auf seinen Befehl wartend. Eingesetzt in dieses Bild ist ein zweites Bild, auf dem wir zwei anonyme Nazi-Soldaten erkennen, die hinter ihren Sandsäcken versteckt ebenfalls auf einen Angriff warten. Die beiden feindlichen Seiten sind in einem Bild vereint, das zugleich als Mise en abyme des kinematischen Bildes fungiert: eine mit dicken schwarzen Rändern eingerahmte Szene reiner visueller Virtualität, in der beide gegnerischen Seiten gleichzeitig zu sehen sind. Die Augen Tom Hanks' – Held und zugleich Regisseur dieses kühnen Angriffs – dienen als diegetischer und extradiegetischer Verbindungspunkt, bringen die beiden Gegner visuell zusammen. Statt einer Überblendung haben wir eine Juxtaposition: die Miniaturaufnahme des Feindes festgehalten in einem dunkel umgrenzten Filmbild. Die eine Bildebene liegt über der anderen, ohne dass sie diese verdecken oder ausblenden würde. Für wenige Sekunden spiegelt Spielberg seine eigene kinematographische Macht.

Die Vergangenheit in Besitz zu nehmen heißt, sich jenes implizite Wissen anzueignen, das sie für uns bereit hält. Was wir zu begreifen suchen, nimmt uns selber in Beschlag. Wie Lewis Milestones Abschlussbild festhält, ist im Bereich der ästhetischen Refiguration jeder Wunsch nach einer Erlösung der Geschichte verwehrt. Die wiederbelebten Soldaten, verkörpert von längst verstorbenen Schauspielern, blicken von der Oberfläche des Filmbildes auch heute noch auf uns zurück. An dem Ort, an dem unser Blick sich mit ihrem kreuzt, liegt jenes Reale, um dessen implizites Wissen die kinematische Rekonzeption des Krieges kreist. Wir können das Vorher und das Danach dieser traumatischen Geschichte begreifen, nie aber den Furor und den Horror direkt erfassen. Als Kulturwissenschaftler können wir jedoch die Blicke, die von der Vergangenheit auf uns gerichtet werden – von der Leinwand wie der Buchseite – aufnehmen und danach fragen, was es heißt, diesen Blick zu erwidern. Wir schauen ebenfalls *zurück*, aber zugleich emphatisch *mit* diesem anderen, unmöglichen Blick.

# 14. Tom Ripleys »European Dream«

»Crime is the left-handed form of human endeavor.«
ASPHALT JUNGLE

Meinen Essay über Patricia Highsmiths ersten Tom-Ripley-Roman *Der talentierte Mr. Ripley* möchte ich mit einer Szene aus der Verfilmung von Anthony Minghella beginnen, denn er bringt geschickt auf den Punkt, worauf ich meine Ausführungen konzentrieren möchte. Der Roman erschien 1955 und kommt somit aus jenen radioaktiven 50er Jahren, in denen in den USA nicht nur das Hollywood-Studiosystem noch ein letztes Mal in Technicolor und Breitleinwand die Träume einer Nation fabrizierte, sondern auch ein Wettrüsten gegen die Sowjetunion den allgemeinen ökonomischen Aufschwung und kulturellen Optimismus begleitete und jenes Gefühl sozialer Entfremdung aufkam, das zu Büchern wie David Riesmans soziologischer Studie *In a The Lonely Crowd* führte. Es sind zudem die Jahre, in denen in Europa die amerikanische Kultur wie erstmals seit den 20er Jahren (wieder-)nicht mehr entdeckt und gefeiert wurde, stellte sie doch genau jene freizügige Fröhlichkeit und Ausgelassenheit dar, die sich die Europäer während der Zeit ihrer Diktaturen verbieten mussten. Wir dürfen nicht vergessen: Das Bild des »ugly american« entwickelt sich erst etwas später. Zusammen mit den Filmstars, der Mode und den Hershey-Riegeln kam auch der Jazz wieder nach Europa. Minghella nutzt diesen historischen Kontext in seiner Umschrift des Highsmith-Romans bewusst (er verlegt das Geschehen sogar nach hinten, in das Jahr 1958), bieten seine Filmbilder uns doch nicht nur ein Nachkriegsitalien, wie es nur im Bilderbuch der Werbung zu finden wäre. Er lässt seinen Dickie Greenleaf (Jude Law) auch Saxophon spielen, anstatt wie in der Vorlage Maler werden zu wollen. Diese Begeisterung für eine neue Musikform, in der sich die Europäer und Amerikaner nach dem Krieg wiedertreffen, führt auch dazu, dass Dickie den Botschafter, den sein Vater nach Mongibello geschickt hat, um ihn davon zu überzeugen, nach Hause zu kommen, in einen Club mitnimmt, wo er auf der Bühne auch selber auftritt. Das Lied, in das Tom nur sehr zögerlich einzustimmen bereit ist, trägt den Titel »Tu vuò fà l'americano«, das 2010 als Remix mit dem Titel »We No Speak Americano« weltweite Berühmtheit erlangte.

Mir geht es um Folgendes: »Americano« ist Chiffre für Glück; es lässt sich auf einige Worte reduzieren, die vorwiegend mit Genussmitteln zu tun haben, und es ist eine Rolle, Haltung, Einstellung, die man für sich gestalten kann. Man kann den Americano stellen. Während ich Anthony Minghellas Verfilmung im Ganzen eher unbefriedigend finde, weil er die latente Homosexualität Tom Ripleys als ein »in the closet«-Sein nicht nur zu wörtlich nimmt, sondern an dieser auch die psychopathologische Mordlust seines Helden verhandelt, bringt er mit dieser Szene auf ein Bild, worum es mir geht. Wenn Patricia Highsmiths Held nach Europa fährt, um zu jenem Bild des strahlenden Dickie Greenleaf zu werden, der einen unbegrenzten Wohlstand lebt, verfolgt er jenen American Dream, der über mehr als ein Jahrhundert Einwanderer aus allen Teilen der Welt in die USA gebracht hat. Nur unternimmt er seine idiosynkratische Fassung dieses Traums einer Selbstverwirklichung, indem er gerade in die andere Richtung segelt. Im Roman sagt er von sich, nachdem er endlich alleine auf dem Luxusdampfer ist, mit dem er New York verlässt: »He was starting a new life [...] he felt as he imagined immigrants felt when they left everything behind them in some foreign country, left their friends and relations and their past mistakes, and sailed for America. A clean slate!« Das Europa der Nachkriegszeit wird also zu jener Bühne – und darauf komme ich später nochmals zu sprechen –, auf der sich für ihn eine Fantasie erfüllen wird, welche die amerikanische Verfassung festgeschrieben hat, nämlich das Recht auf »life, liberty and the pursuit of happiness«. Tom wird sich tatsächlich auf dieser Bühne neu entwerfen, und zu jenem Americano werden, zu dem er in New York City nie werden konnte.

Dieser Selbstentwurf zeichnet eine doppelte Geste der Fiktionalisierung. Denn wir müssen festhalten: Tom Ripley fühlt sich in diesem Augenblick so, wie er sich vorstellt, dass sich die Einwanderer in die USA (also auch seine Vorfahren) gefühlt haben müssen, und er beginnt auf dem Schiff im Kopf jene Geschichte zu schreiben, die er nach seiner Landung erfolgreich durchführt; nämlich sich mit Dickie Greenleaf und Marge Sherwood (Gwyneth Paltrow) anzufreunden, Dickies vertrauter Kumpane zu werden, wörtlich in seine Schuhe zu treten (nachdem er seine Kleider anprobiert hat), und am Ende das anzutreten, was er braucht, um ewig dieser Americano zu bleiben: die Erbschaft von Dickies Treuhandfonds. In Anthony Minghellas Film fällt noch ein weiterer Satz (zu offensichtlich vielleicht), der zudem jenen düsteren Zug anklingen lässt, um den es mir bei meinen Ausführungen zu Tom Ripleys »european dream« gehen wird. Kurz bevor er am Ende des Films seinen Liebhaber Peter Smith-Kingsley (Jack Davenport) ermordet, erklärt Tom ihm: »I would rather be a fake somebody than a real nobody.« Das hätte Marilyn Monroe sagen können, aber auch Andrew Cunanan, der Mörder Gianni Versaces, der tagelang als »mutmaßlicher Mörder« des italienischen Modemachers auf der Titelseite amerikanischer Zeitungen zu sehen war; nicht unähnlich der Pressegeschichte, die Patricia Highsmith in ihrem Roman schildert. Dies ist natürlich nicht zufällig, denn von ihren Anfängen an zeichnet die amerikanische Literatur mit Vorliebe die katastrophalen Auswirkungen eines Traums, der dem Individuum nicht nur *erlaubt*, sondern es regelrecht *auffordert*, sich stets zu verbessern, an sich zu arbeiten, um einem Idealbild zu entsprechen. Deshalb die Vorliebe für die Mörder »on the run«, die einen Mord oder einen Überfall begangen haben, auf ihrem Weg zu einem der Grenzen des Landes vielleicht im Sinne von Kollateralschäden noch ein paar andere umbringen, um schließlich kurz vor ihrem Ziel von der Polizei eingeholt zu werden.

Patricia Highsmith – so meine These – entlarvt diesen dunklen Kern des American Dream. Sie zeigt, wie sehr der Wunsch »to be somebody«, »to do something with one's life« auch von einer Gewalt durchsetzt ist, die mit der besonderen Geschichte Amerikas zu tun hat (wie ich gleich noch ausführen möchte). Dabei enthält uns Highsmith aber jene kathartische Auflösung, die zur Verhaftung ihres Helden führen würde. Das hieße nämlich eigentlich, eine ganze Nation verhaften – oder zumindest deren erfolgreichste Schicht (wobei wir das in den letzten Jahren auch in der Zeitung lesen konnten, man denke an den Enron- oder den Abramowitsch-Fall). Deshalb zeigt uns Highsmith, was es heißt, diesen Traum in seiner ganzen Ambivalenz zu leben. Meistens wird nämlich der Umstand, dass das Versprechen des American Dream leicht in Katastrophe umkippen kann, folgendermaßen verstanden: Die Vorstellung, man könne seinen Wert beweisen und in der Gesellschaft aufsteigen, indem man sich verbessert und eine neue Persona für sich entwirft, ist ein Traum, ein anzustrebendes Ziel, eine imaginäre Selbstgestaltung, der man sich anpassen kann, die aber – weil sie eine Vorstellung bleibt – nie gänzlich erreicht, vollzogen, und auf ewig aufrecht zu erhalten ist. Ein klarsichtiges Umgehen mit diesem Traum besteht darin, sich entlang einer Horizontlinie zwischen Traum und Realisierbarkeit zu bewegen. Bei Highsmiths Tom Ripley hingegen geht es darum, den Traum ewig zu erhalten – koste es, was es wolle. Deshalb lässt sich dieser Formel auch folgende versteckte Botschaft entnehmen: Wenn man alles daransetzt, seinen Traum vom sozialen Aufstieg ewig aufrechtzuhalten, dann kostet das jemand anderen – vielleicht sogar deren oder dessen Leben. Der Americano, der Krimi-Autor und der Mörder fallen in eins zusammen – und das nicht nur, weil der amerikanische Kapitalismus auf der Ausbeutung der Schwächeren basiert. Dieses Gleichnis hat auch eine philosophisch-psychologische Dimension. Innerhalb der vom American Dream vorgegebenen imaginären Ökonomie ist man nur die Persona, die man für sich entworfen hat; es gibt keine Individualität außerhalb dieses Traumkonzeptes. Im gleichen Augenblick, in dem man sich scheinbar frei gestaltet, ist man auch auf ewig diesem erträumten Bild unterworfen. Man ist gerade nicht frei, sondern in ein

Schicksal eingebunden, dem man nicht entrinnen kann, dem aber auch die Kultur nie entkommt, die diesen Traum fördert und fordert. Darin, scheint mir, liegt Highsmiths Ethik.

Für diese zweischneidige Kraft, die Vitalität, Optimismus und kreative Selbstgestaltung mit der Gefahr einer tragischen Selbstauflösung verbindet, gibt es einen historischen Hintergrund. Erinnern wir uns: Die USA wurden geboren, weil englische Puritaner, die sich als Pilger verstanden, die Vorstellung hatten, sie wären von Gott auserwählt und hätten somit einen göttlichen Auftrag, in den Amerikas der Neuen Welt das ihnen versprochene Land – als neues Israel – zu finden. Die ersten Siedlungen in Massachusetts stellten wörtlich die Realisierung eines Traumes dar – nämlich als Erfüllung biblischer Prophezeiungen, die in einem spirituellen Bündnis zwischen Gläubigen und Gott die Erlösung versprachen. Wir dürfen also von einem Projekt Amerika sprechen, das immer »fiktional« und »imaginär« begriffen wurde. Es geht um ein Erbe, einen Auftrag, eine Prophezeiung, ein Schicksal, dass die »pilgrims« als Versprechen imaginierten und das seither – vor allem im kulturellen Imaginären Amerikas – immer wieder neue Realisierungen erfährt. Die amerikanische Revolution wurde als Vision konzipiert; als Erfüllung eines göttlichen Versprechens, das von einer Verbesserung des menschlichen Daseins ausging, sowie von der Vorstellung eines Rechts zum ökonomischen Aufstieg (»economic ascent« oder »upward mobilty«) in Form einer säkularen Erlösung (»redemption«), aber auch von einem sich stets neu beweisenden Streben nach dem Erreichen des versprochenen Glücks. Denn das Recht auf irdischen Aufstieg bringt eine Verpflichtung diesem Aufstieg gegenüber mit sich. Man muss ewig streben, sonst ist man nicht Teil des American Dreams. Apodiktisch formuliert: Man muss sich in seinem Bündnis mit Gott stets beweisen, indem man sich verbessert, sich transformiert, entwirft, realisiert; und zwar indem man sich dabei auf sich selbst verlässt (»self-reliance«).

Wenn ich behaupte, dieses entdeckte Amerika war immer »fiktional«, dann in dem Sinne, dass die ersten »pilgrims« – und alle Einwanderer nach ihnen – ans Land wie auf eine Bühne treten; die Geographie der USA sollte Szene für die Realisierung ihres Glaubens an die Möglichkeit der Selbsterneuerung sein. Diesen Gedanken greift Patricia Highsmith auf, wenn sie ihren Tom Ripley umgekehrterweise Europa zur Bühne seiner Selbsttransformation umdefinieren lässt. Die Einwanderer, die er sich an Deck des Dampfers vorstellt, sind wie er nicht einfach irgendwohin geflohen, sondern wollten an genau den Ort, von dem ihnen prophezeit wurde, dort könnten sie sich realisieren. Nur prophezeit sich Ripley in einer Geste radikaler Selbstbemächtigung seinen Erfolg selber (das ist Ralph Waldo Emersons »self-reliance« pur). Das heißt aber für den kulturhistorischen Hintergrund: Der Anfang Amerikas war immer schon mythisch und performativ. Stanley Cavell hat hierzu angemerkt: »Bevor es Frankreich und England gab, gab es Frankreich und England; aber bevor es Amerika gab, gab es kein Amerika.« Dieses Amerika, fügt er hinzu, »wurde entdeckt, und was entdeckt wurde, war kein Ort wie jeder andere, sondern ein Setting, die Kulisse eines Schicksals. Es begann als Theater.« Man soll Amerika daher nicht nur als ein Projekt auffassen, bei dem der individuelle Kampf als Erfüllung des Schicksals begriffen wird. Es gilt auch, sich daran zu erinnern, dass dieses Projekt von Anfang an mit einem Gefühl der Fragilität verbunden war. Wenn Amerika darauf zurückzuführen ist, dass dort den ersten Puritanern ihr eigenes Schicksal vor Augen stand, so musste dieses Schicksal immer wieder erkämpft und von Neuem verwirklicht werden – vornehmlich im Kampf mit den bereits ansässigen Einheimischen. Die Analogie, die ich hier entfalten möchte, besagt: Tom Ripley setzt in seiner Vorstellung die amerikanischen »expats«, die sich bereits auf der Bühne Italien befinden, auf der er sich seinen Träumen entsprechend realisieren möchte, einer ›einheimischen‹ Bevölkerung gleich. Diese muss abgetötet werden, sofern sie dem Erreichen seiner Ziele im Wege steht. Ripley verkörpert den Wahn des klassischen Einwanderers (die Selbstüberzeugung und die Gewaltbereitschaft), die wie ein Schatten jenen vitalen Optimismus begleitet, der jeder neuen Einwanderergruppe die Kraft gab, die Reise über den Ozean überhaupt auf sich zu nehmen.

Nun gingen die Puritaner von der Vorbestimmung ihres Schicksals aus, das ihnen sowohl die Hoffnung auf Glück im neuen Land gab, aber auch die Notwendigkeit (»necessity«) auferlegte, dieses Schicksal (»destiny«) zu erfüllen. Jeder/Alle Amerikaner kann/können, und muss/müssen aber auch sein/ihr Leben selber gestalten. Daran knüpft sich jener fantastische Optimismus, der dazu führt, dass man an den eigenen Aufstieg glaubt, egal was eine Überprüfung der gelebten Wirklichkeit zeigt – weshalb ich den American Dream in die Nähe einer kulturell sanktionierten Paranoia rücken möchte, die Patricia Highsmith mit ihrem Protagonisten Tom Ripley entlarvt: Wenn sich alles nur auf den neuen Selbstentwurf bezieht, gibt es nichts außerhalb diesem. Dieses Projekt ist das Schicksal im doppelten Sinn. So lustvoll Ripley seine Selbstgestaltung empfindet, obliegt ihr immer auch ein Gefühl der Schuld. »Ich wollte nicht töten; ich konnte nicht anders, als zu töten; sie werden mich erwischen« – das ist die Gedankenschlaufe, die den gesamten Roman durchzieht. Gleichzeitig liegt in diesem grandiosen und größenwahnsinnigen Glauben an Bestimmung und Erfindung des Selbst entlang der Horizontlinie der eigenen Einbildungskraft auch eine kuriose Auslöschung von Individualität: »It is better to be a fake somebody than a real nobody«, heißt ja auch, dass dieser »somebody« nur eine Deckfigur für ein Nichts ist. Im Roman hält Marge im Streit mit Dickie tatsächlich auch fest, ihr Nebenbuhler sei vielleicht nicht schwul, er sei einfach nur nichts. Tom würde ihr zustimmen, denn er begreift selber, dass ein Scheitern folgt, wenn der Selbstentwurf nicht gelingt, an dem wirklich alles hängt, weil man sonst ein Nobody ist.

Mir geht es also um den brutalen Kern im Herzen dieser Vision einer endlos wiederholbaren Selbstgeneration, die einen Grenzen überschreiten und überwinden lässt, solange man stur und ohne Einschränkungen an die eigene Vision glaubt; auch wenn dies heißt, Zeichen jeder widersprechenden Wirklichkeit zu beseitigen. Mein Vorschlag ist es, Tom Ripleys Bereitschaft, ohne langes Nachsinnen (geschweige denn Zögern) jene auszuschalten, die ihm in den Weg treten (zuerst Dickie, dann dessen Freund Freddie Miles [Philip Seymour Hoffman], und schließlich – wenn auch nur in Gedanken – Marge), in diesem Sinne zu verstehen. Damit entlarvt Patricia Highsmith nämlich einen Kernsatz der amerikanischen Imagination: Alles wird auf die Karte der Selbsterfindung gesetzt – mit einer Kraft, die man nur aggressiv nennen kann. Man muss sich selber und seinen Mitmenschen gegenüber rücksichtslos sein, um diesen Traum durchzusetzen. Ripley erkennt: »risks were what made the whole thing fun«, hält aber gleichzeitig fest: »he hadn't wanted to murder, it was a necessity.« Nur fügt Highsmith als Expatriotin einem sturen Puritanismus eine Spur europäischen Lebensgenuss hinzu. Tom Ripley lebt nicht das Leben einer Entbehrung, um seinen Traum zu erfüllen; der Luxus, den er sich erschwindelt, bietet ihm keine Schuld. Der Inhalt der Vision, die er auf der Bühne Italiens vollzieht, bezieht sich auf jenes Leben der Muße, das im Amerika der 50er Jahre nur in Europa vorstellbar ist. Er nutzt also den puritanischen Traum der Selbsterfindung für ein gänzlich unpuritanisches Ziel. Für Dickie Greenleaf stellt Europa eine Befreiung aus den Erwartungen seines Vaters dar, den Familienbetrieb zu übernehmen (weshalb Mr. Greenleaf auch auf Henry James' *The Ambassadors* verweist). Für Tom ist Europa hingegen der Ort, an dem er den American Dream seinerseits zwar nicht im Sinne eines von der Figur des Vaters ausgehenden Arbeitsedikts erfüllt, durchaus aber im Sinne der 50er-Jahre-Ideologie. Er eignet sich erfolgreich Wohlstand und Lebensstil an.

Wir haben es also mit einer wirklichen kulturellen Hybridität zu tun; und das macht Anthony Minghella (wenn auch vielleicht ungewollt) an der Musikszene fest. Das Fehlen an Bescheidenheit macht die Kreativität des amerikanischen Traums sowie aller Erfindungen aus, die er ausgelöst hat: vom Jazz und der modernen Kunst bis zur Atombombe. Apodiktisch formuliert: Aggression war immer die Kehrseite der amerikanischen Vitalität, mit jenem Optimismus, den man »can-do-ism« oder »go-get-ism« nennt. Aus der ungeheuren Kreativität, die immer von der amerikanischen Kultur ausgegangen ist, kann und darf Gewalt nicht weggedacht werden, weil sie diese grundsätzlich bedingt. Nur ein sturer, unabweichlicher Glaube an die Vision erlaubt tausenden von Menschen, über Land und Meer zu reisen – ohne Geld und Freunde, ohne die Sprache und die kulturellen Kodes zu beherrschen – und sich dort erfolgreich durchzusetzen. Bei dieser Dialektik zwischen Kreativität und Gewalt geht es mir vornehmlich um die unsaubere Schnittfläche zwischen Optimismus und Paranoia, die vor allem dann deutlich wird, wenn der Traum zu scheitern droht

– im Falle Tom Ripleys der Traum, ein Americano in Europa zu sein, wie Dickie es so hartnäckig gegen den Willen seines Vaters durchzusetzen versucht.

Schauen wir uns also einige Stellen von Anthony Minghellas Der talentierte Mr. Ripley (The Talented Mr. Ripley) unter dem Gesichtspunkt an, dass sich Tom im Sinne des American Dreams erfindet, was ihn in einen permanenten Prozess von Gewalt und Kreativität einbezieht, denn dabei wird deutlich: Er entfaltet eine Paranoia, die alles auf sich bezieht und die Realität ausblendet, um sich selbst als Kunstwerk herzustellen, und wird somit zur Chiffre für jenen Gestaltungswillen, der auch Patricia Highsmiths Vorstellung des Schriftstellens entspricht. Halten wir dabei fest (auch wenn biographische Bezüge immer etwas heikel sind): Diese Autorin unterhielt als Expatriotin eine Distanz sowohl zu den USA als auch zu Europa, weshalb Frank Rich von ihr behauptet: »she made a life's work of her ostracization from the American mainstream and her own subsequent self-reinvention.« Sie selber hingegen hat gerne von ihrer berühmtesten Figur behauptet: »Oft kam es mir vor, als hätte Ripley [das Buch] geschrieben und ich nur die Schreibmaschine betätigt.« In Paris sagt sich Tom, der mittlerweile Dickie ermordet hat und wortwörtlich in seine Schuhe gestiegen ist: »This was the clean slate he had thought about on the boat coming over from America. This was the real annihilation of his past and of himself. Tom Ripley, who was made up of that past, and his rebirth as a completely new person.« Er ist in dieser neuen Rolle souverän, wie er es als alter Tom nie war. Lügen ist für ihn ein geistiger Zustand. Weil er nichts/niemand ist, wird er zu dem, was er sich vorstellt. Darin liegt die Nähe zwischen Kriminellem und Künstler: Die paranoide Vorstellung einerseits, die Polizei sei ihm auf den Fersen, weshalb er für sich stets agil neue Taktiken ausdenken muss, und andererseits das Entwerfen von Bildern von sich, der Glaube an sie mit aller Kraft und deren deshalb erfolgreiche Ausführung entsprechen sich.

So hatte Tom Ripley bereits in New York die Fantasie entwickelt, Mr. Greenleaf hätte ihn wie einen Sohn adoptiert und ihn somit im Geiste zu Dickies Bruder gemacht. Deshalb geht er auch davon aus, dass sie auf ewig zusammenbleiben werden, und versteht dementsprechend die Ablehnung des anderen gar nicht, weil es nicht in sein Skript passt. Auf die Frage, was seine Talente seien, antwortet er: »I can forge a signature, fly a helicopter, handle dice, impersonate practically anybody, cook – and do a one-man show in a nightclub in case the regular entertainer's sick.« Tatsächlich ist er auch als Geschichtenerzähler bei Dickie angekommen – genauer in dem Augenblick, in dem er sich im Sinne eines Bruderpaktes mit Dickie gegen Vater Greenleaf verschwört; in dem aber zugleich dieser imaginierte Bruder die Stelle eines Doppelgängers einnimmt. Gestört wird diese narzisstische Dyade – ganz Schauerliteratur-konform – durch die Geliebte Marge, die deshalb ausgeschlossen werden muss. Brisanterweise trifft aber der Tod nicht sie, sondern den Doppelgänger selber. Zuerst zieht Tom dessen Kleider an, um sich eine Szene vorzustellen, in der er als Dickie seine Geliebte bittet, ihn zu verlassen, dann aber Marge im Geiste mit seinen bloßen Händen erwürgt. Was aber heißt das? Wörtlich in die Schuhe Dickies zu treten erlaubt Tom, ein Stück Fiktion durchzuspielen, das zwei Wünsche erfüllt: Erstens kann er sich einreden, er sei mit seinem idealisierten Bruder identisch und zweitens kann er nicht nur die Störerin seiner Vereinigung mit Dickie ausschalten, sondern überhaupt erfolgreich als Mörder in Erscheinung treten. Damals hatte Dickie dieses narzisstische Spiel unterbrochen, und Tom wird sich später einreden, der Bruch zwischen ihnen, der zum Mord seines Doppelgängers auf dem Boot in San Remo führte, hätte dort eingesetzt. »He could have lived with Dickie for the rest of his life, travelled and lived and enjoyed living for the rest of his life. If he only hadn't put on Dickie's clothes that day.« Aber stimmt das oder ist es eine nachträglich erstellte Entlastungsgeschichte? Denn Toms Identifikation mit Dickie als jenem erhöhten Selbstbild, um das der American Dream kreist, läuft ausschließlich im Imaginären ab, was auch heißt, dass diese Übertragung die Realität des Körpers des anderen notwendigerweise ausschalten muss. Was eigentlich den Mordplan in Gang setzt, ist die entsetzliche Entdeckung nach diesem Streit, Dickie sei nicht sein Spiegel: »in Dickie's eyes Tom saw nothing more now [...] it was as if Dickie had been suddenly snatched away from him [...] they didn't know each other [...] that Dickie hated him.« Hiermit entfaltet Patricia Highsmith einen zentralen Aspekt der Logik des American Dream: Wenn die Umwelt das Bild, an dem entlang ich mich entwerfe, nicht bestätigt, tritt eine Katastrophe ein, auf die nur mit Gewalt reagiert werden kann. Der Störer des Traums, in einer unzertrennlichen Zweisamkeit mit seinem Doppelgänger zu leben und sich somit dessen Leben angeeignet zu haben, muss zerstört werden. In Analogie zu den Einwanderern, mit denen Tom sich vergleicht, muss er an seinem Projekt festhalten, denn wie sie hat auch er kein Zuhause, zu dem er zurückkehren könnte. Der Mordplan setzt dem Gefühl einer »lostness and aloneness« eine neue Behausung entgegen, sagt Tom sich doch, »he would step right into his shoes.«

Zugleich ist Patricia Highsmiths Mörder immer auch Autor. Bereits auf dem Heimweg in San Remo plant er die Geschichte, die er in Monigello und Rom als Fiktion im Realen durchführt. Sind seine Talente das Fälschen und die Darstellung anderer, übt er Dickies Handschrift, um dessen Freunde in den Roman einzubeziehen, den er zuerst in eingebildeten Gesprächen, dann auch in Briefen an sie entwirft. Italien als Bühne findet immer zuerst in Tom Ripleys Kopf statt, bevor das, was dort Gestalt angenommen hat, auch realisiert wird. Dem existentialistischen Gefühl von Nichts, das ihm nach dem Streit mit Dickie überfiel, hält er – und darin möchte ich die Selbstreflexivität des Romans festmachen – die Macht der Fiktion entgegen. Fröhlich wandelt Tom zuerst nur in seinem Zimmer zwischen seiner Persona und der des von ihm Ermordeten und hält fest: »It was impossible ever to be lonely or bored, he thought, so long as he was Dickie Greenleaf«, denn er ist »alone yet not lonely, himself and not himself.« So könnte man auch sagen, er muss seinen Doppelgänger töten, damit ihm dieser Sprung in die Welt der Einbildungen gelingt; damit Dickies Körper das Produzieren von jenen Fiktionen nicht stört, die Tom an seinem eigenen Körper darbieten will.

Der American Dream entpuppt sich somit auch als Chiffre für Patricia Highsmiths Vorstellung davon, was es bedeutet zu schreiben. Denn der Roman zeichnet folgende Schlaufe: Die Fiktionen, die Tom zuerst allein in seinem Zimmer erprobt und dann in einer Außenwelt durchführt, die ausschließlich als Bühne seines inneren Theaters fungiert, realisieren seine schlimmsten Ängste, die wiederum seine Imagination beflügeln; er hält seine Kreativität wach, weil er stets angehalten ist, den Roman, der sein Leben ist, weiterzuschreiben. Sein Spiel fällt für ihn – weil alles nur ein fiktionaler Entwurf ist – zusammen. Will er fröhlich sein, muss er sich dieses Gefühl – wie jede andere »impersonation« – nur vorspielen. So findet er selbst in der Rolle des Tom Ripley, zu der er zurückkehren muss, um sich aus der Polizei- und Medien-Affäre um den verschwundenen Dickie zu ziehen, große Freude, ist doch auch diese nur ein weiterer Selbstentwurf auf jenem von ihm ersehnten »clean slate«. Gleichzeitig entwirft er – um die Parallele »Leben gleich Text« noch ein Stück weiter zu drehen – in den Gesprächen mit der Polizei sowie in seinen Briefen an Mr. Greenleaf und Marge seine neue Vorstellung von Dickie als eigenbrötlerischem Maler, der von der Welt allein gelassen werden wollte, dem später alles zu viel wurde und der deshalb Selbstmord begangen hat. Schließlich stellt er auch das Happy End seines Lebens als Text mithilfe eines Textes sicher. Er schreibt Dickies Testament und entwirft somit für sich die Basis, die ihm erlauben wird, den Roman seines Lebens weiter zu schreiben und deshalb weiterleben zu können.

Mord erweist sich somit als Transformationsaggregat. In Venedig gewinnt Tom Ripley eine ihm vorher unbekannte Souveränität; »he felt surer of himself now in every way.« Die Fusion mit Dickie löst zwar Schuld aus – jene »nameless, formless things that haunted his brain like the Furies« –, doch diese Einbildungen sind als Kehrseite auch das Futter jener Kreativität, die ihn dazu bringt, sich Geschichten mit einer solchen Intensität auszudenken, dass er an sie glaubt: »stories were good because he imagined them intensely, so intensely that he came to believe them.« Nachdem Marge in Venedig Dickies Ringe bei ihm findet (und auf diesen Punkt komme ich nochmals zurück), ist sie ihrerseits von der Selbstmord-Geschichte überzeugt. Sie erklärt Tom: »that settles it [...] I just can't imagine Dickie ever being without his rings.« Erst nachdem sie ihn verlassen hat, lässt Patricia Highsmith ihren Helden darüber nachdenken, dass er Marge, hätte sie ihn zur Rede gestellt, mit seinem Schuh erschlagen hätte. In Gedanken spinnt er die Geschichte weiter, die er erfunden hätte, um sich zu entlasten. Narratologisch heißt dies: Wichtiger noch als die eigentlichen Morde sind die imaginierten – die bereiten ihm Lust. Was ihn zugleich entsetzt (im Heidegger'schen Sinn), ist nicht dieser halluzinatorische Glaube an seine eigenen Einbildungen, denn er weiß, er hat die Störerin seine Fantasien nicht getötet, sondern »the memory of himself standing in front of Marge with the shoe in his hand, imagining all this in a cool, methodical way. And the fact that he had done it twice before. Those two other times were facts, not imagination.« Es ist ein Zirkelschluss. Deshalb lässt sich von Paranoia sprechen.

## 14.1 Koda: Match Point

Mit einem weiteren Film, in dem wieder ein Amerikaner auf Europa blickt, möchte ich diesen Essay beenden. Woody Allens Match Point (2005) ist vielleicht auf den ersten Blick eine etwas kuriose Wahl, denn während er explizit auf Fjodor Dostojewski verweist (der auch für Patricia Highsmith ein wichtiges Vorbild war), verschweigt er den Einfluss gänzlich, den Der talentierte Mr. Ripley (The Talented Mr. Ripley; 1999) auf seinen Film hatte. Schauen wir uns die Geschichte an, fällt jedoch auf: Auch hier möchte ein junger Mann aufsteigen, passt sich erfolgreich der »leisured upper class« an, und begeht schließlich einen Mord, um diese Neugestaltung seiner Person nicht aufgeben zu müssen. Ein Unterschied muss sofort festgehalten werden, denn nicht der idealisierte Bruder stirbt, sondern dessen ehemalige Verlobte, und unser Held kann sie ermorden – darin macht sich Woody Allens zynischer Blick auf die Londoner Gesellschaft fest – weil ihr die Mimikry nicht gelingt, die Tom Ripley so erfolgreich beherrscht. Woody Allen trifft Highsmiths Tonfall wesentlich besser als Anthony Minghella, weil er die Frage der Lücke im Glück, das jeder Träumer braucht, in den Vordergrund seiner Verfilmung rückt. In der Titelsequenz sehen wir, wie ein Tennisball mehrmals über ein Netz fliegt, was in ein Standbild davon mündet, wie der Ball für einen Augenblick genau auf der Kante des Netzes verharrt. Aus dem Off erklärt der Erzähler den Begriff des Matchpoints: Fällt der Ball übers Netz, hat der Spieler Glück, fällt er zurück in sein Feld, ist es sein Pech.

Chris Wilton (Jonathan Rhys Meyers), der die Welt professioneller Tennis-Tourniere aufgegeben hat, tritt gerade einen neuen Job als Lehrer in einem exklusiven Tennisclub in London an, als er dort den wohlhabenden Tom Hewett (Matthew Goode) trifft und am folgenden Abend mit ihm in die Oper geht, wo ihm dessen Schwester Chloe (Emily Mortimer) vorgestellt wird. Ihr erklärt er, er sei ein armer Junge aus Irland, der etwas mit seinem Leben anfangen möchte. Chloe nimmt dieses Projekt der Selbstverbesserung ernst und spricht mit ihrem Vater, und dieser verschafft Chris bald ein Entree in seinen Familienbetrieb. An einem Wochenende auf dem Landsitz der Hewetts trifft er aber Toms Verlobte, die Amerikanerin Nola Rice (Scarlett Johansson), die sich erfolglos als Schauspielerin durchschlägt. Ihr sagt Chris, nachdem er sie beim Pingpong schlägt: »I am naturally competitive.« Dies trifft sowohl für sein Verhalten am Arbeitsplatz als auch für sein Liebesleben zu. Er steigt in sehr kurzer Zeit in die Chefetage auf und nimmt damit den Wunsch der Hewetts an, ihn zum Schwiegersohn zu trimmen. Er heiratet zwar Chloe, beginnt aber zugleich eine Affäre mit Nola, indem er sie zur geheimen Geliebten nimmt, nachdem Tom sich für eine Frau entscheidet, die seiner Klasse mehr entspricht. Wie Tom will er also das, was sein Doppelgänger besetzt hält, der das Leben des »leisure« bereist – eine bessere Behausung. Und es gelingt ihm. Woody Allen deutet die »impersonation«, die wir bei Patricia Highsmiths Tom Ripley finden, darin an, dass Chris bald denselben Weißwein wie Tom trinkt, dieselben teuren Wollpullover kauft und die kuriose Art des abgeschnittenen Sprechens der britischen »upper class« annimmt.

Gleichzeitig – und darin unterscheidet sich Chris Wilton von Patricia Highsmiths Tom Ripley – passt er nicht ganz in diesen Selbstentwurf, bzw. thematisiert die Spaltung weniger lustvoll, vielleicht weil er im Gegensatz zu Ripley am Anfang kein Niemand ist. Tom Hewett ist zwar der Bruder, den Chris sich wünscht, um zum Bild des wohlständigen Briten aufzusteigen, so wie Dickie für Tom eine Figur der Imitation darstellt. Nola nimmt zwar wie Marge eine Position des Dritten an, jedoch ist sie die Außenseiterin, die dezidiert nicht dazugehören will. In einer Bar, in der sie mit Chris Weißwein trinkt, benennt sie offen, was er weiß: dass sie nicht bereit ist, das Spiel der Hewett-Matrone Eleanor (Penelope Wilton) zu spielen. Im Gegensatz zu Nola lässt Chris die Idee seines Aufstiegs alles beeinträchtigen; er schmeichelt sich bei den Hewetts mit Lügen und Verstellungen ein, um seinen Glücksanspruch geltend zu machen, als wäre er nicht ein Ire, sondern ein Amerikaner in London. Zugleich zeigt sich auch die Gewalt als dunkler Kern seines Willens zum Erfolg. Der Mord an Nola ist Chiffre für jene Rücksichtslosigkeit, die Wilton wie Ripley alles zerstören lässt, das im Weg seines Traumes steht. Auch er würde von sich behaupten, er hätte sie nicht umbringen wollen, aber das Schicksal hätte ihn dazu gezwungen – jener ihm auferlegte Auftrag, sich gesellschaftlich zu verbessern. Zwar hat Woody Allen sehr viel mehr Sympathie für seine Heldin als Highsmith, doch wie Marge ist auch Nola eine klarsichtige Realistin, die den männlichen Traum stört; deshalb muss sie zerstört werden.

Während Chloe Hewett ihren Mann mit ihrem Wunsch traktiert, sie wolle schon als junge Frau die Mutter von drei Kindern werden, jedoch nicht schwanger wird, bietet Nola zuerst als Objekt transgressiver Erotik einen fantasierten Ausweg aus dem goldenen Gefängnis von Chris' neuem Familienleben. In Woody Allens Filmgeschichte bilden diese beiden Frauen zugleich ein Paar, machen sie doch deutlich, wie Chris sich an seinem Doppelgänger orientiert: Er heiratet dessen Schwester und hat eine Affäre mit dessen ehemaliger Verlobten. Zugleich entpuppt sich im Widerstreit mit ihnen sein Lügentum, denn er hält sowohl Nola (indem er verspricht, seine Frau zu verlassen) als auch Chloe (der gegenüber er abstreitet, eine Affäre mit einer anderen Frau zu haben) hin. Er braucht also diese beiden Frauen, um sich als Ripley-Figur zu behaupten – nicht zuletzt, weil die Peripetie explizit Rückgriff auf einen anderen Intertext für Patricia Highsmiths Roman bietet: Theodore Dreisers *Eine amerikanische Tragödie*, in dem ebenfalls ein Aufsteiger die von ihm geschwängerte Frau ermordet, um bei seiner anderen reichen Geliebten zu bleiben. Nur betont Woody Allen die implizite Verschränkung der beiden Frauen dadurch, dass die Schwangerschaft der einen auf die andere übergeht, weil sein Held – so spontan wie Ripley – auf das Drängen Nolas, er müsse sich zu ihr und ihrem gemeinsamen Kind bekennen und Chloe verlassen, mit einem Mordplan antwortet. Chris tötet also nicht den Doppelgänger, um in seine Schuhe zu treten, sondern die von seinem Doppelgänger abgelegte Geliebte, um in den Schuhen zu bleiben, die er sich bereits angezogen hat. Wie Tom Ripley geht es Chris Wilton darum, alle auszuschalten, die sein neues Selbstbild zu stören trachten – und so greift er zu einer der Flinten, mit denen die Hewetts auf ihrem Landgut auf die Jagd zu gehen pflegen.

Man könnte die Vermutung aufstellen, Woody Allens Chris Wilton spiegle Margaret Thatchers New Economy wie Tom den Laissez-faire-Kapitalismus des 50er-Jahre-Aufschwungs. Er tötet nicht, um ewig weiter zu ziehen, sondern um seine Position in einer »upper class«-Familie um jeden Preis zu erhalten, die ihrerseits ihre Exklusivität daran festmacht, dass sie diejenigen ausschließt, die nicht hineinpassen. Zugleich greift Allen die Frage der Kontingenz auf, die der von Highsmith entfalteten Dialektik zwischen radikaler Selbstgestaltung und Paranoia innewohnt. Tom Ripley, erinnern wir uns, sieht ständig imaginäre Polizisten, denn die Freude, die ihm sein Talent als Fälscher und Nachahmer bietet, ist von der Bereitschaft abhängig, Risiken einzugehen; was so viel bedeutet wie Kontingenzfreude. Seine Devise lautet: Es könnte alles katastrophal werden, deshalb werde ich mich durchsetzen. Auf dieses Spiel des »match point« lässt sich auch Chris Wilton ein – und so hängt auch in seinem Fall alles an einem Ring. In Highsmiths Roman waren es Dickies Ringe, die Marge davon überzeugt haben, dass ihr Geliebter tatsächlich Selbstmord begangen haben muss; was wiederum dazu führt, dass sie den Verdacht von Ripley abzieht, den Mr. Greenleaf und dessen Privatdetektiv zu hegen begonnen haben. Auch in MATCH POINT hängt der Zufall – das Stück Glück – an einem Ring. Chris ermordet – damit sein Mordplan aufgehen kann – zuerst Nolas Nachbarin und stiehlt deren Schmuck, um ihn dann in die Themse zu werfen. Aber der eingravierte Ehering der Nachbarin gleitet an der Balustrade ab und fällt anstatt ins Wasser zurück auf den Gehweg. Bei diesem »match point«, der die Anfangssequenz dramaturgisch wiederholt, spielt Woody Allen mit unserer Erwartungshaltung, glauben wir doch, dieser Rückschlag sei ein sicheres Zeichen für das Scheitern seines Helden. Erscheint in Highsmiths Roman der Geist Dickies seinem Mörder, lächelt ihn an und ruft ihm zu: »Wake up! I'm all right! I swam! I'm alive«, erscheinen auch Chris die Opfer seiner Tötungslust. Erkennt Tom in seinem Geistersehen, dass er »had let his imagination run away with him« und somit eine Mahnung, seine Einbildung besser in den Griff zu bekommen, erklärt Chris seinen Geistern, er hoffe, die Polizei würde ihn erwischen, denn in dieser Auflösung läge eine »hope for the possibility of meaning«.

Doch diese kathartische Sinnstiftung verbietet uns Woody Allen und führt somit Patricia Highsmiths ethische Haltung fort. Zwar kommt einer der Polizisten auf die richtige Lösung, aber die Auflösung der Filmgeschichte hängt vom Zufall, nicht der Entlarvung ab. Nachdem der Ehering der Nachbarin auf den Pflasterstein zurückgefallen ist, findet ein Drogensüchtiger ihn, an dessen Finger der Ring wieder auftaucht, nachdem er ermordet wird. Waren alle nach dem Auftauchen von Dickie Greenleafs Ringen bereit, an Tom Ripleys Unschuld zu glauben, haben wir auch in MATCH POINT das Glück – »luck« – als eine *Lücke* im Gelingen. An einem entscheidenden Punkt divergieren die beiden Texte. Für Ripley ist Schuld Teil seines paranoiden »make-up«. Er braucht die Verfolgungsangst als Energie, die ihn vorantreibt; wie die Gewalt ist sie Bestandteil seiner Kreativität. Für Chris Wilton hingegen erweist sich die Vorstellung, Glück zu haben, als Fluch. In der letzten Szene bringt Chloe ihren frisch geborenen Sohn nach Hause; sein Doppelgänger Tom sagt: »I don't care if he is great, I hope he is lucky.« Glück zu haben – das sehen wir in Toms Geschichte – heißt aber für ihn, den Vater, das Unglück im Glück anzuerkennen.

In der rücksichtslosen Unbarmherzigkeit, mit der sie ihre Mörder belohnen, treffen Patricia Highsmith und Woody Allen sich natürlich. Bei beiden kommen die Mörder davon, und das heißt, sie müssen mit ihrer Schuld leben. Bei Highsmith ist das letzte Bild eines der Befreiung – Tom stellt sich vor, wie er in den Hafen von Kreta einfahren wird –, bei Allen eines der Einsperrung. Beide aber benennen die Kosten eines radikalen Individualismus. Eine Erfüllung der eigenen Selbstgestaltung kommt ohne Schuld nicht aus. Somit feiern beide Autoren das Kriminelle als Denkfigur für das radikale Künstler-Ich und zeigen zugleich, dass dies ohne Gewalt, Schuld und Schuldbewusstsein nicht zu denken ist. Die Schlussbilder sind ein getrübter Triumph. Dass die Helden davonkommen, ist nämlich schrecklicher, als wenn sie gefasst würden, übernimmt Allen von Highsmith doch die Überzeugung, Verzeihung sei unmöglich. Beide Helden sind am Ende unheimlich – angekommen im erträumten Wohlstand und zugleich ganz un-heimisch, un-einheimisch (in einer anderen Klasse, einer anderen Kultur); sie bewohnen einzig die Schuld, die nicht abgelegt werden kann. Es gibt keine Versöhnung und gerade das ist weder tragisch noch komisch. Es ist das Leben. Woody Allen hat gesagt, er wollte mit seinem Film Leute darauf aufmerksam machen, wie sehr das Leben vom »luck« abhängt. Glück, antwortet Highsmith zurück, kann nur der haben, der was riskiert, nämlich alles: der sein Leben wörtlich aufs Spiel setzt, indem er sich ein ganz anderes Leben vorstellt. Nur dann hat die Frage nach dem Glück Sinn.

# Erstpublikationen

Kapitel 1: »Stanley Cavells *cultural conversations*. Ein Denken zwischen Philosophie, Film und Literatur«, in: David Gugerli/Michael Hagner/Michael Hampe/Barbara Orland/Philipp Sarasin/Jakob Tanner (Hg.), Nach Feierabend. Zürcher Jahrbuch für Wissensgeschichte 2. Auf der Suche nach der eigenen Stimme, Zürich: Diaphanes 2006, S. 77-92.

Kapitel 2: »Crossmapping. Kulturwissenschaft als Kartographie von erzählenden und visueller Sprache«, in: Lutz Musner/Gotthart Wunberg (Hg.), Kulturwissenschaften. Forschung – Praxis – Positionen, Wien: Facultas 2002, S. 110-134.

Kapitel 3: »Man wird weder als Frau noch als Jude geboren. Was wir von Lubitsch über den *Kaufmann von Venedig* lernen können«, in: Zeno Ackermann/Sabine Schülting (Hg.), Shylock nach dem Holocaust. Zur Geschichte einer deutschen Erinnerungsfigur, Berlin: De Gruyter 2011, S. 201-217.

Kapitel 4: »Pop Kino. Konsum und Kritik des Populären in Hollywood«, in: Walter Grasskamp/Michaela Krützen/Stephan Schmitt (Hg.), Was ist Pop? Zehn Versuche, Frankfurt a.M.: Fischer 2004, S. 165-188.

Kapitel 5: »Isoldes Liebestod in Hollywood. Eine transmediale Affäre«, in: Christine Fornoff/Melanie Unseld (Hg.), Wagner – Gender – Mythen (= wagner in der diskussion, Band 13), Würzburg: Königshausen & Neumann 2015, S. 231-257.

Kapitel 6: »Bilder, die töten – Tod im Bild. Gedanken zu Michael Powells *Peeping Tom*«, in: Cinema 40 (1994), S. 112-134.

Kapitel 7: »Femme Fatale. *Genre Memory* einer Denkfigur«, in: Michael C. Frank/Gabriele Rippl (Hg.), Arbeit am Gedächtnis, München: Wilhelm Fink 2007, S. 391-407.

Kapitel 8: »Pandoras Nachleben. Figuren weiblicher Neugierde«, in: Therese Fuhrer/Samuel Zinsli (Hg.), Gender Studies in den Altertumswissenschaften. Rollenkonstrukte in antiken Texten, Trier: Wissenschaftlicher Verlag Trier 2003, S. 126-141.

Kapitel 9: »Liebe, Glamour, Pflicht. Frauenbilder Hollywoods«, in: Gabriele Jatho/Hans Helmut Prinzler (Hg.), Traumfrauen. Stars im Film der fünfziger Jahre, Berlin: Bertz + Fischer 2006, S. 11-29.

Kapitel 10: »Monumentalität im Historienfilm«, in: Christian Kiening/ Heinrich Adolf (Hg.), Mittelalter im Film (= Trends in Medieval Philology, Band 6), Berlin: De Gruyter 2006, S. 355-372.

Kapitel 11: »Retro-Bildwelten. Die 50er Jahre im Hollywood-Kino der 90er Jahre des 20. Jahrhunderts«, in: Historische Anthropologie. Kultur – Gesellschaft – Alltag 9.1 (2001), S. 103-114.

Kapitel 12: »Recycling von Gewalt und Gesetzlosigkeit«, in: Hans Helmut Prinzler/Gabriele Jatho (Hg.), New Hollywood 1967-1976. Trouble in Wonderland, Berlin: Bertz + Fischer 2004, S. 15-32.

Kapitel 13: »Hollywoods Kriegsbilder. Historisches Wissen anderer Art«, in: Christoph Ernst/Heike Paul (Hg.), Präsenz und implizites Wissen. Zur Interdependenz zweier Schlüsselbegriffe der Kultur- und Sozialwissenschaften, Bielefeld: transcript 2013, S. 35-48.

Kapitel 14: »Ripley's European Dream«, in: Peter Gasser/Elio Pellin/Ulrich Weber (Hg.), »Es gibt kein größeres Verbrechen als die Unschuld«. Zu den Kriminalromanen von Glauser, Dürrenmatt, Highsmith und Schneider (= Sommerakademie Centre Dürrenmatt Neuchâtel, Band 1), Göttingen/Zürich: Wallstein und Chronos 2009, S. 103-119.

# Kulturwissenschaft

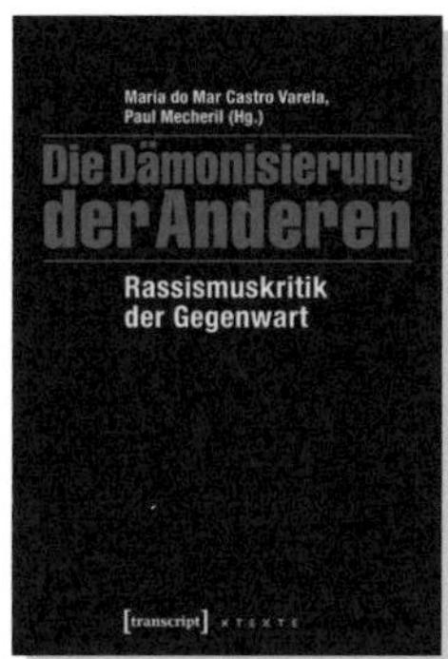


María do Mar Castro Varela, Paul Mecheril (Hg.)
**Die Dämonisierung der Anderen**
**Rassismuskritik der Gegenwart**

2016, 208 S., kart.
17,99 € (DE), 978-3-8376-3638-3
E-Book:
PDF: 15,99 € (DE), ISBN 978-3-8394-3638-7
EPUB: 15,99 € (DE), ISBN EPUB:978-3-7328-3638-3

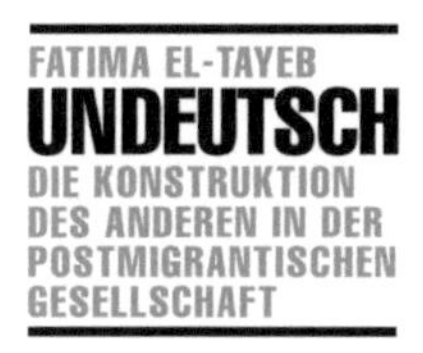


Fatima El-Tayeb
**Undeutsch**
**Die Konstruktion des Anderen**
**in der postmigrantischen Gesellschaft**

2016, 256 S., kart.
19,99 € (DE), 978-3-8376-3074-9
E-Book:
PDF: 17,99 € (DE), ISBN 978-3-8394-3074-3

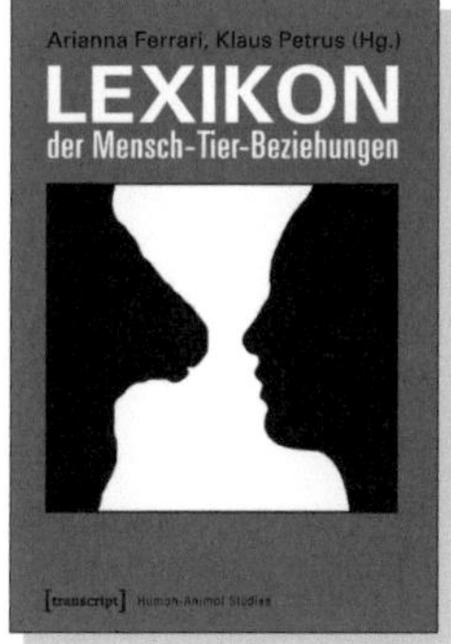


Arianna Ferrari, Klaus Petrus (Hg.)
**Lexikon der Mensch-Tier-Beziehungen**

2015, 482 S., kart.
29,99 € (DE), 978-3-8376-2232-4
E-Book:
PDF: 26,99 € (DE), ISBN 978-3-8394-2232-8

**Leseproben, weitere Informationen und Bestellmöglichkeiten finden Sie unter www.transcript-verlag.de**